【基金项目】

河南省软科学项目“国有企业改革中财会监督问题及制度创新研究”（252400412070）；河南省高校人文社科研究一般项目“智能制造赋能企业创新行为的效应及机理研究”（2023－ZZJH－015）；2023 年度郑州航院青年科研专项计划“生态环境影响重污染企业慈善捐赠的效应及内在机理研究”（23ZHQN02004）；郑州航空工业管理学院科研团队支持计划专项资助（23ZHTD0）；2025 年度郑州航院研究生教育改革项目（2025YJSJG01）；2025 年度郑州航院校级教改项目（zhjy2025－132）；国家自然科学基金面上项目“高管从军经历、管理风格与企业创新”（71772131）。

混合所有制改革与公司治理：基于国企分类治理视域的证据

于双丽　著

中国财经出版传媒集团

中国财政经济出版社

·北京·

图书在版编目（CIP）数据

混合所有制改革与公司治理：基于国企分类治理视域的证据 / 于双丽著. -- 北京：中国财政经济出版社，2025. 3. -- ISBN 978 - 7 - 5223 - 3816 - 3

Ⅰ. F279. 241

中国国家版本馆 CIP 数据核字第 2025NN5729 号

责任编辑：彭　波　　　　责任校对：张　凡

责任印制：史大鹏

混合所有制改革与公司治理：基于国企分类治理视域的证据

HUNHE SUOYOUZHI GAIGE YU GONGSI ZHILI：JIYU GUOQI FENLEI ZHILI SHIYU DE ZHENGJU

中国财政经济出版社 出版

URL：http：//www. cfeph. cn

E - mail：cfeph@ cfeph. cn

社址：北京市海淀区阜成路甲 28 号　邮政编码：100142

营销中心电话：010 - 88191522

天猫网店：中国财政经济出版社旗舰店

网址：https：//zgczjjcbs. tmall. com

涿州汇美亿浓印刷有限公司印刷　各地新华书店经销

成品尺寸：170mm × 240mm　16 开　23 印张　334 000 字

2025 年 3 月第 1 版　2025 年 3 月河北第 1 次印刷

定价：118. 00 元

ISBN 978 - 7 - 5223 - 3816 - 3

（图书出现印装问题，本社负责调换，电话：010 - 88190548）

本社图书质量投诉电话：010 - 88190744

打击盗版举报热线：010 - 88191661　QQ：2242791300

前　言

党的十八届三中全会明确指出发展混合所有制经济是深化国企改革的重要方向，国有资本、集体资本及非公资本等交叉持股、相互融合的混合所有制经济，是基本经济制度的重要实现形式，有利于各种所有制资本取长补短、相互促进、共同发展。这是政府倡导推行混合所有制改革（以下简称“混改”）的制度因素。作为由政府倡导推行的产权制度改革在微观企业层面的基本体现，混合所有制改革在国有企业改革进程中不断发挥作用，通过在国有企业中引入多种所有制资本，在国有企业内部构建决策制衡机制和监督制衡机制，表现出积极的治理效应。结合分类改革背景探讨国有企业混合所有制改革在微观企业信息治理及行为治理层面的治理功能，有助于对混合所有制改革的经济效果作出客观评价，是契合当下政府政策导向、符合实务界亟待混改理论指导需求的重要议题，具有较强的实践及理论意义。

公司治理是现代企业制度的核心，且随着公司治理理论的发展与研究框架的拓展，公司治理不仅仅局限于委托代理理论和信息不对称理论，更多地拓展至产权理论、利益相关者理论等层面，构建集制度环境、股权结构、治理机制、利益相关者等于一体的制度框架。信息治理和行为治理作为微观企业治理框架的两大维度，是公司治理框架的重要组成成分，在一定程度上能够通过治理有效性的发挥改善微观企业的治理效率，从而完善现代企业治理框架，也能够通过检验政府政策在公司治理维度的经济效应和治理有效性，综合评价政策实施的有效性。基于该逻辑，本书依托分层分类改革实践，以国有企业混合所有制改革为研究对象，切入信息治理和行为治理双视角，深入考察了混合所有制改革在微观企业信息质量、信息效率、经营效率及资本效率等维度的治理有效性，并深入探查了不同类型国有企业实施混改的经济效应差异。整体来看，在文献梳理的基础上，本书基于产权理论、股权制衡理论、委托代理理论、利益相关者理论及信息经济学理论等基础理论，分析了混合所有制改革在国有企业股价崩盘风险、股价同步性、社会责任负担及金融错配等层面产生治理有效性的内在逻辑和机理，并通过实证检验进行验证，从信息治理和行为治理双视角验证混改在国有企业深化改革进程中的重要性和价值。

具体地，选取2008（2009）年至2019年我国全部A股国有上市公司为研究样本①，深入探讨国有企业实施混改在微观企业的信息治理功能和行为治理功能。前两个章节围绕信息治理功能展开。股价崩盘和股价同步性作为微观企业信息在证券市场中的价值表现行为，是验证“混改”在微观企业层面信息治理有效性的重要切入点。基于该逻辑，结合股价崩盘及股价同步性的信息表现形式，以股价崩盘风险和股价同步性为研究切入点，本书从信息质量和信息效率两个维度考察了混合所有制改革在微观企业层面的信息治理功能，以验证混改在国有企业信息治理维度的治理有效性。后两个章节围绕行为治理功能展开，社会责任负担和金融错配作为国有企业产权特性在微观企业经营及资本配置低效率的典型体现，是验证混改在微观企业层面行为治理有效性的重要情境。基于该逻辑，本书切入社会责任负担和金融错配这两个微观视角深入考察了混改在微

① 由于润灵环球数据库关于企业社会责任评分的数据始于2009年，因此，关于混合所有制改革与企业社会责任负担实证章节的样本期间为2009～2019年，其他章节均为2008～2019年。

观企业经营效率维度及资本效率维度的治理有效性，进一步验证混改在国有企业行为治理维度的治理有效性。此外，结合顶层设计要求分类分层推进混改的改革背景，本书深入考察了不同类型国有企业实施混改的治理有效性差异，并深挖了混合所有制改革影响微观企业信息治理及行为治理有效性的潜在机制及调节因素。此外，结合横截面分析开展了一系列异质性因素探讨。通过实证分析得出如下结论：

第一，在信息治理层面的信息质量维度，探讨了混合所有制改革对国有企业股价崩盘风险的影响效应及影响机制。研究结果表明，国有企业实施混改能够显著降低国有企业未来期的股价崩盘风险，且该影响效应在不同功能分类和行政分层的国有企业中表现出显著性差异，主要体现在特定功能类国有企业和地方国有企业中。机制检验的结果表明，混改主要通过提高国有企业信息披露及时性和披露充分程度，抑制国有企业高管的机会主义行为等路径对国有企业股价崩盘风险产生抑制效应。调节因素的考察发现，高管异质性特征、机构投资者异质性及企业内部治理水平差异均会对混改与股价崩盘风险间的关系产生差异性影响。

第二，在信息治理层面的信息效率维度，探讨了混合所有制改革对国有企业股价同步性的影响效应及影响机制。实证结果表明，国有企业实施混改能够显著提升其信息传递效率，降低国有企业的股价同步性，且该效应主要体现在商业竞争类国有企业和中央国有企业中，表现出明显的分层分类治理效应差异。机制检验结果显示，混改主要通过信息渠道和治理渠道两条潜在路径对国有企业的股价同步性产生积极效应。进一步地，调节因素的考察结果发现，分析师、机构投资者及媒体报道等信息中介均会对混改与股价同步性的关系产生显著的差异性影响。内控作为一种内部监督机制，也能够在微观企业的信息治理有效性层面发挥积极作用。

第三，在行为治理层面的经营效率维度，探讨了混合所有制改革对国有企业社会责任负担的影响效应及其潜在机制。研究结果表明，国有企业实施混改显著增加了其社会责任负担。这并不是国有企业高管基于政治及经济动机的寻租行为引致的，而是分层分类实施混改后不同类型国有企业社会经营目标得到优化调整后的必然结果。机制探讨的结果表明，混改的实施能够促使不同分类的国有企业在发展中承担不同的经营角色，使得国有企业的社会经营目标依据其功能定位更加清晰化，通过明确不同分类国有企业的功能定位，不仅提升了国有企业承担社会责任负担的能力，也提升了国有企业整体经营效率，验证了混改在经营效率维度的治理有效性。此外，经济后果的检验进一步为机制猜想提供了实证证据，即混改的实施优化了国有企业间的社会经营目标分配，整体上提升了国有企业的经营效率。这与我国国有企业深化改革的发展现状相符，亦与政府的改革理念契合，有助于国有企业混改在深化发展阶段结合分类分层改革探索混改最优模式。

第四，在行为治理层面的资本效率维度，探讨了混合所有制改革对国有企业金融错配的影响效应及影响机制。实证结果表明，混改的实施显著降低了国有企业的金融错配，且该缓解效应主要体现在信贷过剩的国有企业子样本中，这与我国国有企业金融错配的现状相符。分类分层治理的检验结果表明，混改予以微观企业资本效率维度的治理有效性在公益类国有企业和中央国有企业中更显著。机制检验结果表明，混改主要通过提升国有企业投资效率和降低地方政府的干预程度对国有企业的金融错配产生“纠偏”效应。此外，企业特征、地区特征及宏观特征等因素均会对混改在微观企业资本效率维度的治理功能产生差异性影响。

基于以上分析，本书的研究创新点主要体现在以下三个方面：从研究视角看，基于国有企业分层分类改革实践背景，从信息治理和行为治理双视角系统考察了混改在微观企业的治理有效性。是对现有文献的进一步深入挖掘。从研究内容看，在现有研究的基础上，切入股价崩盘风险、股价同步性、社会责任负担及金融错配等视角，深入挖掘混改影响各维度的潜在机制及分层分类治理效应差异，具有一定的创新性。从研究方法上看，在现有研究的基础上，本书深入挖掘混改内涵，在现有研究基础上，将组织结构纳入国有企业混改的综合指标构建体系中，基于“股权结构 + 高层治理结构 + 组织结构”三维度构建综合测度指标，是对现有混改研究框架的拓展。

总的来讲，混合所有制改革作为由政府推动的一项产权制度改革，能够通过优化组织结构，调整股权结构，完善治理结构在微观企业层面表现出积极的治理效应。从理论意义看，相关研究不仅丰富了混合所有制改革经济后果相关的研究文献，也通过深挖混改内涵，构建混改综合测度指标，拓展了其研究框架，具有一定的理论意义。此外，切入信息治理和行为治理双视角为混改的理论体系构建提供了思路，依托分类分层改革背景，从所有制改革视角丰富了各维度研究文献，为中国特殊制度背景下国有企业相关行为的影响因素考察提供了新的解释和研究方向。从实践意义看，相关结论表明，混改有助于国有企业在深化改革进程中，通过强化治理有效性完善证券市场体制，提升国有企业经营效率及国有资本配置效率。从信息治理和行为治理双视角验证了混改在国有企业深化改革进程中的重要性，肯定了混改的价值。进一步地，基于分类改革的考察，为我国在深化国有企业混改进程中坚持分类分层推进的合理性和必要性提供了实证支持。

目　　录

第1章

导　论

1.1　研究背景

国有企业是中国特色社会主义的重要物质基础和政治基础，是中国共产党执政兴国的重要支柱和依靠力量（张伟华等，2017；张伟华等，2021）。自1984年国企改革全面展开至今，推动所有制结构多元化一直是国有企业改革的核心，混合所有制改革作为我国基本经济体制改革的核心与关键，是实现和深化国有企业改革的重要途径和实现方式，在一定程度上有助于国有企业的持续健康经营及宏观经济的高质量发展。为积极推动国有企业体制机制创新，加快现代企业制度构建，盘活国有企业经营活力，实现国有资产保值增值，我国政府出台一系列放权让利政策，从《关于扩大国营工业企业经营管理自主权的若干规定》（1979）到《国务院国资委关于国有控股上市公司股权分置改革的指导意见》（2005），再到《关于印发〈国有企业改制重组中积极引入民间投资的指导意见〉的通知》（2012）等，相关政策均未从根本上触动国有企业的产权及行政安排，未实现真正意义上的政企分离（张伟华等，2021）。至党的十八届三中全会，政府开始关注通过产权改革对国有企业体制机制及组织管理进行创新，强调通过实施混合所有制改革充分激发和释放国有企业活力，提升国有企业市场竞争力和整体经营效率。也就是说，虽然混合所有制经济的概念早在中共十五大就已提出，且其间政府积极通过不同形式的改革推动混合所有制经济的发展，并于中共十七大计划通过产权改革促进混合所有制的发展，但混合所有制在国有企业中的发展在党的十八届三中全会之前并没有从本质上触及产权改革的本质。

可见，产权改革作为改革开放以来国企改革的核心，其关键在于通过混合所有制改革进行资本所有者和经营者关系的调整，建立有效的激励机制，形成国有企业所有权人与经营者利益趋于一致的企业运行体系（张伟华等，2021）。而混合所有制改革作为经济转轨期我国深入推进产权改革的微观体现，是结合我国社会主义初级阶段国情作出的重要战略部署，在实现国企与民企相互持股的基础上，为经济结构转型升级及现代市场体系的建立奠定了坚实的微观基础（刘泉红和王丹，2018）。党的十八届三中全会颁布的《中共中央关于全面深化改革若干重大问题的决定》强调了发展混合所有制经济的必要性和重要性，将混合所有制经济提升到了基本经济制度重要实现形式的高度（李井林，2021；黄速建，2014），认为积极发展混合所有制经济是基本经济制度的重要实现形式。并指出，经济体制改革是全面深化改革的重点，必须积极稳妥从广度和深度上推进市场化改革，大幅度减少政府对资源的直接配置，推动资源配置依据市场规则、市场价格、市场竞争实现效益最大化和效率最优化。这奠定了混合所有制改革在国有企业深化改革进程中的关键地位。自此，混合所有制改革成为政府及学术界广泛关注的重要议题之一，产权改革亦在我国国有企业改革进程中实现跨越式发展。随后，政府陆续出台了《关于深化国有企业改革的指导意见》《关于改革和完善国有资产管理体制的若干意见》《关于国有企业发展混合所有制经济的意见》《关于鼓励和规范国有企业投资项目引入非国有资本的指导意见》等一系列国有企业深化改革文件及指导意见，通过在国有企业改革进程中嵌入分类改革指导意见，进一步深化了混合所有制改革在国有企业改革进程中的重要地位。

国务院国资委副主任黄淑和指出，混合所有制是当前及今后国资国企改革的“重头戏”。加快推进国有企业特别是母公司层面的公司制、股份制改革，优化国企股权结构是发展混合所有制经济的基本思路。依据顶层设计要求，我国的国有企业混改推进要遵循分层分类推进的原则，根据功能定位及行业分类的不同，国有企业实现混合所有制改革主要包括四种形式：涉及国家安全的少数国有企业和国有资本投资公司、国有资本运营公司，可以采用国有独资形式；涉及国民经济命脉的重要行业和关键领域的国有企业，可保持国有绝对控股；涉及支柱产业和高新技术产业等行业的重要国有企业，可保持国有相对控股；国有资本不需要控制并可以由社会资本控股的国有企业，可采取国有参股形式或者可以全部退出。依据该思路，国务院于2015年颁布了《关于国有企业发展混合所有制经济的意见》（以下简称《意见》），作为国企改革的顶层设计文件。《意见》指出，要充分发挥市场机制作用，坚持因地施策、因业施策、因企施策，宜独则独、宜控则控、宜参则参。在分类推进层面，建议稳妥推进主业处于充分竞争行业和领域的商业类国有企业混合所有制改革，坚持以资本为纽带完善混合所有制企业治理结构和管理方式，国有资本出资人和各类非国有资本出资人以股东身份履行权利和职责，使混合所有制企业成为真正的市场主体；有效探索主业处于重要行业和关键领域的特定功能类国有企业混合所有制改革，保持国有资本控股地位，支持非国有资本参股；同时，引导公益类国有企业规范开展混合所有制改革，通过购买服务、特许经营、委托代理等方式，鼓励非国有企业参与经营。此外，分层推进层面，强调引导在子公司层面有序推进混合所有制改革，探索在集团公司层面推进混合所有制改革，并鼓励地方从实际出发推进混合所有制改革。可见，混改的推行应依据功能定位不同差异化开展。通过对功能定位不同的国有企业开展不同形式的混改举措，目的在于通过不同程度的“放权”促使国有企业产权明晰化，依托产权改革盘活国有资本红利，通过完善内部治理机制助力国有企业经营效率提升。也就是说，产权改革作为我国国有企业混改的核心与本质（田利军和刘熙，2019），通过股权结构、高层治理结构及组织结构的完善与优化，显著提升国有企业的治理水平。具体而言，股权多元化是实现国有企业混合所有制改革的重要实现方式和表现形式之一，而治理结构优化和组织结构调整是混合所有制改革能够在微观企业中发挥治理功能的必行之径。杨兴全和尹兴强（2018）的研究在肯定了Alchian（1965）、Demsetz（1967）及Aghion等（2013）等关于股权结构与企业治理的理论猜想的同时，亦为我们从更深的层次深挖混改内涵，并结合高层治理结构和组织结构深入探讨混改予以微观国有企业的治理有效性提供了基本的理论支持。杨兴全和尹兴强（2018）的研究指出，股权结构是产权在微观企业的直接体现，不同性质的股权伴生不同类型的资源禀赋和治理结构，从而有助于企业财务行为优化及经营绩效提升。这在一定程度上表明混合所有制改革从“混”的层面能够助推“改”的实现，通过在国有企业中引入非国有性质资本，能够完善内部治理结构，并最终在国有企业各治理维度发挥治理有效性。

从国有企业实施混改的案例情况看，实施混改有益于国有企业从产权多元化入手，通过在经营效率欠佳、监督体制不完善的国有企业内部构建严谨的股权制衡机制、有效的高层治理机制和高效的组织监督机制；通过优化国有企业内部治理结构、提升国有企业经营活力、放大国有资本功能，提升国有资本及社会经营目标在不同分类企业中的优化配置，并最终实现国有资产保值增值。此外，国有企业积极开展政府主导下的产权改革，能够向市场传递一种利好信号，有助于国有企业股价引导机制的提升，表现出积极有效的市场反应。具体而言，2014 年 2 月 19 日，中石化发布了其董事会决议将公司相关业务进行重组实施混合所有制经营的公告，次日中石化股票在开盘不久便即拉涨停，创出近四年多未有之“奇迹”。2018 年，中国联通通过全面深化混合所有制改革，积极践行新发展理念，深化实施创新合作战略，实现主营业务收入 2637 亿元，同比增长 5.9%，税息前利润 852 亿元，同比增长 4.3%。自由现金流创历史新高达到 500 亿元，资产负债率由 46.5% 下降至 41.5%。可见，在经济转轨期，积极开展混合所有制改革能够在微观企业行为决策及经营绩效等方面发挥治理功能，助推国有企业释放经营活力，提升经营效率，并取得良好的经济成效。那混改是否能够在微观企业发挥其治理功能？在哪些层面发挥了治理功能？如何发挥治理功能？这是本书预期考察的主要研究话题。理论上讲，混合所有制改革作为政府主导和推动的一项产权改革和经济体制性质的改革，其本质是通过在有制度缺陷的国有企业中引入非国有性质资本，一方面，在股权结构层面形成股权制衡机制，打破国有股东“一股独大”的现状，激发其经营活力；另一方面，在内部治理层面形成决策制衡机制，通过允许非国有股东参与治理，缓解内部人控制局面，提升内部治理水平。此外，通过调整组织结构，扩大政府放权意愿，减少政府对国有企业的直接干预，盘活国有企业的经营效率和经营活力。加之，政府倡导分层分类推进混改，这有助于保障国有企业混改成效和作用发挥。基于此，本书预期嵌入分类改革背景，切入治理有效性视角考察混改予以国有企业相关治理行为的积极意义及不同类型国有企业推行混改的治理效应差异，具有一定的实践意义。

目前，随着国有企业深化改革进程的不断推进，引起了学术界的高度关注，学者们基于混改推行后国有企业股权及治理结构的变化开展了一系列广泛而深刻的学术探讨，如混合所有制改革对企业内部治理（张文魁，2017；郝云宏和汪茜，2015；刘运国等，2016；张涛等，2017；沈昊和杨梅英，2019；毛述新和张博文，2020）、企业绩效（Megginson et al.，1994；Bortolotti et al.，2002；张文魁，2010；马连福等，2015；郝阳和龚六堂，2017；李向荣等，2018；李明敏等，2020；黄速建，2021）、薪酬激励（张晓玫和朱琳琳，2016；陈良银等，2021）、现金政策（杨兴全和尹兴强，2018；黎文飞等，2020；梁永福等，2020）、企业创新（李文贵和余明桂，2015；王业雯和陈林，2017；陈林等，2019；罗宏和秦际栋，2019）、政策性负担和冗余雇员等社会目标层面（陈林和唐杨柳，2014；张辉等，2016；周绍妮等，2020；张伟华等，2021）以及国有企业资本配置效率（杨志强和李增泉，2018；方明月和孙鲲鹏，2019；李增福等，2021；李井林，2021；胡建雄，2021；马新啸等，2021a;）等的影响效应。亦有部分研究基于混改背景深入考察了非国有股东参与治理对国有企业在资本保值、技术创新、企业金融化、企业避税、去僵尸化、全要素生产率及高管薪酬激励和会计信息质量等层面的影响效应（马新啸等，2021a；程承坪和陈志等，2021；狄灵瑜和步丹璐，2021；李春玲等，2021；马新啸等，2021c；马新啸等，2021b；谢海洋等，2020；蔡贵龙等，2018；曾诗韵等，2017）。还有少数学者关注了企业开展混合所有制改革的动因及驱动因素（黄速建，2014；郑志刚，2015；綦好东等，2017；陈仕华和卢昌崇，2017；蔡贵龙等，2018），他们认为，权利保障、资源优势获取、国企激励、政府放权意愿及高管跨体制联结特征均会对国有企业混合所有制改革进程的推进和有效性产生影响。

基于以上梳理，目前关于国企混改经济后果的探讨虽已取得了丰富的研究成果，但依然存在一些研究切入点和关键问题有待进一步深入考察和分析。具体而言，目前关于混合所有制改革影响效应的探讨主要集中于股权制衡和治理结构优化上。一方面，大部分研究仅仅关注于混合所有制改革的“混”，切入股权制衡、股权多样化、股权异质性等视角，从股权结构维度开展学术讨论，考察混改在微观层面的经济后果，验证了混合股权企业的效率明显高于单一股权企业的理论论断（刘小玄和李利英，2005a；2005b）。他们认为混合所有制改革在国有企业中引入非国有资本，优化了股权结构，有助于内部决策制衡机制的形成，不仅能够助推国有资本更好地与市场经济融合，实现“1 + 1 > 2”的经济效率提升，亦有助于缓解内部人控制难题，提升内部治理水平和治理效率，并最终作用于国有企业的经营行为和投资策。另一方面，随着研究的不断深入，部分学者开始关注不同性质股东在进驻国有企业后其话语权问题对混改发挥成效的重要性。他们尝试构建“股权结构 + 高层治理结构”双维度考察视角（蔡贵龙等，2018；曾诗韵等，2017；刘运国等，2016；谢海洋等，2020；汤泰劼等，2020；马新啸等，2021a；马新啸等，2021b；马新啸等，2021c），以股权制衡度和非国有股东参与治理为研究切入点，开展了一系列有意义的学术探讨。他们指出混合所有制改革能够优化国有企业内部治理结构，非国有股东参与治理不仅有助于提升国有企业的会计信息质量，还能够显著提升企业的内部控制水平，降低国有企业内部的信息不对称程度，通过将市场化的经营结构与国有企业治理结构相融合，稳定国有资本，增加国有企业纳税贡献，显著提升国有企业的信息治理能力和整体经营管理效率。

另外，关于混改经济后果的探讨方面，现有研究还存在一些待改进和完善的地方。就研究视角而言，从混改推行的内涵看，混合所有制改革作为由政府主导推动的一项兼具经济体制改革性质的产权改革，其推行彰显的是政府“简政放权”的意愿，是政府以期通过放权改革实现国资保值增值及国企效益最大化的改革目的。而从混改实施层面看，通过在国有企业中引入非国有性质资本，表现为“混”和“改”两个部分。其中，“混”主要体现在国有资本层面，刻画的是股权机构的优化，通过国有资本和非公资本的“混”，让资本在积极流动中实现优势互补和保值增值；而“改”主要体现在国有企业层面，体现的是股权多元化后的高层治理结构的完善，通过让非国有股东参与治理，推动企业作为独立市场主体在市场竞争中释放活力、增强核心竞争力。依据该逻辑，国有企业混合所有制改革应涵盖三个维度的含义：股权结构（混的本质）、高层治理结构（话语权问题）和组织结构（放权意愿）。相关研究指出，地方政府通常会通过拉长控制链层级以减少干预（Fan et al.，2010；Liu et al.，2011），随着国有企业金字塔层级递增，企业面临的行政干预显著降低，来自行政或社会目标的约束亦显著减少（许晨曦和金宇超，2021）。国有企业的金字塔结构（组织结构）会对企业的经济价值产生显著影响（刘行和李小荣，2012）。可见，组织结构能够通过控制人的层级管理对企业的经济行为产生影响，并最终将治理效应作用于微观企业层面，尤其是在国有企业中，其产权性质决定了其实际控制人的政治属性，这使得组织结构不仅能够通过调整政府干预程度彰显政府放权意愿或者推行改革的意志，也能够进一步促进混改在微观企业主体层面发挥“混”和“改”的积极治理效应。蔡贵龙等（2018）的研究表明，在国有企业混合所有制改革进程中，政府放权意愿是影响其实施的重要因素。而组织结构则是政府通过层级管理实现干预的直接途径，是政府放权意愿在微观企业层面的直接体现。也就是说，国有企业实施混改体现的是政府进行产权改革及经济体制改革的意志。因此，在对混合所有制改革进行测度时，组织结构变化也是我们应关注的重要因素之一，且在混合所有制改革指标测度中，融入组织结构维度的刻画是合理且必要的。但相关文献却忽略了基于该研究视角的探讨，目前关于混合所有制改革的测度主要有两种主流方法：一种是单维度测度法，仅从股权结构维度对国企混合所有制改革程度及制衡度进行测度；另一种是双维度测度法，在第一种方法的基础上，考虑到股权结构变化引致的高层治理结构的多元化，通过将高层治理维度纳入混合所有制改革的指标测度框架进行完善，且在实证验证中通常采用分项指标进行检验，即分别检验股权制衡和非国有股东参与治理的经济效应。可见，目前关于混合所有制改革的内涵理解尚不完善，尚没有文献关注组织结构维度对于全面刻画国有企业混改的重要性，及其对混改予以微观企业治理有效性的影响，这也使得相关研究在指标测度及研究视角等层面可能存在局限。

就研究内容而言，相关研究指出，对于国有企业治理而言，不同层次、不同功能的国有企业的特殊性，决定了深化国企改革过程中必须贯彻分类治理的思维（李维安，2014），应依据不同类型国有企业的功能定位差异，构造不同的治理机制（黄群慧和余菁，2013；肖慧萍和李辰颖，2018），这对于处于深化改革进程中的国有企业是必要且重要的（高明华等，2014）。加之，政府从顶层设计层面号召应分类分层稳妥推进混改，根据功能分类差异和层级差异，坚持因企施策。因此，嵌入分类改革实践背景，从信息治理和行为治理双视角考察了混改在微观企业层面的治理有效性是重要且必要的，有助于我们深入理解国有企业深化改革的积极意义和混改推行的实践价值。但现有研究却忽略了对该实践背景的深入考察，从而导致相关研究缺乏对不同类型国有企业实施混改经济后果的差异性对比，无法全面评估混改的经济效应和微观治理效应。

基于以上分析，现有关于混改经济后果的研究文献不管是研究视角还是研究内容上可能都存在一定局限。总的来看，从研究视角看，从关注“混”的治理效应，到深挖“改”的经济后果，学者们主要从股权结构和高层治理结构及两者的综合视角进行了深入探讨，却忽视了在混改测度中体现政府放权意愿这一重要内涵因素，这为本书的深入开展提供研究借鉴的同时，亦保留了研究机会。从研究内容看，关于混改经济后果的探讨主要集中于国有企业经营绩效、内部治理、薪酬激励、企业创新、税收规避、投资效率、国有资本保值增值等领域，但鲜少有文献结合分类分层改革背景，基于综合视角切入股价崩盘风险、股价同步性及社会责任负担和金融错配等层面深入考察混改在微观企业信息治理及行为治理等维度的治理功能及对不同类型国有企业的差异性影响效应。基于此，在现有研究基础上，用组织结构量化政府放权意愿在微观企业的表现，通过将组织结构纳入国有企业混改的综合指标构建体系中，构建“股权结构 + 高层治理结构 + 组织结构”三维度综合测度指标，并结合国有企业分类分层推进混改的改革背景，将混改的经济后果与国有企业的治理框架相联系，从信息治理和行为治理两个层面考察混合所有制改革在微观企业信息质量、信息效率、经营效率和资本效率等四个维度的治理有效性及该治理有效性在不同类型国有企业中的效应表现差异，并深入考察了混合所有制改革在各层面发挥治理功能的影响机制和可能的调节因素，对混改予以微观企业的经济效应作出客观评价。结合相关研究结论就目前国有企业混合所有制改革进程中尚存在的不足给出合理的政策建议，以期对国有企业混合所有制改革的经济后果进行综合评估，从微观治理视角对国有企业混合所有制改革作出有效性评价，为政府深入开展国有企业混合所有制改革提供理论指导和政策建议。

1.2 研究意义

1.2.1 理论意义

基于分层分类改革实践，以混合所有制改革为研究切入点，嵌入分类分层推进混改的改革背景，切入信息治理和行为治理双视角，通过构建三维度混改综合测度指标，探讨了混合所有制改革在微观企业信息治理及行为治理维度的治理有效性，从研究内容、研究视角及研究设计等层面看，本书可能的研究贡献主要体现在以下几个方面：

其一，丰富了混合所有制改革经济后果相关的研究文献。现有关于国有企业混改治理效应的探讨，多基于混合所有制改革对国有企业股权结构及高层治理结构等的影响进行考察（张文魁，2017；郝云宏和汪茜，2015；刘运国等，2016；曾诗韵等，2017；蔡贵龙等，2018；张晓玫和朱琳琳，2016；谢海洋等，2020；汤泰劼等，2020；马新啸等，2021），而忽略了我国实施混合所有制改革进程中政府放权意愿的体现与刻画。在现有研究的基础上，用组织结构量化政府放权意愿，将组织结构纳入混改综合指标构建体系，通过构建“股权结构+高层治理结构+组织结构”的三维度综合测度指标，深入考察了混合所有制改革在国有企业信息质量、信息效率、经营效率及资本效率等维度的治理有效性。这些不仅丰富了混合所有制改革微观治理效应的研究文献，也有助于拓展微观企业治理行为的研究范畴，将混合所有制改革这一体制改革因素纳入公司治理研究框架，进一步拓宽与混合所有制改革相关的研究外延和方向。

其二，从不同功能分类和不同行政分层的改革推进视角，深入探讨了不同功能分类及不同行政分层国有企业在实施混合所有制改革进程中其治理效应差异，为中国特殊制度背景下国有企业相关行为的影响因素考察提供了新的解释和研究方向。具体而言，一方面，为检验国有企业混合所有制改革治理有效性在不同类型国有企业中的效应差异提供了检验场景；另一方面，从国有企业基本特性的视角，嵌入分类推进改革视角，为我们深入探讨混合所有制改革经济后果的潜在机制及国有企业最优混改模式的选择与构建提供了理解视角。这不仅有助于我们更深入地了解混合所有制改革予以微观企业的积极意义，也有助于我们通过分类分层国有企业实施混合所有制改革经济效应的检验，构建混合所有制改革理论体系框架，具有一定的理论意义。

其三，从所有制改革视角为国有企业股价崩盘风险、股价同步性、社会责任负担和金融错配的制约及驱动因素的考察提供了新的解释。这不仅丰富了相关研究影响因素的研究框架，也基于中国特殊的制度背景及改革制度为我国证券市场及资本市场的有效性发展提供了新的改进思路。同时，拓展了相关研究的理论外延，有助于研究框架的构建与发展。

1.2.2 实践意义

混合所有制改革是目前国有企业实现进一步深化改革的主要目标和发展方向，是政府主导推动的有助于国有企业效率提升的重要指导政策。在此背景下，深入探讨混合所有制改革予以微观层面国有企业信息治理及行为治理维度的治理功能，以及分类分层推进混改的治理有效性差异，不管是予以政府政策实施还是予以企业管理实践，均有较强的现实意义。其主要体现在以下三个方面：

其一，通过考察混改予以微观企业的治理有效性，验证了混改在国有企业深化改革进程中的重要性。相关研究表明，混改有助于国有企业在深化改革进程中，通过完善微观企业信息在证券市场中的价值表现机制，强化信息治理予以资本市场股价的积极意义。通过优化再分配不同功能分类国有企业经营目标设定，通过完善组织结构，简政放权缩减政府干预，提升国有企业整体经营效率和国有资本配置效率。不仅肯定了混合所有制改革推行的必要性和重要性，也从微观企业信息价值体现及行为决策表现等层面肯定了混改的价值和积极意义。为政府大力倡导国有企业推行混合所有制改革提供了理论佐证，这些有助于政府以此为借鉴通过顶层设计改革推动基础建设层面的发展与完善。

其二，相关研究从微观企业信息治理和行为治理双视角验证了混合所有制改革是立足社会主义初级阶段的、符合我国转制经济体现状的切实可行的制度改革政策，能够在国有企业治理中发挥积极的引导和“纠偏”效应。不仅验证了推行混改在国有企业深化改革进程中的重要性，也肯定了混改的价值。通过潜在机制的探讨从微观企业治理维度为混改予以微观企业内部治理优化及政府行为规范提供了实证证据，也为国有企业在深化改革进程中积极开展混改的重要性和必要性提供了实证参考。不仅能够助推国有企业积极开展混合所有制改革以改善内部治理机制，完善组织布局，提升经营效率，优化国有资本布局，也能够促使国有依托混改实现内部治理体制机制完善，吸引非国有资本积极参与混改以实现“国民共赢”，具有较强的现实意义。

其三，基于分类分层改革背景考察混合所有制改革的经济后果，不仅能够在理论层面探查不同功能分类和行政分层国有企业实施混改的治理效应差异，也能够为国有企业在深化改革进程中重视分层分类治理，推行分类分层改革，因企施策提供理论指导和借鉴，为我国在深化国有企业混改进程中坚持分类分层推进的合理性和必要性提供了实证支持。这在一定程度上能够助推不同类型的国有企业依据自身功能特性定位差异和行政层级差异，采取不同的改革模式及制定差异化经营目标，并依据功能定位，实现经营效率最大化，并在政府推动下实现社会福利最大化，这对国有企业改革实践而言具有较强的实践指导意义。

1.3 研究框架与章节安排

1.3.1 研究框架

公司治理是一组规范各利益相关者的有关权责利关系的制度安排，不仅构成了现代企业的核心制度框架，也是企业健康可持续发展的重要保障，公司治理的优化需要从制度环境、股权结构、治理机制、利益相关方参与等多个维度加以完善（王欣，2021）。随着公司治理理论的发展及研究框架的外延，学者们开始基于委托代理理论、产权理论、利益相关者理论及非对称信息理论等对公司治理的内涵进行了阐述与拓展（王贵娟等，2012），认为完善的公司治理不仅能促进微观主体经营业绩的提高和股东利益的保护，也有利于创造良好的投资环境，提高市场透明度和效率（王蕾和薛杨阳，2017），还能够通过完善内外部治理机制显著提升企业的治理有效性和治理效率。而信息治理和行为治理作为公司治理框架的两大重要维度，不仅能够反映公司治理维度的有效性，也是混合所有制改革治理有效性在微观企业层面的直接体现。

相关研究指出，非国有股东参与治理有利于改善国有企业内部控制质量（刘运国等，2016），提升国有企业的内部治理水平，完善内部治理机制，并直接作用于国有企业会计信息质量（曾诗韵等，2017），而股权制衡具有良好的信息释放效应，能够显著降低业务复杂度与股价同步性间的关系（张斌和嵇凤珠，2014）。也就是说，混改对国有企业内部治理的提升会对其信息披露及效率产生影响。而股票市场的股价问题本质上是由微观企业的内部信息引致的，相关研究指出，信息披露关系着资本市场有效性的制度安排，是影响资本市场稳定性的重要因素（曹廷求和张光利，2020）；信息透明度则是影响市场效率和公平的关键因素（方立兵和丁婧，

2017），这与股价崩盘风险和股价同步性的内涵是一致的。基于此，我们考虑将混改对微观国有企业的信息治理有效性探讨延伸至证券市场股价特征层面，从微观企业信息在资本市场层面的价值表现出发，以股价崩盘风险和股价同步性作为研究切入点，考察混改在信息治理维度的治理有效性。进一步地，从国有企业实施混改的目的看，其目的在于推动完善现代企业制度、提高国有资本配置和运行效率以及促进国有企业转换经营机制（张冰石等，2017），并最终促进国有企业资本配置效率和经营管理效率提升。理论上讲，社会责任作为国有企业“国有”性质的天然要求（肖红军，2018），在一定程度上揭示了国有企业经营目标多元化的根源，是国有企业社会经营目标的直接体现，也是检验国有企业经营效率好坏的重要维度。而金融错配作为中国特殊制度背景下“所有权歧视”等制度缺陷引致的资金配置无效率的典型表现，会直接影响微观企业的投资行为和投资效率，是验证国有企业资本配置效率好坏的重要研究切入点。结合国有企业实施混改的本质目的，以社会责任负担和金融错配为研究切入点，我们预期进一步考察混改在微观企业行为治理维度的治理有效性。可见，信息治理和行为治理是验证混合所有制改革在微观企业层面治理有效性的治理基础和重要维度。

基于以上分析，结合政府推行混改的目的及动因，以及混改实施后国有企业的内部治理体现，从产权理论、利益相关者理论、股权制衡理论、委托代理理论及信息效率观等经济学与管理学经典理论出发，以分类改革为背景，本书系统考察了混合所有制改革作为一项政府强力推动的经济体制改革和产权改革，其在微观国企信息质量、信息效率、经营效率和资本效率等信息治理及行为治理维度的治理有效性和影响机制。具体地，通过深挖混合所有制改革的深层次内涵，用组织结构量化政府放权意愿的体现，通过在混改综合指标构建体系中纳入组织结构维度含义，构建三维度混合所有制改革综合测度指标，切入信息治理和行为治理双视角，结合分类分层推进混改的改革实践，系统而深入地考察国有企业混合所有制改革在微观企业股价崩盘风险、股价同步性、社会责任负担及金融错配等层面的治理有效性。具体而言，首先，通过文献梳理及制度背景介绍，就目前国内外关于混合所有制改革的研究现状进行梳理，并通过混合所有制改革发展历程、混合所有制改革发展现状及混合所有制改革实践探索等对混合所有制改革的实施内涵和基本经济效应进行清晰界定和初步剖析；其次，深入探讨了混合所有制改革作为一种制度改革，如何在企业治理中发挥治理有效性，通过构建各章节间的逻辑框架和勾稽关系，切入信息治理和行为治理双视角，选取股价崩盘风险和股价同步性以及社会责任负担和金融错配四个研究切入点，分别基于信息质量、信息效率、经营效率和资本效率四个维度构建混合所有制改革在微观企业信息价值体现和行为决策表现等层面发挥治理有效性的理论机理；最后，通过构建模型，开展实证检验验证以上理论预期。具体地，选取2008（2009）年至2019年我国全部A股国有上市公司为研究对象①，构建实证模型，进行实证回归分析，以验证混合所有制改革在国有企业信息质量、信息效率、经营效率和资本效率等维度的治理有效性及分类分层治理的异质性影响。在此基础上，深入考察混合所有制改革治理效应的影响机制、调节因素及可能的经济后果。实证章节研究内容主要包括以下几个方面。

1.3.1.1 信息质量维度：混合所有制改革与国有企业股价崩盘风险

基于经理人“捂盘”假说，企业的股价崩盘风险主要来源于管理层对坏消息及重大信息的刻意隐瞒或推迟披露，这会导致“坏消息集聚”后最终集中释放，引致企业股价大跌甚至崩盘的管理层信息操纵行为（权小锋等，2015；Pastena and Ronen，1979；Kothari et al.，2009），是一种由管理层自利性操纵引发的非系统性风险，在一定程度上刻画了企业内部信息治理的缺陷。

国企混合所有制改革作为一种经济体制改革，是政府政策推动下的一场国有企业“脱困性”自主改革。从混合所有制改革实施的本质来看，混合所有制改革发起方（国有企业）预期通过引入战略投资者、并购重组、

① 由于润灵环球数据库关于企业社会责任评分的数据始于2009年，因此，关于混合所有制改革与企业社会责任负担实证章节的样本期间为2009~2019年，其他章节均为2008~2019年。

员工持股计划等混改方式引入市场化因素盘活国有资本、释放经营活力，摆脱经营效率低、经营状况差等窘况。同时，通过在实际控制人缺失、内部人控制的国有企业内部构建市场化的监督机制，提升国有企业信息披露质量（曾诗韵等，2017），通过构建完善具有制衡机制的内部治理结构，提升内部控制水平（刘运国等，2016），抑制管理层的机会主义行为，从而显著降低国有企业的股价崩盘风险（Jin and Myers，2006；Huton et al.，2009；陈波等，2018；Kim et al.，2016；叶康涛等，2015）。从混合所有制改革参与方来看，非国有资本的趋利性助推民营资本、机构投资者等积极参与混合所有制改革以期获取国有企业的优质资源和政府关系，为保证自身利益最大化，非国有股东有强烈动机通过董事会、监事会及管理层等内部治理平台，不断优化内部控制体系，加强企业的内外部信息披露及时性和披露程度，提升会计信息质量（曾诗韵等，2017），抑制高管的机会主义行为，减少国有企业高管的“捂盘”行为，优化国有企业治理结构，提升国有企业风险管控能力及信息质量治理能力，从而显著降低国有企业的股价崩盘风险。

基于以上分析，我们认为，混合所有制改革能够显著降低国有企业的股价崩盘风险，实现在微观企业信息质量维度的治理效应。此外，由于不同类型国有企业所承担的经济、社会任务有所差异，因此不同类型国有企业的薪酬激励机制也存在显著性差异（李禹桥和陈林，2020），从而引致不同的企业成长性（肖慧萍和李辰颖，2018）。因此，政府应当针对不同类型国有企业设计相应的治理结构和治理机制（肖慧萍和李辰颖，2018）。基于此，在政府号召分类分层推进混改的改革背景下，围绕本书的研究主题，我们还进一步探讨考察了不同分类分层国有企业实施混合所有制改革在信息治理层面的治理有效性差异。另外，考虑到国有企业高管特征、机构投资者及国有企业自身内部治理水平可能会对国有企业的信息披露及高管行为产生异质性影响，我们还深入考察了国有企业高管特性异质性、机构投资者异质性及国有企业内部治理水平差异等对混合所有制改革与国有企业股价崩盘风险关系的调节效应，并基于信息披露质量和高管机会主义行为两个机制渠道，探查混合所有制改革影响企业股价崩盘风险的影响机制。最后，为保证实证结论的稳健性，我们还开展了一系列稳健性检验，实证结论均与我们的主检验结论相符。

1.3.1.2 信息效率维度：混合所有制改革与国有企业股价同步性

股价同步性是微观企业股价变动与资本市场整体股价波动的“同涨同跌”现象，是企业特质信息是否能够有效进入市场股价的微观表现，亦是衡量资本市场信息有效性的一个重要方面（王立章等，2016）。目前，学术界关于股价同步性的探讨有两种主流的思想：信息效率观和非理性行为观。前者认为股价同步性衡量了股价中公司特质信息含量的高低，它在一定程度上衡量了微观企业交易行为的信息含量进入资本市场的有效性。信息传递效率越低，公司特质信息能够被市场捕捉的可能性就越小，个股股价随市场股价“同涨同跌”的现象越严重，表现出较高的股价同步性（Morck et al.，2000；Durnev et al.，2003；Li et al.，2004；Chan and Hameed，2006）。相反，非理性行为观则认为股价同步性反映的是市场噪声及投资者情绪的多少，企业信息进入股价会降低股价波动，从而提升其股价同步性。公司特质信息进入市场的越多，企业的股价同步性越高（West，1988；Dasgupta et al.，2010；Chan et al.，2013）。

在国内，基于我国非成熟资本市场的研究大多支持“信息效率观”假说。例如，王艳艳和于李胜（2012，2013）以债权人视角分别考察了预算软约束和银行贷款对股价同步性的影响。李增泉（2005）、袁知柱和鞠晓峰（2009）等基于治理效应视角，考察了股权结构与股价同步性的负相关关系。金智（2010）基于信息效率视角，考察了财务会计准则对企业股价同步性的影响效应。而李增泉等（2011）和唐松等（2011）则关注于企业关系特性的影响，基于信息效率观假说分别考察了关系型交易及政治关系对股价同步性的影响效应。此外，许年行等（2011；2013）的研究则关注了投资者行为对股价同步性的影响效应，并进行了相关理论构建。进一步地，王亚平等（2009）、黄俊和郭照蕊（2014）、伊志宏等（2019）切入信息中介的影响效应视角，深入考察了机构投资者、新闻媒体报道、分析师特征等对企业股价同步性的影响效应，相关结论均表明公司信息进入股价越多，股价同步性越低，验证了“信息效率观”假说。陈冬华和姚振晔（2018）基于政府行为视角的研究亦提供了进一步的实证证据，通过考察产业政策对股价同步性的影响效应，验证了政府行为能够加速信息传递效率从而显著降低企业的股价同步性。

可见，目前国内外关于股价同步性的研究多基于微观治理、利益相关者、信息需求者等视角考察影响股价同步性的微观特征因素，对于政府推行体制改革等政府政策行为影响企业股价同步性的探究还缺乏必要的关注（陈冬华和姚振晔，2018）。考虑到政府行为会通过影响市场的套利交易行为降低资本市场的信息效率（Morck et al.，2000；陈冬华和姚振晔，2018），尤其在中国由政府监督、国有经济为主导的资本市场中，政府行为必然导致资本市场信息效率无效吗？以国有企业的混合所有制改革为研究场景，本书预期考察由政府推动的混合所有制改革在微观企业信息效率治理维度的信息效率，亦进一步从经济体制改革的视角验证政府行为引致资本市场信息无效论的合理性和正确性，为股价同步性影响因素的理论框架构建拓展新的研究维度，具有较强的理论意义。

具体而言，我们首先基于理论分析构建实证模型，理论探讨混合所有制改革对国有企业股价同步性的影响效应，即分析混合所有制改革予微观企业信息效率层面的治理效应的存在性以及存在何种影响效应。在此基础上，进一步基于分类改革下的分类治理效应差异深入考察了分类分层治理对混改与国有企业股价同步性关系的影响效应差异。并深入挖掘了分析师、机构投资者及媒体报道等信息中介及内部控制质量等对主检验结论的调节效应。此外，基于理论分析进一步验证了混合所有制改革影响国有企业的股价同步性的信息渠道和治理渠道。

1.3.1.3 经营效率维度：混合所有制改革与国有企业社会责任负担

目前关于企业社会责任的探究主要包括两大类：企业承担社会责任的影响因素和企业承担社会责任的经济后果。基于外部制度约束、内部制度构建及治理结构等视角，学者们开展了广泛而深入的探讨（Gainet，2010；

徐莉萍等，2011；张建君，2013；Sacconi，2006；贾明和张喆，2010；王海妹等，2014；陈丽蓉等，2015；王元芳和李思思，2019；步丹璐等，2021；陈峻和郑惠琼，2020）。而关于国有企业社会责任的研究则主要围绕“国有企业性质——国有企业经营目标——国有企业社会责任”或者“国有企业性质——国有企业功能定位——国有企业社会责任”的逻辑架构进行展开（黄速建和余菁，2006；乔明哲和刘福成，2010；肖红军，2018），且多侧重于国有企业承担社会责任的内外部经济及非经济效益（曲卫彬，1997；仲大军，2006；黄速建和余菁，2006；乔明哲和刘福成，2010），鲜少有文献深入考察影响国有企业社会责任的驱动及制约因素，这为本书的研究提供了理论借鉴的同时，又保留了研究机会。

既有研究表明，国有企业虽然表现为一种企业实体，但由于其国有特性，通常被视作政府代表公众利益对市场问题加以控制和解决的重要政策手段（李昱，2011），因此，其经营目标具有多重性，也因其自身“多任务”的特征，使得国有企业一直存在着经营目标不明确、多重任务难以考核的问题（李禹桥和陈林，2020）。加之，为稳定就业、获取更多政治晋升机会，政府官员有动机通过人事任免对国有企业的关键决策施加影响（廖冠民和沈红波，2014；耿云江和马影，2020），并引导国有企业承担较多维稳社会发展、降低失业率等政策性负担（Lin et al.，1998；林毅夫和李志赟，2004；马连福等，2013；罗喜英和刘伟，2019）。其原因在于，国有企业作为一种制度安排（黄速建和余菁，2006），社会责任不仅是其作为一般企业存在的价值反映，更是国有企业“国有”特性的天然要求（肖红军，2018）。可见，社会责任是国有企业经营目标多元化的一种基本体现，过多的社会责任负担会对国有企业的经营效率产生消极影响。也就是说，国有企业的社会责任问题本质上是国有企业经营目标的一种体现，考虑到国有企业经营目标的多元化及其产权特殊性，其承担了较多的“政治摊派任务”和社会责任，如超额雇员和政策性负担等（耿云江和马影，2020；赵雅娜和敖小波，2016）。很显然，这不利于国有企业经营效率的提升，甚至损害了其整体经济效益。基于分类分层背景的混合所有制改革作为由政府推动的一项体制机制改革，能否通过优化再分配国有企业的经营目标，实现社会责任分配调整以提升其经营效率呢？

随着国有企业混合所有制改革的深入推进，相关研究指出，推进混改必须考虑国企所肩负的政策性负担——“必须以混合经济为突破口，推进国有企业更深层次的改革”（杨瑞龙，2014；陈林和唐杨柳，2014）。进一步地，有学者指出，混合所有制改革能够显著降低国有企业的政策性负担（陈林等，2014），显著提升国有企业经营绩效（张辉等，2016），且非国有大股东能够显著降低国有企业的超额雇员，并显著缓解国有企业的价值损失（耿云江和马影，2020）。可见，混合所有制改革能够在微观企业社会责任承担层面发挥基本的治理功能。基于此，沿用耿云江和马影（2020）基于竞争理论中超额雇员及现有研究中政策性负担的概念内涵，借鉴 Jian 和 Lee（2015）将社会责任分为正常社会责任（Normal CSR）和异常社会责任（Abnormal CSR）的分类思路，借助残差模型，我们将国有企业承担的超出其限度及行业平均水平的社会责任称为“社会责任负担”，结合国有企业分类改革背景，以国有企业混合所有制改革为研究切入点，以国有企业社会责任为研究落脚点，深入考察了混合所有制改革对国有企业社会责任负担的影响效应。

具体而言，借鉴 Jian 和 Lee（2015）的分类思路，采用残差模型构建社会责任负担测度指标，检验了混合所有制改革对国有企业社会责任负担的影响效应，并结合国有企业分类分层推进混改的改革思路，深入探讨混改影响国有企业社会责任负担的潜在机制。通过考察混合所有制改革对国有企业社会责任负担的影响效应及该效应在不同功能分类和行政分层国有企业间的表现差异，以探查混合所有制改革是否有助于国有企业经营目标的优化，是否能够通过调整不同类型国有企业的社会责任承担水平，实现不同类型国有企业经营目标的优化再分配，从而提升了国有企业整体经营效率，在国有企业社会责任承担层面发挥治理有效性。此外，在主检验基础上，进一步考察了企业社会责任承担意愿对国有企业混合所有制改革在微观企业经营效率维度治理效应的影响。另外，从宏观政策和宏观经济以及微观企业现金政策和经营特征等视角考察影响混合所有制改革与国有企业社会责任负担的调节效应。最后，基于国有企业 EVA 考核绩效的经济后果检验，结合分类分层治理实践，进一步验证混合所有制改革在国有企业社会责任层面的经济后果，从社会责任负担视角为混合所有制改革的行为治理功能提供实证佐证，验证混改在微观企业经营效率维度的治理有效性。

1.3.1.4 资本效率维度：混合所有制改革与国有企业金融错配

金融错配是指由于金融资源不能按照效率最优化原则在企业或者部门间进行分配而导致的金融资源更多地流向资本回报率较低企业或部门的一种资源扭曲配置状态。相关研究指出，在我国以国有银行为主导的金融体系中，银行信贷表现出明显的“规模歧视”和“所有权歧视”特征（战明华等，2013）。也就是说，金融资本在微观企业间的配置存在严重的不对称和非效率性，在规模存在差异及产权性质不同的企业中，金融资本配置效率并没有按照效率原则达到最优化配置，表现出明显的金融错配。不管是不同产权性质的企业间，还是同一产权不同规模的企业间，这种资本配置的无效率状态均存在。而资本配置效率的提高是国有企业实施混合所有制改革的动机与目的，从企业资本配置效率的角度研究混合所有制改革的经济后果具有重要的现实意义（祁怀锦等，2019）。

相关研究指出，国有企业通过混合所有制改革能够移植非国有企业灵活的市场经营机制，提升国有企业资源配置效率，促进国有资产保值增值（祁怀锦等，2019），从而有助于国有企业的资源配置优化（李井林，2021）。从理论上讲，国有企业实施混改有助于搞活国有企业经营机制、放大国有资本功能，并最终提高企业经济效益。通过不同所有制资本间的共同发展和有效制衡，实现国有企业经营机制的成功转换。具体来说，通过实施混合所有制改革，在趋利导向下非国有资本进驻国有企业，一方面，通过加强内部监管制衡机制，优化了内部治理结构，帮助国企实现政企分开（张涛等，2017），减少了政府干预。政府干预作为我国金融错配的主要诱因之一，其显著降低，必然有助于金融错配现状的缓解。另一方面，非国有资本的市场化治理手段，在一定程度上有助于提升国有企业的整体经营效率（厉以宁，2014），提升国有企业的投资效率和资本利用率，从而使大量错配资源“物有所有”，降低国有企业对金融资源的“无效占用率”，从而降低资源错配程度。

基于以上分析，立足资本效率视角，本书深入考察了混合所有制改革对国有企业金融错配的影响效应，以期从资本配置效率维度为混合所有制改革的行为治理有效性提供实证佐证，验证混合所有制改革予微观企业资源配置层面的积极经济后果，为国有企业开展混改的必要性和重要性提供理论和实证支持。通过金融资源错配方向的深入探查，进一步验证了我国信贷市场“所有权歧视”的存在性。同时，结合不同分类分层国有企业的异质性特征考察了混合所有制改革对国有企业金融错配的影响效应在不同类型国有企业间的差异性影响，以期从分类治理视角为我国不同类型国有企业实施混改的治理有效性差异提供实证证据。进一步地，从企业特征因素、地区特征因素及宏观特征因素等层面考察了相关调节因素对主检验结论的异质性影响。最后，基于投资效率和政府干预两个机制渠道验证混合所有制改革影响企业金融错配的潜在机制，以期从微观企业资本配置效率视角为混合所有制改革行为治理功能的有效性提供实证证据和理论佐证。

综合以上分析，本书以国有企业混合所有制改革为研究切入点，结合分层分类改革背景，以期从信息治理和行为治理双视角考察混改在微观企业层面的治理有效性。并基于微观企业信息价值体现和行为决策表现，分别选取信息质量、信息效率、经营效率和资本效率等维度对国有企业实施混合所有制改革的微观治理功能进行实证验证，以期从股价崩盘风险和股价同步性等市场股价特征及社会责任负担和金融错配等企业行为表现层面通过实证检验对国有企业推行混合所有制改革的经济效果作出客观评价。这不仅有助于国有企业混合所有制经济后果研究文献的丰富，也有助于国有企业混合所有制改革理论框架的构建。通过信息治理和行为治理双视角为混合所有制改革的研究框架体系提供思路。同时，为我国在国有企业深化改革进程中，结合分类分层改革指导推动混合所有制改革进程，有助于优化国有企业改革效益和提升国有资本效率提供了理论借鉴和实证证据，肯定了分类分层推进混改予以我国国有企业深化改革的重要性。这对于深化改革、推动经济发展有重要的理论意义和现实价值。

鉴于此，基于信息治理和行为治理双视角，本书主要探讨了混改在国有企业信息质量、信息效率、经营效率和资本效率等维度的治理有效性。

在此基础上，深入考察了不同功能分类和行政分层国有企业实施混改的经济效应差异及混改影响国有企业治理有效性的机制渠道、调节因素及可能的经济后果。本书的研究框架及研究逻辑如图 1－1 和图 1－2 所示。

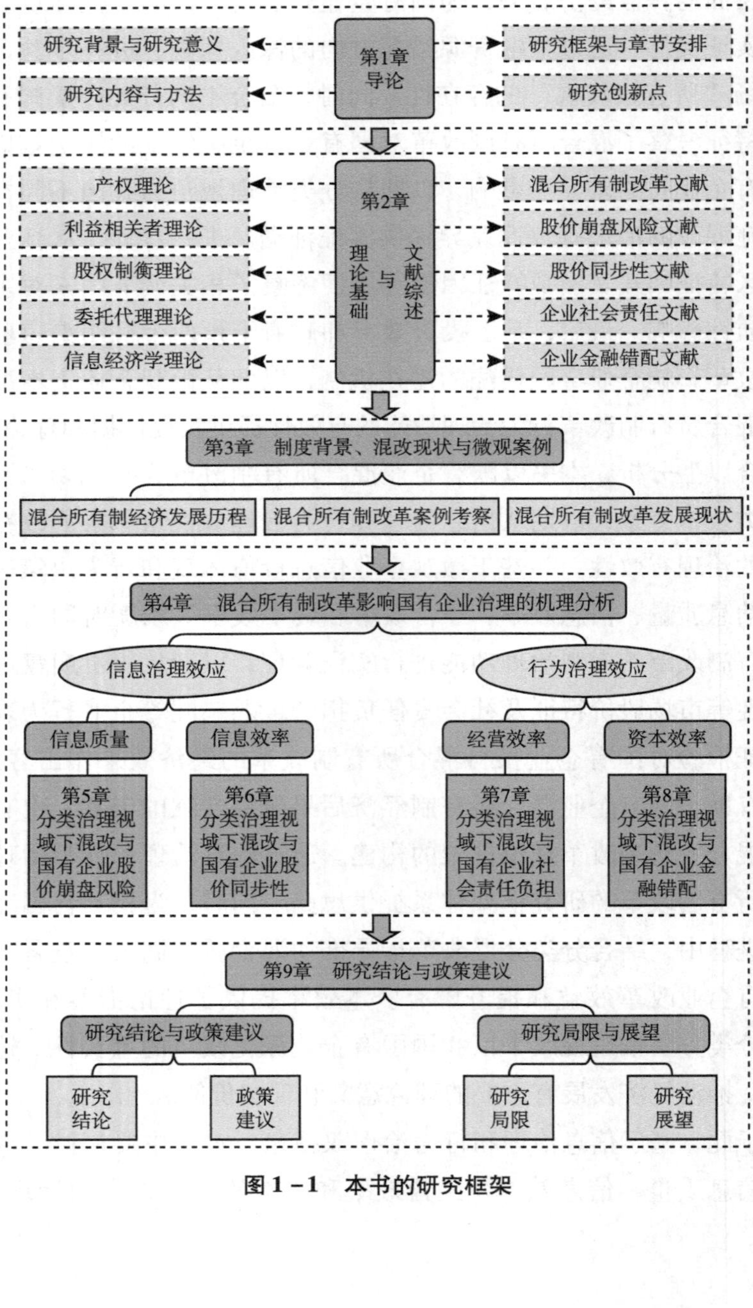

图 1－1　本书的研究框架

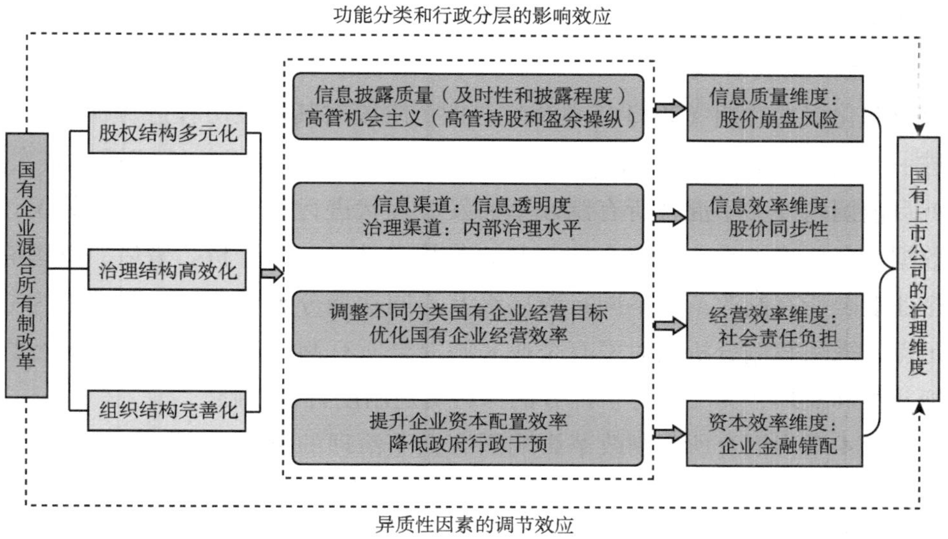

图 1-2　本书的研究逻辑

1.3.2　章节安排

基于以上框架安排，本书详细的章节安排及研究内容如下：

第 1 章为导论。主要交代本书的研究背景、研究意义、研究框架与章节安排、研究方法和创新之处。

第 2 章为理论基础与文献综述。围绕本书的主要研究框架，首先，梳理与混合所有制改革影响微观企业行为的理论基础相关文献，在此基础上，探索混合所有制改革在企业治理层面的治理效应及影响机制；其次，依据研究主题及各研究维度的研究切入点，分类整理相关研究文献，主要包括：国有企业混合所有制改革相关的文献梳理、与股价崩盘风险相关的文献梳理、与股价同步性相关的文献梳理、与企业社会责任相关的文献梳理以及与企业金融错配相关的文献梳理。并结合相关研究，将国有企业混合所有制改革与相关研究主题相结合，对现有研究成果进行梳理回顾，为研究主题的实证设计提供参考和借鉴。

第 3 章为制度背景、混改现状与微观案例，首先依照国有企业改革发展的制度背景将国有企业混合所有制改革分为萌芽探索阶段（1978～1992年）、起步发展阶段（1993～2002年）、融合推动阶段（2003～2012年）以及深化探索时期（2013年至今）等四个阶段对其发展历程进行梳理，并进一步就其发展过程中的政策支持及法律法规规范进行总结概括。其次，就目前国内外关于混合所有制改革的发展现状进行分析，并结合相关统计数据对目前国有企业的混合所有制改革状况进行基本分析。最后，以国有企业混合所有制改革在不同行政层级及不同功能分类层面的实践探索为立足点，采用案例分析法对国有企业实施混合所有制改革的实践探索进行详细介绍和梳理，为实证分析部分的探讨奠定制度背景基础。

第4章为混合所有制改革影响国有企业治理的机理分析，详细阐述了本书的整体逻辑和内在机理。研究背景梳理及案例剖析的基本结论表明，混合所有制改革能够在微观企业行为决策及经营绩效等方面发挥行之有效的治理功能，且有助于国有资产的保值增值及国民经济的稳定发展。为进一步挖掘混合所有制改革予以微观企业的治理有效性，切入信息治理和行为治理双视角，在阐述本书整理逻辑架构和研究内容的基础上，通过构建章节间的勾稽关系，对本书整体的行文结构及基本逻辑进行简要分析，并论述从信息治理和行为治理维度进行考察的内在逻辑。具体而言，从产权理论引入国有企业相关研究问题，结合理论基础，分析混改影响公司治理的基本逻辑，并交代从信息治理和行为治理维度考察混改治理有效性的合理性。基于此，首先探讨为什么混改能够在国有企业信息治理层面发挥治理有效性，以及选取股价崩盘风险和股价同步性作为研究切入点的基本逻辑，通过构建信息质量与信息效率维度的理论逻辑架构，对信息治理有效性的基本逻辑进行分析。其次，结合信息治理有效性逻辑，深入剖析混改为什么进一步能够在行为治理层面发挥治理功能。本章以社会责任负担和金融错配为研究切入点，分别从经营效率和资本效率视角解读混合所有制改革在国有企业行为治理层面的治理有效性，并分析选取社会责任负担和金融错配作为研究切入点的原因。此外，结合现有文献将混合所有制改革对国有企业信息治理和行为治理的影响效应构建逻辑闭环，本章分析混合所有制改革影响国有企业信息治理及行为治理的内在基本逻辑。最后，分别探讨混合所有制改革对国有企业各维度产生了何种影响？如何产生影响？并通过细化各维度的理论分析，进一步构建理论预期，为后续的实证分析奠定理论基础。

第 5 章为信息质量维度：分类治理视域下混改与国有企业股价崩盘风险。本章首先从信息治理视角考察了混合所有制改革在国有企业信息质量维度的治理有效性，并结合不同功能分类和不同行政分层的国有企业子样本考察混合所有制改革在信息质量维度的异质性影响效应差异。其次，进一步探讨混合所有制改革影响国有企业股价崩盘风险的调节因素和机制渠道。最后，开展一系列稳健性检验保证实证结论的可靠性。本章的研究，一方面拓展了股价崩盘风险影响因素相关的探讨，将混合所有制改革这一由政府推动的政策性改革因素纳入企业股价崩盘风险研究框架体系，为企业股价崩盘风险的影响因素探讨提供了新的实证佐证；另一方面，股价崩盘风险作为企业管理层自利性操纵内部信息的一项非系统性风险，在一定程度上是企业内部治理缺陷引致的信息披露不及时不充分的集中体现，目前学术界的研究多集中于市场管控及内外部监管等层面，缺乏特定体制改革背景下的考察情境，这也为本章的探讨提供了研究机会。

第 6 章为信息效率维度：分类治理视域下混改与国有企业股价同步性。本章首先从信息治理视角考察了混合所有制改革在国有企业信息效率维度的治理有效性，以信息经济学理论中的信息效率假说为研究切入点，考察了混合所有制改革对国有企业股价同步性的影响效应，这是混合所有制改革在微观企业信息治理层面表现出的治理功能。其次，进一步探讨国有企业功能分类及行政层级差异对混合所有制改革的信息治理效应的影响差异，并深入探讨了混合所有制改革影响国有企业股价同步性的机制渠道。相较于现有的研究文献，该章的研究，一方面拓展了股价同步性的研究范畴，同时从企业产权改革视角考察了影响微观企业市场股价信息效率的影响因素，这拓展了股价同步性的理论发展框架；另一方面，目前关于企业股价同步性影响因素的探讨多基于微观治理、宏观政府行为等视角，鲜少有文献基于混合所有制改革的治理视角考察其对微观企业信息效率的影响，具有一定的创新性。

第 7 章为经营效率维度：分类治理视域下混改与国有企业社会责任负担。本章从国有企业的本质及国有企业社会责任的内涵出发，将社会责任视作国有企业经营目标多元化的一种基本体现，切入社会责任负担角度，基于行为治理视角考察混合所有制改革在微观企业经营效率维度的治理有效性。从基本内容看，本章侧重于结合分层分类改革背景深入考察国有企业实施混合所有制改革是否有助于国有企业经营目标实现优化再分配，从而助推国有企业实现整体经营效率的提升。从社会责任负担的指标测度入手，参照 Jian 和 Lee（2015）关于企业社会责任的分类思路，借鉴耿云江和马影（2020）等关于超额雇员及政策性负担的概念内涵，借助残差模型测度国有企业社会责任负担，深入考察混合所有制改革的实施如何影响国有企业社会责任负担，并结合理论猜想深挖混改影响国有企业社会责任负担的可能潜在机制。具体地，首先，基于国有企业高管的政治及经济动机检验混改通过该机制影响国有企业社会责任负担的可能性。其次，结合分类分层改革实践，通过考察不同功能分类和行政分层国有企业实施混改后其社会责任承担变化差异及社会责任负担变化情况，检验混改通过促进国有企业社会经营目标在不同类型国有企业间实现优化再分配的可能潜在机制。也就是说，混改的实施加速了国有企业根据功能分类明确其经营目标，通过实现国有企业间经营目标的合理配置，让不同类型的国有企业承担功能相对应的角色和功能定位相适配的社会责任，从而提升国有企业整体运营效率。进一步地，通过不同层面异质性因素的考察，检验影响混合所有制改革和国有企业社会责任负担关系的调节因素。最后，基于 EVA 考核绩效的经济后果考察为机制检验结论提供进一步的实证证据。与现有的研究相比，一方面，通过将社会责任进行分类测度，进一步拓展了国有企业社会责任相关的研究范畴，对于丰富国有企业社会责任理论框架具有较强的理论支撑意义；另一方面，拓展了国有企业混合所有制改革及企业社会责任层面的研究范畴，丰富了相关研究文献。

第 8 章为资本效率维度：分类治理视域下混改与国有企业金融错配。本章从行为治理视角考察了混合所有制改革在国有企业资本效率维度的治理有效性。金融错配作为国有企业资源配置无效率的一种典型表现，为检验混改在微观企业层面的行为治理功能提供了良好的情境。理论上讲，国有企业实施混改能够通过引入非国有资本，移植非国有股东的市场化管理经验及经营策略，同时可以通过引入非国有股东，在国有企业内部构建制衡监督机制和治理决策机制，这些都有助于金融资源向效率高的部门或者企业流转，提升国有企业的资源配置效率和投资效率，从而显著降低国有企业的金融资源错配；另外，国有企业通过实施混合所有制改革在一定程度上能够通过组织结构优化，促使政府简政放权，缓解政府对国有企业的行政干预，提升国有企业经营效率及投资效率（杨志强和李增泉，2018），亦有助于盘活国有企业占用的金融资源，降低金融错配程度。基于此，本章从国有资本配置效率的视角深入考察了混合所有制改革对国有企业金融错配的影响效应，并基于不同功能分类和行政分层国有企业子样本进一步考察了混合所有制改革对不同分类国有企业金融错配的影响效应差异。此外，还进一步考察了企业特征、地区特征及宏观特征因素的调节效应。最后，基于资本利用率和政府干预两条路径考察了混合所有制改革影响国有企业金融错配的机制渠道。一方面，为国企混合所有制改革的治理效应提供了实证依据；另一方面，为混合所有制改革能够提升国有企业资源配置效率，实现“国民共赢”提供了理论佐证，具有较强的现实意义。

第9章为研究结论与政策建议。根据实证检验结果，总结概述本书研究的主要结论，结合实证结论对我国国有企业实施混合所有制改革过程中存在的问题给出合理的政策建议，并在分类检验结果基础上，针对不同功能分类和不同行政分层的国有企业的治理差异给出合理的指导建议。此外，结合写作过程中遇到的问题及难点对本书的研究局限性进行梳理，最后，结合本书的研究设想及研究主题相关的研究方向和话题进行研究展望，以期为未来进一步探索与国有企业混合所有制改革相关的研究课题奠定框架基础。

1.4 研究方法

1.4.1 文献归纳法

文献归纳法对于构建本书的研究架构和整体框架起到了奠基与支撑作用。通过对国内外文献前沿及经典文献的搜索、整理和归纳，能够启发研究思路，确定研究视角，并在现有研究的基础上发现新的研究议题进行创新性探索。此外，通过阅读文献资料进行理论积累有助于构建本书的研究思路，并试图从不同的角度对相关研究问题进行分析解释，丰富现有研究框架。通过文献归纳，一方面，对目前国内外研究现状进行梳理；另一方面，有助于本书基于现有的文献研究进行创新探索。本书在现有研究的基础上，试图构建多维度混合所有制改革综合衡量指标，深入探讨混合所有制改革在微观企业信息治理及行为治理层面的治理有效性。

1.4.2 规范研究法

通过广泛查阅资料，深挖交叉学科理论，结合管理学、经济学及社会学等相关学科理论进行理论分析，切入本书研究议题，基于产权理论、利益相关者理论、股权制衡理论、委托代理理论和信息经济学理论等经典理论基础对本书的基本逻辑构建和理论分析进行内在机理构建，深入探讨国有企业实施混合所有制改革在微观企业层面发挥治理有效性的理论基础，并构建章节间的理论逻辑和内在机理，为进一步的实证验证提供基本的理论支撑。

1.4.3 实证研究法

本书以实证研究为主，实证研究和规范性研究相结合的方法，从多维度构建混合所有制改革综合测度指标出发，由表及里、由现象到本质深入探究混合所有制改革在微观企业的治理有效性。基于信息治理和行为治理两大维度，嵌入分类分层推进改革实践，分别探讨了混合所有制改革在国有企业信息质量、信息效率、经营效率和资本效率等维度的治理效应，并深入探查不同分类分层国有企业实施混改的影响效应差异及混合所有制改革影响企业行为的影响机制及经济后果，以期从实证视角为国有企业依据分类分层指导意见实施混改的必要性和重要性提供实证借鉴和理论支持。同时，本书基于微观企业治理有效性视角，对混合所有制改革的改革效果进行检验和评价，具有一定的实践意义。

1.5 创新之处

基于国内外相关研究文献梳理与对比分析，本书的研究创新点主要体现在研究视角、研究内容和研究方法三个层面，具体如下：

（1）从研究视角上看，结合混合所有制改革应分类分层推进的改革背景和指导意见，切入信息治理和行为治理双视角考察了混合所有制改革予以国有企业的治理有效性，是对现有文献的深入挖掘，具有较强的系统性和创新性。通过文献梳理我们发现，现有关于国有企业混合所有制改革的研究仅仅关注于混合所有制改革在微观企业层面的经济后果，鲜少有文献结合分类分层改革背景，基于综合视角系统探讨混合所有制改革予以微观企业的治理有效性。而本书则切入信息治理和行为治理双视角，深入挖掘了混合所有制改革在国有企业信息质量、信息效率、经营效率和资本效率等四个维度的治理有效性。这不仅有助于系统归纳混合所有制改革予以国有企业治理的积极意义，也能够深入挖掘混合所有制改革予微观企业的治理有效性，为混合所有制改革的深入推进与发展的必要性提供理论佐证和实证证据。此外，各维度的研究选题不仅拓展了国有企业混合所有制改革经济后果的研究范畴，也进一步丰富了国有企业治理行为影响因素的研究外延，具有一定的理论借鉴意义。

（2）从研究内容上看，结合分层分类改革背景，以混合所有制改革为研究切入点，本书深入考察了国有企业混合所有制改革对国有企业股价崩盘风险、股价同步性、社会责任负担及金融错配的治理效应。目前关于混合所有制改革的相关研究多集中于投资效率（李井林，2021；李增福等，2021；杨志强等，2018）、高管激励（蔡贵龙等，2018）、政策性负担（陈林等，2014；卢佳瑄和万寿义，2021）、创新行为（程承坪和陈志，2021；陈琳等，2019；罗宏等，2019）、持股比例（沈红波等，2019；李向荣，2018；张伟等，2017；郝云宏和汪茜，2015）、公司治理（沈昊和杨梅英，2018；刘运国等，2016）和公司绩效（郝阳和龚六堂，2017；马连福等，2015；黄速建等，2021；李明敏，2020）等方面，这在一定程度上肯定了混合所有制改革在微观企业治理中的积极作用。亦有部分研究开始基于混改背景考察非国有股东参与治理对国有企业资本金融稳定的影响（马新啸等，2021a）以及混改在制造业企业债务融资错配等（卢佳瑄和万寿义，2021）层面的影响效应。但相关研究仅仅关注于混改的高层治理结构或是股权结构等单维度影响效应。既没有综合混改“股权结构 + 高层治理结构 + 组织结构”的综合视角，也没有深入考虑分类改革背景的治理效应差异。这为我们提供研究借鉴的同时，也保留了研究机会。也就是说，现有研究鲜少有文献基于分类分层背景系统深挖混改的信息治理效应和行为治理效应。在现有广泛研究的基础上，本书基于信息质量、信息效率、经营效率和资本效率四维度的治理框架构建，深入挖掘了混合所有制改革对国有企业股价崩盘风险、股价同步性、社会责任负担及金融错配等的影响效应、影响机制及调节因素。相关研究结论为“在公司治理结构上发展混合所有制，可以化解国有企业双重目标冲突，从而促进社会福利最大化”“国民共进能够提升政府资源配置”等观点提供理论佐证。同时，进一步系统地从信息治理和行为治理的视角为国有企业实施混合所有制改革的积极意义提供了实证证据。本书结合分类分层改革背景的探讨发现，不同功能分类和行政分层的国有企业实施混改，其信息治理效应在信息质量和信息效率维度的作用存在显著差异。尤其是关于社会责任负担议题的讨论，本书结合分层分类改革背景，通过实证分析，验证了混合所有制改革有助于促进不同功能分类和行政分层国有企业经营目标的优化再分配，通过优化经营目标配置，整体提升了国有企业的经营效率。为不同类型国有企业的混合所有制改革实践在理论层面提供借鉴，具有一定的理论及现实意义。

（3）从研究方法上看，本书通过对国有企业混合所有制改革研究文献的梳理，对混合所有制改革的指标测度方法进行了优化。目前现有关于混合所有制改革的测度方法比较简单，主要包括两种主流的测度方式：第一种仅仅考虑股权多样性维度，采用股权制衡度或者股权多元化来测度混合所有制改革；第二种在第一种测度方法的基础上加以优化，采用“股权结构 + 高层治理结构”双维度进行测度。不仅考虑混改引入外部资本进行的“混”，也考虑到混改实施后，进驻资本的话语权问题，用高层治理结构维度的相关指标来测度。但这两种测度方法均忽略了混合所有制改革的动因导向性。具体而言，从混改实施的结果内涵来看，混合所有制改革作为一项产权体制改革，包括“混”和“改”

两大部分。"混"主要体现在国有资本层面，要求通过国有资本和非公资本的"混"，优化股权结构，让资本在积极流动中实现优势互补和保值增值。该层次的内涵主要采用股权结构多元化和制衡度来刻画。"改"主要体现在国有企业层面，要求通过股权优化促进内部治理结构完善，让企业作为独立市场主体在市场竞争中释放活力、增强核心竞争力。该层次的内涵主要采用非国有股东参与治理来刻画。这是目前混改指标测度的基本内在逻辑和依据。但"混+改"两者组合在一起仅仅刻画了国有企业推行混改的基本结果，并不能体现国有企业实施混改的深层次内涵——国有企业推行混改的推动力——政府放权意愿的体现。政府放权意愿作为推动国有企业实施混合所有制改革的重要驱动因素（蔡贵龙等，2018），不仅能够体现政府通过产权改革进行"简政放权"的意志，也能够彰显政府通过简政放权减少政府对企业实施干预的态度与决心。即，国有企业实施混改体现的是政府进行产权改革及经济体制改革的意志，而这种放权意愿在微观企业层面主要体现为组织层级的调整，既有研究为该猜想提供了系统而完整的实证证据。相关研究指出，地方政府会通过拉长控制链层级减少政府干预（Fan et al.，2010；Liu et al.，2011），而国有企业亦倾向于通过增加金字塔层级来调整面临的政府干预（许晨曦和金宇超，2021）。可见，混改的实施不仅会对微观企业的股权结构及高层治理结构产生影响，也会通过组织结构重构在国有企业内部治理及经营决策中体现政府意志，并通过优化组织结构影响国有企业的治理有效性。此外，还有研究表明，金字塔结构能够对企业的经济价值产生显著影响（刘行和李小荣，2012）。基于以上分析，从理论上讲，用组织结构量化政府推行混改的放权意志，并将其纳入混改综合指标测度框架是必要且重要的，不仅有助于完善混改的指标测度，也有助于我们深入理解混改的深层次内涵。基于此，在现有测度体系基础上，深入挖掘混合所有制改革内涵，进一步将组织结构纳入国有企业混合所有制改革的综合指标构建体系中，基于"股权结构+高层治理结构+组织结构"三个维度，在构建分项指标后，采用主成分分析法构建综合测度指标，使得混合所有制改革的测度方法及测度内涵更合理、更科学、更能详细刻画混合所有制改革的本质。这是本书的一个重要创新点，基于该综合指标的测度，以期为混合所有制改革的相关研究提供严谨的研究借鉴。

第 2 章

理论基础与文献综述

本章梳理了混合所有制改革对微观企业行为影响的理论基础，就相关研究主题进行文献梳理和现状分析，从五个部分进行文献回顾。首先，主要梳理与混合所有制改革相关的文献；其次，分别就股价崩盘风险、股价同步性、企业社会责任及金融错配等影响因素研究开展文献梳理，并结合现有研究对本书的创新性进行挖掘；最后，对目前国内外关于混合所有制改革的研究现状及研究方向进行评述，并做出总结。

2.1 理论基础

2.1.1 产权理论

关于产权理论，有两种主流的思想观点：马克思主义产权理论和科斯产权理论。其中，科斯产权理论又被称为“西方产权理论”，是科斯 1937 年在《经济学家》上发表的《企业的性质》一文中提出的产权理论观点。该理论于 20 世纪 90 年代在我国资本市场中兴起，作为新自由主义理论的代表，该理论受到马克思主义产权理论支持者的强烈抨击。马克思主义产权理论起源于生产力和生产关系的矛盾运动，是我国资本市场产权制度改革的基础。马克思认为是生产力决定了产权制度，而科斯的观点则相反，认为是产权制度决定了生产力。

科斯认为只要交易成本足够小，不管最终将产权界定给谁，资源都能够通过市场交易达到最佳配置效果。这为解决代理问题提供了一个基本的思路：通过清晰产权界定进行市场交易。科斯产权理论的核心在于，一切经济活动的前提是制度安排，而经济分析的首要任务是界定产权。制度安排的本质是人们通过交易行为实现权利体现，而产权界定的目的是通过明确当事人的权利与责任，使交易实现社会效益最大化。其着眼点是在对传统西方微观经济学的批判性考查中发展起来的，认为资本主义私有得还不够纯粹，主张通过明确地进行产权界定完善资本主义私有制，并最终实现社会资源的优化配置（徐淑丹，2012）。总的来讲，科斯的产权理论认为产权是确保稀缺的社会资源能够被有效配置的基础，产权是效率的决定因素，只要产权的界定是清晰的，外部侵害问题就能得到妥善解决，从而缩小社会成本与私人成本之间的差异。

而马克思主义产权理论则认为产权只是生产关系的法律用语，生产力决定了生产关系，而生产关系决定了生产力的发展方向。也就是说，产权关系的评价不随人们的主观意愿而改变，完全是由生产力的发展状况决定的。该理论认为，公有产权的产生是由原始共同体所处的自然条件决定的，其动力来源于人类生存的需要。而私有产权是在自然形成的公有产权的基础上，随着生产力的发展和家庭制度的演变而逐步产生的（徐淑丹，2012）。可见，马克思产权理论的根源在于探讨生产力和生产关系的对立统一关系，并认为私有产权不是永恒的。

总的来看，科斯的产权理论主张通过清晰产权界定能够显著提升社会资源的配置效率。产权只有具备明确性、专有性、可转让性及可操作性等四项基本特征才能够助推经济高效发展。而马克思的产权理论则认为，生产力和生产关系的对立统一决定了经济基础与上层建筑之间的关联性，这与社会所有制性质及产权结构的确定息息相关。相关研究指出，在 20 世纪 90 年代前，我国主要使用马克思的产权理论，90 年代后改用西方产权理论（徐淑丹，2012）。

在中国特殊的经济体制中，国有企业普遍存在产权不清、权责不明的问题。加之，国有产权的所有者和管理者利益相关性不强，这就很容易导致管理者监管激励不足，从而显著降低了国有企业的经营效率。此外，由于国有产权的特殊性，国有股权并不像私有产权一样在市场中具有自由交易权，这在一定程度上阻碍了产权的自由流动机制，使得国有企业内部治理机制缺失，无法实现资源的有效配置。不仅抑制了国有企业的经营活力，阻碍了国有资本的功能发挥，还会损害社会福利和整体经济效益。可见，在国有企业中，国有股权的“一股独大”会导致国有企业内部治理机制缺陷和监督机制缺失，而混合所有制改革通过优化股权结构，构建了完善的内部监督机制。通过在国有企业中引入非国有资本，优化组织层级简政放权，减少政府干预，并允许非国有成分参与国有企业的治理监督及行为决策，这有益于在国有企业内部构建市场化的运行机制，盘活国有资本，提升国有企业的内部治理能力、经营效率和资本配置效率。

相关研究表明，产权理论是指导我国国有企业改革的理论体系之一（井辉，2000），发展混合所有制改革的实质就是产权改革（董梅生和洪功翔，2017）。因此，基于产权理论探讨我国国有企业混合所有制改革的影响因素及经济后果，有助于从发展中国家特殊的产权制度研究中为西方产权理论在新时期的发展与理论框架构建作出贡献。

2.1.2 利益相关者理论

“利益相关者”的概念最早是在1963年由斯坦福研究所提出的。有别于传统企业理论对企业追求经济利润最大化目标的理论设定，利益相关者理论认为，企业的经营目标不应仅仅是股东经济利益追求的体现，还应关注于除股东外的其他利益相关者，如员工、消费者、供应商、债权人及政府等公众整体利益。也就是说，企业的经营目标除了经济目标外，还应承担社会及政治相关的职责，不仅要体现股东利益的最大化，更应该彰显利益相关者的经济价值追求。从分散企业经营目标的视角丰富了企业理论的发展，拓展了相关研究框架。

目前，关于利益相关者理论的学术探讨多认为，与企业经营活动直接或间接相关的经济个体都是企业的利益相关者，作为企业经营利益的直接相关者，利益相关者不仅有义务承担与企业经营活动相关的风险，同时拥有对企业经营活动进行监督和规范的权利。随着利益相关者理论的发展，其相关定义越来越清晰。到20世纪90年代，美国学者布莱尔在其出版的专著中关于利益相关者理论的探讨虽然在利益相关者的范围界定上受到争议，但其理论观点得到了学术界的广泛认可。他认为，企业不仅仅是资本所有者的组织联合体，更是财务资本所有者和人力资本所有者等利益相关者缔结契约关系的重要联结点。基于该观点，确立了以股东、员工、消费者、债权人等利益相关者为主体的公司经营管理体制机制及决策权力配置机制，这也是公司法人治理结构的概念雏形与核心思想。

对于实施混合所有制改革的国有企业而言，引入战略投资者、引入非国有股东、开展员工持股计划等方式支持非公资本进驻国有企业，都拓展了国有企业的潜在利益相关者。非国有股东及其派驻的参与公司治理的“董监高”等作为国有企业的利益相关者，在分担企业经营风险的同时，亦有动机通过强化内外部监督实现自身利益最大化，从而有助于国有企业内部治理结构及监督体制的构建与完善。基于此，我们认为，国有企业实施混合所有制改革后，利益相关者的监督行为会直接影响企业的经济行为及混合所有制改革的治理有效性，在混改的信息治理及行为治理层面发挥治理功能。

2.1.3 股权制衡理论

股权制衡是指企业的控制权同时由几个相互关联又相互制衡的大股东分摊，任何一个大股东都无法独立进行决策控制的治理局面。这种通过“势均力敌”大股东相互牵制形成的内部监督模式，不仅保留了股权集中在内部治理中的积极意义，同时又能够通过内部监督制衡机制抑制单个大股东的利益侵占行为，在一定程度上有益于公司内部治理机制的优化。股权制衡度越高，股东之间的合谋机会就越小，大股东的侵害能力就越弱，从而对企业治理和企业价值的积极意义和效应就越大。但股权制衡度并不是越高越好，其对公司价值的提升效应只有在合理的限度内才能发挥作用。其原因在于，股权制衡度较高意味着控股股东在企业中的所有者权益下降，这会显著抑制其参与公司治理的积极性，导致其因激励不足而渎职。很显然，这不利于企业的可持续经营及价值增值，且很容易引发“内部人控制”等问题。且较高的股权制衡度可能会引发制衡股东之间的决策冲突，从而导致内部决策成本上升和决策效率下降，甚至会因权力斗争而直接对公司价值造成损害。综上所述，股权制衡度只有在公司治理能力相适配的区间才能发挥积极的价值效应和治理效应。

随着相关理论的发展，股权制衡作为公司治理机制的一种有效方式引起国内学者的广泛关注，并开展了深入而广泛的探讨。相关研究主要分为两派，一部分学者认为股权制衡对公司治理是有利的，另一部分学者认为股权制衡对公司治理是不利的。具体而言，前者基于股权制衡的积极效应肯定了股权制衡赋予公司治理的有效性。例如，孙永祥和黄祖辉（1999）的研究切入制衡性股权结构的视角，认为兼具相对控股股东和其他大股东的公司股权结构形式更有助于公司治理机制的发挥。黄渝祥和李军等（2003）基于投资者利益保护视角指出，股权制衡能够通过限制大股东的侵占行为在投资者利益保护层面发挥积极意义。施东晖（2000）的研究则进一步从股权制衡对股东利益和企业经营绩效的影响效应探究提供了实证证据。此外，陈信元和汪辉（2004）的研究通过对比分析股权制衡公司、联盟公司和一般公司的托宾 Q 值和市净率情况，指出股权制衡公司的市场绩效更佳，进一步验证了股权制衡在公司治理中的积极作用。相反，另一部分学者的研究则认为股权制衡不利于公司治理效应的发挥。例如，朱红军和汪辉（2004）基于宏智股权之争的案例分析指出，通过分散大股东持股权重构建的股权制衡结构能显著提升企业的治理效率，且并不比股权集中的企业更有效率，其经营效率甚至可能会低于规模相近的“一股独大”的公司（赵景文和于增彪，2005）。此外，徐莉萍等（2006）的实证结果也表明过高的股权制衡程度不利于公司的经营绩效提升。综合以上论述可以看出，股权制衡治理效应研究结论不一致的原因主要在于基于不同的股权制衡度假设前提，进一步表明，适度的股权制衡度才是公司治理机制能够发挥作用的关键。

综上所述，股权制衡是提升企业内部治理效应的关键因素。国有企业混合所有制改革的实施通过引入非国有股东，在“一股独大”、实际控制人缺失、内部人控制的国有企业中，构建了制衡机制和监督机制。一方面，有助于国有企业内部治理结构的完善，通过在企业内部形成决策制衡机制和监督制衡机制，优化国有企业内部治理水平，提升国有企业内部信息质量和信息透明度，降低内外部信息不对称，提升信息传递效率；另一方面，有助于优化国有企业的组织结构，通过简政放权减少政府干预，通过优化再分配国有企业经营目标，提升国有企业资本利用率，提升国有企业的运营效率和资本配置效率。

2.1.4　委托代理理论

委托代理理论是现代公司治理的逻辑起点。20 世纪 30 年代，美国经济学家伯利和米恩斯提出了委托代理理论，倡导企业所有者保留剩余索取权，将经营权利让渡，实现所有权和经营权的分离。委托代理理论是制度经济学契约理论的主要内容之一。该理论认为，行为主体根据契约雇佣另一些行为主体为其服务，在这一契约关系中，雇佣主体在履行向被雇佣主体支付服务报酬义务的同时，拥有获取被雇佣主体给提供服务的权力；而被雇佣主体在执行提供服务义务的同时，也被赋予一定的决策权利。这构成了授权人和被授权人的契约关联。其中授权者就是委托人，被授权者就是代理人。

委托代理理论是建立在信息不对称博弈论的基础上的。信息不对称是指一些利益相关者拥有或能够获得而另一些利益相关者无法拥有且无法获得。这就导致处于信息优势一方可能会基于自利动机侵害信息劣势方的权益。尤其是当信息优势一方和信息劣势一方追求的目标不一致时，这种利益侵占行为就会更明显。

委托代理理论的主要观点认为，委托代理关系是随着生产力大发展和规模化大生产的出现而产生的。在委托代理的关系中，由于委托人与代理人的利益落脚点存在差异，两者的效用函数亦不同。具体而言，委托人是基于财富最大化的价值追求进行契约签订，而代理人是基于薪酬激励、奢侈消费及闲暇时间最大化的利益诉求进行契约执行的。这种经济效益追求差异，必然会导致两者间的利益冲突，在缺乏有效制度安排的情况下，代理人的行为很可能最终损害委托人的利益。

在现代企业治理中，委托代理理论也被广泛应用。股东作为拥有公司剩余索取权的委托人，管理层作为拥有公司控制权的代理人，两方在公司经营过程中对信息的掌握程度存在差异。股东因不直接参与公司具体经营事务，其在公司内部信息的获取上显著弱于作为实际控制人的职业经理人。加之，股东追求企业价值最大化，而管理层则追求个人权益最大化，这种利益冲突使得委托人和代理人之间存在监督与被监督的关系。处于利益的对立面，这会促使代理人通过偷懒、关联交易等败德行为损害委托人利益（李炳堃，2017）。这种委托代理理论普遍存在于现代企业中。

尤其是在实际控制人缺位的国有企业中，其内部监督机制本就不健全，职业经理人作为代理人，完全拥有国有企业的经营决定权，即所谓的"内部人控制"。很显然，这不利于国有企业经济效益的优化和经营效率的提升。而混合所有制改革的推行，通过在国有企业中引入非国有股东，打破了国有企业这种"内部人控制"的不利局面，通过引入"委托人"，在国有企业内部构建监督机制，这有助于缓解国有企业内部代理成本，提升国有企业内部治理水平，并最终在国有企业信息治理和行为治理中发挥有效的治理功能。

2.1.5 信息经济学理论

信息经济学包括宏观信息经济学和微观信息经济学。宏观信息经济学又称为情报经济学、信息工业经济学，以研究信息产业和信息经济为主；微观信息经济学又称为理论信息经济学，以微观企业信息成本和信息价格为研究切入点，重点考察了信息提高市场经济效率的机制。因研究内容主要涉及信息不对称情况下行为人的契约签订和行为规范情况，又被称为契约理论或机制设计理论。

在信息经济学的研究过程中，经济学界更多地关注微观信息经济学的发展动态，从信息不对称条件下的契约理论入手，探讨了诸如信息搜寻、信息成本及交易成本等问题。传统的经济学理论认为，价格是市场信息的具体表现，凝结了市场中的所有信息。其前提假设认为，市场是完全有效的，信息的获取成本为零且具有公共性，能够被所有市场参与者采集和利用，且每一个市场参与者都能获取完全的信息。而信息经济学则认为，信息的搜寻是需要成本的，且信息是不完全的，这决定了不完全竞争市场的理论基础。在这种情境下，决策个体之间会相互影响，不同的决策个体之间信息是不对称的，此时，私人信息就发挥着至关重要的作用，这构成了信息经济学的经济学基础。

基于以上理论，信息经济学理论的相关研究表明，资本市场信息效率刻画了公司股票反映全部信息的能力（Malkiel，1970），在完全有效的资本市场中，股价能够反映企业所有已公开和未公开的信息，在这种情况下，市场整体资源的配置效率最高，投资者获利状况最好（Fama，1970；杜洋洋和田祥宇，2021）。但市场是不完全有效的，且市场信息、行业信息及公司特质信息本身均会对市场中的股价产生影响，尤其是公司特质信息。可见，公司特质信息是影响资本市场信息效率的关键（Roll，1988；Campbell et al.，2001；Durnev et al.，2004）。有学者基于股价信息效率的视角提出了信息效率观假说（Morck et al.，2000），认为股价同步性反映公司特质信息进入股价的程度，股价中包含的公司特质信息越多，股价的一致性降低，从而股价同步性就越低。即，信息效率观体现了公司特质信息与股价之间的关系。

基于该理论，本书考察了国有企业混合所有制改革予微观企业信息治理维度的有效性。混合所有制改革是政府主导推动的一场深化国有企业治理及监督机制的改革，引起了社会各界的广泛关注，在一定程度上增加了企业特质信息的释放，同时也通过提升内部监管降低了信息不对称，提升了国有企业的信息透明度，从而在国有企业内外部信息的传递效率层面发挥治理功能。

2.2 混合所有制改革相关的文献研究

混合所有制改革是国有企业深化改革的重要方向和主要形式。党的十八届三中全会指出，“国有资本、集体资本、非公有资本等交叉持股、相互融合的混合所有制经济，是基本经济制度的重要实现形式”，并“鼓励发展非公有资本控股的混合所有制企业”，这使得混合所有制改革成为实务界及学术界关注的焦点话题。作为一项外生的经济体制改革，学术界围绕混合所有制改革的理论构建、影响因素及经济后果等开展了深刻而广泛的讨论。

2.2.1 与混合所有制理论发展相关的文献回顾

在理论发展方面，最早可以追溯至国有企业的改革方向。关于改革方向的相关讨论主要衍生成两大主流学派：以吴敬琏、张维迎、刘小玄等为代表的产权改革理论和以林毅夫及白重恩等为代表的剥离政策性负担假说（张辉等，2016）。两种观点的不同之处就在于：产权改革理论主张通过产权改革清晰界定产权，认为产权改革有助于完善企业法人治理结构，形成有效的激励机制，从而提升国有企业的经营效率；而剥离政策性负担假说则认为公平、竞争的外部环境才是改善国有企业的经营绩效的有效途径。而公平、竞争的外部环境有赖于政府通过政策性负担的剥离来实现。

早在党的十四届三中全会提出“财产混合所有”概念时，吴敬琏（1993）在关于企业现代制度建立的探讨中就指出，企业产权不清、内部法人治理结构不合理和管理不力等会导致国有企业经营的低效率和经营发展的停滞。随后国内外开展了一系列关于国有企业产权改革的探讨。学者们指出，国有企业经营目标的多元化会引致较强的政府干预（Shleifer and Vishny，1994），政府干预会使企业的经营偏离效率目标，从而导致经营的低效率，而产权改革是解决该问题的有效方式（Shleifer et al.，1997；1998）。而张维迎（1999）关于企业理论与国有企业改革的讨论中也强调，产权改革是国有企业改革的先决条件，只有通过在国有企业中引入非国有资本，清晰产权界定，让非国有产权在国有企业中充分发挥利益激励机制和经营者选择机制，完善国有企业内部治理结构，才能从根本上解决国有企业经营效率低等问题（陈林等，2014）。此外，刘小玄等（2000，2004，2005）进一步利用工业企业普查数据通过实证检验进一步评价了国有企业的产权改革和民营化方向的正确性和必要性。Megginson（2001）通过对国有企业部分或全部民营化后，其获利能力及经营效率进行实证验证，得出了与刘小玄等（2000，2004，2005）一致的结论。他认为产权改革有助于国有企业经营效率的提升。此外，谭劲松和郑国坚（2004）、宋立刚和姚洋（2005）及胡一凡等（2006）等分别从企业长短期效率、经营利润率及盈利能力和生产率等角度探查了产权改革的必要性。

林毅夫等（2004a，2004b）以经济转轨期我国国有企业的预算软约束为研究切入点，论述了政策性负担的经济后果。相关结论表明，国有企业的预算软约束是由“政策性负担”引致的。因此，剥离政策性负担是硬化国有企业预算软约束的前提条件和必要路径。此外，他还指出仅从产权改革的视角倡导国有企业私有化，无法从根本上解决国有企业的预算软约束问题。政策负担不剥离，私有化可能会引致更大的预算软约束问题（林毅夫，2001）。刘春和孙亮（2013）基于国有企业民营化的探讨也得出了同样的结论，提出国企改革的首要任务是剥离政策性负担。进一步地，林毅夫和李志赟（2005）关于政策性负担对国有企业经营绩效的影响结论表明，政策性负担是导致国有企业效率较低的主要原因，剥离政策性负担是解决国有企业改革难题的关键。白重恩等（2006）则从政治成本的视角考察了国有企业剥离政策性负担的必要性，他认为，政策性负担会为改革后的国有企业带来更高的社会成本，如过多的冗员及较高的国企员工薪酬等。龚强和徐朝阳（2008）则通过建立动态模型对剥离政策性负担假说提供了理论支持，认为预算软约束问题的重要根源之一就是政策性负担。相关研究还指出，政策性负担是混合所有制改革的重心所在，通过实施混改可以显著降低国有企业的政策性负担（陈林和唐杨柳，2014）。

随着党的十八届三中全会强调指出“积极发展混合所有制经济”，将混合所有制经济提升到基本经济制度重要实现形式的高度（李井林，2021）。围绕国有企业混合所有制改革的发展历程、存在问题、改革路径及逻辑等，国内学者展开了一系列探讨。国企改革先后经历了放权让利、制度创新和国资发展等三个阶段（黄群慧和余菁，2013）。随着国企改革的持续深化，混合所有制改革作为一种基本经济制度的转型改革也应运而生。刘泉红和王丹（2018）按照改革开放40年来我国混合所有制改革的经验与成就，将其发展历程分为酝酿阶段、萌芽阶段、成长阶段和突破阶段，并指出，要坚持混合所有制经济是我国基本经济制度重要实现形式的定位，从实践层面采取切实可行的办法，促进混合所有制经济可持续发展。周丽莎（2018）就混合所有制改革的政策演变、推进程度及改革成果进行了分析，并就混合所有制改革中发生的重大事件和改革政策在实践发展中的问题，提出相关建议。陈福中和蒋国海（2021）则基于近年来国有企业混合所有制发展趋势，分析指出，随着经济发展重心、产业结构和需求结构的改变，国有企业混合所有制改革总体呈现出规模不断扩大、涉及领域不断拓宽、体制框架和政策体系不断完善等特点，但仍存在引入社会资本力度不够、配套措施不健全及动力不足等问题。郑志刚（2020）基于国有企业混合所有制改革的逻辑、路径与实现模式选择进行了理论论述，以期为混合所有制改革的深入推进提供理论指导和借鉴。同样，王东京（2019）通过对财产所有权与产权分离后产权结构安排与企业行为选择的一般规律的理论探讨，对国有企业为何要进行混改、如何进行混改给出了明确的改革思路。

此外，黄速建（2014）对我国国有企业混合所有制改革的研究分析进一步表明，混合所有制经济对国有企业改革的深化、资源配置效率的提高、企业竞争力的增强起到了重要作用。非国有资本投资者进入国有企业面临着由信息不对称导致的“道德风险”和“逆向选择”问题，这严重妨碍了混合所有制改革顺利推进。卢江（2018）从马克思主义政治经济学视角，认为混合所有制改革是社会主义初级阶段我国进一步发展生产力的必要之举，有利于微观资源的合理配置，同时也是破除体制障碍、维护宏观制度稳定的有效途径。郑志刚（2015）基于国有企业公司治理的视角，分析了混合所有制改革的逻辑和路径，认为平抑公众对国资垄断经营和不公平竞争的不满和愤怒、实现国有资产保值增值是混合所有制改革在新一轮国企改革中遵循的历史逻辑。而王欣（2019）及黄速建等（2019）则进一步基于竞争中性原则，为国有企业混合所有制改革的深入推进指明了方向。他们认为，新一轮国有企业改革应当将竞争中性的情境要求内嵌在坚持“两个毫不动摇”基本思想的前提下，优化国有企业改革目标，精细化推进国有企业分类，以分离政府多重角色优化改革实施方式，多维度拓展和深化混合所有制改革。

随着国有企业分类改革的推进及分类治理概念的提出，进一步将混合所有制改革与分类改革相契合。研究表明，通过分类分层推进混改能够有效避免混合所有制改革过程中的“使命冲突”和“认识误区”（黄群慧和余菁，2013），实现治理结构优化，国有资本保值增值以及国有企业经营效率提升。此外，相关研究指出，对国有企业进行分类治理反映了政府对不同类别国有企业功能目标、经济效益考核与激励等方面的不同要求，即各类国有企业所承担的治理目标和功能类型不同，企业经营目标、行为、环境乃至资源约束都存在较大差异（徐伟等，2020），因此，政府应当针对不同类型国有企业设计相应的治理结构和治理机制（肖慧萍和李辰颖，2018）。基于该逻辑，李禹桥和陈林（2020）考察了国有企业分类改革对其高管激励的影响效应；肖慧萍和李辰颖（2018）则探讨了不同类型国有企业高管的薪酬结构对其成长性的影响效应差异。而徐伟等（2020）则基于分类治理视角深挖了混改对国有企业创新的促进效应，进一步将分类改革与分类治理的概念嵌入混改经济后果的实证检验中。

2.2.2 与混合所有制改革的影响因素相关的文献回顾

在影响因素方面，目前国内的研究较少。一方面，混合所有制改革作为一种经济制度改革，其影响因素多源于政府特性或政策在实施过程中表现出的自身特征，在政策动态发展过程中，很难捕捉；另一方面，相关研究缺乏必要的数据支撑，存在一定的难度。但国有企业混合所有制改革作为新时代全面深化改革的关键，如何有效推进其高效率、高质量的完成，是学术界应重点关注的焦点。

部分学者从非国有股东参与混合所有制改革的动机视角出发，分析了非国有股东在逐利天性驱动下寻求国有企业的垄断特权、政治关联等资源对混合所有制改革进程的可能影响（郑志刚，2015）。李建标等（2016）以理论推导和实验研究相结合的方法对此结论进行了理论支持，实验结果表明，非国有股东的期望收益是其参与混改的重要动机，且会受到交易成本和国有超级股东身份的影响；而国有股东的收益不会受交易成本的影响，仅仅受国有企业超级股东身份的影响，超级股东身份会强化其谈判能力。可见，非国有股东的期望收益是影响非国有股东参与混改的重要驱动因素和动机。随后，蔡贵龙等（2018）对该结论提出了异议，认为该结论忽略了非国有股东委派董事在国企混合所有制改革中的重要地位和地方政府对辖区内国有企业及其混合所有制改革进程的重要影响。而事实上，我国特殊制度背景引致了我国国有企业具有典型的“半政半企”特征，这使得国有企业具有多元化的经营目标，承担着政策性负担与赶超战略任务（Qian，1998；Lin and Tan，1999；杨兴全和尹兴强，2018）。为了完成政治任务，获得政治晋升，政府通常会通过干预国有企业经营途径等实现政治目的（潘红波等，2008；江轩宇，2016），如要求国有企业承担更多的政策性负担（Lin and Tan，1999；林毅夫，2004；曾庆生和陈信元，2006；刘行和李小荣，2012；黄俊和李增泉，2014）。也就是说，推进混合所有制改革的进程中必须考虑到国企所肩负的政策性负担，必须以混合经济为突破口，推进国有企业更深层次的改革（杨瑞龙，2014；陈林，2014）。政府控制或干预会通过影响国有企业的正常经营活动对国有企业混合所有制改革的推进产生重要影响，在推进国有企业混合所有制改革向纵深发展的过程中，政府的控制及干预是我们必然要重视的关键影响因素。基于此，蔡贵龙等（2018）以政府放权意愿为切入点，从股权结构和高层治理结构两个维度衡量混合所有制改革，考察了政府放权意愿对混合所有制改革的影响。

进一步地，陈仕华和卢昌崇（2017）基于高管关系网络的视角，探讨了高管跨体制联结对混合所有制改革的影响。其基本逻辑在于，国有企业高管作为混合所有制改革的实际执行者，其关系属性特征势必会影响混合所有制改革的效果及推行。相关研究结论表明，与国有企业高管没有跨体制联结关系的情况相比，拥有高管跨体制联结关系的国有企业向私营企业转让股权的可能性更大。而綦好东等（2017）基于国有企业混合所有制改革的动力、阻力及实现路径的探讨中指出，提升经济绩效、改善企业治理、促进社会稳定与发展是国有企业混合所有制改革的主要动力，而部分既得利益者的阻碍、落后激励机制的制约、意识形态的固化及公众对变革的担忧等则是改革推进的主要阻力。

综上所述，现有关于混合所有制驱动因素的考察主要认为非国有股东的权利保障（黄速建，2014）、非国有股东的趋利性及其对国有企业政治优势和资源优势的追求（郑志刚，2015）、国有企业高管跨体制联结（陈仕华和卢昌崇，2017）、国有企业提升绩效、改善治理及维稳动机（綦好东等，2017）、政府的放权意愿（蔡贵龙等，2018）等均会对国有企业混合所有制改革进程产生影响。

2.2.3 与混合所有制改革经济后果相关的文献回顾

在经济行为方面，国内外学术界围绕混合所有制改革对公司战略变革（张双鹏等，2019）、企业资本配置效率（杨志强和李增泉，2018；方明月和孙鲲鹏，2019；谢海洋等，2020；李增福等，2021；李井林，2021；胡建雄，2021；马新啸，2021a）、国有资本保值增值（周绍妮等，2020；祁怀锦等，2018）、企业创新（李文贵和余明桂，2015；王业雯和陈林，2017；陈林等，2019；罗宏和秦际栋，2019；Zhang et al.，2020；Li et al.，2021）、政策性负担（陈林和唐杨柳，2014；张辉等，2016；马新啸，2021b；周绍妮等，2020；张伟华等，2021）、公司治理（张文魁，2017；郝云宏和汪茜，2015；刘运国等，2016；曾诗韵等，2017；张涛等，2017；沈昊和杨梅英，2019；毛述新和张博文，2020）、公司绩效（Megginson et al.，1994；Bortolotti et al.，2002；张文魁，2010；马连福等，2015；郝阳和龚六堂，2017；李向荣等，2018；李明敏等 2020；黄速建，2021）、现金政策（杨兴全和尹兴强，2018；黎文飞等，2020；梁永福等，2020）、公司风险承担（Anhua et al.，2020）、审计决策（Chen et al.，2020）及股权结构（沈红波等，2019；张伟和于良春，2017；陈俊龙和汤吉军，2016）和高管薪酬激励（蔡贵龙等，2018；张晓玫和朱琳琳，2016）等方面的影响展开了深入和广泛的讨论。

具体而言，关于对公司战略变革的影响，张双鹏等（2019）基于代理理论和高阶团队理论，在股权权力和高管层结构性权力两个维度探讨了混合所有制改革对企业战略变革的影响。研究结果表明，股权权力适当集中并缩短链条，能促进战略变革程度，且将结构性权力集中于董事会的非均衡性能够促进变革程度。

在资本配置效率及资本保值增值层面，学者们开展了大量探讨。例如，杨志强和李增泉（2018）基于产权专业化视角的研究结论表明，产权混合安排能够缓解企业面临的不确定性对其投资效率的负向影响效应，能够缓解企业的投资过度或投资不足行为，从而降低公司价值的减损程度。李井林（2021）基于股权多元化和股权制衡度考察了非国有股东参与国有企业混改对其投资效率的影响，而李增福等（2021）则基于国有股东参股考察了非国有企业对其投资效率的影响。相关研究均表明，混改有助于提升企业的投资效率。此外，亦有部分学者从全要素生产率、产能、社会福利等视角进一步探究混改的资本配置功能（谢海洋等，2020；Ye et al.，2016；马新啸等，2021；朱嘉伟和陈洁，2020）。进一步地，周绍妮等（2020）以2012~2017年国有上市公司为研究对象，考察了混合所有制改革对国有企业资本保值增值的影响效应。结果表明，混合所有制改革通过提升社会责任信息披露质量实现了国有资本保值增值的目标。祁怀锦等（2018）关于混改对国有资本保值增值的影响研究与周绍妮等（2020）的研究“殊途同归”，认为混合所有制改革通过促进不同股权性质的资本进行有效融合，提升公司治理水平，进而促进国有资产保值增值，从资本配置效率和资本保值增值等角度检验了混合所有制改革予以国有企业资本功能放大的积极意义。

此外，部分学者基于企业创新行为开展了一系列深刻讨论。例如，李文贵和余明桂（2015）的研究表明，非国有股东持股比例与民营企业创新活动显著正相关，非国有股东持股比例的提升能够通过优化内部治理减少管理者的道德风险。无独有偶，Megginson 和 Netter（2001）及 Gupta（2005）的研究表明，民营化能够使个人或民营经济主体获得企业的部分所有权，这有助于管理者监督和激励机制的完善，从而减少管理者机会主义和道德风险行为。赵放和刘雅君（2016）的研究进一步表明混合所有制改革能够显著提升国有企业的创新效率。还有部分学者基于案例研究的结论亦表明，混合所有制改革有助于驱动企业创新发展（王艳，2016）。秦华英（2018）基于行业地区属性和宏观经济变量的视角考察了混合所有制改革影响国有企业创新机制路径。Zhang 等（2020）则考察了混改推行对国有企业创新的影响。程承坪和陈志（2021）则基于非国有资本进驻的视角，考察了非国有资本对国有企业技术创新的影响效应。研究结果表明，非国有资本能有效地促进国有企业技术创新。这与李增福等（2021）关于非国有资本参股国有企业有利于促进其技术创新的结论一致，更进一步地，后者的研究指出，非国有资本参股超过10%时对企业技术创新的促进效用更稳健。李春玲等（2021）基于股权结构和高层治理机构双维度考察了非国有股东治理对国企创新投入的影响，研究结果表明，非国有股东治理能显著提升国企的创新投入。同样，熊爱华等（2021）基于国有制造业上市公司的研究也指出，相较于非国有股东参股国有企业，非国有股东参与治理对国有企业创新绩效的影响效应更显著。而罗宏和秦际栋（2019）则以家族企业为研究对象，实证检验了国有股权参股对家族企业创新投入的影响及其作用机制，并得到了同样积极的结论，即国有股权参股能显著地促进家族企业的创新投入。然而，陈林等（2019）基于终极控制权性质及控制地位视角的考察则提出了相反的结论。研究结论指出，国有资本的终极控制权在平均意义上并不能对企业创新产生显著影响，这受到企业规模大小的影响。且对于国有控股的混合所有制企业而言，终极控制地位的强化并不能激励企业的创新行为。可见，目前关于混合所有制改革在创新行为方面的治理有效性尚无法得到一致结论。

关于混合所有制改革对国有企业行为影响的探究还涉及了公司治理、

公司绩效、现金政策及高管激励等方面。例如，Maw（2002）的研究表明，国企改革的多目标特性使得国企民营化中原国有股东保留的参股权会对公司治理造成影响。沈昊和杨梅英（2019）基于招商局集团的案例分析，分析了混合所有制改革的实践进程，并通过提炼总结实施混改国有企业的公司治理完善经验，以期为未来的混改推行提供借鉴。而刘运国等（2016）和曾诗韵等（2017）则基于信息质量视角考察了非国有股东参与对国有企业内部控制质量和会计信息透明度的影响效应及作用机理，进一步从信息治理角度为混合所有制改革的公司治理效应提供实证证据。另有研究表明，国有企业混合所有制改革还有助于提升国有企业绩效（黄速建等，2021；李向荣等，2018；郝阳和龚六堂，2017；马连福等，2015；Ma et al.，2017；Megginson et al.，1994；Bortolotti et al.，2002；刘小玄，2004；李广子和刘力，2010），但张文魁（2010）考察了1998～2007年的中国上市企业样本，发现“混合所有”的股权结构与公司绩效的关系并不确定。关于现金政策方面，杨兴全和尹兴强（2018）考察了混合所有制改革与企业现金持有之间的关系，结论表明，国企股权多样性、融合度与控制权转移对现金持有水平存在差异影响，仅股权融合度与现金持有水平正相关。黎文飞等（2020）采用非国有股东持股比例和非国有股东委派董事比例衡量国有企业混合所有制改革，研究结论表明，混合所有制改革对国有企业分红行为具有积极的促进作用。基于高管薪酬激励，蔡贵龙等（2017）探讨了非国有股东在完善国企高管薪酬契约中的作用，发现单纯的非国有股东持股难以提升国企高管的薪酬业绩敏感性，仅当非国有股东拥有董事席位时，才可以显著提升国企高管的薪酬业绩敏感性。进一步研究发现，非国有股东委派高管参与国企治理能有效抑制国企高管的超额薪酬和超额在职消费（蔡贵龙等，2018）。而陈良银等（2021）则立足新时期全面深化国企改革的大背景，考察了混合所有制改革对国有企业内部薪酬结构的影响。结果表明，非国有股东持股并向国有企业委派董事会显著扩大企业内部的薪酬差距，且这种薪酬差距有助于国有企业经营绩效的提升。

此外，从最优股权的视角出发，学者们也开展了系列讨论。黄速建等（2021）从控制人持股比例视角出发，分析了控制人持股在项目选择决策和自由现金流决策中的作用机制，同时结合国有资本控制人持股的特殊性，提出国有资本控制人最优持股比例理论框架。Matsumura（1998）认为国企民营化以后存在最优的国企参股权水平。李向荣（2018）也基于中国实践，从股权制衡的视角考察了国有企业混合所有制改革面临制衡股东类型选择及持股比例的确定、国有资本参股企业的选择及国有股比例的确定等问题。

政策性负担是国有企业实施混合所有制改革过程中必然要考虑的关键因素（杨瑞龙，2014），是混合所有制改革的重心所在（陈林，2014），因此，学术界围绕产权改革与政策性负担的视角开展了系列研究。陈林和唐杨柳（2014）基于融合产权改革与政策性负担的视角探讨了混合所有制改革是否会加剧国有企业的政策性负担，研究结论表明，混合所有制改革有助于降低国有企业的政策性负担，且垄断性行业的混合所有制改革效率高于竞争性行业。张辉等（2016）则通过构建双重差分模型考察了混合所有制改革对国有企业政策性负担的影响，实证结果发现，混合所有制改革可以通过降低国有企业的政策性负担对企业的经营绩效产生积极的经济效应。而廖冠民和沈红波（2014）则从国有企业承担政策性负担的动因、后果及治理效应三个层面，考察了股权制衡和股权激励对于抑制国有企业承担政策性负担的重要作用。Shleifer 和 Vishny（1997）的研究表明，股权结构是公司治理的主要决定因素；郝云宏和汪茜（2015）的案例研究结论也强调了混合所有制企业股权制衡机制的重要性。这些在一定程度上表明，混合所有制改革能够显著降低企业的政策性负担。

进一步地，随着混改经济后果文献的不断深入，学者们开始深入探查非国有股东参与治理对国有资本金融稳定、国有企业金融化及去僵尸化、国企技术创新和创新策略、国有企业财务重述和税收规避等的影响效应（马新啸等，2021a；狄灵瑜和步丹璐，2021；冯璐等，2021；马新啸等，2021b；Li et al.，2021；李增福等，2021；程承坪和陈志，2021；李春玲等，2021；蔡贵龙等，2021；马新啸等，2021c；Wang et al.，2021）。亦有少部分研究关注于混改在国企分红、国企可持续发展、绿色转型、国企真实盈余、国企内部薪酬差距和国企金融资产配置及国企并购效率、产能过剩、全要素生产率等层面的治理效应（黎文飞等，2020；赵斌斌等，2020；Yuan et al.，2021；毛述新等，2020；陈良银等，2021；叶永卫和李增福，2021；赵晓阳和衣长军，2021；胡建雄，2021；马新啸等，2021d；Ye et al.，2016）。此外，还有部分研究开始关注国有资本参股对非国有企业投资效率（李增福等，2021）及非国有企业社会责任实践（Li et al.，2020）的影响效应。可见，目前学术界关于混合所有制改革的探讨广泛而深刻，从企业绩效层面到企业治理层面再到企业行为的方方面面，混改都发挥着积极的经济意义，甚至能够通过与非国有企业融合，促进非国有企业的投资效率。这在一定程度上肯定了混改的积极意义和价值。

2.2.4 文献述评

本章首先论述了相关理论基础，通过理论基础的梳理，为研究主题提供了理论支持。其次，就混合所有制改革的研究现状进行文献梳理，沿袭“理论发展—驱动因素—经济后果”的发展逻辑，对相关的文献进行梳理回顾。

基于文献梳理可以发现，目前国内外关于混合所有制改革的探讨相对比较深入，但总体看来，分为三个阶段，理论探讨—影响因素考察—经济后果深挖。其中，理论探讨相对比较成熟，虽然尚未达成一致结论，但对于混合所有制改革的深化发展具有一定的指导作用。经济后果的探讨相对丰富且广泛，涉及国有企业内外部治理及企业行为的方方面面，但缺少基于综合视角的深入考察，且鲜少有文献注重分类分层推进混改对混改经济效应的重要意义，这为本书的研究提供研究借鉴的同时，亦保留了研究机会。而关于影响因素的探究则相对较少，很显然，这是未来期混合所有制改革相关议题可以深入挖掘的研究方向之一。

具体来讲，目前关于国有企业混合所有制改革的研究，从研究方向上看，主要集中于三个主要维度，包括混合所有制改革相关的理论发展、混合所有制改革的驱动因素及混合所有制在微观企业层面的经济后果。从研究设计上看，主要包括两大类：其一，基于股权多样性或股权制衡度刻画混合所有制改革，并深入探查其在微观企业的治理功能；其二，基于股权多元化和非国有股东参与治理或国有股东参与治理两个维度刻画混合所有制改革，并考察混改予以微观企业的积极效应。从研究内容看，目前学者们围绕公司治理、绩效、高管激励、企业创新、投资效率以及国有资本保值增值、国有企业政策性负担等方面开展了广泛而深刻的探讨。相关研究在为本书的构思提供研究借鉴的同时，也为本书的进一步拓展提供了研究机会。

基于此，深挖混合所有制改革内涵，在混改综合指标构建体系中纳入国有企业放权意愿因素，用微观企业组织结构调整量化政府放权意愿，构建“股权结构＋高层治理结构＋组织结构”三维度综合测度指标，结合分类分层改革实践，切入信息治理和行为治理双视角系统而严谨地考察了混合所有制改革对微观企业的治理有效性。一方面，拓展了与国有企业混合所有制改革经济后果相关的研究范畴，丰富了研究文献；另一方面，依托分类分层改革背景，从所有制改革视角丰富了各维度研究文献，为中国特殊制度背景下国有企业相关行为的影响因素考察提供了新的解释和研究方向，有助于我们从更全面的角度对混合所有制改革的治理有效性和效果作出评价和检验，具有一定的现实意义。

第3章

制度背景、混改现状与微观案例

本章主要对混合所有制改革的制度背景及发展现状进行梳理。首先，回顾了混合所有制经济的发展历程。结合不同时期混合所有制经济的不同政策发展要求，将其发展历程划分为萌芽探索阶段、起步发展阶段、融合推动阶段和深入探索阶段四个主要时期，并对发展进程中相关的政策文件进行梳理归纳。其次，选取不同功能分类和行政分层的国有企业进行简要案例梳理，初探混合所有制改革予以微观企业的经济效应。选取商业竞争类的中央国有企业国药集团和特定功能类的地方国有企业山东交运这两家不同分类的国有企业，通过对国有企业实施混改的背景、动因、实施过程及操作流程等进行剖析，以期为混合所有制改革予以微观企业治理及发展的积极意义提供初步的实证证据。最后，结合顶层政策指导及政府工作报告总结等，对混合所有制改革的发展现状进行基本梳理，整体分析了混合所有制改革实施以来取得经济成效及产生的积极影响，为我们的研究猜想提供了基本的理论佐证。

3.1 混合所有制经济的发展历程

中国的混合所有制经济萌芽于1978年的改革开放与经济转轨，与我国国企改革的探索实践相伴相随。1978年底，四川化工厂等6家国有企业主动请求并征得四川省政府同意，实行放权让利试点，在短时间内实现了企业产出与职工收入双增长效果，从而得到上级肯定。至此，混合所有制企业出现，混合所有制理论的发展亦开始受到学术界的关注。因此，从我国的混合所有制发展历程来看，其实践早于理论，是实践中出现了混合所有制经济和混合所有制企业，而后理论界和政府开始关注这类“半公半私”的企业。依据混合所有制经济发展的程度和发展阶段，我国混合所有制改革大致经历了四个阶段：萌芽探索阶段（1978～1992年）、起步发展阶段（1993～2002年）、融合推动阶段（2003～2012年）以及深入探索阶段（2013年至今）。

3.1.1 萌芽探索阶段（1978～1992年）：在实践指导下开展理论构建

改革开放初期，中国经济改革遵循“摸着石头过河”的总体策略。实践中出现了混合所有制经济形势，而理论却滞后于实践。计划经济向市场经济的转变成为冲破传统观点束缚的导火索，在不触及产权改革的经济制度探索中，国有企业采用双轨制和渐进式改革，逐渐将混合所有制经济成分引入公有制主体中，开启了混合所有制经济的探索改革之路。

1978年四川省关于“扩大企业自主权”试点的推行，开启了“放权让利”的试点改革时代。其间，政府通过“放权让利”，以东南沿海为试点，尝试建立中外合作、中外合资企业，通过国有企业和集体企业与外资企业的资金合作，引导国有企业冲破计划经济束缚，逐步向市场化经济靠拢，并通过技术引进和规模发展为早期的混合所有制企业提供了很好的示范效应。截至1980年6月底，全国已有多达6000家企业开展了“放权让利”试点。1984年，中共十二届三中全会审议通过了《中共中央关于经济体制改革的决定》（以下简称《决定》），该《决定》强调把增强企业活力作为经济体制改革的中心环节，实行政企分开，建立多种形式的经济责任制。《决定》要求从企业自身及企业员工两个层面增强活力，以保证企业的独立自主能力和员工的工作积极性。这是对我国经济体制问题的初探，仅仅从体制构建上入手，并没有涉及产权相关的问题。

1987 年，中共十三大报告指出，“必须以公有制为主体，大力发展有计划的商品经济，……在初级阶段，尤其是在以公有制为主体的前提下发展多种经济成分。”“改革中出现的股份制形式，作为社会主义企业财产的一种组织，可以继续试行。”自此，股份制发展成为公私合营企业快速发展的政策契机，为后来混合所有制的快速发展奠定了坚实的实践基础。

至 1992 年，邓小平同志“南方谈话”再次肯定了股份制的做法，开始在东南沿海开展股份制改革试点。此时，中共中央在政策建设方面提出建设社会主义市场经济体制的改革目标。并在党的十四大报告中提到，“经济体制改革的目标，是在坚持公有制和按劳分配为主体、其他经济成分和分配方式为补充的基础上，建立和完善社会主义市场经济体制。”该报告将建设社会主义市场经济体制作为我国经济体制改革的目标，肯定并深入发展股份制改革，并将其明确规定为公有制经济的实现形式之一。这被看作是中国混合所有制经济发展的雏形阶段。

总体而言，该阶段的改革以“放权让利”为主，虽然还不能从产权和现代企业制度层面进行改制和转换，但在很大程度上为后续在国有企业内部构建现代企业制度奠定了改革基础，也在一定程度上推动了“两权”分离，使得行政管理和企业管理相分离。通过推行经济责任制，致力于激发企业活力，激发员工动力，明晰权、责、利的关系，实现企业发展和经济增长“双赢”。

3.1.2 起步发展阶段（1993～2002 年）：确定混合所有制经济发展的基本方向

1993 年，党的十四届三中全会期间审议通过了《中共中央关于建立社会主义市场经济体制若干问题的决定》（以下简称《决定》），并提出“必须坚持以公有制为主体、多种经济成分共同发展的方针，进一步转换国有企业经营机制，建立适应市场经济要求，产权清晰、权责明确、政企分开、管理科学的现代企业制度。”《决定》正式提出财产混合所有的概念，标志着中国社会主义市场经济体制的总体规划正式建立。这一时期，坚持以经济建设为中心的基本路线，股份制改革试点和产权改革试验大范围推开，党的十四届三中全会提出的建立现代化企业制度，国务院以 100 家企业作为建立现代企业制度的试点，为试点工作提供发展条件。同时，各地区和部门也积极响应号召，相继开展了逾 2700 家企业进行试点。同时，颁布了《公司法》，以期在改革进程中为我国国有企业建立产权明晰的现代企业制度提供法规依据。

1995 年，党的十四届五中全会提出，“要实现从传统的计划经济体制向社会主义市场经济体制、从粗放型增长方式向集约型增长方式的两个根本转变。”“对国有企业实施战略性重组”等，开始关注市场在经济发展中的关键作用，市场经济体制的建立开始受到关注。随后，中共十五大报告指出，“公有制经济不仅包括国有经济和集体经济，还包括混合所有制经济中的国有成分和集体成分。”该报告首次在政策层面提出“混合所有制经济”的概念，“股份制”发展成为公有制的有效实现形式之一。此外，对混合所有制中的公有性质进行界定，混合所有制经济开始成为国有企业改革的重点。

1999 年，党的十五届四中全会提出要通过发展股份制，实施“抓大放小”策略，以此确立发展混合所有制的战略。相关报告指出，“国有资本通过股份制可以吸引和组织更多的社会资本，国有大中型企业尤其是优势企业，宜于实行股份制的，要通过规范上市、中外合资和企业互相参股等形式，改为股份制企业，发展混合所有制经济，重要的企业由国家控股。”可以看出，该阶段的经济体制改革，虽然开始明晰产权，通过股份制改革不断实现“抓大放小”，但依然强调国有控股在企业中的关键地位。随后，2002 年，中共十六大进一步指出，“要深化国有企业改革，进一步探索公有制特别是国有制的多种有效实现形式，大力推进企业的体制、技术和管理创新”“国有企业是中国国民经济的支柱，除极少数必须由国家独资经营的企业外，积极推行股份制，发展混合所有制经济。”此时，混合所有制经济和股份制改革成为发展产权改革的两驾“马车”，在推进现代化企业制度建设的同时，也进一步推动了国有经济结构的调整，使混合所有制经济成为我国基本经济制度建设的根本方向。这构成了混合所有制经济探索发展的起步阶段。

从以上梳理可以看出，在该阶段，国家通过出售、改制等方式“抓大放小”，保留大型国有企业依旧坚持国家控股，放活小型国有企业自主经营，通过发展规模差异企业的改制和不同类型国有企业的产权结构调整，有效推动了混合所有制企业的发展。这为在我国国有企业内部构建现代公司治理体系提供了条件，同时也是我国探索发展混合所有制经济的关键性一步。

3.1.3 融合推动阶段（2003～2012年）：深化混合所有制经济的发展形态

混合所有制经济发展方向的确立，进一步加深了我国对社会主义市场经济的认识，从“摸着石头过河”到“明确方向构建制度体制”，该阶段的改革更加注重资源配置在基本经济制度中的作用。且由股份制改革引发的国有企业内部治理问题逐渐成为政府关注的焦点。这也为下一阶段不断深化国有企业混合所有制经济改革，通过产权制度改革完善国有企业内部治理机制埋下了伏笔。

2003年，地方国有资产监督委员会正式挂牌成立。同年，党的十六届三中全会在京顺利召开，会议指出，“要适应经济市场化不断发展的趋势，进一步增强公有制经济的活力，大力发展国有资本、集体资本和非公有资本等参股的混合所有制经济，实现投资主体多元化，使股份制成为公有制的主要实现形式。”在强调“股份制”助力作用的基础上，明确界定了混合所有制经济的理论内涵，对混合所有制改革的发展进程及实现形式作了明确规定。这在一定程度上深化了国有企业实施产权改革的实践探索，使混合所有制改革成为国有企业改革的重要实现形式。

2007年，中共十七大提出要“以现代产权制度为基础，发展混合所有制经济；加快形成统一开放竞争有序的现代市场体系，发展各类生产要素市场，完善反映市场供求关系、资源稀缺程度、环境损害成本的生产要素和资源价格形成机制，规范发展行业协会和市场中介组织，健全社会信用体系。”并建议“推进公平准入，改善融资条件，破除体制障碍，促进个体、私营经济和中小企业发展。”这使得混合所有制改革进入了更深层次的发展阶段，开始注重产权制度改革的重要性，进入了以调整重大利益关系为目标的发展阶段。具体而言，一方面，注重混合所有制经济发展的效率和市场调控功能；另一方面，开始关注中小企业发展群体，注重社会发展公平。此外，2008年，党的十七届三中全会开始关注农村改革问题，提出“允许农民以转包、出租、互换、转让、股份合作等形式流转土地，承包经营权，发展多种形式的适度规模经营”“允许有条件的农民专业合作社开展信用合作”等推动农业合作进程，在农业领域开展多种合作形式，将混合所有制经济的思路从企业改制层面推广至农业发展领域，为农业混合所有制经济的发展创造了条件。

进一步地，2012年，中共十八大提出“要毫不动摇巩固和发展公有制经济，推行公有制多种实现形式，推动国有资本更多投向关系国家安全和国民经济命脉的重要行业和关键领域，不断增强国有经济活力、控制力、影响力。毫不动摇鼓励、支持、引导非公有制经济发展，保证各种所有制经济依法平等使用生产要素、公平参与市场竞争、同等受到法律保护。”同时，不断“完善公有制为主体、多种所有制经济共同发展的基本经济制度。”这为国有企业混合所有制经济的发展奠定了理论基础，同时从顶层设计视角为混合所有制经济在我国国有企业中的实践提供了政策支持。“两个毫不动摇”理论的提出，一方面，破除了所有制歧视，为公有制经济和非公有制经济的共同发展和相互融合提供了有力的政策支持；另一方面，确定了公有制为主体、多种所有制经济共同发展在我国经济制度发展中的关键性作用，明确了混合所有制经济的发展形态。

总体来说，该阶段的探索推动了我国基本经济制度的发展，不仅从机制构建上完善混合所有制经济的发展环境，也进一步从顶层设计上强化混合所有制经济的发展基础，有助于国有企业混合所有制改革的推行。该阶段被称作融合推动阶段。

3.1.4 深入探索阶段（2013 年至今）：确定混改的经济制度主体地位

2013 年，党的十八届三中全会指出“必须毫不动摇鼓励、支持、引导非公有制经济发展，激发非公有制经济活力和创造力；积极发展混合所有制经济。国有资本、集体资本、非公有资本等交叉持股、相互融合的混合所有制经济，是基本经济制度的重要实现形式……”这是国有企业渐进式改革的成果，也是经济制度理论的重要突破。《报告》将发展混合所有制经济提升到基本经济制度重要实现形式的高度，确立了混合所有制经济的基本经济制度实现形式地位，为国有企业改革的进一步深化指明了发展方向。2015 年，国有企业混合所有制改革进入关键阶段，为贯彻党的十八大和十八届三中、四中全会精神，按照“四个全面”战略布局要求，落实党中央、国务院决策部署，推进国有企业混合所有制改革，促进各种所有制经济共同发展，国务院发布《国务院关于国有企业发展混合所有制经济的意见》（以下简称《意见》）。《意见》指出，“国有资本、集体资本、非公有资本等交叉持股、相互融合的混合所有制经济，是基本经济制度的重要实现形式。”在国际竞争日益激烈，我国经济发展转型的关键时期，通过深化国有企业混合所有制改革，推动完善现代企业制度，健全企业法人治理结构，提高国有资本配置和运行效率，优化国有经济布局，增强国有经济活力、控制力、影响力和抗风险能力以适应和引领经济发展新常态是目前国有企业深化改革阶段的主要任务和关键举措。同时，《意见》要求应注重分类推进国有企业混合所有制改革，促进国有企业经营机制转换，国有资本功能放大，最终实现国有资产保值增值和各种所有制资本取长补短、相互促进、共同发展。

2018 年，中共十九大进一步提出要“加快国有经济布局优化、结构调整、战略性重组”“深化国有企业改革，发展混合所有制经济，培育具有全球竞争力的世界一流企业”等发展要求。这不仅深化了国有企业实施混合所有制改革的价值和意义，也为国有企业混合所有制改革注入了新内涵、新要求、新高度和新的改革要求，即发展高质量国有企业。这进一步将混合所有制改革提升至有助于国有企业做优做大做强的重要发展途径层面，为混合所有制改革的深入开展奠定了制度和政策基础。这是国有企业混合所有制经济发展的第四个阶段，被称为“深入探索阶段”。

2019年《政府工作报告》（以下简称《报告》）强调，要积极稳妥推进混合所有制改革。《报告》提出，要“加强和完善国有资产监管，推进国有资本投资、运营公司改革试点，促进国有资产保值增值。”这五方面的目标排在了《报告》首位。由此可见，2019年的国企混改已由重改革监管到重改革放权、由试点到行动、由单项推进到综合实施进行转变。随着国企混改的深入推进，从中央到地方的混改思路也愈发清晰，将混改作为企业市场化经营发展的迫切需要、放大资本功能的有效手段和健全治理结构的关键之举。并于年底发布《中共中央、国务院关于营造更好发展环境支持民营企业改革发展的意见》，进一步引入市场竞争机制，推动混合所有制改革向纵深发展。

基于以上分析，我国混合所有制经济的发展共经历了萌芽、发展、融合和成熟等四个阶段。结合历史发展阶段和重要会议及政策文件颁布时间点，将我国混合所有制经济发展过程中的重要政策文件及会议主题进行整理总结，详见表3－1和表3－2。

表3－1　党中央政策文件对发展混合所有制经济的政策表述

时间	会议	表述	意义
1984年	中共十二届三中全会	通过了《中共中央关于经济体制改革的决定》，把增强企业活力，特别是增强全民所有制大中型企业的活力，作为经济体制改革的中心环节	开始关注国有企业活力问题，但并没有触及产权变动
1987年	中共十三大	必须以公有制为主体，大力发展有计划的商品经济，……不在初级阶段，尤其是在以公有制为主体的前提下发展多种经济成分；改革中出现的股份制形式，作为社会主义企业财产的一种组织，可以继续试行	对股份制的尝试，本质上触及所有权的改革，且开始关注发展公有制为主体，多种经济成分共存的必要性，并开始关注股份制发展，这是混合所有制经济发展的雏形阶段

续表

时间	会议	表述	意义
1992 年	中共十四大	在社会主义的发展动力问题上，强调改革也是一场革命，也是解放生产力，是中国现代化的必由之路，僵化停滞是没有出路的。经济体制改革的目标，是在坚持公有制和按劳分配为主体、其他经济成分和分配方式为补充的基础上，建立和完善社会主义市场经济体制	将建设社会主义市场经济体制作为我国经济体制改革的目标，肯定并深入发展股份制改革，并将其明确规定为公有制经济的实现形式之一
1993 年	中共十四届三中全会	随着产权的流动和重组，财产混合所有的经济单位越来越多，将会形成新的财产所有结构；社会主义市场经济是同社会主义基本制度结合在一起的，建立社会主义市场经济体制，就是要使市场在国家宏观调控下对资源配置起基础性作用。为实现这个目标，必须坚持以公有制为主体、多种经济成分共同发展的方针，进一步转换国有企业经营机制，建立适应市场经济要求，产权清晰、权责明确、政企分开、管理科学的现代企业制度	提出财产混合所有的概念，勾画了社会主义市场经济体制的基本框架，规定了国有企业改革的基本方向，是进行经济体制改革的行动纲领
1995 年	中共十四届五中全会	提出要实现从传统的计划经济体制向社会主义市场经济体制、从粗放型增长方式向集约型增长方式的两个根本转变；对国有企业实施战略性重组	市场经济体制的建立开始受到关注，开始注重市场在经济发展中的关键作用
1997 年	中共十五大	公有制经济不仅包括国有经济和集体经济，还包括混合所有制经济中的国有成分和集体成分	第一次提出“混合所有制经济”的概念，并对混合所有制中的公有性质进行界定，混合所有制经济开始成为国有企业改革的重点
1999 年	中共十五届四中全会	国有资本通过股份制可以吸引和组织更多的社会资本，国有大中型企业尤其是优势企业，宜于实行股份制的，要通过规范上市、中外合资和企业互相参股等形式，改为股份制企业，发展混合所有制经济，重要的企业由国家控股	通过发展股份制，确立发展混合所有制的战略
2002 年	中共十六大	要深化国有企业改革，进一步探索公有制特别是国有制的多种有效实现形式，大力推进企业的体制、技术和管理创新；国有企业是中国国民经济的支柱；除极少数必须由国家独资经营的企业外，积极推行股份制，发展混合所有制经济	进一步通过国有企业的股份制改革发展混合所有制经济，混合所有制经济发展进一步成熟
2003 年	中共十六届三中全会	要适应经济市场化不断发展的趋势，进一步增强公有制经济的活力，大力发展国有资本、集体资本和非公有资本等参股的混合所有制经济，实现投资主体多元化，使股份制成为公有制的主要实现形式	确认混合所有制的内涵，将混合所有制经济纳入市场化改革的进程，混合所有制改革成为国企改革的重要实现形式

续表

时间	会议	表述	意义
2007 年	中共十七大	以现代产权制度为基础，发展混合所有制经济；加快形成统一开放竞争有序的现代市场体系，发展各类生产要素市场，完善反映市场供求关系、资源稀缺程度、环境损害成本的生产要素和资源价格形成机制，规范发展行业协会和市场中介组织，健全社会信用体系；推进公平准入，改善融资条件，破除体制障碍，促进个体、私营经济和中小企业发展	提出以产权改革促进混合所有制发展
2008 年	中共十七届三中全会	允许农民以转包、出租、互换、转让、股份合作等形式流转土地，承包经营权，发展多种形式的适度规模经营；允许有条件的农民专业合作社开展信用合作	推动农业合作进程，在农业领域开展多种合作形式
2012 年	中共十八大	要毫不动摇巩固和发展公有制经济，推行公有制多种实现形式，推动国有资本更多投向关系国家安全和国民经济命脉的重要行业和关键领域，不断增强国有经济活力、控制力、影响力。毫不动摇鼓励、支持、引导非公有制经济发展，保证各种所有制经济依法平等使用生产要素、公平参与市场竞争、同等受到法律保护；完善公有制为主体、多种所有制经济共同发展的基本经济制度	破除所有制歧视，强调公有制经济和非公有制经济相辅相成、相互促进的关系
2013 年	中共十八届三中全会	必须毫不动摇鼓励、支持、引导非公有制经济发展，激发非公有制经济活力和创造力；积极发展混合所有制经济。国有资本、集体资本、非公有资本等交叉持股、相互融合的混合所有制经济，是基本经济制度的重要实现形式……。允许更多国有经济和其他所有制经济发展成为混合所有制经济……，国有资本投资项目允许非国有资本参股。允许混合所有制经济实行企业员工持股，形成资本所有者和劳动者利益共同体	将发展混合所有制经济提升到基本经济制度重要实现形式的高度，表明混合所有制经济是基本经济制度的重要实现形式，这是经济制度理论的重要突破
2018 年	中共十九大	加快国有经济布局优化、结构调整、战略性重组；深化国有企业改革，发展混合所有制经济，培育具有全球竞争力的世界一流企业	为混合所有制经济注入新内涵、新要求，使混合所有制经济成为做优做强做大国有企业的重要实现途径之一

资料来源：作者手工整理。

表 3－2　　　　　发展混合所有制经济的相关文件

发布机构	发布时间	文件名称
中共中央	1979 年	《关于扩大国营工业企业经营管理自主权的若干规定》
国家国有资产管理局、国家经济体制改革委员会	1994 年	《股份有限公司国有股权管理暂行办法》

续表

发布机构	发布时间	文件名称
中共中央办公厅国务院办公厅	1999 年	《关于在国有企业、集体企业及其控股企业深入实行厂务公开制度的通知》
中共中央	1999 年	《关于国有企业改革和发展若干重大问题的决定》
国务院国资委	1999 年	《国有大中型企业建立现代企业制度和加强管理的基本规范（试行）》
财政部	2000 年	《关于股份有限公司国有股权管理工作有关问题的通知》
国务院国有资产监督管理委员会办公厅	2003 年	《企业国有资产监督管理暂行条例》
国务院办公厅	2003 年	《国务院办公厅转发国务院国有资产监督管理委员会关于规范国有企业改制工作意见的通知》
国务院国有资产监督管理委员会	2004 年	《国务院国资委关于国有控股上市公司股权分置改革的指导意见》
国务院国资委、财政部	2005 年	《企业国有产权向管理层转让暂行规定》
国务院	2005 年	《国务院关于 2005 年深化经济体制改革的意见》
国务院办公厅	2005 年	《国务院办公厅转发国资委关于进一步规范国有企业改制工作实施意见的通知》
国务院国有资产监督管理委员、财政部	2006 年	《国有控股上市公司（境内）实施股权激励试行办法》
国务院办公厅	2006 年	《国务院办公厅转发国资委关于推进国有资本调整和国有企业重组指导意见的通知》
国资委、财政部	2006 年	《关于印发〈国有控股上市公司（境外）实施股权激励试行办法〉的通知》
国务院国有资产监督管理委员会	2008 年	《关于规范国有企业职工持股、投资的意见》
国务院国有资产监督管理委员会、财政部	2008 年	《关于规范国有控股上市公司实施股权激励制度有关问题的通知》
国务院国有资产监督管理委员会	2012 年	《关于印发〈关于国有企业改制重组中积极引入民间投资的指导意见〉的通知》
中共中央	2013 年	《关于全面深化改革若干重大问题的决定》
国务院	2015 年	《关于深化国有企业改革的指导意见》
国家发展改革委	2015 年	《关于改革和完善国有资产管理体制的若干意见》
中共中央、国务院	2015 年	《关于构建开放型经济新体制的若干意见》
国务院	2015 年	《关于国有企业发展混合所有制经济的意见》
国家发展改革委	2015 年	《关于鼓励和规范国有企业投资项目引入非国有资本的指导意见》

续表

发布机构	发布时间	文件名称
国务院国有资产监督管理委员会	2016 年	《关于国有控股混合所有制企业开展员工持股试点的意见》
国务院	2017 年	《关于 2017 年深化经济体制改革重点工作意见的通知》
国家发展改革委	2017 年	《关于深化混合所有制改革试点若干政策的意见》
国务院办公厅	2017 年	《关于印发中央企业公司制改制工作实施方案的通知》
国家发展改革委办公厅	2018 年	《国有企业混合所有制改革相关税收政策文件汇编》
国务院国有资产监督管理委员会	2019 年	《中央企业混合所有制改革操作指引》
国务院国有资产监督管理委员会	2019 年	《关于进一步做好中央企业控股上市公司股权激励工作有关事项的通知》
国务院国有资产监督管理委员会	2019 年	《国务院国资委关于以管资本为主加快国有资产监管职能转变的实施意见》

资料来源：作者手工整理。

3.2　混合所有制改革的发展现状①

党的十八届三中全会以来，国内外经济形势发生了巨大变化，我国经济由高速增长阶段转向高质量发展阶段，国企深化改革进入新时代（任腾飞，2019）。以国有资本保值增值成效衡量改革路径和举措，以提升国有资本市场化配置效率，促进国有资本战略布局影响力为目标，混合所有制改革成为深化国有企业改革，助力国有企业高质量发展的重要实现形式，必须坚持分类实施、分层推进，才能保证混合所有制改革的“效果”。

依据《指导意见》，主业处于充分竞争行业和领域的商业类国有企业，原则上都要实行公司制股份制改革，积极引入其他国有资本或各类非国有资本实现股权多元化，国有资本可以绝对控股、相对控股，也可以参股，并着力推进整体上市。主业处于关系国家安全、国民经济命脉的重要行业和关键领域、主要承担重大专项任务的商业类国有企业，将保持国有资本

① 相关资料来源于国资委官网（http：//www. sasac. gov. cn/index. html）。

控股地位，支持非国有资本参股。对自然垄断行业，实行以政企分开、政资分开、特许经营、政府监管为主要内容的改革，根据不同行业特点实行网运分开、放开竞争性业务，促进公共资源配置市场化。总的来说，商业类国有企业要按照市场决定资源配置的要求，加大公司制股份制改革力度，加快完善现代企业制度，成为充满生机活力的市场主体；对需要实行国有全资的企业，也要积极引入其他国有资本实行股权多元化。公益类国有企业可以采取国有独资形式，具备条件的也可以推行投资主体多元化，还可以通过购买服务、特许经营、委托代理等方式，鼓励非国有企业参与经营。对特殊业务和竞争性业务实行业务板块有效分离，独立运作、独立核算。

这是国有企业实施混合所有制改革的前提，在分类改革前提下，深入开展混合所有制改革，并辅以分层推进，逐步逐层实现混合所有制改革目标。从功能分类看，推进主业处于充分竞争行业和领域的商业类国企的混合所有制改革；从企业层级看，重点引导在子公司层面有序推进混合所有制改革，同时强调依托中央国有企业带动地方国有企业实施混改的重要性，加强统筹规划，避免国有企业内部过度股权多元化加大管理难度。相关改革战略举措详见图 3－1。

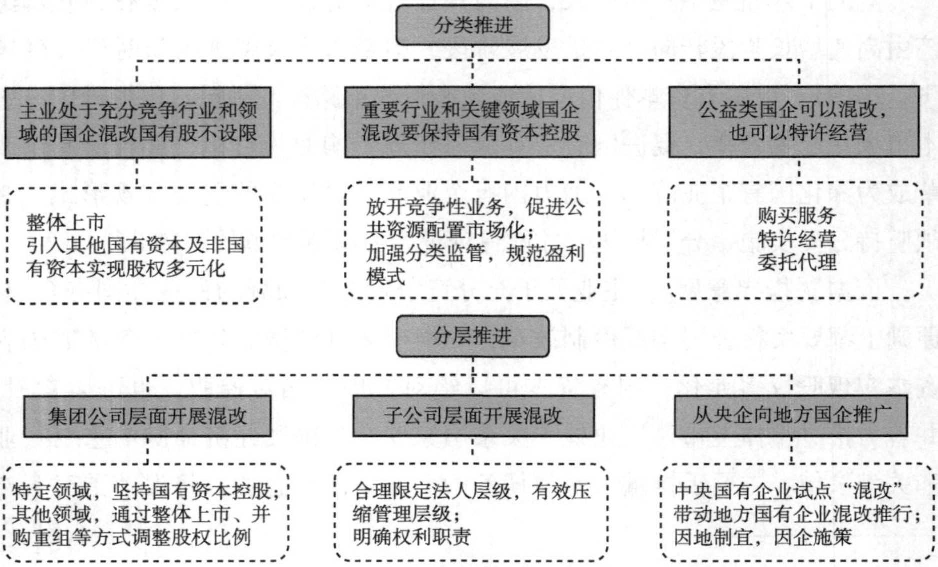

图 3－1　基于分类前提下的混合所有制改革布局框架

2016年12月，中央经济工作会议提出，混合所有制改革是国企改革的重要突破口，按照完善治理、强化激励、突出主业、提高效率的要求，在电力、石油、天然气、铁路、民航、电信、军工等领域迈出实质性步伐。自此，特定功能类国企混合所有制改革先后有19家被列为首批试点对象。国资委相关资料显示，截至2017年底，从企业行政分层维度看，国资委监管的中央企业及各级子企业中，混合所有制户数占比达到69%，省级国有企业混合所有制户数占比达到56%；此外，中央企业所有者权益总额17.62万亿元，其中引入社会资本形成的少数股东权益5.87万亿元，占比为33%，省级国有企业所有者权益17.7万亿元，其中少数股东权益超过4.7万亿元，占比为26.6%；而上市公司作为国有企业实施混合所有制改革的重要载体，截至2017年底，中央企业约65%已进入上市公司，比2012年底的54%增长了11个百分点；省级国有企业约有40%的资产进入了上市公司。

随着改革不断深入，《2019年中国国企混合所有制改革研究报告》（以下简称《报告》）对国企混合所有制改革的分层分类混合所有制改革现状进行了整体评价。《报告》指出，2018年，国企混改进入了改革转折期，呈现时代新态势。从国家部委主导国企混合所有制改革试点来看，2018年各项试点量级增长，力度提升，通过中央到地方，上市公司到企业集团的分层模式持续开展深化改革。国资委资料显示①，至2018年，大多数国有企业已在资本层面实现混合。在企业功能分类维度，充分竞争领域的国有企业混合程度最高。目前，商业一类中央企业的混合所有制改革比例已超过70%，中央企业四级及以下子企业超过85%实现了混合所有制改革。开展混合所有制改革的省属国有企业中，商业一类企业占比达到88%，二级至四级企业占比超过90%。

2018年是国企改革的成效检验年。截至2018年底，国企混改数量更多集中于“混”的方面，但也预示着“改”的力度会顺势加大，由“混”到

① 相关资料来源于国资委官网（http：//www.sasac.gov.cn/n2588025/n2588164/n4437287/c9829453/content.html）。

“改”的转变趋势明显。《报告》指出，2014 年国资委启动四项改革试点以来，从国企混改试点到投资运营公司，再到创建世界一流示范企业，改革举措不断深入。而“双百行动”的开展进一步表明国企推进混改的决心不改，共涉及企业 404 家。截至 2019 年初，已推出 10 家创建世界一流示范企业试点。可见，2018 年是国企深化改革明显加速的转折年，国企混改亦进入了深水区，步伐加快、力度加大。随后，国企混改步伐蹄疾步稳，截至 2019 年底，中央企业混改企业户数占比超过 70%，比五年前提高了 20 个百分点。

从图 3－2 可以看出，2014 年国资委启动四项改革试点以来，不断开展国企“试点”推进混合所有制改革。截至 2018 年，国家发改委推动实施国企混改试点累计达到 50 家，其中，2016 年 9 家，2017 年 10 家，2018 年增至 31 家。相关资料显示，到 2019 年 5 月，第四批混改试点正式实施，共涉及 160 家企业，不管是试点数量还是试点领域上都实现了大幅增长。2020 年上半年，各地国有企业克服疫情影响，持续带动社会资本投资，仅央企引入资金就超过 1100 亿元。第四批 160 户混改试点企业中，有 35 户完成或基本完成引进战略投资者的任务。在此过程中，国家部委推动国企混改的方向越来越明确、速度越来越快、范围越来越广。从“四项改革”试点到“十项改革”试点的初探，先后涉及 63 家国有企业。随后，从混改试点到投资运营公司，国企混合所有制改革不断提升内涵，深入发展。国有资本投资运营两类公司试点累计达到 21 家，其中 2017 年开展 10 家，2018 年开展 11 家。到 2019 年，进一步提出创建世界一流示范企业，并计划在央企集团层面开展混合所有制改革举措。权威机构信息显示，国资委将进一步推动 2～3 家央企集团层面实施混改，预示着混改的力度和深度将持续加强。2020 年国企改革三年行动正式启动，标志着国企改革步入“深水区”，混合所有制改革亦取得了实质性的进展。

从混改实施的具体成效看，国资委披露的数据显示，2013 年以来，央企累计实施混改 4000 多项，引入社会资本超过 1.5 万亿元（人民币，下同）。目前，中央企业混合所有制企业的户数占比超过了 70%，比 2012 年底提高近 20 个百分点，地方国有企业混合所有制户数占比达到 54%，引入

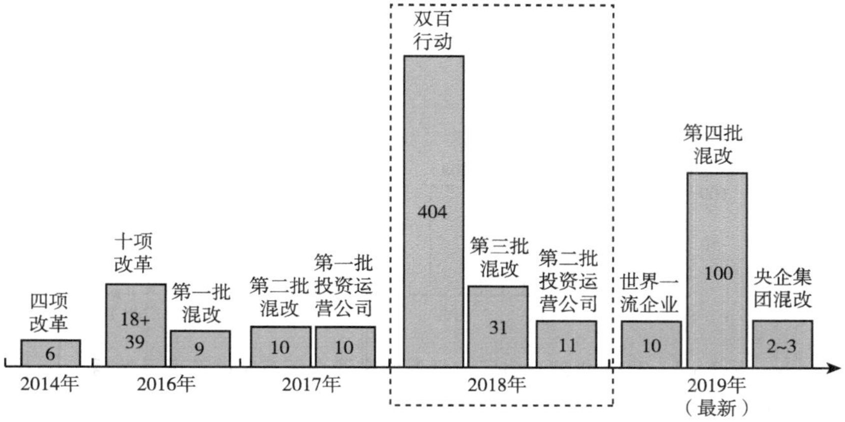

图3－2 我国历年央企混合所有制改革试点数据

资料来源：http：//www. sasac. gov. cn/n2588025/n4423279/n4517386/n10745109/c10862862/content. html。

社会资本超过7000亿元。中央企业所有者权益中，引入社会资本形成的少数股东权益，已由2012年底的3. 1万亿元增加到2020年的9. 4万亿元，占比由27%提升到38%。可见，进入改革深水区，我国混合所有制改革试点工作开始不断发力，从内涵和行动上实现混合所有制改革实践①。

从图3－3可以看出，从地方混改动态来看，自2018年始，各地也开始加快混改进程，不仅试点发力，更呈现批量推动态势。围绕地区产业特色开展深度混改，尤其是山东、山西、天津、浙江、辽宁、广州等地，推动混合所有制改革的力度明显加大。

国资委统计数据显示，2017年，上海整体上市或核心资产上市企业已占竞争类产业集团总数的2/3，重庆市属国有企业混合所有制比重达到50. 9%，云南世博集团、文投集团通过增资扩股引入华侨城集团90多亿元资金，文化、旅游产业持续壮大。2018年，江西省混合所有制改革率达到73. 5%，处于全国领先地位，并结合国企改革“双百行动”，计划用两年

① 统计数据来源：国资委官网（http：//www. sasac. gov. cn/n2588025/n2588139/c16589669/content. html）。

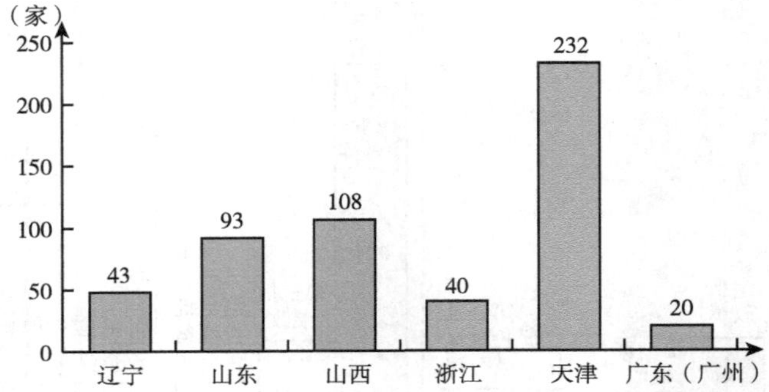

图 3－3　2018 年部分省区市批量发布混合所有制改革项目数据

资料来源：http：//www. sasac. gov. cn/n2588025/n4423279/n4517386/n10745109/c10862862/content. html。

左右时间推进 100 家左右子企业混合所有制改革，力争到 2020 年实现省属企业混合所有制改革率达到 75%。山东推出 93 家省属国企混改项目，集中在基础设施、公共服务领域；天津先后推出 232 家混改项目，涉及房地产、制造、金融、服务等多领域；山西推出 108 家国企混改项目，涉及制造、电力、能源等领域；辽宁推出 48 家国企混改项目，涉及钢铁、汽车、煤炭、能源等领域；浙江推出 40 家国企混改项目，涉及交通、能源、环保等领域；广州发布的 20 家混改项目，具有一定影响力、具备较强的技术优势，涉及科技创新、商业、金融等领域。黑龙江提出要完成 15 户省属国有企业子公司的混合所有制改革目标，以资本带动机制转换，助力混合所有制改革成为振兴东北经济的关键法宝。河南省将 2019 年的工作重点集中于二级、三级公司层面的混合所有制改革，预计开展 60 个左右具有较强影响力及竞争力的混合所有制改革项目。到 2020 年，地方国资国企以上市为载体实施混改的趋势更加鲜明。福建以改制上市为主要形式积极稳妥推进混合所有制改革，省属控股上市公司达 16 家。山东将混合所有制改革作为国企“倒计时”改革的重要内容，通过资产证券化等方式，深入落实混改三年（2019～2021 年）工作计划。全年有 248 户企业完成混改或实施二次混改，吸引各类资本 269. 51 亿元，混改户数占比达到 68. 9%。此外，从改革实践来看，上海在建立完善“直接监管 + 委托监管 + 指导监管”分类国资监管体制，着力深化两类公司试点，建立市场化经营机制等方面取得积极成效①。

整体来看，党的十八大以来，尤其是2015年9月13日正式印发《关于深化国有企业改革的指导意见》以来，以习近平同志为核心的党中央亲自谋划、部署国有企业改革，更加注重改革的顶层设计，更加注重改革的系统性、整体性和协同性，改革重大举措层层落地，改革专项工程梯次推进，改革鲜活实践不断涌现，改革成果也积极显著。得益于混改成效，在近年国际国内经济形势严峻复杂的背景下，国有企业表现出了较好发展态势。国资委官网相关资料显示②，全国国有及国有控股企业营业收入从2014年的48万亿元增长到2019年的62万亿元；利润总额从2014年的2.47万亿元增长到2019年的3.59万亿元。截至2020年底，国投合并报表范围内的444家企业中，按穿透口径计算，混合所有制企业共316家，主要集中在三级及以下企业，户数占比为74%，资产总额占比为72%。预计2021年要在全面梳理评估基础上，“一企一策”推动国投生物、电子工程院等子公司及投资企业开展混合所有制改革，在混资本的同时推动改机制，以混促改、以改促发展。

综上所述，混合所有制改革作为全面推进国企改革的突破口和中心环节，已成为国有企业突破体制束缚、释放经营活力、实现经济效益的重要推手。2018年是混合所有制改革的初步成效验收年，亦是国企深化改革明显加速的转折年，在中央的号召下，各省区市国资委积极开展混合试点，不断通过混合所有制改革实现经济高质量发展。2018年之前，混合所有制改革不断探索发展模式，通过试点先行原则“摸着石头过河”。2018年之后，国企混改以“放”为主，通过“放权”“放开”和“放大”③为国有

① 资料来源：国资委官网（http：//www.sasac.gov.cn/n2588025/n4423279/n4517386/n18019339/c18020225/content.html）。

② 资料来源：国资委官网（http：//www.sasac.gov.cn/n2588025/n2588139/c17551435/content.html）。

③ 放权是指国资委授权调整加大，国企内部有望分级授权；放开是指试点政策不再是试点专利，适用全体国企，有适度创新突破空间；放大是指产业领域覆盖范围更广，混改层次由二三级公司向一级公司延伸，机制改革加速。

企业混合所有制改革的深化发展带来重大机遇。在经济转制的新时期，国有企业混合所有制改革被赋予了更重的改革责任和更深的经济内涵，各级国有企业应以实践探索为契机不断总结经验，为国有企业混合所有制改革的理论发展奠定实践基础。

3.3 混合所有制改革的案例考察

混合所有制改革是深化国有企业改革的重要举措，从混合所有制改革方式到混合所有制改革实践，理论界均开展了不同层次的理论探索。考虑到我国经济发展现状及国有产权的特殊性，指导文件提出，国有企业混合所有制改革应坚持“一企一策”的基本原则，在分类前提下才能有效推进，在推进过程中，坚持分层展开才能保证混合所有制改革效果。基于此，国务院于2015年9月13日印发了《关于深化国有企业改革的指导意见》，这是新时期指导和推进国有企业改革的纲领性文件。随后，于2015年9月23日颁布《关于国有企业发展混合所有制经济的意见》，两则意见均指出，要“坚持因地施策、因业施策、因企施策，宜独则独、宜控则控、宜参则参，不搞拉郎配，不搞全覆盖，不设时间表，一企一策，成熟一个推进一个”，以确保改革规范有序进行，并深入阐述了分类分层推进混合所有制改革的指导意见。这就形成了我国特色的分类改革下的混合所有制改革实践。

为进一步深入剖析国有企业实施混合所有制改革的经济效应，本章从案例分析入手，深入探讨不同分类国有企业实施混合所有制改革的实施方法及经济效果。考虑到公益类国有企业主要通过购买服务、特许经营、委托代理等方式开展混合所有制改革，其股权分配要保证国有成分的绝对控股或国有独资。因此，在进行案例分析时，我们仅选取商业竞争类和特定功能类国有企业进行案例剖析。具体而言，我们选取商业竞争类中央国有企业国药集团和特定功能类地方国有企业山东交运，通过分析这两类国有企业实施混改背景、动因等，对混合所有制改革的实施过程、操作流程及产生的经济效应进行详细解读与剖析。详见以下案例分析。

3.3.1　商业竞争类国有企业——国药集团①

中国医药集团有限公司（以下简称国药集团）作为一家处于完全竞争领域的中央国有企业，多年来坚持以市场化为核心，持续激发企业市场活力，不断增强竞争力是其在行业竞争中保持领先地位的关键（李淑玲，2018）。国药集团通过引入战略投资者、实施股权激励计划、收购控股民营企业等方式探索混合所有制改革实践，将中央企业的资源优势与非公有制经济的市场活力优势互补，产生“1 + 1 > 2”的混合所有制改革效应，是医药集团保持市场活力的“源头活水”。国药集团的混合所有制改革探索是中央企业探索混合所有制改革发展道路的先行者，也是国有企业从集团层面开展混合所有制改革的引领者。借助混改，国药集团迅速完成经营效率提升，实现在核心业务的龙头地位。

具体地，21 世纪初，我国医药流通企业普遍面临资金困境。上游制药企业为保证自身资金流，多要求流通企业在 30 ~ 45 天回款，而下游的医院出于缓解资金压力的考虑，对货款占用超过 60 天（李淑玲，2018）。上下游企业间资金的时间错配，对流通企业的资金流管理提出了严峻的考验，国药集团也不例外。企业领导经深思熟虑决定以引入战略投资者的方式实施混改以“破局”。作为战略投资方的复星医药在多年积累后，规模扩张需求明显，双方通过互补资源整合，在 2003 年组建了国药控股。实践是检验真理的唯一标准，自 2003 年与复星医药集团共同投资成立了“国药控股”后，国药集团引入民营资本 5 亿元，使集团的医药流通业务及时获得了资金支持，控股公司按照规范的公司治理模式，经营效率显著，短短 6 年，实现销售收入增长 582%，净利润增长 5986%，成为国内医药流通第

① 国务院国资委改革办编著的《国企改革探索与实践——中央企业集团 15 例》、国资委官网于 2018 年 6 月 12 日公示的《国资报告》杂志（http：//www. sasac. gov. cn/n2588025/n4423279/n4517386/n8944187/c9116430/content. html）及各网站关于人民日报咨询的转发（https：//baijiahao. baidu. com/s? id = 1696788429470387339&wfr = spider&for = pc）。

一品牌。

国药控股的快速发展证实了实施混合所有制改革方向的正确性。在党的十八届三中全会进一步肯定了混合所有制改革予国有企业深化改革的重要意义后，为增强中药板块市场竞争力，实现全产业链发展，国药集团于2013年入股民营企业——盈天医药（已更名为中国中药），持股56.97%，并以此为平台，陆续收购了贵州同济堂100%的股份和天江药业87.3%的股份。数据对比显示，重组后企业成长迅速：2012~2016年，中国中药资产总额年复合增长率达82.01%，营业收入年复合增长率达58.63%，成为我国中药行业的“领头羊”。随后，2014年，国药集团复制国药控股的混改经验，引进战略投资者纳通医疗集团，对所属的“国药器材”进行整体改制，实现了公司主体产权多元化。相关资料显示，至2016年，国药器材销售收入突破200亿元，市场占有率增长5.2%，同比增长了3.01%，成为行业龙头。此外，在医药工业领域，引入非公有资本构建化学制药、生物制药和现代中药三大工业体系，成功推动国药集团向贸科工一体化的完整产业体系发展推进。

与此同时，国药集团还逐步将优质资产整合上市，形成以业绩增长推动市场提升、以市值管理助力持续融资、以募集资金取得企业发展的良性循环。旗下1000余家子公司和国药控股、国药股份、国药一致、天坛生物、现代制药、中国中药6家上市公司。2018年底，国药集团完成股权多元化改革工作，由国有独资公司转变为国资委、国投公司、中国国新等共同持股的多元化有限责任公司。通过混合所有制改革，国药集团从一个基础薄弱的传统国有企业，发展成为业务规模领先的医药健康产业集团。集团不断完善法人治理结构，以建立健全中国特色现代企业制度为方向，建立市场化的运行机制。2018年底，集团完成股权多元化改革工作，由国有独资公司转变为国资委、国投公司、中国国新共同持股的多元化有限责任公司，改组成立了新一届董事会。集团全面梳理党委会会议、董事会会议、总经理办公会会议议事决策范畴，促进“三会”决策事项、治理主体和决策程序的清单化、标准化和规范化，保障重大决策科学高效、决策程序严谨规范。此外，主动对标市场、对标行业先进标准，集团以市场化为导向，搬走“铁交椅”，撤掉“铁饭碗”，打破“大锅饭”，把干部员工的劳动、人事、分配和企业的发展紧密联系在一起，着力打造员工能进能出、管理人员能上能下、收入能增能减的新机制。近年来，新员工社会化招聘形式占79%，497人因业绩不佳等原因被公司解除和终止劳动合同。《国资报告》数据显示①，截至2017年底，国药集团混合所有制企业数达到660家，占集团企业总数超90%。混合所有制企业的营业收入、利润、资产总额对国药集团的贡献率超过85%。此外，《人民日报》统计数据显示②，截至2020年，国药集团全年实现营业收入突破5000亿元，利润总额突破200亿元，列世界500强企业榜单第145位，连续第七年被国资委评为“中央企业负责人经营业绩考核A级企业”。此外，截至2020年末，国药集团混合所有制企业数达1324家，占集团企业总户数的93%以上，混合所有制企业的营业收入、利润、资产总额对集团的贡献率均达到八成以上。可见，在混合所有制改革的带动下，国药集团实现了跨越式发展，成为医药行业的领导者，这得益于集团能够及时把握市场化改革方向，积极发展混合所有制经济。

从以上分析可以看出，国药集团以混合所有制改革为突破口，转变发展方式，聚焦做大做强，整合资源发展核心领域，通过引入战略投资者、整合优质资源上市、实施股权激励、并购重组参股民营企业等方式实施混合所有制改革，成功打造了“国家药网”，使集团实现了跨越式发展。从经营业绩和产业布局看，混合所有制贡献突出。引入复星医药成立国药控股后，公司的医药产业在全国范围内突飞猛进，目前已成长为最大的国内医药企业。通过收购盈天医药和同济堂，以及通过中国中药收购天江药业，在中药领域以及中药配方颗粒领域获得战略性布局。资料显示，相较于成立之初，到2016年，国药集团的营业收入已增长了60倍，利润增长146倍，市场份额由不到1%增长至18%，成功实现在核心业务领域的“领头

① 资料来源：国资委官网（http://www.sasac.gov.cn/n2588025/n4423279/n4517386/n8944187/c9116430/content.html）。

② 资料来源：国资委官网（http://www.sasac.gov.cn/n2588025/n2588139/c18022100/content.html）。

羊”地位。通过实施混合所有制改革，国药集团完善了公司治理结构，明晰了公司治理主体关系和权责，建立健全了股东之间相互制衡又相互协调的权力运行机制，走出了一条符合自身特点的市场化发展道路。这是国药集团混合所有制改革举措的成效表现，也是竞争类国有企业有步骤、有计划、有选择地推行混改举措，推进深化改革的样板。

3.3.2 特定功能类国有企业——山东交运①

山东省交通运输集团有限公司（以下简称山东交运）成立于1989年11月，是一家国有大型综合性交通运输产业集团，被国家发改委、省经信委确认为发展物流的重点扶持企业。作为首家在集团层面启动混合所有制改革试点，并实现整体改革改制和职工持股试点的省管企业，其混合所有制改革经验被称为山东省国企改革的试金石和典范。

山东交运是一家从事传统客运的省属国企，主要从事客运、物流、旅游和港航等业务。截至2015年末，山东交运有员工5000多人，分公司37家，二级子公司16家，三级子公司14家，参股公司8家。随着家庭汽车、高铁及网约车等新业态的快速发展，山东交运的客运业务受到巨大冲击。加之，传统体制机制的束缚，山东交运表现出明显的生产动力不足、发展动力不足等问题。通过所有制改革突破体制束缚实现企业新旧动能转换迫在眉睫。在此情境下，山东交运设计了“存量+增量”的交易方案，通过增资扩股引入战略投资者、实现员工持股计划的同时，又将存量资本转让给两者，实现在企业夯实资本实力的同时，国有股东能够实现一次性资本回报。

具体而言，2014年7月，山东交运集团成立了改革领导小组，组建了改革办公室，这是山东交运实施混合所有制改革的起点。2015年10月，山东交运向山东省国资委提交混改初步方案，并于12月被列为山东省国资

① 国务院国资委改革办编著的《国企改革探索与实践——地方国有企业100例》、国资智库的资料简介（http://www.sohu.com/a/237919650_481760）。

委定位首家从集团层面进行混合所有制改革的地方国企。2016年9月，国资委批复混合所有制改革方案，正式批复其开始进入全面实施混改阶段。具体而言，将山东交运集团划入山东国惠，并由国惠公司指导进行职工安置、引进战略投资者、资产剥离等，迈出混合所有制改革第一步。2017年4月，山东交运集团完成股权划转，实现投资人变更，作为省国资委新设全资子公司的山东国惠投资有限公司，出资1.88亿元成为大股东，持股70%，而省社保基金理事会则出资0.81亿元，持股30%。2017年6月，在山东产权交易中心公开挂牌引进战略投资者，转让部分存量权益，并同步实施员工持股计划，采用“增资扩股+股权转让+员工持股”的方式，募集资金总额不低于13991.91万元，新增注册资本占增资后山东交运注册资本20.58%。并召开了员工参会的持股认购说明会。自此，山东交运的混合所有制改革举措于2017年9月基本完成。

本次混改举措按照上市目标进行产业链整合和资产结构设计，通过资产调整，山东交运聚焦主业、集中优势为未来的持续发展和上市奠定了基础。通过实施混合所有制改革，山东交运建立完善了法人治理结构，授予董事会和经理层更大的经营自主权，经理层全面建立起职业经理人机制，增强了企业活力和抗风险能力，并从四个方面实现了全省首创。一是全省首家在集团层面启动混合所有制改革，实现了整体改制；二是全省首家以同股同价方式同步引入战略投资者、骨干员工持股，形成“国有资本+战略投资者+骨干员工”共同持股模式；三是全省首家公开进场转让存量资本与引入增量资本，引入的社会资本超过了国有资本；四是全省首家混合所有制改革方案与发展规划、机制改革、资产重组、业务调整同步谋划。

山东交运集团混合所有制改革完成后，注册资本变更为6.8亿元。其中，国惠投资出资2.516亿元，持股37%；员工持股平台出资2.04亿元，持股30%；战略投资者出资2.244亿元，持股33%。山东交运实施混合所有制改革的一大特点是37：33：30的股权比例设置合理，一是国有股权处于相对控股地位，能够行使一票否决权，这符合“改制后国有股权占主导地位”的政策要求，保证了国有资本的主导地位；二是结合实际及政策要求。员工持股顶格设计占30%、单一个人不超过1%，既符合《山东省属国有企业员工持股试点工作实施细则》的政策规定，又充分调动职工参与改制的积极性；三是从产业协同、商业提升、产业开发三个主要方面全面引进战略投资者，既优化不同背景的战略投资者结构，也利于改制后公司治理结构设计与运管机制科学化；四是股权结构及组织结构设计合理，使得国有资本集中度降低，在一定程度上解决了国有企业内部国有资本“一股独大”的问题，同时，通过股权划转，增加管理层级，实现决策机制的改革，提高了企业整体的市场竞争力；五是混改引入社会资本高达63%，这与国有资本占比37%形成股权制衡，同时，董事会共7名成员，其中山东交运董事长占山东国惠和战略投资者各0.5个名额，其余名额中，山东国惠投资有限公司、战略投资者和员工持股平台各委派董事2名，最终形成了2.5∶2.5∶2的董事会占比结构，这使得非国有资本和员工拥有足够的话语权和控制力，保证了混合所有制改革实施的有效性。

总的来看，山东交运的混改在持股方面形成了国有资本、战投和员工按照37∶33∶30的股权机构共同持股的模式，使得国有资本集中度显著降低，缓解了国有企业“一股独大”的现状。混改引入的社会资本高达63%，远超国有资本的37%，保证了非国有资本和骨干员工的话语权和决策控制力。同时第二大股东低于国有资本的设定，保持了国有资本的主导地位。在战略投资者引入方面，山东交运主要通过有限合伙企业的形式引入战投，成功引入了普洛斯、首约汽车等具有产业协同效应的事业投资者，又有长城资本、国瑞证券等行业领先的财务投资者，形成了以引入具有产业协同效应的战投为主、以基金形式引入战投为辅的战投引入模式。在员工持股计划方面，山东交运以管理层级核心骨干员工为持股计划实施对象，通过合伙企业方式设立持股平台。集团核心团队和骨干180人组成了四个员工持股平台，入股山东交运，并按照与战投同股同价的原则出资2.04亿元，占集团总股权的30%，以期通过激发员工的劳动积极性，激发企业活力。同时，也通过充分发挥员工持股计划对公司治理结构的制衡作用，真正实现了员工持股计划实施的价值与意义。这种清晰明确的战略目标和混改计划，也使得山东交运在实施混改后取得了良好的经济成效。

案例资料显示，2017年，山东交运营业收入120537.36万元，利润总额1023.03万元，净利润－914.17万元。而到2018年底，即山东交运完成混改后一年，集团营业收入为120905.47万元，同比增长0.31%；净利润1162.22万元，同比增长227.13%。可以看出，混改后，山东交运的财务状况得到了显著的提升，也在一定程度上表明，混合所有制改革能够在微观企业内部治理及经营效率方面发挥治理功能。通过实施混合所有制改革，首先，为处于困境的国企注入新活力，通过员工持股激发骨干员工的工作积极性，最大限度释放人才红利；其次，通过建立市场化运行机制，聚焦主业，实现了决策机制改革，为山东交运专注长期发展和运营效率，提供了强有力的制度基础；最后，通过引入战略投资者，整合优势、互惠共赢的股权合作形式，加速了山东交运的业务转型和现代服务新业态的发展与探索。

综上所述，混合所有制改革通过产权制度改革，采取引进战略投资者、员工持股、资产剥离等方式为国有企业注入了活力，通过混改实现了业务转型，通过简政放权从省级一级企业变为省级二级企业。在破除体制机制束缚的同时，也为企业引入了市场化的经营机制，不仅有助于企业经营效率的提升，还有助于企业实际的运作实践，也在一定程度上表明，探讨混合所有制改革对微观企业行为的影响及混合所有制改革在微观企业治理中的有效性是兼具理论和实践意义的，且探索混合所有制改革影响企业行为的路径机制是新时代深化国企改革的重要课题。这些对于混合所有制改革的理论发展和实践指导均有较强的实际意义。

3.4　本章小结

本章从混合所有制改革的发展历程、发展现状及实践探索三个层面对国有企业混合所有制改革的制度背景及发展现状作了简要梳理。

关于混合所有制改革的发展历程。以混合所有制经济的演变历程及关键时点对基本经济制度的内涵提升为依据，将混合所有制改革分为四个主要阶段：萌芽探索阶段（1978～1992年）、起步发展阶段（1993～2002年）、融合推动阶段（2003～2012 年）以及深化探索阶段（2013 年至今）。并就发展过程中的重要事件和政策文件进行整理，对混合所有制改革的发展历程作详细的历程演变梳理。

关于混合所有制改革的发展现状。国资委官网资料显示，2018 年是国企混合所有制改革的加速转折年，不管是中央还是地方都能加快了混合所有制改革步伐，批量开展混合所有制改革试点，从质量和数量两个维度进行把关，保证国有企业混合所有制改革高效快速推进，也是新时代全面深化国有企业改革的突破点和中心环节。整体上看，混合所有制改革的推行，不仅增强了国有经济活力，放大了国有资本功能，提高了国有企业竞争力，也通过简政放权，减少了政府对微观经济主体的干预，有助于政府与市场关系的调整，让市场在资源配置中起决定性作用，让各种所有制资本依法平等使用生产要素，公平参与市场竞争，相互促进，共同发展，具有较强的理论及现实意义。

关于混合所有制改革的案例考察。依照分类开展、分层推进的原则，选取不同功能分类、不同层级、不同混合所有制改革模式的两家国有上市公司进行国企混合所有制改革的实践探索分析。国药集团是一家竞争性中央国企，在发展过程中通过引入战略投资者、整合优质资源上市、员工持股计划、并购非公有制企业等方式开展混合所有制改革实践，从经营困窘到行业龙头，通过混合所有制改革，国药集团实现了飞跃式发展。山东交运是一家特定功能类地方国企，面对新业态对传统交通行业的冲击，选择从集团层面开展混合所有制改革，通过引入战略投资者、实施员工持股计划形成“国有资本＋战略投资者＋骨干员工”共同持股模式完成“绝地反击”。这些为我们的实证探讨提供了基本的证据支持。

第4章

混合所有制改革影响国有企业治理的机理分析

由文献梳理和案例剖析可以看出，混合所有制改革能够在微观企业行为决策及经营绩效等方面发挥治理功能，且有助于国有资产的保值增值及国民经济的稳定发展。为进一步从微观企业层面考察混合所有制改革的治理有效性，从混合所有制改革的深层次内涵出发，纳入“混”层面的股权结构和“改”层面的治理结构及混改推动力层面的组织结构内涵，在构建“股权结构+高层治理结构+组织结构”三维度综合测度指标的基础上，切入信息治理和行为治理两大维度深入考察了混合所有制改革在国有企业信息质量、信息效率、经营效率及资本配置效率等层面的治理有效性。结合研究设想，本章详细阐述了本书的整体逻辑构建和研究内容，通过构建实证各章节间的勾稽关系，对本书的整体结构布局及逻辑关系作简要分析。并结合产权理论、股东制衡理论、利益相关者理论、委托代理理论及信息经济学理论中的信息效率观假说，对混合所有制改革影响国有企业股价崩盘风险、股价同步性、社会责任负担及金融错配的内在逻辑和作用机理进行分析和推理。

4.1 混改影响国有企业信息治理及行为治理的内在逻辑

混合所有制改革作为由政府政策推动的一场兼具产权改革性质和经济

改革性质的体制机制改革，旨在通过非国有性质资本的引入优化国有企业经营与管理体制。非国有性质资本的引入为什么会对国有企业公司治理产生影响？如何产生影响？产生了何种影响？目前学术界的探讨多基于最后一个问题进行探讨。笔者认为，通过抽剥混合所有制改革影响国有企业治理各维度的内在影响机理，才能够在理论逻辑上形成闭环，为混合所有制改革的影响路径提供理论指导。

从产权理论看，科斯认为，社会主义企业的存在不是要素所有者通过自由契约形成的经济组织，即国有性质企业存在的目的不是节约成本，而是政府政治权利的体现。这就意味着，社会主义企业不仅要生产产品，也要完成政府分配的“任务”（佟健和宋小宁，2016），这与西方经济学意义下的企业组织是不同的存在方式。这种由政府干预主导下的经济组织体相较于私人企业缺乏追求公司价值最大化的动机（Alessi，1982）。从产权形式看，国有企业的所有者是集体所有概念，归全体民众所有，这使得“所有者”在行使权力时面临所谓的集体行动困境。加之，人们行为偏好的多样性会阻止企业一致性目标的达成，因此，国有企业的“所有者缺位”和“内部人控制”的问题是必然存在的。“所有者缺位”引致的“内部人控制”以及“所有者利益的多元化”决定了国有企业内部委托代理问题的存在及经营目标的多元化，很显然，这直接导致了国有企业的经营效率低下（佟健和宋小宁，2016）。

随后，国内外学者基于国有企业经营目标的多元化开展了激烈的争论。Lin 等（1998）认为政策性负担是导致国有企业无法发挥单一职能的重要原因。国有企业是国民经济在微观层面的体现，被国家当作维持产业优势和代理履行行政职能的工具，因此，国有企业在市场竞争中处于不利地位。此外，有学者从国有企业的“特殊性”出发认为，国有企业作为政府参与和干预经济的一种工具与手段，本质上是一种制度安排（黄速建和余菁，2006），其经营不仅要实现作为一般企业的价值追求目标，也要实现其作为“国有”产权的行政使命。因此，其经营目标表现出多元化特性。进一步地，Bai 等（2000）基于国有企业雇佣过剩劳动力以维持社会稳定的视角，从国有企业多任务理论视角为国有企业经营效率低下提供了合理的解释。

也就是说，国有企业的产权性质决定了其经营效率低下和内部治理机制缺陷。而混改作为由政府推动的一项产权与经济制度改革，通过在有制度缺陷的经济体中引入其他性质的资本参与经营，一方面，可以在股权结构层面形成决策制衡机制，打破国有股东“一股独大”的现状，并通过削弱股东权利，打破国有企业的垄断地位，激发国有企业经营活力。另一方面，可以在高层治理结构层面形成监督制衡机制，允许非国有股东委派“董监高”参与公司治理，打破国有企业“内部人控制”桎梏，缓解国有企业的委托代理问题，提升其内部治理水平。此外，还可以通过调整组织结构，扩大政府放权意愿，优化组织管理结构，减少政府对国有企业的直接干预，盘活国有企业的经营效率和经营活力。

而公司治理作为现代企业制度的核心，随着公司治理理论的发展与研究框架的拓展，其研究已不仅仅局限于委托代理理论和信息不对称理论，更多地拓展至产权理论、利益相关者理论等层面。相关研究从基本的内部治理向外部治理延伸，构建了集制度环境、股权结构、治理机制、利益相关者等于一体的体制机制。并指出，完善的公司治理不仅能促进微观主体经营业绩的提高和股东利益的保护，还有利于创造良好的投资环境，提高市场透明度和效率（王蕾和薛杨阳，2017），亦能够通过完善内外部治理机制显著提升企业的治理有效性和治理效率。且从混合所有制改革的实施目的看，混改推行的主要目标就在于优化治理结构，实现国有资本保值增值。也就是说，混合所有制改革的实施在一定程度上能够通过股权结构及高层治理结构的完善，在微观企业层面发挥积极的治理效应。而信息治理和行为治理作为微观企业治理框架的两大重要维度，不仅是公司治理框架的重要维度，也是混合所有制改革在微观企业层面发挥治理有效性的基础。基于此，本书结合分类分层推进混改的实践背景，切入信息治理和行为治理双视角，深入考察混改在微观国有企业层面的治理有效性。

基于以上分析可以看出，混合所有制改革通过优化股权结构、治理结构及组织结构，在国有企业内部形成股权制衡和内部监督机制，缓解了国有企业缺乏有效监督管理、委托代理问题严重等制度缺陷，显著提升了国有企业的内部控制质量（刘运国等，2016）。同时，非国有股东的引入，优化了治理结构，阻止了国有企业内部人对中小股东利益的侵占，助推国有企业通过提高信息披露质量（曾诗韵等，2017），完善内部信息披露和监管，通过降低信息不对称，提升了内外部信息传递效率（张斌和嵇凤珠，2014）。也就是说，混合所有制改革能够通过内部治理机制的完善对微观企业的信息披露质量及信息传递效率产生影响。那是否能够进一步通过完善信息治理机制对微观企业在资本市场中的信息价值表现产生治理效应？这是本书预期考察的第一个治理维度，以股价崩盘风险和股价同步性为研究切入点，检验混合所有制改革在国有企业信息治理维度的治理有效性。

理论上讲，股票市场是信息的市场，信息引导着股价的运行，并进一步在市场的资源配置层面发挥作用（王亚平等，2009）。信息披露关系着资本市场有效性的制度安排，是影响资本市场稳定性的重要因素（曹廷求和张光利，2020），而信息透明度决定了内外部信息的不对称程度，是影响市场效率和公平的关键因素（方立兵和丁婧，2017），这与股价崩盘风险和股价同步性基于资本市场安全稳定及资本市场信息效率传递的内涵是一致的。因此，我们选取股价崩盘风险和股价同步性这两种市场表现，切入信息治理视角，结合分类分层改革背景，考察混改在国有企业信息质量维度和信息效率维度的治理有效性。具体而言，将混改在微观企业信息质量及信息效率层面的影响效应延伸至证券市场股价特征层面，股价崩盘和股价同步性作为微观层面信息在证券市场中的价值体现行为，是我们验证混改在微观企业信息治理有效性的研究切入点。结合股价崩盘及股价同步性的信息表现形式，我们将股价崩盘风险视作微观企业信息质量的价值体现，将股价同步性视作微观企业信息效率的价值体现，深入挖掘了混改对国有企业股价崩盘风险和股价同步性的影响效应，以验证混改在信息质量和信息效率维度的治理有效性。

在信息质量维度，基于此前的研究，信息披露问题对资本市场运行效率会产生直接冲击，信息披露质量越低，企业的股价崩盘风险越高（Hutton et al.，2009；Kim et al.，2016；肖土盛等，2017；曹廷求和张光利，2020）。基于此，结合股价崩盘产生的动因，我们切入信息披露及时性和信息披露充分程度两个层面深挖了混合所有制改革影响国有企业股价崩盘风险的潜在机理，并进一步探查了高管机会主义行为渠道的存在性。

在信息效率维度，学者们认为股价同步性是衡量股票市场信息传递效率的重要指标（伊志宏等，2019），企业信息透明度越高，越利于企业的特质信息进入并融入股价，从而显著降低企业的股价同步性（朱红军等，2007；Jiang et al.，2016；伊志宏等，2019）。基于此，我们切入信息透明度这一信息渠道来检验混合所有制改革影响国有企业股价同步性的潜在机理，并进一步从公司治理这一间接渠道进行深入挖掘。

进一步地，既有研究表明，资本市场的基本功能是利用股票价格的信号机制实现资源的最优配置（黄俊和郭照蕊，2014）。不管是股价崩盘还是股价同步性，都是资本市场运行效率低下、资本配置无效率的表现。而混合所有制改革的实施作为一项优化治理改革举措，如果其能够在信息治理层面表现出显著的治理有效性，其必然能够在微观企业的行为治理维度发挥治理功能。理论上讲，社会责任负担和金融错配作为国有企业产权特性在微观企业经营及资本配置低效率的典型体现，是验证混改在微观企业层面行为治理有效性的重要情境。具体地，社会责任作为国有企业“国有”性质的天然要求（肖红军，2018），在一定程度上揭示了国有企业经营目标多元化的根源，是国有企业社会经营目标的直接体现。同时，也是检验国有企业经营效率好坏的重要维度。而金融错配作为中国特殊制度背景下“所有权歧视”等制度缺陷引致的资金配置无效率的典型表现，会直接影响微观企业的投资行为和投资效率，是验证国有企业资本配置效率好坏的重要研究切入点。基于以上逻辑，我们认为，切入社会责任负担和金融错配视角，考察混改在微观企业经营效率维度及资本效率维度的治理有效性，是验证混改在微观企业层面行为治理功能的必要且重要的。从混改实施的目的看，混合所有制改革推行的本质就是为了缓和国有企业经营效率低下以及弥补国有企业内部治理机制缺陷。因此，混合所有制改革可能会通过优化内部治理结构、完善监督体制、调整组织结构、改善国有企业经营效率的不佳现状，引导资本在证券市场中实现有效配置，提升资本的配置效率。

相关研究为我们的理论猜想提供了实证支持。大量研究表明，通过实施混改引入非国有股东能够显著降低国有企业的政策性负担（张辉等，2016；陈林等，2014）和超额雇员（耿云江和马影，2020；张伟华等，2021），亦能够显著提升国有企业的盈利能力（Shleifer，1997；马连福等，2015）、产出效率（张维迎，1999）、全要素生产率（谢海洋等，2020）、投资效率（杨志强和李增泉，2018；李井林等，2021；Jiang et al.，2018）及资本配置效率等（祁怀锦等，2019），最终实现国有企业资本保值增值（周绍妮等，2020）。可见，混合所有制改革能够在微观企业行为治理中发挥“鲶鱼效应”。这是否有助于国有企业根据功能定位调整国有企业经营目标适配度提升国有企业整体经营效率，通过降低政府干预和提升资本利用率缓解国有企业金融错配？这是本书预期考察的第二个维度，以国有企业社会责任负担和金融错配为研究切入点，考察混合所有制改革在国有企业行为治理维度的治理有效性。

具体而言，国有企业作为一种制度安排（黄速建和余菁，2006），承担社会责任不仅是其作为一般企业存在的价值反映，更是国有企业“国有”特殊性质的天然要求（肖红军，2018）。也就是说，对于国有企业而言，承担社会责任是其社会及政治经营目标的重要体现。但政策性负担、超额雇员等社会责任的承担显著加剧了国有企业的“经营压力”，并损害了国有企业的市场竞争力，导致其财务绩效低下（赵雅娜和敖小波，2016）。加之，国有企业经营目标的多元化，进一步加剧了国有企业的经营效率低下（佟健和宋小宁，2016）。现有研究指出，混合所有制改革可以通过降低国有企业的政策性负担显著提升企业绩效（张辉等，2016）。非国有大股东亦能够显著降低国企超额雇员，减弱超额雇员对公司价值的损害（耿云江和马影，2020）。可见，通过引入非国有股东实现产权改革的混合所有制改革在一定程度上能够在微观企业的社会责任承担层面发挥治理效应，其是否能够进一步根据功能定位调整社会责任承担在国有企业的经营效率维度产生治理有效性，是我们预期考察的重要研究话题。

此外，相关研究指出，国有企业通过混合所有制改革能够移植非国有企业灵活的市场经营机制，提升国有企业资源配置效率，促进了国有资产保值增值（祁怀锦等，2019），从而有助于国有企业的资源配置优化，提升国有企业的投资有效性，降低其非效率投资行为（李井林，2021）。可见，混合所有制改革不仅可以通过经营目标的调整显著提升了企业的经营效率，最终实现国有资本的保值增值，也可以通过提升国有资本配置效率实现国有资本保值增值。也就是说，混合所有制改革不仅能够在国有企业的经营效率维度发挥治理有效性，也能够进一步在资本配置效率维度发挥治理有效性。金融错配作为金融市场信贷资本在微观企业无效率配置的行为体现，必然会受到混改行为治理功能的影响。

具体地，在经营效率维度，基于此前的研究，混合所有制改革通过在国有企业中引入非国有股东，不仅完善了国有企业公司治理机制、提升了国有企业运营效率以实现国有资本保值增值，也打破了国企在相关行业中的垄断地位，更加公平地分配社会经济资源以促进多种所有制经济共同发展（黄速建，2014；郑志刚，2015）。可见，混合所有制改革的实施在优化国有企业经营目标分配及资本配置效率等层面发挥了积极效应。但考虑到国有企业的产权特殊性及国有企业承担社会责任的使命功能，国有企业既可能基于政治及经济动机承担更多的社会责任负担，也可能基于优化国有企业经营目标的动机，通过优化调整不同功能分类国有企业的经营目标，调整国有企业需承担的社会责任，秉持“积极放活竞争类国有资本，充分放大功能类国有资本”原则，整体提升国有企业的经营效率。结合功能分类和行政分层国有企业在实施混改后社会责任承担水平的变化及其绩效考核状况，验证混合所有制改革影响国有企业社会责任负担的潜在机制，为国有企业深化改革进程中最优改革模式的探索提供理论借鉴，具有较强的实践指导意义。

在资本效率维度，从股权结构看，混改在国有企业内部构建行之有效的股权制衡机制，通过强化国有企业内部治理机制，优化了经营目标配置和市场化机制的构建，通过提升项目投资效率（马连福等，2015），助推国有企业资本配置效率的提升，从而有助于国有企业金融错配的缓解；从高层治理结构看，混改的实施有助于在国有企业高层治理结构中引入非国有监督机制，不仅能引入高效的市场化投资经验，也能够通过决策机制提升资本配置效率，从而显著降低国有企业的金融错配；从组织结构看，混合所有制改革通过组织层级优化，在一定程度上减少了政府对市场的干预，促进信贷资金依据经营效率在市场中流转，显著降低企业的金融错配。进一步地，基于政府干预和资本配置效率两个渠道检验了混改在微观企业金融错配层面的发挥治理有效性的影响机制。

综合以上分析，本书以国有企业实施混合所有制改革为研究切入点，以分类分层改革为研究背景，通过构建混合所有制改革综合测度指标，切入信息质量、信息效率、经营效率和资本效率等视角，分别考察了混合所有制改革对国有企业股价崩盘风险、股价同步性、社会责任负担及金融错配的影响效应，以期从信息治理和行为治理两大维度为混合所有制改革予以微观企业的治理有效性提供实证证据，本书的总体机理框架如图4-1所示。

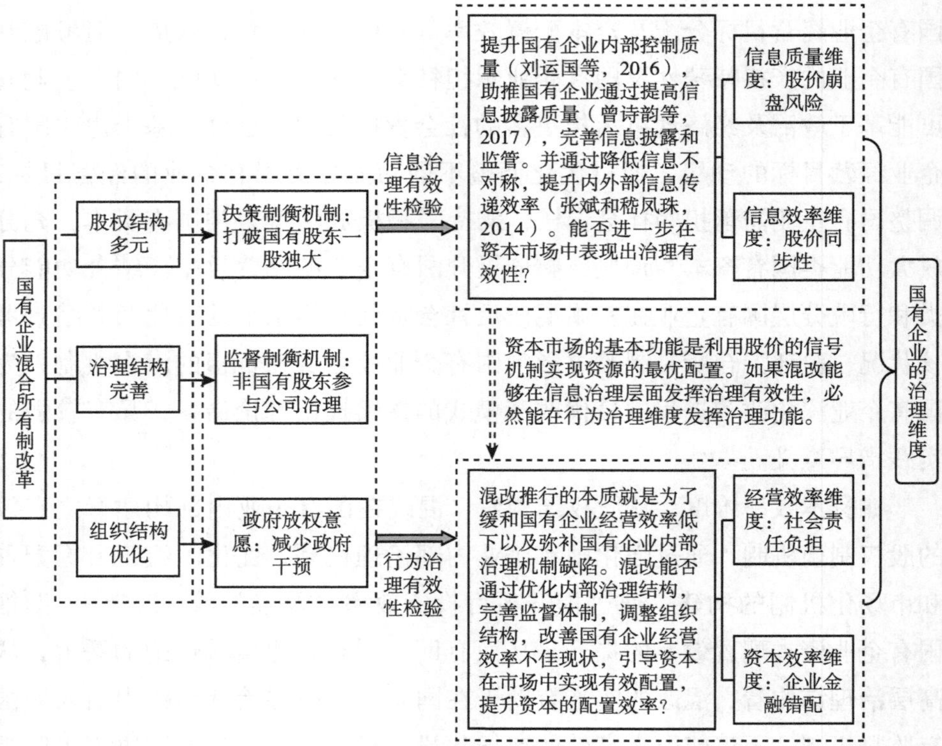

图4-1 本书的总体机理框架

4.2 混合所有制改革影响国有企业治理的理论分析

4.2.1 信息质量维度：混合所有制改革与国有企业股价崩盘风险

股价崩盘风险是管理层自利性操纵信息披露而导致企业股价大跌甚至崩盘的非系统性风险。股价崩盘风险刻画了企业坏信息是否能够及时进入市场的场景后果，在一定程度上反映了企业信息披露不及时和信息披露不充分等内部治理层面的制度缺陷。相关研究指出，国有企业因"所有者缺位"，引致了严重的"内部人控制"问题（罗宏和黄文华，2008；卢锐等，2011；黎文飞等，2020），这使得国有企业内部的治理结构不完善，治理水平相对较低。这种制度及监督机制的不完备性为国有企业高管基于自利动机进行信息操纵以获取私有收益提供了便利的条件。加之，限薪令等政策进一步引致国企高管的激励不足，严重加剧了国有企业高管的自利动机。且在"不求有功但求无过"的业绩评价机制下，国有企业高管有很强的动机通过隐藏坏消息进行"捂盘"。一方面，可以为自己未来期的政治晋升机会创造可能性；另一方面，通过信息操纵为获取私有收益提供便利。高管的这种"捂盘"行为严重加剧了国有企业的股价崩盘风险。

有研究认为，会计信息质量的提升，意味着企业内部治理机制的完善，在一定程度上能够抑制高管隐藏坏消息的倾向，从而有助于降低股价崩盘风险（Kim and Zhang，2014）。此外，企业信息质量及内部控制水平的提升亦能够显著降低股价崩盘风险（Jin and Myers，2006；Huton et al.，2009；陈波等，2018；Kim et al.，2016；叶康涛等，2015）。可见，通过制度完善及体制改革提升内部治理水平及监督机制、加快信息披露的及时性和充分性是缓解企业股价崩盘风险的重要途径。

混合所有制改革作为政府推动下的一场自主性经济体制改革，其本质是产权改革在微观企业层面的体现。混合所有制改革对国有企业股价崩盘风险产生影响的基本逻辑可能在于：其一，混改通过组织结构调整，简政放权，为国有企业在体制内构建类市场化的监督及治理机制提供了环境保障。从内部治理环境层面为信息披露质量的提升及高管机会主义行为的减少提供了可能性。其二，混改通过多元化股权结构，在国有企业中适当引入非国有成分，在股权结构中形成内部制衡机制，国有企业在股权结构中引入非国有股东，并允许非国有股东参与治理，这在一定程度上打破了国有企业的“内部人控制”和国有股东“一股独大”的局面。构建股权制衡机制的同时，有助于国有企业内部控制质量及会计信息质量的提升（刘运国等，2016；曾诗韵等，2017），强化企业内部治理水平（李文贵和余明桂，2015），通过提升国有企业信息披露及时性及信息披露的翔实程度，保证坏消息能够及时高效地在市场中得到反映，阻碍了管理层“捂盘”行为的实施，从而显著降低国有企业未来期的股价崩盘风险（Kim and Zhang，2014；Kim et al.，2016；叶康涛等，2015）。其三，通过优化高层治理结构，推动非国有股东参与国有企业内部治理。相关研究认为，非国有股东有动机通过完善对管理层的激励和监督机制，减少国有企业高管的机会主义行为（蔡贵龙等，2018），直接降低国有企业高管进行“捂盘”的动机，显著降低了国有企业未来期的股价崩盘风险。

基于以上分析，我们认为，混合所有制改革能够显著降低国有企业的股价崩盘风险，且混合所有制改革影响国有企业股价崩盘的机制渠道主要包括提升信息披露质量（披露及时性和披露程度）和抑制高管的机会主义行为两条路径，从信息质量维度为混合所有制改革予以微观企业信息治理的有效性提供实证证据。且考虑到不同分类国有企业实施混改的程度及目的差异，不同类型的国有企业实施混改对其股价崩盘风险的影响效应可能存在较大的差异。

4.2.2 信息效率维度：混合所有制改革与国有企业股价同步性

基于信息效率观假说，股价同步性刻画了公司特质信息在市场股价中的反应程度。若公司特质信息进入市场较多，则股价中的公司特质信息含量就高，表明信息传递效率高，此时，个股随市场股价“同涨同跌”的现象减弱，表现出较低的股价同步性。反之，股价波动受市场波动影响较大，公司特质信息无法及时反映在股价中，表现为较高的股价同步性。

既有研究表明，企业信息透明度的提升能够显著降低企业股价同步性（翁欣等，2015；袁知柱和鞠晓峰，2009），且内部治理机制的完善、内部控制水平的提高均能够通过有效抑制管理层的信息操纵行为提升信息透明度，从而显著降低企业的股价同步性（刘晓，2016；Jin and Myers，2006；Huton et al.，2009）。此外，有大量研究指出，媒体、分析师及机构投资者等信息中介能够通过加速信息的收集、整理和传播，加速公司内部特质信息进入市场并体现在股价中（黄俊和郭照蕊，2014；游家兴和吴静，2012；黄俊和陈信元，2013；胡军和王甄，2015；Huang et al.，2016；朱红军等，2007；Jiang et al.，2016；伊志宏等，2019），从而显著降低企业的股价同步性。而 Piotroski 和 Roulstone（2004）、Chan 和 Hameed（2006）则提出了相悖的猜想，认为分析师、机构投资者及媒体等都属于“外部人”，无法获取全部的公司特质信息，其更多的是通过行业信息和市场层面信息进行分析。这可能会增加外部信息使用者获取有用信息和特质信息的搜寻成本和难度，从而阻碍公司特质信息进入市场，降低信息的传递效率。也就是说，分析师、媒体、机构投资者等信息中介也可能会向市场提供了过量的信息或提供了更多基于市场或行业层面的“特质信息”，降低了企业信息的传递效率，加剧企业的股价同步性。即，当企业行为阻碍内外部信息传递效率，通过提升信息搜寻成本和难度或加剧内部信息沟通协调成本时，会阻碍市场获得公司特质信息，从而导致个股随市场“同涨同跌”。

基于此，我们认为混合所有制改革对国有企业股价同步性的影响可能存在两种可能性。

一方面，混合所有制改革会显著降低国有企业的股价同步性。其原因在于，混合所有制改革作为政府推动下的“政策性”经济体制改革，受到社会各界的广泛关注，尤其是媒体、分析师及机构投资者的积极关注。这有助于国有企业内部特质信息进入市场，显著降低股价同步性。此外，混合所有制改革本身具有一定的微观治理功能，通过组织结构的优化，简政放权，降低政府干预程度，整体提升国有企业内部治理水平，提升企业信息透明度，降低市场获取公司特质信息的难度及成本（Karamanou and Vafeas, 2005），从而显著降低企业的股价同步性。此外，李小荣（2018）认为，国有企业效率的提升，关键在于政府干预的减少，这能够使国有企业高管获得更大的权力，有助于充分调动高管的积极性和经营自主性，并通过降低高管团队间的沟通成本和协调成本（Li et al.，2014），加快企业信息传递效率，从而降低国有企业的股价同步性。基于以上分析，混合所有制改革能够显著抑制国有企业的股价同步性，从而在信息效率维度表现出显著的治理有效性。

另一方面，混合所有制改革会显著提升国有企业股价同步性。其原因在于，其一，混合所有制改革引发的市场关注，可能导致市场中出现过量的信息，导致市场中各种信息"丰富而广泛"，这可能会增加外部信息使用者获取有用信息和特质信息的搜寻成本和难度，从而阻碍公司特质信息进入市场，降低信息的传递效率，显著提升国有企业的股价同步性。其二，信息中介等基于市场及行业层面的"非特质信息"引导市场，让更多的非特质信息进入市场，阻碍公司特质信息的反应，这亦显著降低了国有企业的信息传递效率，从而显著增加股价的同步性。其三，混合所有制改革的实施在国有企业内部引入非国有股东，增加了国有企业内部治理的复杂性，加剧了国有企业内部信息的沟通成本和协调成本，这阻碍了国有企业内部特质信息进入市场，从而显著提升国有企业股价同步性。

基于以上分析，本书认为，国有企业混合所有制改革可能降低国有企业股价同步性，亦可能加剧国有企业股价同步性。信息渠道和治理渠道是混合所有制改革在微观企业信息效率层面发挥治理有效性的主要影响机制和路径。且依据混改影响微观企业股价同步性的机理差异，我们预期，不同分类国有企业的信息治理效应可能存在显著性差异。

4.2.3 经营效率维度：混合所有制改革与国有企业社会责任负担

社会责任承担是国有企业的经营目标之一，是影响我国社会和谐稳定、经济快速发展的重要因素。相关研究表明，依据企业在国家战略中的定位和使命，国有企业社会责任应该兼具政治、经济和社会三个维度（汪锋，2008），不仅是国有企业作为一般企业存在的价值反映，更是国有企业"国有"特殊性质的天然要求（肖红军，2018）。因此，应在追求经济效益的同时，担负有限度的社会责任（刘玲，2007）。但由于国有企业的特殊产权背景及使命功能，国有企业作为社会主义经济成分的主体，其与政府的"天然联系"使其承担了超出"限度"的社会责任，如超额雇员和更多的政策性负担等（耿云江和马影，2020；赵雅娜和敖小波，2016）。很显然，这不利于国有企业经营效率的提升，甚至损害了国有企业的整体经济效益。杨瑞龙（2014）的相关研究指出，推进混合所有制改革必须考虑国有企业所肩负的政策性负担——"必须以混合经济为突破口，推进国有企业更深层次的改革"（陈林和唐杨柳，2014）。可见，混合所有制改革作为国有企业深化改革的关键举措，在完成改革实践的同时，亦要考虑通过国有企业产权结构优化在国有企业的社会责任负担层面发挥治理效应。

既有研究指出，混合所有制改革能够显著降低国有企业的政策性负担（陈林等，2014），从而显著提升企业的经营绩效（张辉等，2016），且非国有大股东能够降低国有企业超额雇员从而缓解企业的价值损失（耿云江和马影，2020）。可见，混合所有制改革的实施一定程度上能够在国有企业社会责任承担层面发挥治理效应。但相关研究都忽略了不同类型国有企业功能定位不同引致的国有企业经营目标设定差异对混改经济效应的影响，且没有深挖混改影响国有企业社会责任的潜在机制。基于此，借鉴 Jian 和 Lee（2015）关于企业社会责任的分类思路以及耿云江和马影（2020）等关于超额雇员和政策性负担的概念内涵，借助残差模型，我们将模型中不能被企业层面及行业层面因素解释的社会责任投入部分定义为企业的社会责任负担。立足国有企业分层分类推进混合所有制改革的实践，深入考察了混合所有制改革对国有企业社会责任负担的影响效应。理论上讲，基于以往的研究逻辑预期，混合所有制改革的实施能够显著降低国有企业的社会责任负担。具体而言，社会责任是国有企业经营主体的一部分，体现在国有企业履责的各个方面。一方面，混合所有制改革通过引入非国有资本，在国有企业内部形成股权制衡机制（郝云宏和汪茜，2015），缓解了国有企业内部人控制问题，在一定程度上促进了国有企业破除了国有企业内部的行政化治理局面。另一方面，混改的实施可以通过完善国企公司治理机制、提升国企运营效率和实现国有资本保值增值的目标，打破国企在一些行业中的垄断地位，更加公平地分配社会经济资源以促进多种所有制经济共同发展（黄速建，2014；郑志刚，2015），提高国有资本经营效率和国有企业核心竞争力，省去原本企业应承担的超出限度的责任（张涛等，2017），从而降低了国有企业的社会责任负担；进一步地，混合所有制改革的实施，在国有企业中引入非国有股东，同时通过调整组织层级简政放权，在一定程度上弱化了国有企业的政治及社会经营目标，显著缓解国有企业的“过度”社会责任承担。也就是说，国有企业的经营目标配置得到优化，自主决策能力和主导性得到加强，企业可以根据利润最大化的经营目标来进行相关决策（陈林和唐杨柳，2014；张辉等，2016），整体提升国有企业的经营效率。

反之，结合我国国有企业分层分类推进改革的现状及混合所有制改革的改革目标，混合所有制改革也可能会加剧国有企业的社会责任负担。其原因在于：其一，混合所有制改革的目的在于通过组织层级调整适当简政放权，在优化股权结构和高层治理结构的同时，提升国有企业经营效率，使得国有资产保值增值，经营效率的优化为国有企业承担更多社会责任提供了经济及制度基础。也就是说，国有企业的“行政使命”使其在实施混合所有制改革后，经营决策得到规范，实现了资产保值增值、经营效率提升、企业活力增强等目标，这为其积极承担“更多”社会责任奠定了基础。其二，基于企业承担社会责任的动机。混合所有制改革绩效的不确定性为国有企业未来期的经营带来了不确定性，混改既可能通过优化内部治理，提升经营绩效，也可能因操作不当导致严重的国有资产流失或混改绩效不乐观。也就是说，国有企业实施混改可能导致国有企业经营绩效下降。很显然，这不利于国有企业高管的政治晋升。此外，耿云江和马影（2020）关于混改经济后果的检验指出，为稳定就业、获取更多政治晋升机会，政府官员有动机通过人事任免对国企的关键决策施加影响（廖冠民和沈红波，2014），并引导国企承担较多维稳社会发展、降低失业率等政策性负担

（Lin et al.，1998；林毅夫和李志赟，2004；马连福等，2013；罗喜英和刘伟，2019）。可见，积极承担“更多”社会责任成为国有企业高管在不确定改革实践中的“绩效庇护伞”和政治晋升“筹码”。具体而言，混改的实施加剧了国有企业未来期经营绩效的不确定性，这会倒逼国有企业高管基于政治晋升动机自愿且积极地承担“更多”社会经营目标，不仅可以为混改进程中国有企业可能存在混改绩效不乐观提供“业绩庇护”，也能够通过“业绩操纵”获取更多政治晋升的机会。其三，混改有助于国有企业根据其功能定位差异进行经营目标的优化再调整。具体而言，从分类改革的视角看，混合所有制改革的实施使得能够完全市场化经营的国有企业（如商业竞争类国有企业）通过在国企内部引入非国有资本和市场化治理监督体制健全了现代企业制度，扩大了经营自主权，更多地以经营效率为主，追求“经济效益最大化”；而对于提供公共产品和服务以及关系国家安全、国民经济命脉的重要行业和关键领域及承担重大专项任务的国有企业（如公益类和特定功能类国有企业）而言，混合所有制改革通过优化股权结构，完善内部治理，更清晰地界定了该类国有企业的社会及政治经营目标，通过更多的社会责任“摊派”，使得国有企业承担“更多”的社会责任。也就是说，基于分类分层改革指导推进的混合所有制改革可能促使国有企业的“政治及社会经营任务”在不同功能分类和行政分层的国有企业间发生转移再分配。更多的“社会责任摊派”由无法彻底实施产权改革的特定功能类和公益类国有企业承担。混合所有制改革通过优化再分配不同类型国有企业的经营目标，通过明确不同类型国有企业的功能定位，不仅提升了国有企业承担社会责任负担的能力，使得国有企业的社会责任负担显著增加，也显著提升了国有企业整体经营效率，验证了混改在经营效率维度的治理有效性。

基于以上分析，我们认为，混合所有制改革既可能显著降低国有企业的社会责任负担，又可能显著增加国有企业的社会责任负担。从现实情况看，国有企业作为政府借以维持社会稳定和社会人员就业的微观经济组织，其产权性质决定其“行政功能”不能丢，但又期望通过产权改革盘活国有资本，提升其经营效率。这就要依赖于分类改革的经营目标优化配置。具体而言，通过社会责任在不同功能分类和行政分层的国有企业间进行优化再分配，使得不同分类的国有企业承担不同的社会经营目标和经营角色，让一部分国有企业更多地承担社会经营目标，另一部分企业更多地基于市场化经营方式追求利润最大化。即，通过调整不同类型国有企业间的社会经营目标，优化经营目标再分配，使商业竞争类和地方国有企业以“经济目标”为主导，而特定功能类和公益类国有企业及中央国有企业更多地承担“社会经营目标”和“政治经营目标”，通过将经营目标在不同分类的国有企业间进行优化配置，整体提升国有企业经营效率，验证混改在微观企业经营效率维度的治理有效性。从分类分层改革的视角为国有企业混合所有制改革的最优发展模式提供了改革思路。

4.2.4 资本效率维度：混合所有制改革与国有企业金融错配

金融错配是指金融资源配置结构与配置效率不匹配的状况。按照资源效率理论，稀缺的金融资源应更多地流向高效率的部门或企业。在我国，由于政府干预和“所有制歧视”及“规模歧视”的存在（战明华等，2013），金融错配普遍存在于我国资本市场的微观企业中，是企业资本偏离经济规律的一种非市场化行为。相关研究指出，政府管制、所有制差异引发的融资能力等制度缺陷导致了我国金融错配问题的产生（谢菲，2012；康志勇，2014；靳来群，2016；王慧和王军，2017）。国有企业因其独特的产权性质及隐性担保，能够从银行获得更多的信贷资金（郑曼妮等，2018；战明华等，2013；Cull et al.，2015），表现出明显的信贷过剩。同时，在国有企业内部，也可能存在规模差异及央地行政级别差异等引发的金融配置效率低下问题。

混合所有制改革作为政府主导推动的一项产权制度改革，资本配置效率的提高是国有企业实施混合所有制改革的动机与目的（祁怀锦等，2019）。也就是说，混合所有制改革作为我国国有企业深化改革进程中的重要措施，能够通过移植非国有企业灵活的市场经营机制，提升国有企业资源配置效率，促进国有资产保值增值（祁怀锦等，2019），从而有助于国有企业的资源配置优化（李井林，2021）。

基于以上梳理，我们认为，混合所有制改革能够显著缓解国有企业的金融错配。其原因在于：一方面，混改的实施在国有资本中引入非国有成分，通过优化股权结构和治理结构显著提升了企业的监管能力。同时，通过混改在国有管理体制中引入市场化经营机制及非国有资本持有者的新技术等无形资产，不仅有助于提升国有资本的经营效率（厉以宁，2014），也通过多种性质的资本融合打破了单一所有制融资难问题，显著降低企业的经营风险，优化市场的资源配置（马俊清，1995）。可见，混合所有制改革的实施从监管和经营两个方面显著提升了国有企业的资本配置效率，加速金融资本在高效率部门运转，有助于缓解国有企业的金融错配。另一方面，有研究指出，政府干预是我国金融错配的主要诱因之一。而混合所有制改革通过组织层级优化简政放权，通过引入非国有股东打破国有企业内部的“行政化”管理体制，实现了政企分开（张涛等，2017），这有助于减少政府干预。而政府干预作为诱发企业金融错配的重要动因，政府干预的减少必然有助于国有企业金融错配现状的缓解。

基于此，我们认为，混合所有制改革能够显著缓解国有企业的金融错配现状，且投资效率的提升及政府干预的减少是混合所有制改革在国有企业行为资本效率层面发挥行为治理功能的重要机制渠道，并进一步结合分层分类改革背景深入探查不同分类国有企业中的治理效应差异。

4.3 本章小结

结合前面文献梳理及理论逻辑构建，本章结合相关理论基础，首先，对混合所有制改革影响企业治理维度的内在逻辑进行了思路梳理，以期通过对基本逻辑的分析阐述从整体上构建行文逻辑框架。其次，进一步就混合所有制改革在国有企业信息质量、信息效率、经营效率和资本效率等维度的影响机理及影响效应进行具体理论分析。

通过本章的梳理，我们从基本逻辑上验证了混合所有制改革予以微观企业治理的积极意义和有效性。不管是信息治理维度还是行为治理维度，混合所有制改革作为一项由政府主导并积极推动的产权改革，通过优化组织层级简政放权，积极在国有产权中引入非国有成分，不仅有助于在股权层面形成制衡机制，也能够在治理层面构建监督体系。非国有股东作为利益相关者，有动机通过监督制衡提升国有企业治理效率及经营管理机制，这有助于国有企业内部治理水平的提升。此外，混合所有制改革的实施，为保证非国有股东在组织中的话语权，进一步允许非国有股东派驻“董监高”参与经营决策和管理指导，在一定程度上能够移植更多市场化的经营机制和管理经验，同时，还解决了国有企业“内部人控制”的问题，缓解国有企业委托代理问题的同时，也有助于国有企业构建灵活的市场化监管机制，激发国有资本活力，提升国有企业经营效率和国有资本配置效率，并进一步在资本市场中发挥积极治理效应，助推资本市场更高效地利用股票价格的信号机制实现资源的最优配置，保证资本市场的有效性。

通过框架逻辑构建和基本逻辑梳理，我们在探索混合所有制改革在国有企业信息及行为治理维度治理有效性的同时，进一步探查了混合所有制改革发挥治理功能的机制路径，从理论层面给出基本的猜想。随后，我们将通过实证分析对以上猜想进行验证，以期为我们的理论猜想提供基本的实证证据。

第5章

信息质量维度：分类治理视域下混改与国有企业股价崩盘风险

5.1 引　言

会计信息作为企业产出的替代变量，维系着企业作为人力资本和财务资本所有者缔结契约的均衡，在一定程度上影响着公司的治理效率（杜兴强，2007；谭兴民等，2009），而高质量的会计信息是健康公司治理的重要一环（Bushaman，2001）。因此，现有与企业信息治理效应相关的研究多认为，治理效应在微观企业有效性的发挥首先体现在信息上，并通过提升信息披露质量提高微观企业的治理效率（周娜和庄玲玲，2016）。进一步地，相关研究指出，资本市场是信息的市场，信息披露是关系到资本市场有效性的制度安排，也是影响资本市场稳定性的重要因素（曹廷求和张光利，2020）。微观企业信息能够向资本市场中的投资者传递上市公司真实资产价值和投资项目等价值信息，并通过将内部信息外部化发挥信息在资本市场中的价值引导功能，抑制可能的逆向选择问题（Scott，2003）。同时，良好的信息披露有助于降低投融资双方的信息不对称和资金成本，提高资本市场的资金配置效率（肖土盛，2017）。可见，信息能够在资本市场中发挥治理功能，通过影响信息使用者，尤其是外部投资者的信息解读能力，对投资者的行为决策产生作用，并最终体现在股价中。若投资者不能及时甄别微观企业披露信息与真实信息的差别，则可能会导致未来期的股市动荡。

目前，关于信息质量与资本市场行为的相关影响一致认为，会计信息质量和资本市场的有效性相互作用（陈信元等，2000）。有效的资本市场必须依赖于充分而及时的信息披露系统。也就是说，信息质量的高低会直接影响资本市场中的股票定价合理性以及资源配置效率高低（于悦，2013），当微观企业信息不能及时且充分地在市场中发挥作用时，必然会导致市场中的股价偏离其真正价值，并最终引致非系统性风险，造成股价非正常波动，甚至产生股价崩盘。相关研究指出，信息不对称是解释股价崩盘风险成因机理的关键特性之一，而目前解决信息不对称的主要方法就是信息披露（江婕等，2021）。通过提升信息披露及时性和充分性，让高质量信息在资本市场中发挥治理效应。可见，信息质量在资本市场中的价值体现是我们考察微观企业信息治理的重要维度。

基于以上逻辑，我们认为，信息质量作为影响内外部信息对称性的关键因素，通过影响内外部信息使用者的行为决策，能够在资本市场的股价稳定性中发挥影响效应，这也是股价崩盘风险能够体现微观企业信息质量在资本市场价值表现的重要原因。基于此，为考察混合所有制改革在国有企业信息治理维度的治理功能，我们选取股价崩盘风险为研究切入点，结合分类改革背景，从信息质量维度深入考察了混改在微观企业的信息治理功能。

5.2 企业股价崩盘风险相关文献综述

股价崩盘风险的探讨近年来成为学术界关注的焦点。自2010年我国股票市场推出融资融券业务以及融券卖空机制的提出，股价崩盘风险的相关探讨呈井喷式发展。股价崩盘风险的影响因素是复杂的，Jin 和 Myers（2006）基于股价崩盘风险的机制探讨提出了管理层“捂盘”假说。该假说认为，企业管理层有动机对坏消息进行隐藏，当坏消息积累到一定阈值后，其隐藏成本增加，就会突破阈值集中爆发，并被市场集中感知造成股价大幅下跌，直至崩盘。梳理现有研究文献，大多认为引致企业股价崩盘风险的动因在于管理层的“捂盘”行为。即，管理层有延迟披露坏消息的各种动机（Jin and Myers，2006），当坏消息积累到一定程度集中释放时，便会造成市场动荡，因其企业股价的大幅波动甚至出现崩盘（Jin and Myers，2006；Hutton et al.，2009）。此外，杨威等（2020）的研究从定价机制不完善情况下的市场交易行为视角为股价崩盘风险的成因提供了另一种间接解释，研究指出，卖空机制不健全和投资者异质性信念是导致股价高估的原因，当遭遇坏消息冲击时，投资者会争相抛售股票，从而引起股市动荡，造成股价崩盘（Hong and Stein，2003；Chang et al.，2017；杨威等，2020）。可见，不管是管理层“捂盘”假说，抑或是投资者抛售假说，都遵循一个基本逻辑，即企业信息披露不及时、不充分及内部治理不完善引发的内外部信息不对称是引致股价暴跌的最根源性的动因。相关研究指出，信息披露是降低企业信息不对称问题的重要渠道（曹廷求和张光利，2020），尤其是在我国投资者保护相对不完善的资本市场中，通过体制改革优化内部信息治理机制，提升信息披露质量（及时性和充分程度）是有效缓解企业股价崩盘风险的重要治理渠道。目前，学术界关于股价崩盘风险因素的探讨主要集中于以下几个方面。

在公司治理及经营层面，主要包括公司的经营和投资行为（Kim et al.，2011a，2011b；江轩宇和许年行，2015；江轩宇，2016）、公司高管特征及薪酬激励（蒋德权等，2018；梁尚坤等，2020；Kim et al.，2016；李小荣和刘行，2012；Kim et al.，2011；Xu et al.，2014）、信息披露及信息质量（曹廷求和张光利，2020；赵璨等，2020；孟庆斌等，2017；叶康涛等，2015；Song，2015；Francis and Zhang，2016；Jin and Myers，2006；Hutton et al.，2009；潘越等，2011；Kim and Zhang，2011）、公司治理等（马新啸等，2021；梁权熙和曾海舰，2016；Andreou et al.，2016；王化成等，2015；吴战篪和李晓龙，2015；沈华玉等，2017）。具体而言，基于信息质量的影响研究表明，财务报告的不透明性（Hutton et al.，2009）、内部控制信息披露（叶康涛等，2015）、会计稳健性（Kim and Zhang，2016）、自愿性信息披露（曹廷求和张光利，2020）及管理层讨论与分析披露的信息含量（孟庆斌等，2017）等均能够显著降低企业未来期的股价崩盘风险。这表明，信息质量是影响股价崩盘风险的重要因素。相反，赵璨等（2019）基于上市公司年报中披露的“互联网+”相关信息考察了“互联网+”信息披露对股价崩盘风险的影响，结论表明，企业披露的“互联网+”信息越多，企业的股价崩盘风险越高。进一步地，部分学者立足于公司内部治理机制，考察大股东持股比例（王化成等，2015）、内部人减持（吴战篪和李晓龙，2015）、独立董事制度（梁权熙和曾海舰，2016）等对企业股价崩盘风险的影响效应（王成龙和余威，2017）。而梁上坤等（2020）基于董事会内部合作—冲突角度的研究表明，公司中董事会断裂带的存在加剧了股价崩盘风险。蒋德权等（2018）从财务总监在企业高管中的地位这一独特视角出发，系统分析与检验了财务总监地位影响企业股价崩盘风险的客观表现与传导路径。研究结果表明，财务总监地位能够显著降低企业的股价崩盘风险。可见，目前学术界关于股价崩盘风险影响因素的探讨丰富而深刻。

在外部监督层面，主要考察了机构投资者、分析师及社交媒体等信息中介的影响效应（吴晓辉等，2019；丁慧等，2018；许年行等，2012；江轩宇和伊志宏，2013；罗进辉和杜兴强，2014；An and Zhang，2013；许年行等，2013；权小锋和尹洪英，2017）。具体而言，在机构投资者方面，杨棉之等（2020）研究发现，机构投资者持股整体加大了上市公司未来股价崩盘风险。吴晓晖等（2019）则基于机构投资者抱团的视角得出了相反的结论。研究指出，机构投资者抱团持股比例及持股比重与股价崩盘风险呈显著正相关关系。即机构投资者抱团持股会加剧企业未来期的股价崩盘风险。而丁慧等（2018）利用社交媒体平台“上证e互动”的实验情境，考察了投资者信息能力对股价崩盘风险的影响效果及传导路径。结果表明，投资者信息能力的提高能够显著降低企业的股价崩盘风险。权小锋和尹洪英（2017）基于风险投资持股及其属性特征的分析发现，风险投资持股显著降低了被投资企业的股价崩盘风险。此外，权小锋等（2016）亦进一步考察了投资者关系管理对股价崩盘风险的影响效应及作用机理，实证结果表明，投资者关系管理的信息职能和组织职能能够显著降低企业未来期的股价崩盘风险。而许年行等（2013）则基于机构投资者的“羊群”行为视角考察了其对公司股价崩盘风险的影响。结果发现，机构投资者的羊群行为显著提高了公司股价未来崩盘的风险。Yin 和 Tian（2017）深入考察投资者情绪对股价崩盘风险的影响，结果表明投资者情绪提高了企业未来期股价崩盘的可能性。在分析师方面，许年行等（2012）基于分析师乐观偏差对企业股价崩盘风险的影响。研究结果表明，分析师乐观偏差显著提升了上市公司未来股价崩盘风险。褚剑等（2019）以中国式融资融券制度为背景的研究指出，在卖空机制作用有限背景下，分析师发布的乐观性盈利预测最终加剧了标的公司的股价崩盘风险。在媒体报道方面，罗进辉和杜兴强（2014）的研究表明，媒体报道能够显著降低公司未来期的股价崩盘风险，表明媒体报道具有积极的信息中介和公共监督作用。孙艳梅等（2018）借助语言分析工具构建媒体关注度与媒体语气指数的研究结果进一步表明，媒体对股价崩盘风险有显著的抑制作用。朱孟楠等（2020）基于中小投资者在东方财富股吧论坛的信息交互网络，考察了互联网信息网络对企业股价崩盘风险的影响。研究表明，网络中心度越高，处于网络中心位置的上市公司其股价崩盘风险越低，验证了网络舆论的监督效应。

此外，亦有部分研究基于市场行为、外部环境变化、非正式制度、企业文化和行为等探讨股价崩盘风险的驱动因素，如卖空机制（褚剑等，2019；孟庆斌等，2018；权小锋等，2018；褚剑和方军雄，2016）、高铁开通（赵静等，2018）、社会信任（Li et al.，2017）、宗教传统（Callen and Fang，2015）、儒家文化（徐细雄等，2020）、公司战略（孙健等，2016）、企业社会责任（Kim et al.，2014；权小锋等，2015，权小锋和肖红军，2016）等。相关研究表明，卖空交易能够显著降低企业的股价崩盘风险，而融资融券制度的实施不仅没有降低相关标的股票的股价崩盘风险，反而加剧了其崩盘风险（褚剑等，2019；孟庆斌等，2018；褚剑和方军雄，2016）。高铁开通、社会信任、宗教传统及儒家文化等均能显著抑制企业未来期的股价崩盘风险（赵静等，2018；Li et al.，2017；Callen and Fang，2015；徐细雄等，2020）。而上市公司推行社会责任会加剧企业的股价崩盘风险（权小锋等，2015），且社会责任信息披露亦会基于“机会推动”动因加剧企业的股价崩盘风险（权小锋和肖红军，2016）。更进一步地，马新啸等（2021）基于国有企业深化改革的背景，以股价崩盘风险为研究切入点，考察了非国有股东参与治理对国有资本金融稳定的影响效应。结果表明，非国有股东委派董事参与国有企业高层治理可以有效缓解其代理问题和改善信息透明度，从而显著降低了国有企业股价崩盘风险。

综上所述，目前国内外关于股价崩盘风险的探讨丰富而完善，大多数研究基于“高管捂盘”假说，认为企业内部信息披露不及时导致企业负面信息无法及时被市场捕捉，从而导致市场定价机制“失灵”，并在未来某一天集中爆发，从而产生较高的股价崩盘风险（Hong and Stein，2003；Chang et al.，2007；Gallmeyer and Hollifield，2008；Grullon et al.，2015）。也就是说，提升企业内部信息披露及时性和披露充分程度，能够显著增加企业信息披露质量，从而显著降低其股价崩盘风险。此外，基于“捂盘”动机假说，高管的机会主义行为是引致高管通过信息操纵来隐藏坏消息的潜在动机。因此，我们预期，如果能够通过内部监督机制的构建抑制高管的机会主义行为，就能够缓解企业的股价崩盘风险。基于该猜想，立足中国国有企业改革实践——混合所有制改革，基于分类分层推进混改的改革背景，通过构建三维度混改综合测度指标，本章从信息治理视角综合考察了混合所有制改革在国有企业股价崩盘风险层面的治理有效性及不同类型国有企业实施混改的治理效应差异，并基于信息披露质量及高管机会主义行为两个维度考察了混改影响国有企业股价崩盘风险的潜在机制。

5.3 理论分析与研究假设

股价崩盘风险是近年来公司金融领域讨论最多的热点话题之一。目前，学术界关于股价崩盘风险因素的探讨主要集中于管理层特征（蒋德权等，2018；梁尚坤等，2020；Kim et al.，2016；李小荣和刘行，2012）、信息中介（吴晓辉等，2019；丁慧等，2018；许年行等，2012；江轩宇和伊志宏，2013；罗进辉和杜兴强，2014）、公司治理（曹廷求和张光利，2020；马新啸等，2021；梁权熙和曾海舰，2016；叶康涛等，2015；Andreou et al.，

2016；孟庆斌等，2017）、股权结构（王化成等，2015；曹丰等，2015）、儒家文化（徐细雄等，2020）等视角。梳理现有研究文献，引致企业股价崩盘风险的动因在于管理层的“捂盘”行为。即管理层有延迟披露坏消息的各种动机（Jin and Myers，2006），当坏消息积累到一定程度集中释放后，便会造成市场动荡，引起企业股价的大幅波动甚至出现崩盘（Jin and Myers，2006；Hutton et al.，2009）。此外，杨威等（2020）的研究给出了股价崩盘风险成因的另一种间接解释，即定价机制不完善情况下的市场交易行为。他们认为，卖空机制不健全和投资者异质性信念是导致股价高估的原因，当遭遇坏消息冲击时，投资者会争相抛售股票，从而引起股市动荡，股价崩盘（Hong and Stein，2003；Chang et al.，2017；杨威等，2020）。可见，不管是管理层“捂盘”，抑或是定价机制不完善引发的投资者抛售，内部信息披露不及时、不充分引发的内外部信息不对称是股价暴跌最根源性的原因。相关研究指出，信息披露是降低企业信息不对称问题的重要渠道（曹廷求和张光利，2020），尤其是在我国投资者保护相对不完善的资本市场中，通过体制改革优化内部信息治理机制、提升信息披露质量（及时性和充分程度）是有效缓解企业股价崩盘风险的重要治理渠道。

混合所有制改革作为近年来政府重点关注并强烈倡导的国有企业深化改革举措，在国有企业的各个层面表现出积极的治理效应。基于混改的股权制衡效应，学者们从投资效率（李井林，2021；李增福等，2021）、高管激励（蔡贵龙等，2018）、政策性负担（陈林等，2014；卢佳瑄和万寿义，2021）、创新行为（程承坪和陈志，2021；陈琳等，2019；罗宏等，2019）、持股比例（沈红波等，2019；李向荣，2018；张伟等，2017；郝云宏和汪茜，2015）、公司治理（沈昊和杨梅英，2018；刘运国等，2016）和公司绩效（郝阳和龚六堂，2017；马连福等，2015；黄速建等，2021；李明敏，2020）等各方面开展了广泛而深入的学术探讨，肯定了混合所有制改革在微观企业治理中的积极作用。随着研究的深入，亦有部分学者开始关注混改过程中非国有股东参与治理的影响效应（马新啸等，2021a；马新啸等，2021b）。可见，现有关于国有企业混合所有制改革的研究主要致力于股权结构和非国有股东参与治理的分层视角，鲜少有文献基于综合视角及分类分层改革关注混合所有制改革的信息治理功能，且鲜少有文献进一步将混改的信息治理效应进一步拓展至资本市场股价特征层面，从微观企业信息的市场价值表现层面考察混改在微观企业信息质量维度的治理效应。基于此，选取国有企业股价崩盘风险为研究切入点，基于混合所有制改革的信息治理视角，深入考察国有企业实施混合所有制改革对其股价崩盘风险的影响效应，并基于分类分层治理实践，对不同类型国有企业实施混改的信息治理效应进行异质性分析。进一步地，深入探查了混改影响国有企业股价崩盘风险的影响机制和潜在渠道。

本章认为，混合所有制改革作为一项体现政府改革意志的经济体制改革举措，必然会对微观企业的信息治理产生积极的影响。

具体而言，国有企业作为由政府行政主导的一种半行政半市场的经济组织形式，一直无法通过建立完全市场化的现代企业制度进行自主经营，从而导致其经营效率低下（姚洋和章奇，2001；魏峰和荣兆梓，2012），管理体制松垮。且所有者缺位引致的内部人控制问题一直是国有企业被诟病的重要话题（罗宏和黄文华，2008；卢锐等，2011；黎文飞等，2020）。这种体制机制的不完善使得国有企业的内部治理结构不完善，内部治理水平较低。加之，自2002年政府开始对国有企业高管进行限薪，2012年开始实施中央八项规定严控国有企业高管职务消费行为等，这导致国有企业高管激励严重不足，加剧了国有企业高管的自利动机。综上所述，在我国的政治锦标赛体制（周黎安，2004，2007）及潜在的“不求有功但求无过”的高管业绩评价机制下（张瑞君等，2013），国有企业高管有很便利的条件及很强的动机通过“捂盘”行为获取私利，如通过延迟坏消息的披露维稳政绩以获得未来期的政治晋升机会、通过掩藏坏消息以避免被过分关注而受到上级处罚或免职、通过调整报表信息以实现当期预算目标等。这都会导致在未来期坏消息集中释放，引发股市动荡，导致股价崩盘风险的发生。而混合所有制改革作为一项由政府倡导并推动的放权改革，旨在通过组织结构调整简政放权，激发国有企业决策自主权和经营活力，推动国有企业现代企业制度的建立；通过引入非公资本在国有企业内部形成股权制衡机制，改善所有者缺位、内部监督不足、国有企业高管“一言堂”的内部治理格局，抑制国有企业高管的机会主义行为；通过允许非国有股东参与公司治理，完善国有企业内部治理水平，在管理结构层面形成有效监督机制，显著提升国有企业的信息质量（刘运国等，2016）。这种上至制度体系构建、下到治理机制提升的改革举措，必然能够显著抑制国有企业高管的“捂盘”行为，从而显著降低国有企业的股价崩盘风险。

基于以上分析，我们认为，国有企业实施混合所有制改革，通过调整组织层级体现放权意愿，构建市场化企业制度，助推国有企业内部治理结构和治理水平优化与提升，在一定程度上能够抑制高管对内部信息披露的操纵，提升国有企业信息披露及时性和充分程度；通过引入非公资本在国有企业内部形成有效的制衡监督机制，抑制高管的机会主义行为，降低其“捂盘”行为；通过非公股东参与治理提升国有企业内部治理水平，提升国有企业信息质量，提升其信息披露程度。即混改通过组织结构调整、股权结构优化和高层治理结构完善，提升了国有企业的治理效率，优化了其内部监督机制，完善了其治理结构。通过提高内部信息披露质量，阻碍高管机会主义行为等途径，显著抑制国有企业高管的“捂盘”行为，从而显著降低了国有企业未来期的股价崩盘风险。基于以上分析，提出研究假设：

假设 H5－1：在其他条件不变情况下，混合所有制改革能够显著降低国有企业的股价崩盘风险。

相关研究指出，对于国有企业治理而言，不同层次、不同功能的国有企业的特殊性，决定了深化国企改革过程中必须贯彻分类治理的思维（李维安，2014），应依据不同类型国有企业的功能定位差异，构造不同的治理机制（黄群慧和余菁，2013；肖慧萍和李辰颖，2018），且功能定位不同的国有企业应在股权结构、高层治理结构和激励机制等公司治理机制中表现出显著差异（魏明海等，2017）。基于该逻辑，我们认为不同功能定位的国有企业其混改治理效应也会存在显著性差异。在分类层面，对于公益类的国有企业，其主要功能定位是以社会效益为导向，以保障民生，提供公共产品和服务为主要目标的企业，产品和服务必要时可由政府制定，发生政策性亏损时由政府给予补贴。其可以采取国有独资形式，也可以通过购买服务、特许经营及委托代理等方式鼓励非国有企业参与经营以实现混合所有制改革，完善治理机制。该类国有企业的治理目标主要是确保其特定功能的实现。对于特定功能类的国有企业，其主要功能定位是关系国家安全、国民经济命脉的重要行业和关键领域，或者是处于自然垄断行业，经营专项业务，承担重大专项任务的企业。其要保持国有资本的控股地位，同时也应通过引进非国有性质资本积极开展混合所有制改革，完善内部治理和现代企业制度，提升该类企业的经营效率。对于商业竞争类国有企业，其功能定位主要处于充分竞争行业和领域的国有企业。原则上，该类企业应通过公司股份制改革，积极引入其他性质的资本实现股权多元化，国有资本可以绝对控股，可以相对控股，亦可以只保持参股，通过放权形式推进混合所有制改革，使商业竞争类国有企业以市场化经营为导向，获得充分的治理权和足够的治理空间。可见，不同功能的国有企业，其功能分类和改革原则存在差异，这必然影响企业混合所有制改革对企业信息治理的经济效应。

通过混合所有制改革的推进，商业竞争类的国有企业不管是从治理权上还是从治理空间上，都获得了最大力度的支持和鼓励，而公益类国有企业因为功能定位的特殊性，其放权程度最小，国有股权集中度相对也最高，特定功能类则介于两者之间。理论上讲，实施混改后，随着非国有资本进驻国有企业，国有企业内部治理水平提升，内部控制机制得到完善（刘运国等，2016），这有助于内部信息治理水平的改善，从而缓解国有企业的股价崩盘风险。因此，基于不同分类国有企业的混改程度差异，我们预期，混合所有制改革对国有企业股价崩盘风险的抑制效应可能在商业竞争类国有企业和特定功能类国有企业中更显著，而在公益类国有企业中不显著。即混合所有制改革对国有企业股价崩盘风险的影响效应在不同功能分类的企业中存在显著性差异。基于以上分析，提出第二个研究假设：

假设 H5－2：在其他条件不变情况下，混合所有制改革对国有企业股价崩盘风险的影响效应在不同功能分类国企中存在显著性差异，即分类治理对混改与国有企业股价崩盘风险的关系能够产生异质性影响。

在分层层面，有研究进一步指出，不同层次及功能的国有企业具有特殊性，应设计不同的治理机制（李维安，2014）。也就是说，不同类型的国有企业在行为表现及治理效应上可能存在差异。因此，我们有理由认为不同行政分层的国有企业在混改过程中产生的治理效应亦存在显著性差异。具体而言，对于中央国有企业而言，其往往关系国计民生及关乎国家经济支柱的重点行业，除了要在国企改革中践行混改外，同时亦要承担诸如经济发展、社会稳定及财政盈余等社会目标（郭宏等，2020），这使得中央国有企业在实施混改时有诸多“掣肘”。而地方国有企业更多的是地方经济发展的支柱，在承担政治及社会目标的同时，更多的是期望通过混改提升经营效率和治理水平，不断提升地方考评绩效，实现政治晋升。因此，相较于中央国有企业，地方国有企业的混改更可能发挥信息治理功能。按照理论预期，混改对国有企业股价崩盘风险的抑制效应在地方国有企业子样本中可能会更显著。基于以上分析，提出第三个研究假设：

假设 H5－3：在其他条件不变情况下，混合所有制改革对国有企业股价崩盘风险的影响效应在不同行政分层的国有企业中存在显著性差异，即分层治理对混改与国有企业股价崩盘风险的关系能够产生异质性影响。

5.4 研究设计

5.4.1 样本选择与数据来源

考虑到2007年会计准则改革对企业财务信息列报的影响，为保证获取的财务数据在列报及测算上口径一致，我们最终选取2008～2019年全部A股国有上市公司为研究样本，考察国有企业参与混合所有制改革对其股价崩盘风险的影响效应。书中涉及的与混合所有制改革测度相关的股权结构数据主要来自CNRDS数据库及同花顺数据库，对于部分缺失的数据，通过查询年报补充处理。组织层级数据及派驻“董监高”席位数数据通过翻阅年报信息手工整理获得。变量的处理过程详见变量定义部分说明。此外，样本公司的财务数据和交易数据主要来自CSMAR数据库。为保证数据的合理性和实证结论的稳健性，我们对数据库中的原始数据作如下筛选和处理：（1）剔除金融行业公司样本观测值；（2）剔除 ST、*ST 和 PT 等交易状态异常的上市公司样本观测值；（3）剔除年股票交易周数小于 30 周的样本观测值；（4）剔除样本期间内财务数据缺失的样本观测值。经过以上样本筛选，我们最终获得 9348 个有效样本观测值。进一步地，为了消除极端值对实证结论的影响，我们对模型中所有连续变量进行上下 1% 的 Winsorize 处理。

5.4.2 模型设定及变量定义

（1）模型设定。

为检验混合所有制改革对国有企业股价崩盘风险的影响，构建如下回归模型（5-1）：

$$FNCSKEW_{i,t+1} = \alpha_0 + \beta Mix_{i,t} + \gamma Controls_{i,t} + \delta + \tau + \varepsilon \tag{5-1}$$

其中，$FNCSKE_{i,t+1}$ 是公司 i 在第 $t+1$ 年的股价崩盘风险，$Mix_{i,t}$ 为国有企业混合所有制改革的代理变量，*Controls* 为企业层面及市场层面的控制变量，δ 为行业虚拟变量，τ 为时间虚拟变量。此外，为进一步验证假设 H5-2 和假设 H5-3，考察分类及分层治理对混合所有制改革与国有企业股价崩盘风险关系的影响效应差异，我们将模型（5-1）在不同功能分类和不同行政分层国有企业子样本中进行重复回归。

（2）变量定义。

①被解释变量：股价崩盘风险（*NCSKEW* 和 *DUVOL*）。

目前，关于股价崩盘风险的测度方法主要有三种，具体如下：

第一种采用周收益极值分布的虚拟变量来测度，记为 $CRSAH_{i,t}$。若 $W_{i,\tau} < Average(W_{i,\tau}) - 3.09\sigma$，则表明股票陷入崩盘风险，此时，$CRSAH_{i,t}$ 取 1，否则取 0。其中 $Average(W_{i,\tau})$ 表示年度内所有上市公司周收益的平均值，σ 表示上市公司的当年股票周收益的标准差。该指标刻画了企业是否存在股价崩盘风险。第二种用股票周收益负偏程度来衡量，记为 $NCSKEW_{i,t}$。第三种用股票收益上下波动率来测度，记为 $DUVOL_{i,t}$。

参照现有关于股价崩盘风险的文献研究，借鉴 Hutton 等（2009）、An

等（2013）、Xu 等（2014）及杨棉之等（2020）的做法，本章主要采用负收益偏态系数（$NCSKEW_{i,t}$）和收益上下波动率（$DUVOL_{i,t}$）作为企业股价崩盘风险的代理变量。具体计算过程如下：

首先，利用上市公司 i 在第 τ 周的股票收益率 $R_{i,\tau}$ 和由流通市值加权平均市场周收益率 $R_{m,\tau}$，并通过模型（5－2）进行回归，得到残差项 $\varepsilon_{i,\tau}$，表示个股价格中没有被市场解释的部分。利用残差项测算上市公司周特有收益 $W_{i,\tau}$，$W_{i,\tau}=Ln(1+\varepsilon_{i,\tau})$ 表示公司 i 在第 τ 周的特有收益。

$$R_{i,\tau} = \alpha_i + \beta_1 R_{m,\tau-2} + \beta_2 R_{m,\tau-1} + \beta_3 R_{m,\tau} + \beta_4 R_{m,\tau+1} + \beta_5 R_{m,\tau+2} + \varepsilon_{i,\tau} \tag{5-2}$$

其次，采用上市公司周特有收益的三阶原点矩与周特有收益方差的3/2 次方之商的相反数来测算股票负收益偏态系数（$NCSKEW_{i,t}$），具体测算如下：

$$NCSKEW_{i,t} = -\frac{n(n-1)^{\frac{3}{2}}\sum W_{i,\tau}^3}{(n-1)(n-2)\left(\sum w_{i,\tau}^2\right)^{\frac{3}{2}}} \tag{5-3}$$

其中，n 表示公司 i 在年度 t 中股票交易周数，$NCSKEW_{i,t}$代表公司 i 第 t 年的股价崩盘风险。测算出的 $NCSKEW_{i,t}$为正向指标，数值越大表示公司 i 第 t 年特有收益率负偏态程度越严重，即公司 i 第 t 年的股价崩盘风险越大。

最后，采用股价下降组公司 i 的特有周收益率平方与股价上升组公司 i 的特有周收益率平方比值的自然对数来表示。具体计算过程如下：

$$DUVOL_{i,t} = Ln\frac{(n_{up}-1)\sum_{DOWN} w_{i,\tau}^2}{(n_{down}-1)\sum_{UP} w_{i,\tau}^2} \tag{5-4}$$

其中，n_{up}和 n_{down}分别表示公司 i 的特有周收益率 $W_{i,\tau}$高于当年股票平均收益率的周数和低于当年股票平均收益率的周数。依据公司 i 的特有周收益率 $W_{i,\tau}$是否高于股票年度平均收益率将样本分为股价上升组（UP）和股价下降组（DOWN），并按照公式（5－4）进行测算。组中得到 $DUVOL_{i,t}$为上市公司 i 在第 t 年的股票收益波动率。该指标为正向指标，数值越大表明上市公司当年的股价崩盘风险越大。

需要说明的是，依照现有研究文献的逻辑，企业股价崩盘风险效应的显现有时滞性，因此，在回归模型中我们采用前置一期的股价崩盘风险（$FNCSKEW_{i,t+1}$和 $FDUVOL_{i,t+1}$）来进行实证检验。具体地，在主回归模型中，我们采用公司 i 第 $t+1$ 期的负收益偏态系数（$FNCSKEW_{i,t+1}$）对主假设进行检验，稳健性检验部分，我们采用公司 i 第 $t+1$ 期的收益上下波动率（$FDUVOL_{i,t+1}$）进行稳健性检验。

②解释变量：混合所有制改革（*Mix*）。

目前关于混合所有制改革的测度方法主要有两种主要方式：其一，采用单维度的非国有股东参股的多样性及非国有股权占比等股权制衡度指标进行测度（马连福等，2015；郝阳和龚六堂，2017；杨兴全和尹兴强，2018）。该测度方法主要关注混合所有制改革中的"混"，即国有股权和非国有股权如何混的问题，从股权结构维度进行了测度，也是目前学术界采用最多的一种测度方式。其二，采"股权结构 + 高层治理结构"双维度来进行测度。具体来讲，在考虑股权结构的基础上，关注"改"的效应，进一步将管理层话语权维度纳入指标测度框架，这在一定程度上完善了混合所有制改革的测度维度和刻画内涵。但依然存在两方面的问题：第一，仅以实施混合所有制改革的结果为导向进行指标测度，而忽略了混改推行进程中政府作为改革推动者的意志体现。具体而言，混合所有制改革作为由政府推动的一项产权制度改革，本质上是政府通过改革进行简政放权的手段或方式。也就是说，混改的推行是政府放权意志的体现。这种放权意愿在微观企业层面主要体现在组织层级的调整上。现有研究给出了有力的证据，相关研究指出，地方政府通常会通过拉长控制链层级以减少干预（Fan et al.，2010；Liu et al.，2011），对于国有企业而言，随着金字塔层级递增，企业面临的行政干预显著降低，受到的行政和社会目标影响亦相应减少（周黎安，2007；周静和辛清泉，2017；许晨曦和金宇超，2021），且国有企业的金字塔结构能够对企业的经济价值产生显著影响（刘行和李小荣，2012）。可见，组织结构调整是政府放权意愿在微观企业的直接体现，这也是刻画混合所有制改革需要关注的重要维度。此外，相关研究指出，政府放权意愿是国有企业能顺利实施混合所有制改革的重要驱动因素（蔡贵龙等，2018）。也就是说，混合所有制改革体现的是政府通过产权改革及经济体制改革对国有企业进行简政放权的意志。混改不仅能够通过股权结构及高层治理结构对国有企业的治理有效性产生影响，也会通过组织结构的重构在企业内部治理及经营决策层面产生影响。基于此，用组织结构变化量化政府放权意愿，并将组织结构纳入国有企业混合所有制改革的综合指标构建体系中，基于“股权结构+高层治理结构+组织结构”三维度构建综合测度指标。第二，相关测度虽然开始从不同维度刻画混合所有制改革，但还是采用分项指标进行股权多样性、股权集中度及非国有股东参与治理程度等分项指标进行测度，没有从指标体系上进行综合构建。基于此，结合混合所有制改革的基本内涵，在现在指标测度的基础上，通过“股权结构+高层治理结构+组织结构”三个维度，参照白重恩等（2005）关于公司治理水平（*G_index*）的指标构建方法，采用主成分分析法构建混合所有制改革综合测度指数（*Mix*），用于刻画国有企业实施混合所有制改革的程度。该指标越大，表明国有企业实施混合所有制改革的水平越高，越有助于完善国有企业的内部治理和现代企业制度。其具体操作过程如下：

在股权结构维度指标的选取上，我们参照现有文献的测度方式，从股权多样性和制衡度两个维度进行测度。股东多样性（*Mix_Shr*1）参照马连福等（2015）、杨兴全和尹兴强（2018）的测度方法，定义为前十大股东所涉及的不同股权性质的种类数；股权制衡度（*Mix_Shr*2）参照郝阳和龚六堂（2017）、杨兴全和尹兴强（2018）等的研究设计，定义为非国有参股股东的持股数与国有股东持股数的比值。

在高层治理结构维度指标的选取上，我们参照蔡贵龙等（2018）的做法，选取非国有股东委派董监高人数占比（*Mix_Mag*）来测度。具体地，股东委派高管的判定方法如下：若为自然人股东，则该自然人在上市公司担任高管视为该自然人股东委派一名高管；若为法人股东，则以上市公司高管是否在股东单位任职为判断标准。进一步地，若上市公司高管在股东单位任职，依据股东所在单位的股权性质判定是国有股东委派的高管还是非国有股东委派的高管，若所在股东单位为国有性质，我们认为是国有股东委派一名高管；若所在股东单位为非国有性质，我们认定为非国有股东委派一名高管。最终，合计得到非国有股东委派“董监高”的人数，并结合“董监高”总人数数据，测算出非国有股东委派“董监高”席位的占比数，以此作为非国有股东实质性参与国有企业治理与监督决策测度，即非国有股东的话语权测度。

在组织结构维度指标的构建上，我们采用国有企业在样本期间内其金字塔层级变化（*Mix_org*）测度。若相较于前一年，国有企业的金字塔层级增加，则 *Mix_org* 取 1；否取 0。具体地，参照刘行和李小荣（2012）及 Fan 等（2010）的测度方法，我们采用最终控制人到样本上市公司之间的金字塔层级数来衡量国有企业的金字塔层级数。当最终控制人直接控制上市公司时，此时金字塔层级数取 1；当最终控制人到上市公司之间存在中间控制人时，根据中间控制人的个数，依次计数为 2、3、4、5 等。依据上市公司在样本期间内的金字塔层级数求得上市公司金字塔层级的变化情况，若第 $t+1$ 年的金字塔层级数相较于第 t 年的金字塔层级数增加，表明国有企业的放权意愿增加，通过增加管理层级简政放权，更有利于混改的实施。此时，*Mix_org* 赋值为 1；否则，*Mix_org* 赋值为 0。

其中，股权结构维度测度中所需的变量及指标主要来源于 CNRDS 数据库及同花顺数据库。为保证数据的准确性，我们进一步通过文本分析借助爬虫技术抓取年报数据进行核对；高层治理结构维度所需要的“董监高”席位数数据主要通过爬虫技术利用文本分析和人工翻阅年报手工整理获取。组织结构维度的金字塔层级数据从 CSMAR 下载上市公司组织结构层级图，并通过手动整理获得，对于数据库中缺失的样本观测值，为保证样本的完整性，通过手工翻阅年报补充。整体来说，为了保证数据的完整性和准确度，我们在采用数据库数据的同时，亦采用 python 等文本分析工具从巨潮网抓取上市公司年报信息，并通过数据清洗及整理核对，最终将数据进行完善，并与公司层面基本数据进行合并处理。

③控制变量。

参照现有关于股价崩盘风险影响因素的考察文献（曹廷求和张光利，2020；杨棉之等，2020；Kim et al.，2011；罗进辉和杜兴强，2014；叶康涛等，2015），我们在模型中还进一步控制了企业特征变量及市场特征变量。企业基本特征变量包括企业经营业绩（*ROA*）、企业规模（*SIZE*）、企业负债水平（*LEV*）、企业市场价值（*TOBINQ*）、企业上市时长（*AGE*）等；市场特征变量包括个股年度平均周特定收益率（*W_mean*）和个股年度周持有收益率标准差（*W_sd*）以及上市公司当年的股票交易总量（*Tolshare*）。控制变量的具体定义详见变量定义表 5-1。此外，我们还进一步在模型中控制了行业固定效应和年份固定效应，以保证实证结论的严谨性。

表 5-1　　基本变量定义

变量类别	变量符号	变量名称	详细定义
因变量	*FNCSKEW*	负收益偏态系数	详见文中变量定义部分说明
	FDUVOL	收益上下波动比率	详见文中变量定义部分说明
自变量	*Mix*	混合所有制改革	详见文中变量定义部分说明
控制变量	*ROA*	企业绩效	企业利润总额与期末总资产的比值
	SIZE	企业规模	企业期末总资产加 1 取自然对数
	LEV	资产负债率	企业总负债与总资产的比值
	TOBINQ	企业价值	TobinQ 值为公司市值与期末总资产的比值
	AGE	上市时长	上市公司上市时长加 1 取自然对数
	W_mean	市场收益	用公司当年股票平均周持有收益率表示
	W_sd	市场收益波动率	用公司当年周持有收益的标准差表示
	Tolshare	股票交易总量	个股年度交易总量加 1 取自然对数

5.5　实证分析

5.5.1　描述性统计分析

表 5-2 列示了主要变量的描述性统计结果。表 5-2 显示，从当期股价崩盘风险（*NCSKEW*）的分布可以看出，其均值为 -0.390，中位数为 -0.336，两者非常接近，说明股价崩盘风险的分布不存在较大的偏态。进一步地，模型中采用的前置一期的股价崩盘风险（*FNCSKEW*）的均值为 -0.417，中位数为 -0.360，虽有差异但相差不大，整体上分布较均匀。且其标准差为 0.711，最大值和最小值分别为 -2.579 和 1.350，进一步说

明该指标的分布不存在较大拖尾。同样地，股价收益上下波动率指标（*DUVOL*）也表现出同样的分布特征，其均值为 -0.266（-0.283），中位数为 -0.268（-0.280），从大小比较看非常接近，进一步表明我们的数据结构接近正态分布，呈无偏状态。而混合所有制改革综合指标（*Mix*）的分布却表现出明显的右偏状态，这一点从其均值（-0.002）与中位数（-0.112）的比较可以看出。且其标准差为 0.971，最大值和最小值分别为 3.482 和 -1.967，可见该指标的分布差异较明显。

此外，从控制变量的分布看，企业经营绩效（*ROA*）均值为 0.041，中位数为 0.037，标准差为 0.058，说明国有企业经营绩效的分布整体呈无偏状态。企业规模（*SIZE*）均值为 22.670，中位数为 22.500，说明国有企业的规模分布也较为平均。但其标准差为 1.424，相对较高，说明国有企业规模大小存在一定的差异。进一步地，从国有企业杠杆率可以看出，样本期内国有企业的平均杠杆率高达 51.6%，这表明我国国有企业的资本结构呈一半负债一半资产的状态，这与目前国内的相关结论是一致的，即我国国有企业杠杆率相对较高①。从国有企业上市时长的统计结果可以看出，样本期内国有企业上市时长的均值为 2.514，中位数为 2.639，最大值为 3.296。可见，大部分国有企业的上市时长为两年半，最长上市年份不超过 4 年。这表明我国国有上市企业都是近年来上市的，与我国开展混合所有制改革后要求国有企业通过整体上市等方式实施混合所有制改革的基本现状相符。

表 5-2　　　　主要变量的描述性统计

变量	N	mean	sd	p25	p50	p75	min	max
FNCSKEW	9348	-0.417	0.711	-0.808	-0.360	0.028	-2.579	1.350
FDUVOL	9348	-0.283	0.475	-0.596	-0.280	0.034	-1.448	0.905
NCSKEW	9348	-0.390	0.704	-0.768	-0.336	0.046	-2.558	1.417
DUVOL	9348	-0.266	0.471	-0.575	-0.268	0.044	-1.422	0.937
Mix	9348	-0.002	0.971	-0.488	-0.112	0.566	-1.967	3.482

① 资料来源：http://finance.ce.cn/sub/ybnzt/gqqgg/tp/201805/24/t20180524_29232865.shtml；http://www.360doc.com/content/16/1125/10/202378_609366199.shtml；https://www.chinanews.com/cj/2016/11-25/8074296.shtml 等。

续表

变量	N	mean	sd	p25	p50	p75	min	max
ROA	9348	0.041	0.058	0.015	0.037	0.067	-0.196	0.221
SIZE	9348	22.670	1.424	21.670	22.500	23.560	19.890	26.750
LEV	9348	0.516	0.201	0.368	0.526	0.668	0.077	0.969
TOBINQ	9348	1.780	1.050	1.115	1.418	2.019	0.849	6.907
AGE	9348	2.514	0.589	2.303	2.639	2.944	0.693	3.296
W_mean	9348	-0.001	0.001	-0.001	-0.001	0.000	-0.005	0.000
W_sd	9348	0.044	0.016	0.032	0.041	0.053	0.015	0.095
Tolshare	9348	21.390	0.9810	20.730	21.350	22.000	19.110	24.020

注：其中 FNCSKEW 和 FDUVOL 是上市公司前置一期的股价崩盘风险代理变量；NCSKEW 和 DUVOL 是上市公司当期的股价崩盘风险代理变量。两者之间的样本观测值差异是由前置设置引起的。

5.5.2 主检验结果分析

5.5.2.1 混合所有制改革与国有企业股价崩盘风险

为验证假设 H5-1，在控制年份及行业哑变量的情况下，我们对主检验模型进行实证回归，结果列示于表 5-3 中。从表中的结果可以看出，混改代理变量 *Mix* 的系数为 -0.020，且在 1% 的显著性水平上显著。这表明国有企业实施混合所有制改革能够显著抑制其股价崩盘风险，这与马新啸等（2021a）基于非国有股东治理对国有资本金融稳定的研究结论基本一致。该结论从信息质量维度验证了国有企业实施混合所有制改革在微观企业信息治理维度的治理有效性。

表 5-3 混合所有制改革与股价崩盘风险

变量	(1)
	FNCSKEW
	全样本
Mix	-0.020*** (-2.603)
ROA	0.369** (2.417)

续表

变量	(1)
	FNCSKEW
	全样本
SIZE	0.047*** (4.979)
LEV	−0.028 (−0.549)
TOBINQ	0.066*** (7.067)
AGE	−0.038*** (−2.766)
W_mean	164.549*** (4.266)
W_sd	10.621*** (5.138)
Tolshare	−0.072*** (−6.248)
_cons	−0.479 (−0.905)
Year	Yes
Industry	Yes
N	9348
R − sq	0.064

注：括号中为 *t* 值，***、**、* 分别表示在1%、5%、10%的显著性水平显著。

5.5.2.2 分类治理的影响效应

为验证假设 H5−2 的猜想，参照国资委、财政部和发改委《关于国有企业功能界定与分类的指导意见》文件及魏明海等（2017）关于国有企业分类的标准，依据证监会行业将样本期内国有上市公司分为商业竞争类、特定功能类和公益类国有企业。并采用子样本对主检验结论进行重复回归，以验证分类治理对国有企业混改与其股价崩盘风险关系的影响效应差异。实证结果列示于表5−4中。

表5-4　　不同功能分类国有企业中的影响效应差异

变量	(1)	(2)	(3)
	FNCSKEW	FNCSKEW	FNCSKEW
	商业竞争类	特定功能类	公益类
Mix	-0.018 (-1.627)	-0.026** (-1.996)	-0.014 (-0.758)
ROA	0.374* (1.748)	0.235 (0.829)	0.188 (0.515)
SIZE	0.062*** (4.447)	0.024 (1.530)	0.065*** (2.582)
LEV	0.028 (0.408)	-0.090 (-0.956)	-0.151 (-1.248)
TOBINQ	0.055*** (4.419)	0.103*** (4.677)	0.070*** (3.542)
AGE	-0.037* (-1.775)	-0.010 (-0.408)	-0.093*** (-3.050)
W_mean	228.524*** (4.055)	108.283* (1.656)	42.765 (0.441)
W_sd	14.801*** (4.830)	6.798** (2.006)	3.846 (0.711)
Tolshare	-0.102*** (-6.553)	-0.023 (-1.121)	-0.084*** (-2.726)
_cons	0.071 (0.177)	-0.779* (-1.897)	0.509 (0.757)
Year	Yes	Yes	Yes
Industry	Yes	Yes	Yes
N	4643	3187	1518
R-sq	0.076	0.072	0.075

注：括号中为 t 值，***、**、* 分别表示在1%、5%、10%的显著性水平显著。

从表5-4中的实证结果可以看出，在商业竞争类国有企业子样本组中，混改代理变量 *Mix* 的回归系数为 -0.018（t = -1.627），虽然为负但不显著；在特定功能类国有企业子样本中，混改代理变量 *Mix* 的回归系数为 $-0.026(t=-1.996)$，且在5%的显著性水平上显著；而在公益类国有企业子样本中，混改代理变量 *Mix* 的回归系数为 $-0.014(t=-0.785)$，系数为负但不显著。以上结果表明，混改对国有企业股价崩盘风险的影响在特定功能类国有企业中显著，在公益类国有企业中不显著，与我们的理论预期相符。但在商业竞争类国有企业中不显著，与我们的理论预期不符。相关研究指出，国有股最优比例受政府目标、竞争类型、国有资本及引进的非国有资本效率等多种因素影响，尤其是引入的非国有资本效率及市场竞争环境是制约国有股最优比例的两个最重要因素（陈俊龙和汤吉军，2016）。基于该思路，我们认为，商业竞争类国有企业在混改过程中的最优股权占比是制约其混改治理效应的关键因素。混改之所以不能在商业竞争类国有企业中表现出显著的治理有效性，可能原因在于，商业竞争类国有企业在推行混改进程中可能存在国有股权比例不设下限、过度引入非国有股东等行为，从而弱化了混改对国有企业的股价崩盘风险的影响效应。此外，从商业竞争类国有企业的实际情况出发，相较于特定功能类及公益类国有企业，其股权结构相对多元化，内部治理水平相对较高，实施混改对其内部信息治理的影响更多的是“锦上添花”。因此，混改对国有企业股价崩盘风险的抑制效应在商业竞争类国有企业中不显著。

5.5.2.3 分层治理的影响效应

为进一步验证我们在假设 H5－3 部分的理论猜想，我们将样本按照国有企业所属的不同层级分组为地方国有企业和中央国有企业，并采用该分组对主检验模型进行重复回归，回归结果列示于表 5－5 中。

表 5－5　　　　分层治理的影响效应

变量	(1)	(2)
	FNCSKEW	FNCSKEW
	地方国有企业	中央国有企业
Mix	-0.027^{***} (-2.797)	-0.011 (-0.850)

续表

变量	(1) FNCSKEW 地方国有企业	(2) FNCSKEW 中央国有企业
ROA	0.233 (1.215)	0.674 ** (2.564)
SIZE	0.037 *** (2.979)	0.054 *** (3.355)
LEV	-0.018 (-0.282)	-0.046 (-0.516)
TOBINQ	0.077 *** (6.288)	0.049 *** (3.240)
AGE	-0.051 *** (-2.949)	-0.016 (-0.667)
W_mean	150.702 *** (3.138)	134.307 ** (2.005)
W_sd	9.748 *** (3.825)	9.817 *** (2.679)
Tolshare	-0.074 *** (-5.194)	-0.070 *** (-3.559)
_cons	0.756 * (1.682)	-0.745 * (-1.724)
Year	Yes	Yes
Industry	Yes	Yes
N	6246	3102
R-sq	0.070	0.075

注：括号中为 t 值，***、**、* 分别表示在 1%、5%、10% 的显著性水平显著。

从表 5-5 中的实证结果可以看出，在地方国有企业子样本中，混改代理变量 *Mix* 的系数为 -0.027（t = -2.797），在 1% 的显著性水平上显著为负；而在中央国有企业子样本中，混改代理变量 *Mix* 的系数为 -0.011（t = -0.850），虽然为负但不显著。这表明混改对国有企业股价崩盘风险的抑制效应在地方国有企业中更显著，与我们的理论预期相符，验证了我们的理论猜想。

5.6 机制渠道检验

从企业股价崩盘形成的动因看，大量研究表明，管理层"捂盘"理论对股价崩盘有较强的解释力（杨威等，2020）。国企混改作为一种经济体制改革，是政府政策推动下的一场"脱困性"自主改革。一方面，从混改实施的本质看，混改发起方（国有企业）有动机通过引入战略投资者、并购重组、员工持股计划等混改方式引入市场化因素盘活国有资本、释放经营活力，摆脱经营效率低、经营状况差等窘况，通过优化内部治理结构及水平，提升企业的内部控制质量及信息质量（刘运国等，2016；曾诗韵等，2017），从而降低国有企业未来期的股价崩盘风险（Jin and Myers，2006；Huton et al.，2009；陈波等，2018；Kim et al.，2016；叶康涛等，2015）。另一方面，从混改参与方的动机来看，非国有资本的趋利性推动民营资本、机构投资者等积极参与混改以期获取国有企业的优质资源和政府关系，为了保证自身利益最大化，非国有股东有强烈的动机通过董事会、监事会及管理层等内部治理平台，不断优化内部控制体系，加强企业的内外部监督强度，抑制高管的机会主义行为，提升信息披露质量（曾诗韵等，2017），降低内外部间的信息不对称程度，提升国有企业的内部治理水平和信息治理能力。

基于以上分析，我们认为，混改主要通过两个机制渠道影响企业的股价崩盘风险：其一，国有企业实施混改通过提升内部信息披露质量来抑制高管"捂盘"行为，从而对国有企业股价崩盘风险产生显著的抑制效应。具体地，我们选取信息披露及时性和信息披露充分程度这两组指标作为信息披露质量的代理变量，通过分组子样本回归考察混改影响企业股价崩盘风险的机制渠道。其二，国有企业实施混改通过在治理结构中形成监督制衡机制，直接降低了高管的机会主义行为，抑制其"捂盘"动机，从而缓解了企业的股价崩盘风险。具体地，我们选取高管持股变化及信息操纵两个维度来刻画高管的机会主义行为，通过考察混改实施后高管机会主义动机的变化，验证混改影响国有企业股价崩盘风险的高管机会主义机制渠道。

5.6.1 信息披露质量视角：信息披露及时性和信息披露程度

首先，我们选取年报披露时滞作为企业信息披露及时性的代理变量，并按照是否高于年报披露总时滞的中位数将信息披露时滞数据分为披露及时性高和披露及时性低两组子样本。理论上讲，年报是利益相关者获取内部信息的主要途径，企业披露年报的时滞越短，则其信息披露及时性和相关性越高，反之则越低。基于此，我们预期，混改对国有企业股价崩盘风险的抑制效应在信息披露及时性较低的子样本中更显著，即混改通过加速国有企业信息披露的及时性抑制了其高管的“捂盘”行为，从而显著抑制了其股价崩盘风险。实证结果详见表5－6中列（1）至列（2）。

表5－6　信息披露质量维度的机制渠道检验

变量	(1)	(2)	(3)	(4)
	FNCSKEW	FNCSKEW	FNCSKEW	FNCSKEW
	披露及时性高	披露及时性低	信息披露程度高	信息披露程度低
Mix	−0.016 (−1.382)	−0.022** (−2.148)	−0.017 (−1.627)	−0.024** (−2.168)
ROA	0.393* (1.682)	0.372* (1.806)	0.496** (2.219)	0.199 (0.931)
SIZE	0.029** (2.103)	0.059*** (4.441)	0.059*** (4.289)	0.040*** (2.868)
LEV	−0.070 (−0.929)	0.016 (0.236)	−0.052 (−0.703)	−0.018 (−0.262)
TOBINQ	0.055*** (3.963)	0.075*** (5.966)	0.075*** (4.675)	0.063*** (5.266)
AGE	−0.032 (−1.539)	−0.041** (−2.205)	0.015 (0.692)	−0.070*** (−3.655)

续表

变量	(1)	(2)	(3)	(4)
	FNCSKEW	FNCSKEW	FNCSKEW	FNCSKEW
	披露及时性高	披露及时性低	信息披露程度高	信息披露程度低
W_mean	177.872 ***	164.647 ***	103.643 *	232.848 ***
	(3.097)	(3.143)	(1.945)	(4.047)
W_sd	10.416 ***	11.208 ***	8.071 ***	13.069 ***
	(3.399)	(3.978)	(2.757)	(4.364)
Tolshare	−0.056 ***	−0.083 ***	−0.077 ***	−0.073 ***
	(−3.284)	(−5.319)	(−3.611)	(−3.547)
_cons	−0.899	−0.526	−1.070 *	−0.296
	(−1.576)	(−0.931)	(−1.796)	(−0.451)
Year	Yes	Yes	Yes	Yes
Industry	Yes	Yes	Yes	Yes
N	4294	5054	4558	4790
R−sq	0.077	0.065	0.061	0.076

注：括号中为 t 值，***、**、* 分别表示在1%、5%、10%的显著性水平显著。

其次，我们选取信息披露充分程度作为企业信息披露质量的代理变量，参照 Ascioglu 等（2005）、周开国等（2011）、Kim 和 Verrecchia（2001）等采用 KV 度量法衡量信息披露程度①，按照是否高于信息披露程度的年度中位数进行分组，并采用分组子样本对主检验进行分组回归分析。理论上，混改通过改善内部治理能够显著提升企业披露信息的充分程度，提升信息披露质量，从而显著降低国有企业未来期的股价崩盘风险。基于此，我们预期，混改与国有企业股价崩盘风险的负向关系在企业信息披露程度较低的子样本中更显著，即混改通过提升国有企业的信息披露质量抑制了其股

---

① 参照 Ascioglu 等（2005）、周开国等（2011）、Kim 和 Verrecchia（2001）等采用 KV 度量法衡量信息披露程度。具体而言，通过 $Ln\left(\frac{\Delta P_t}{P_{t-1}}\right) = \alpha + \beta(Vol_t - Vol_0) + \mu_t$ 求得回归系数 β，$KV = 100000000 \times \beta$。求得回归系数 β，$KV = 100000000 \times \beta$。其中 P_t 是第 t 日的收盘价，Vol_t 是第 t 日的交易量（股数），Vol_0 是研究期间所有交易日的平均日交易量。β 由普通最小二乘法回归得到（不考虑其为负的情况）。β 越小说明公司的信息披露越充分。因此，KV 值与信息披露质量呈反比。

价崩盘风险。通过分组回归，实证结果列示与表5-6中列（3）至列（4）中。

从表5-6中的实证结果可以看出，*Mix*的回归系数仅在信息披露程度较低的子样本中显著为负，而在信息披露程度的较高的子样本中虽为负但不显著。验证了混改通过提升企业信息质量对国有企业的股价崩盘风险产生作用的潜在机制，这与信息披露及时性的结论一致。

5.6.2 高管机会主义视角：管理层持股和信息操纵

进一步地，我们考察高管机会主义渠道的影响。具体地，我们选取高管持股变化及高管盈余操纵两组指标进行考察。

目前关于高管持股经济后果的理论主要有两大主流观点：一是利益趋同假说，该观点的支持者认为，高管持股能够使高管与股东的利益趋于一致，从而缓解企业的代理问题。二是壕沟效应假说，该观点的支持者指出，高管持股较多反而会加重企业的代理问题。因为高管持股比例的增加会加剧高管的机会主义动机，通过各种手段获取个人私利（李燕萍等，2008）。而在我国高管激励契约不完备的市场中，高管持股越多，表明高管的权力越大，越可能且越有机会通过自身信息优势获取私利。尤其是在实际控制人缺失的国有企业中，高管作为信息优势方和经营管控方，在不影响其持续获利的前提下，高管持股会加剧其机会主义动机。但若企业有坏消息导致当期经营不善，为避免未来期的收益受损及未来期的政治晋升预期降低，高管有动机通过信息操纵等行为进行寻租，并开始减持。

理论上讲，混合所有制改革的实施优化了企业内部治理结构，这会对高管的机会主义行为产生显著的抑制效应，从而降低企业未来期的股价崩盘风险。基于此，我们预期，混改对企业股价崩盘风险的影响效应在高管持股子样本中更显著，且如果混改确实是通过降低高管机会主义动机对股价崩盘风险产生了影响，那么面对即将到来的崩盘可能，高管会及时作出减持决策，以保证自身利益和权益不受损害。也就是说，若该机制成立，则混改对国有企业股价崩盘风险的抑制效应在高管持股减少的子样本中将更显著。实证分析结果列示于表5－7中。

从表5－7中列（1）至列（2）的结果可以看出，在高管持股子样本组，*Mix* 的系数在1%的水平上显著为负；在高管不持股子样本中，*Mix* 的回归系数虽为负但不显著，表明混改对国有企业股价崩盘风险的影响在高管机会主义较强的子样本中更能发挥效用。列（3）至列（4）列示了高管持股变化对混改与国有企业股价崩盘风险关系的影响。表5－7中分析结果显示，*Mix* 的系数在高管持股减少的子样本组在5%的水平显著为负，而在持股增加的子样本组不显著。这表明，混改确实通过降低国有企业高管的机会主义行为对其股价崩盘风险产生影响，进一步验证了我们的理论预期。

表5－7　高管持股维度的机制渠道检验

变量	(1)	(2)	(3)	(4)
	FNCSKEW	FNCSKEW	FNCSKEW	FNCSKEW
	不持股	持股	持股减少	持股增加
Mix	－0.007	－0.038***	－0.019**	－0.026
	(－0.647)	(－3.546)	(－2.285)	(－1.486)
ROA	0.257	0.301	0.278*	0.638
	(1.224)	(1.323)	(1.669)	(1.591)
SIZE	0.027**	0.072***	0.042***	0.071***
	(1.999)	(5.285)	(4.034)	(2.994)
LEV	0.029	－0.120	－0.041	0.035
	(0.425)	(－1.587)	(－0.745)	(0.261)
TOBINQ	0.050***	0.084***	0.062***	0.093***
	(4.027)	(5.831)	(6.067)	(3.905)
AGE	－0.028	－0.058***	－0.027	－0.043
	(－1.466)	(－2.822)	(－1.577)	(－1.636)
W_mean	179.431***	141.902**	153.855***	169.722*
	(3.399)	(2.490)	(3.642)	(1.758)
W_sd	10.581***	10.672***	9.762***	12.238**
	(3.693)	(3.543)	(4.310)	(2.368)

续表

变量	(1)	(2)	(3)	(4)
	FNCSKEW	FNCSKEW	FNCSKEW	FNCSKEW
	不持股	持股	持股减少	持股增加
Tolshare	-0.044*** (-2.683)	-0.101*** (-6.225)	-0.060*** (-4.685)	-0.111*** (-4.097)
_cons	-0.835* (-1.694)	0.283 (0.609)	-0.306 (-0.775)	1.610* (1.873)
Year	Yes	Yes	Yes	Yes
Industry	Yes	Yes	Yes	Yes
N	4858	4490	7742	1606
R-sq	0.067	0.079	0.063	0.104

注：括号中为 t 值，***、**、* 分别表示在1%、5%、10%的显著性水平显著。

此外，我们还考察了高管信息操纵维度的机制渠道。理论上，信息操纵是高管机会主义行为的显著体现，若混改通过降低高管的机会主义行为对股价崩盘风险产生影响，我们能够看到混改在盈余操纵不同的企业子样本中存在显著性差异，且混改对国有企业股价崩盘风险的影响效应仅在高管隐藏坏消息做向上调整盈余时才更显著。

基于以上猜想，我们参照修正的琼斯模型测算企业可操控性应计项目作为高管信息操纵的代理变量，并通过分组检验考察影响机制。为证实我们的猜想，我们将盈余操纵按照向上和向下两个方向调整进行分组，向上调整表明企业经营业绩不佳，需要虚报利润，从而上调盈余，而向下调整则是为了隐瞒利润，以为未来期业绩做准备。理论上讲，向上调整盈余意味着企业的经营业绩不佳，高管需要通过向上调整盈余以隐藏坏消息，此时，高管的机会主义动机更强烈。因此，我们预期若混改通过抑制国有企业高管的机会主义行为对股价崩盘风险产生了影响，那么混改对国有企业股价崩盘风险的影响效应在向上调整子样本中更显著。实证结果列示于表5-8中。

从表5-8中的结果可以看出，混改指标Mix对股价崩盘风险的影响在盈余操纵低及盈余向上调整的子样本中显著为负，验证了我们的理论猜想。

表 5-8　　　　高管信息操纵的机制渠道检验

变量	(1)	(2)	(3)	(4)
	FNCSKEW	FNCSKEW	FNCSKEW	FNCSKEW
	盈余操纵低	盈余操纵高	向上调整	向下调整
Mix	-0.025 ** (-2.320)	-0.012 (-1.115)	-0.037 *** (-3.303)	-0.002 (-0.183)
ROA	0.826 *** (3.072)	0.212 (1.130)	0.100 (0.497)	0.966 *** (3.828)
SIZE	0.061 *** (4.460)	0.033 ** (2.528)	0.041 *** (3.025)	0.050 *** (3.757)
LEV	-0.101 (-1.356)	0.024 (0.350)	-0.010 (-0.136)	0.004 (0.060)
TOBINQ	0.055 *** (3.702)	0.066 *** (5.434)	0.089 *** (6.577)	0.035 *** (2.675)
AGE	-0.034 * (-1.720)	-0.038 * (-1.908)	-0.029 (-1.380)	-0.044 ** (-2.386)
W_mean	136.116 ** (2.439)	176.707 *** (3.286)	160.315 *** (2.920)	175.640 *** (3.200)
W_sd	9.744 *** (3.300)	10.597 *** (3.634)	9.956 *** (3.334)	11.557 *** (3.989)
Tolshare	-0.070 *** (-4.230)	-0.074 *** (-4.603)	-0.071 *** (-4.261)	-0.072 *** (-4.585)
_cons	-2.262 *** (-3.004)	0.215 (0.555)	0.139 (0.240)	-0.508 (-0.894)
Year	Yes	Yes	Yes	Yes
Industry	Yes	Yes	Yes	Yes
N	4564	4784	4420	4928
R-sq	0.066	0.077	0.084	0.060

注：括号中为 t 值，***、**、* 分别表示在 1%、5%、10% 的显著性水平显著。

5.7 进一步分析

既有关于股价崩盘风险的成因的研究主要有两大主流观点：其一，管理层“捂盘”假说（Francis et al.，1994；Jin and Myers，2006；Kothari et al.，2009；Kim et al.，2011a，2011b；Piotroski et al.，2015；权小锋和尹洪英，2017）。该假说认为，管理层出于构建帝国、获取私利、期权激励、职业生涯及政治晋升等动机，在企业信息披露过程中存在“报喜不报忧”的信息管理行为，即管理层为了获取个人私利有瞒报或者推迟披露坏消息，而加速或者夸大好消息的信息管理倾向（Kothari et al.，2009；Francis et al.，1994），这会导致坏消息在企业内部积累，等到“纸包不住火”时，坏消息集中释放，从而导致公司股价崩盘（权小锋和尹洪英，2017；杨威等，2020）。其二，市场定价机制不完善假说。该假说认为，卖空机制的不完善和投资者异质信念是导致股价高估的根源（Miller，1977；杨威等，2020），当公司遭受负面消息的“爆雷”时，投资者会因为对市场前景不看好而抛售公司股票进而引发市场反应动荡，导致公司股价崩盘（Hong and Stein，2003；Chang et al.，2017；杨威等，2020）。因此，不管是与公司信息发布直接相关的高管，还是会引发市场动荡的外部投资者，其异质性特征均可能对混改对股价崩盘风险的抑制效应产生差异性影响。因此，首先，我们考察了高管异质性因素对主检验结论的调节效应；其次，深入挖掘了机构投资者作为外部治理的重要因素，其异质性因素对混改与国有企业股价崩盘风险的影响效应差异；进一步地，考虑到内部治理水平作为影响企业信息质量的关键调节因素，我们对国有企业内部治理水平的异质性影响进行了检验。

5.7.1 高管特征的调节效应

基于以上分析，高管作为企业股价崩盘风险的“始作俑者”，考察其异质性特征对混合所有制改革与国有企业股价崩盘风险的差异性影响效应是极具理论意义的。因此，我们选取年龄、性别、任期及是否兼任等高管基本特征，并按照是否高于年份行业中位数进行分组，采用分组子样本回归考察影响混改与国有企业股价崩盘风险关系的调节因素，实证结果列示于表5-9中。其中，列（1）至列（2）列示了高管年龄特征的调节效应结果，列（3）至列（4）列示了高管性别特征的调节效应结果，列（5）至列（6）列示了高管任期特征的调节效应结果，列（7）至列（8）列示了高管权利特征（是否兼任）的调节效应结果。

表5-9　高管特征因素的影响

变量	(1)	(2)	(3)	(4)	(5)	(6)	(7)	(8)
	FNCSKEW	FNCSKEW	FNCSKEW	FNCSKEW	FNCSKEW	FNCSKEW	FNCSKEW	FNCSKEW
	年龄小	年龄大	女性高管占比低	女性高管占比高	任期短	任期长	不兼任	兼任
Mix	-0.007 (-0.639)	-0.032*** (-2.973)	-0.029*** (-2.723)	-0.009 (-0.859)	-0.006 (-0.533)	-0.030*** (-2.866)	-0.020** (-2.467)	-0.015 (-0.612)
ROA	0.305 (1.474)	0.432* (1.853)	0.527** (2.353)	0.195 (0.924)	0.104 (0.500)	0.729*** (3.193)	0.333** (2.072)	0.635 (1.237)
SIZE	0.061*** (3.940)	0.046*** (3.579)	0.047*** (3.431)	0.048*** (3.556)	0.058*** (4.205)	0.034*** (2.579)	0.052*** (5.283)	0.002 (0.063)
LEV	-0.009 (-0.130)	-0.089 (-1.198)	-0.113 (-1.464)	0.028 (0.422)	-0.080 (-1.157)	0.030 (0.407)	-0.044 (-0.834)	0.099 (0.520)
TOBINQ	0.070*** (5.628)	0.062*** (4.239)	0.080*** (5.448)	0.056*** (4.591)	0.065*** (5.059)	0.064*** (4.643)	0.065*** (6.626)	0.076** (2.577)
AGE	-0.064*** (-3.169)	-0.006 (-0.326)	0.001 (0.029)	-0.067*** (-3.514)	-0.040** (-2.252)	-0.026 (-1.141)	-0.039*** (-2.665)	-0.034 (-0.636)
W_mean	115.636** (2.112)	195.695*** (3.564)	166.130*** (2.844)	159.947*** (3.078)	134.413** (2.473)	187.811*** (3.397)	164.671*** (4.069)	206.196 (1.567)
W_sd	7.464** (2.499)	12.881*** (4.447)	11.689*** (3.814)	9.458*** (3.334)	9.306*** (3.152)	11.624*** (3.977)	10.727*** (4.947)	12.538* (1.769)
Tolshare	-0.089*** (-5.344)	-0.055*** (-3.414)	-0.050*** (-3.030)	-0.088*** (-5.456)	-0.062*** (-3.707)	-0.078*** (-4.853)	-0.073*** (-6.035)	-0.065 (-1.643)

续表

变量	(1)	(2)	(3)	(4)	(5)	(6)	(7)	(8)
	FNCSKEW	FNCSKEW	FNCSKEW	FNCSKEW	FNCSKEW	FNCSKEW	FNCSKEW	FNCSKEW
	年龄小	年龄大	女性高管占比低	女性高管占比高	任期短	任期长	不兼任	兼任
_cons	-2.159***	-0.688*	-1.866**	0.297	-2.414***	-0.206	-0.189	-0.165
	(-2.882)	(-1.696)	(-2.485)	(0.742)	(-3.203)	(-0.364)	(-0.458)	(-0.161)
Year	Yes	Yes	Yes	Yes	Yes	Yes	Yes	Yes
Industry	Yes	Yes	Yes	Yes	Yes	Yes	Yes	Yes
N	4536	4812	4453	4895	4541	4807	8507	841
R-sq	0.070	0.071	0.079	0.065	0.069	0.073	0.065	0.111

注：括号中为 *t* 值，***、**、* 分别表示在 1%、5%、10% 的显著性水平显著。

从表 5-9 中的列（1）至列（2）的实证结果可以看出，在高管年龄较小子样本组，*Mix* 的回归系数为 -0.007（$t=-0.639$）但不显著；而在高管年龄较大的子样本组中，*Mix* 的回归系数为 -0.032（$t=-2.973$），在 1% 的水平上显著为负。这表明混改对国有企业股价崩盘风险的抑制效应在高管年龄较大的子样本中更显著。

从表 5-9 中的列（3）至列（4）的实证结果可以看出，在女性高管占比较低子样本组，*Mix* 的回归系数为 -0.029（$t=-2.723$），在 1% 的显著性水平上显著为负；而在女性高管占比较高的子样本组中，*Mix* 的回归系数为 -0.009（$t=-0.859$），但不显著。这表明混改对国有企业股价崩盘风险的抑制效应在女性高管占比较低的子样本中更显著。

从表 5-9 中的列（5）至列（6）的实证结果可以看出，在高管任期较短的子样本组，*Mix* 的回归系数为 -0.006（$t=-0.533$）但不显著；而在高管任期较长的子样本组中，*Mix* 的回归系数为 -0.030（$t=-2.866$），在 1% 的水平上显著为负。这表明混改对国有企业股价崩盘风险的抑制效应在高管任期较长的子样本中更显著。

从表 5-9 中的列（7）至列（8）的实证结果可以看出，在高管不兼任的子样本中，*Mix* 的回归系数为 -0.020（$t=-2.467$），在 5% 的显著性水平显著为负；而在高管兼任的子样本组中，*Mix* 的回归系数为 -0.015

($t = -0.612$)，但不显著。这表明混改对国有企业股价崩盘风险的抑制效应在高管不兼任的子样本中更显著。

综上所述，高管的异质性特征确实会对混改与国企股价崩盘风险的关系产生差异性影响。具体而言，混改对国有企业股价崩盘风险的抑制效应在高管年龄较大、女性高管占比较低、任期较长、不兼任董事长时更显著。也进一步表明当高管年龄较大、女性高管占比较低、任期较长且不兼任时，高管的自利动机更强时，更有动机进行信息管理甚至是信息操纵，这与现有研究的结论是一致的（杨芳等，2021）。

5.7.2 外部治理：机构投资者特征的调节效应

我们深入考察了机构投资者作为企业重要的外部投资者，其特征因素对混改与国有企业股价崩盘风险关系的调节效应。关于机构投资者对市场及企业治理的影响效应，至今尚未达成一致结论。一方面，有研究认为机构投资者作为重要的外部监管方能够很好地稳定市场发展并促进公司治理；另一方面，部分研究认为机构投资者可以通过抛售股票、拉低股价等方式造成市场动荡（陈冬华和姚振晔，2018）。由此可见，机构投资者对企业治理及市场稳定的作用是双面性的。此外，有研究深入剖析发现，机构投资者存在异质性，不同机构投资者的治理效应及发挥作用的机制是不同的（温军和冯福根，2012）。基于此，我们预期，机构投资者持股及种类异质性可能会对混改对企业股价崩盘风险的抑制效应产生显著的差异性影响。

参照陈冬华和姚振晔（2018）的分类方法，我们首先按照是否高于投资者持股比例的年度行业中位数构建机构投资者持股哑变量，若高于年度行业中位数，则为高机构投资者持股组，赋值为1，否则赋值为0。进一步地，我们将机构投资者分为证券投资基金类、社保保险证券类及合格的境外投资者三类，深入探究不同类型的机构投资者其影响效应是否存在差异。基于以上分组，我们采用分组子样本对主模型进行回归分析。实证结果列示于表5-10中。从表中列（1）至列（2）的结果可以看出，混改与企业股价崩盘风险的关系在高机构投资者持股组显著为负，而在低机构投资者

持股组中 *Mix* 的系数虽为负但不显著。这表明两组样本间 *Mix* 系数存在显著差异，即混改对国有企业股价崩盘风险的影响效应主要存在于机构投资者持股较高的子样本中。

进一步地，我们深入考察了机构投资者异质性对混改与国有企业股价崩盘风险关系的异质性影响效应。实证结果见表5－10中列（3）至列（8）。从表中结果可以看出，*Mix* 的系数在有证券投资基金、社保保险证券等以及合格境外投资者的子样本中均在1%的显著性水平上显著为负。这表明不同类型的机构投资者均会对混改与国有企业股价崩盘风险的关系产生显著的差异性影响，进一步表明了机构投资者持股的外部监督效应，且不同类型的机构投资者均能够在微观企业的信息治理效应层面产生积极的调节效应。

表5－10　　　　机构投资者特征的调节效应

变量	(1)	(2)	(3)	(4)	(5)	(6)	(7)	(8)
	FNCSKEW	FNCSKEW	FNCSKEW	FNCSKEW	FNCSKEW	FNCSKEW	FNCSKEW	FNCSKEW
	机构投资者		证券投资基金		社保保险证券等		合格的境外投资者	
	低	高	有	无	有	无	有	无
Mix	−0.011 (−0.936)	−0.024** (−2.444)	−0.021*** (−2.626)	0.006 (0.209)	−0.027*** (−2.700)	−0.003 (−0.254)	−0.100*** (−4.570)	−0.010 (−1.271)
ROA	0.110 (0.520)	0.733*** (3.195)	0.487*** (2.942)	−0.316 (−0.701)	0.404* (1.872)	0.311 (1.409)	−0.041 (−0.091)	0.367** (2.239)
SIZE	0.021 (1.122)	0.055*** (4.022)	0.052*** (5.321)	−0.185*** (−3.126)	0.069*** (5.481)	0.001 (0.046)	0.003 (0.132)	0.051*** (4.855)
LEV	0.024 (0.335)	−0.065 (−0.854)	−0.065 (−1.220)	0.390** (2.365)	−0.100 (−1.427)	0.087 (1.182)	0.015 (0.100)	−0.036 (−0.665)
TOBINQ	0.050*** (3.543)	0.069*** (5.215)	0.065*** (6.668)	−0.035 (−0.942)	0.064*** (5.193)	0.061*** (4.274)	0.052* (1.790)	0.066*** (6.607)
AGE	−0.060** (−2.334)	−0.027 (−1.576)	−0.040*** (−2.801)	0.032 (0.501)	−0.027 (−1.597)	−0.049* (−1.947)	−0.110*** (−2.629)	−0.033** (−2.209)
W_mean	110.444* (1.930)	192.167*** (3.641)	191.354*** (4.811)	−296.564 (−1.599)	188.950*** (3.695)	144.819** (2.434)	218.077* (1.835)	151.142*** (3.688)

续表

变量	(1)	(2)	(3)	(4)	(5)	(6)	(7)	(8)
	FNCSKEW	FNCSKEW	FNCSKEW	FNCSKEW	FNCSKEW	FNCSKEW	FNCSKEW	FNCSKEW
	机构投资者		证券投资基金		社保保险证券等		合格的境外投资者	
	低	高	有	无	有	无	有	无
W_sd	7.325 **	12.513 ***	11.940 ***	-14.776	12.136 ***	9.320 ***	11.664 *	10.106 ***
	(2.372)	(4.406)	(5.636)	(-1.375)	(4.510)	(2.860)	(1.906)	(4.579)
Tolshare	-0.061 ***	-0.066 ***	-0.074 ***	-0.002	-0.094 ***	-0.038 **	-0.034	-0.077 ***
	(-3.159)	(-4.051)	(-6.269)	(-0.036)	(-6.331)	(-2.082)	(-1.066)	(-6.191)
_cons	-0.146	-0.588	-0.536	3.445 **	0.162	0.216	0.543	-0.128
	(-0.185)	(-1.549)	(-1.006)	(2.061)	(0.337)	(0.430)	(0.608)	(-0.356)
Year	Yes	Yes	Yes	Yes	Yes	Yes	Yes	Yes
Industry	Yes	Yes	Yes	Yes	Yes	Yes	Yes	Yes
N	4540	4808	8734	614	5363	3985	1144	8204
R-sq	0.062	0.081	0.066	0.172	0.074	0.072	0.150	0.062

注：括号中为 *t* 值，***、**、* 分别表示在1%、5%、10%的显著性水平显著。

5.7.3 内部治理：内部治理水平的调节效应

内部治理水平直接影响企业的治理效应。既有研究表明，公司治理水平直接影响企业的会计信息质量。内部治理较差的企业，其信息质量较低，负面信息的披露更加不充分（黎文靖和孔东民，2013；顾乃康和周艳利，2017），而好的公司治理能够显著抑制高管的机会主义行为，提升企业的信息透明度。基于此，我们认为，内部治理水平差异可能会对混改与国有企业股价崩盘风险的关系产生差异性影响。按照内部治理水平是否高于其年度行业中位数，将样本分为内部治理水平较低组和内部治理水平较高组，并对主假设模型进行回归分析，实证结果列示于表 5-11 中。

从表 5-11 中的实证结果可以看出，在内部治理水平较低子样本组，*Mix* 的回归系数在5%的显著性水平上显著为负，而在内部治理水平较高的子样本组，*Mix* 的回归系数虽为负但不显著。这表明内部治理水平的异质性在一定程度上会对混改与国有企业股价崩盘风险的关系产生差异性的影响效应，且混改在国有企业内部治理水平较低子样本中更能发挥治理有效性，在一定程度上为我们的机制猜想提供了初步证据。

表 5 - 11　　　　　内部治理水平的调节效应

变量	(1)	(2)
	FNCSKEW	FNCSKEW
	内部治理水平低	内部治理水平高
Mix	-0.025 ** (-2.269)	-0.015 (-1.413)
ROA	0.371 (1.623)	0.345 * (1.660)
SIZE	0.068 *** (5.048)	0.030 ** (2.203)
LEV	-0.072 (-0.979)	0.005 (0.077)
TOBINQ	0.083 *** (5.795)	0.050 *** (4.078)
AGE	-0.066 *** (-3.247)	-0.005 (-0.272)
W_mean	149.383 *** (2.636)	182.514 *** (3.440)
W_sd	9.465 *** (3.172)	11.826 *** (4.088)
Tolshare	-0.065 *** (-3.949)	-0.078 *** (-4.837)
_cons	-1.909 *** (-3.364)	0.308 (0.766)
Year	Yes	Yes
Industry	Yes	Yes
N	4565	4783
R-sq	0.075	0.070

注：括号中为 *t* 值，***、**、* 分别表示在1%、5%、10%的显著性水平显著。

5.8 稳健性检验

为保证实证结论的稳健性，我们还进行了一系列稳健性检验及内生性测试。

5.8.1 替换因变量的测度方法

股价崩盘风险的测度方法有很多种，为保证实证结论的稳健性，我们进一步采用前置一期的收益上下波动比率（FDUVOL）来测度企业的股价崩盘风险，并对主检验结论重复检验。实证结果列示于表5-12中。从表中结果可以看出，*Mix* 的系数在1%的显著性水平上显著为负。也就是说，更换因变量测度指标后，我们的实证结论与主检验结论一致，验证了结论的稳健性。

表5-12　替换因变量测度检验结果

变量	(1)
	FDUVOL
Mix	-0.016*** (-3.097)
ROA	0.194* (1.901)
SIZE	0.031*** (4.889)
LEV	-0.012 (-0.358)
TOBINQ	0.042*** (6.771)
AGE	-0.038*** (-4.134)
W_mean	123.128*** (4.787)

续表

变量	(1)
	FDUVOL
W_sd	7.447 *** (5.402)
Tolshare	-0.056 *** (-7.336)
_cons	0.012 (0.034)
Year	Yes
Industry	Yes
N	9348
R-sq	0.067

注：括号中为 t 值，***、**、* 分别表示在 1%、5%、10% 的显著性水平显著。

5.8.2　替换自变量的测度方法

基于现有关于企业混合所有制改革的测度方法，分别采用“股权结构+高层治理结构”的双维度测度方法及仅考虑股权多样性和制衡度的单维度测度方法，更换自变量的测度对主检验模型进行回归估计，实证结果列示于表 5-13 中。从表中结果可以看出，不管是单维度还是双维度指标测度，混改代理变量 *Mix*1（*Mix_shr*1 及 *Mix_shr*2）的回归系数分别在 5% 和 1% 的水平上显著为负，与主检验的实证结论一致，进一步验证了本章实证结论的稳健性。

表 5-13　　　替换自变量测度检验结果

变量	(1)	(2)	(3)
	FNCSKEW	FNCSKEW	FNCSKEW
	两维度	单维度	
*Mix*1	-0.015 ** (-2.169)		
*Mix_shr*1		-0.061 *** (-5.495)	

续表

变量	(1)	(2)	(3)
	FNCSKEW	FNCSKEW	FNCSKEW
	两维度	单维度	
Mix_shr2			−0.002 *** (−5.880)
ROA	0.369 ** (2.419)	0.338 ** (2.213)	0.356 ** (2.334)
SIZE	0.047 *** (4.986)	0.045 *** (4.818)	0.045 *** (4.761)
LEV	−0.027 (−0.542)	−0.033 (−0.651)	−0.031 (−0.619)
TOBINQ	0.066 *** (7.068)	0.065 *** (7.023)	0.062 *** (6.720)
AGE	−0.038 *** (−2.717)	−0.038 *** (−2.750)	−0.034 ** (−2.498)
W_mean	164.880 *** (4.275)	159.490 *** (4.139)	156.790 *** (4.069)
W_sd	10.638 *** (5.145)	10.360 *** (5.016)	10.266 *** (4.971)
Tolshare	−0.071 *** (−6.230)	−0.071 *** (−6.208)	−0.069 *** (−6.076)
_cons	−0.486 (−0.919)	−0.270 (−0.510)	−0.454 (−0.860)
Year	Yes	Yes	Yes
Industry	Yes	Yes	Yes
N	9348	9348	9348
R−sq	0.064	0.066	0.067

注：括号中为 *t* 值，***、**、* 分别表示在 1%、5%、10% 的显著性水平显著。

5.8.3 剔除 2015 年“股灾”的影响

考虑到 2015 年的“股灾”可能会对企业的股价崩盘风险产生影响，从而导致本章的实证结论存在偏误。为保证实证结论的稳健性，剔除 2015 年及之后的样本观测值对主检验进行实证回归分析，以排除 2015 年“股灾”对本章实证结论的影响。实证回归结果列示于表 5－14 中。从表中结果可以看出，不管用负偏态系数还是股价上下波动率来测度企业的股价崩盘风险，*Mix* 的回归系数均显著为负，与主检验结论一致，进一步说明了本章实证结论的稳健性。

表 5－14　　　　剔除股灾的影响检验结果

变量	(1)	(2)
	FNCSKEW	FDUVOL
Mix	－0.016* (－1.763)	－0.013** (－2.042)
ROA	0.492*** (2.610)	0.271** (2.110)
SIZE	0.016 (1.312)	0.019** (2.363)
LEV	0.031 (0.486)	0.001 (0.014)
TOBINQ	0.069*** (5.631)	0.047*** (5.667)
AGE	－0.042** (－2.356)	－0.041*** (－3.380)
W_mean	269.529*** (4.668)	199.577*** (5.081)
W_sd	16.075*** (5.290)	11.697*** (5.658)
Tolshare	－0.060*** (－4.043)	－0.054*** (－5.428)
_cons	－0.300 (－0.558)	0.058 (0.159)
Year	Yes	Yes

续表

变量	(1)	(2)
	FNCSKEW	FDUVOL
Industry	Yes	Yes
N	5325	5325
R - sq	0.090	0.086

注：括号中为 *t* 值，***、**、* 分别表示在 1%、5%、10% 的显著性水平显著。

5.8.4 剔除上市不到一年的公司样本的影响

进一步地，考虑到采用上市不到一年的公司样本考察混改对国有企业股价崩盘风险的影响效应可能会导致实证结论的偏误。为保证实证结论的稳健性，我们剔除上市不到一年的上市公司样本观测值对主检验进行实证检验，以排除样本偏差对实证结论稳健性的影响。实证结果列示于表 5 - 15 中。从表中结果可以看出，不管用负偏态系数还是股价上下波动率来测度企业的股价崩盘风险，*Mix* 的回归系数均显著为负，与主检验结论一致，进一步说明了本章实证结论的稳健性。

表 5 - 15　　　剔除上市不到一年公司样本的影响检验结果

变量	(1)	(2)
	FNCSKEW	FDUVOL
Mix	-0.020 *** (-2.692)	-0.016 *** (-3.145)
ROA	0.368 ** (2.403)	0.189 * (1.854)
SIZE	0.047 *** (4.992)	0.031 *** (4.903)
LEV	-0.029 (-0.569)	-0.013 (-0.375)
TOBINQ	0.066 *** (7.132)	0.042 *** (6.810)

续表

变量	(1)	(2)
	FNCSKEW	FDUVOL
AGE	-0.035** (-2.482)	-0.036*** (-3.906)
W_mean	164.784*** (4.234)	121.828*** (4.696)
W_sd	10.585*** (5.090)	7.371*** (5.317)
Tolshare	-0.071*** (-6.204)	-0.056*** (-7.314)
_cons	-0.499 (-0.942)	0.004 (0.011)
Year	Yes	Yes
Industry	Yes	Yes
N	9318	9318
R-sq	0.064	0.066

注：括号中为 t 值，***、**、* 分别表示在1%、5%、10%的显著性水平显著。

5.8.5 工具变量检验

此外，虽然在构建模型时，我们采用 $t+1$ 期的股价崩盘风险与 t 期的国有企业混改变量进行回归，在一定程度上能够缓解不可预测因素引发的潜在内生性问题。为进一步减轻可能存在的内生性问题对本章实证结论的影响，参照以往研究，使用剔除本公司的行业—年度均值作为工具变量进行内生性检验（权小锋等，2015；梁上坤等，2020）。具体而言，同一行业年份的国有企业实施混改可能存在相似之处，但行业内其他企业的混改并不会对本企业的未来股价崩盘风险产生直接影响。基于此，选取同行业中其他国有企业的混改程度作为工具变量能够缓解国有企业混改与其股价崩盘风险的内生关系，回归结果如表5-16所示。从表中结果可以看出，不管用负偏态系数还是股价上下波动率来测度企业的股价崩盘风险工具变量

Mix_ind 的回归系数均在 1% 的水平显著为负，与主检验结论一致。这一结果表明混合所有制改革对国有企业股价崩盘风险的影响在采用工具变量进行测试后依然成立，进一步验证了本章实证结论的稳健性。

表 5 - 16　　　　工具变量检验结果

变量	(1)	(2)
	FNCSKEW	FDUVOL
	工具变量检验	
Mix_ind	-0.180 *** (-3.069)	-0.128 *** (-3.277)
ROA	0.364 ** (2.325)	0.190 * (1.814)
SIZE	0.046 *** (4.723)	0.030 *** (4.615)
LEV	-0.031 (-0.593)	-0.014 (-0.409)
TOBINQ	0.067 *** (7.067)	0.043 *** (6.771)
AGE	-0.066 *** (-3.803)	-0.058 *** (-4.964)
W_mean	159.987 *** (4.047)	119.915 *** (4.537)
W_sd	10.442 *** (4.931)	7.321 *** (5.170)
Tolshare	-0.079 *** (-6.574)	-0.061 *** (-7.623)
_cons	-0.251 (-0.457)	0.173 (0.471)
Year	Yes	Yes
Industry	Yes	Yes
N	9348	9348
R - sq	0.019	0.016

注：括号中为 *t* 值，***、**、* 分别表示在 1%、5%、10% 的显著性水平显著。

5.9 本章小结与启示

国有企业改革是学术界关注并深入探讨的重要课题。改革开放以来，国企改革一直是我国资本市场发展的重要组成部分。从股份制改革到民营化，再到如今的混合所有制改革，国有企业一直在践行放权让利的改革之路。党的十八届三中全会指出，要积极发展混合所有制经济，强调国有资本、集体资本和非公有资本等交叉持股、相互融合的混合所有制经济是基本经济制度的重要实现形式，肯定了混合所有制经济予我国国有资本保值增值及国有企业竞争力提升等维度的积极意义。随后，2015 年 9 月，国务院《关于国有企业发展混合所有制经济的意见》作为国企改革顶层设计的配套文件，对国企混改之路提出了具体要求。该文件指出发展混合所有制经济，是深化国有企业改革的重要举措。应分层分类地推进国有企业开展混合所有制改革。自此，混合所有制成为社会各界尤其是学术界关注的焦点话题。

已有文献主要从股权结构和高层治理结构两个维度测度国有企业混合所有制改革，考察国有企业混改在微观企业层面的经济效应，如混改对公司内部治理水平（张文魁，2017；郝云宏和汪茜，2015）、会计信息质量（刘运国等，2016）、内部控制水平（曾诗韵等，2017）、高管激励（蔡贵龙等，2018；张晓玫和朱琳琳，2016）、公司绩效（Megginson et al.，1994；Bortolotti et al.，2002；张文魁，2010；马连福等，2015；郝阳和龚六堂，2017）、现金持有（杨兴全和尹兴强，2018）、创新效率（李文贵和余明桂，2015；王业雯和陈林，2017）；政策性负担（陈林和唐杨柳，2014；张辉等，2016；张伟华等 2021）、投资效率（杨志强和李增泉，2018；李井林，2021；李增福等，2021）、企业创新（程承坪和陈志，2020；霍晓萍等，2019）、生产要素投入效率（谢海洋等，2020；熊爱华和张质彬，2020；马新啸等，2021）和国有资产保值增值（周绍妮等，2020）等的影响。鲜少有文献关注分类改革对混改予微观企业经济效应的影响，未能基于综合视角系统考察混改在国有企业治理中的积极意义。且在构建混改测度指标时，忽略了政府放权意愿这一深层次内涵的体现。基于此，切入信息治理视角，结合分类分层改革背景，以股价崩盘风险为研究切入点，本部分主要考察了混改对国有企业股价崩盘风险的影响效应及潜在机制。具体而言，选取2008~2019年国有非金融上市公司为研究样本，首先，通过构建三维度混改综合测度指标将组织结构纳入混改指标构建体系中，并结合混改影响国有企业治理的内在机理，对混改影响国有企业股价崩盘风险的理论逻辑进行分析和论述，提出研究假设；其次，通过构建多元线性模型和实证检验，考察了混改对国有企业股价崩盘风险的影响效应，并深入探讨了影响混改与国有企业股价崩盘风险的内外部监管因素及高管特征异质性的调节效应，以及国有企业实施混改影响其股价崩盘风险的机制渠道。实证结果表明：

（1）混合所有制改革能够显著抑制国有企业的股价崩盘风险。具体而言，国有企业实施混改能够通过在国有资本中引入非公性质股东，在股权结构和高层治理结构层面形成决策制衡机制和监督制衡机制，通过优化内部治理，提高国有企业的内控水平和信息质量（刘运国等，2016；曾诗韵等，2017）；在组织结构层面能够彰显政府放权意愿，简政放权，提升企业决策自主性和经营活力，进一步助推国有企业建立市场化的内部监督机制，很显然这有助于加速提升国有企业内部信息披露及时性和充分程度，抑制国企高管的机会主义行为从而缓解国有企业高管的“捂盘”行为，并最终降低其股价崩盘风险。

（2）在不同功能分类和行政分层的国有企业中，混改对股价崩盘风险的抑制效应表现出显著的差异性。从分类治理的影响效应看，混改对国有企业股价崩盘风险的影响在特定功能类国有企业中显著，在公益类国有企业和商业竞争类国有企业中不显著。其原因在于，实施混改后，随着非国有资本进驻国有企业，国有企业内部治理水平提升，内部控制建设得到完善（刘运国等，2016），这有助于内部信息治理水平的改善，从而缓解了企业的股价崩盘风险。但这种治理结构及治理水平的优化效应在特定功能类国有企业中效用最大。商业竞争类国有企业因其股权结构相对多元化，内部治理水平相对完善，混改对其内部信息治理的影响只是“锦上添花”。而公益类国有企业因其特殊的政治及社会属性和经营目标，其混改程度受限，因此，混改的影响效应不显著。从分层治理的影响效应看，中央国有企业因更多地涉及关系国计民生及关乎国家经济支柱的重点行业，不仅要在国企改革中践行混改，也要承担诸如经济发展、社会稳定及财政盈余等社会目标（郭宏等，2020），这使得中央国有企业在实施混改时有诸多“掣肘”。而地方国有企业多为地方经济发展的支柱，在承担政治及社会目标的同时，更多的是期望通过混改提升经营效率和治理水平，不断提升地方考评绩效。我们的结论也验证了该理论猜想，相较于中央国有企业，地方国有企业实施混改更有利于发挥其信息治理功能。即混改对国有企业股价崩盘风险的影响效应在地方国有企业子样本中更显著。

（3）调节因素的考察结果表明，高管特征异质性、投资者机构持股异质性及国有企业内部治理水平异质性均会对混改与股价崩盘风险间的关系产生差异性影响。具体而言，高管“捂盘”作为企业股价崩盘产生的主要动因，高管自身的年龄、性别、任期和是否兼任董事长等特征均会直接影响高管的行为决策，并进一步对混改与股价崩盘风险的关系产生差异性影响。相关研究指出，高管年龄、女性高管占比、任期及其自利动机均会影响高管进行信息管理甚至是操纵的动机（杨芳等，2021）。我们的结论表明，混改对国有企业股价崩盘风险的抑制效应在高管年龄较大、女性高管占比较低、任期较长、不兼任董事长时更显著，与现有结论预期相符。

而机构投资者作为企业的重要外部监督者不仅能够很好地稳定市场发展并促进公司治理，也可以通过抛售股票、拉低股价等方式造成市场动荡（陈冬华和姚振晔，2018），且不同机构投资者的治理效应及作用机制是不同的（温军和冯福根，2012）。我们的实证结果表明，混改对国有企业股价崩盘风险的影响效应主要体现在机构投资者持股较高的子样本上，且不同类型的机构投资者均能够对微观企业的信息治理产生积极的治理效应。

公司治理水平直接影响企业的会计信息质量，好的公司治理能够显著抑制高管的机会主义行为，提升企业的信息披露质量，可能会对混改与国有企业股价崩盘风险的关系产生差异性影响。我们的研究结论表明，在国有企业内部治理水平较低的子样本中，混改对国有企业股价崩盘风险的影响效应更显著，进一步验证了我们的猜想。

（4）机制检验结果表明，一方面，国有企业实施混改能够显著提升其信息披露的及时性和信息披露的充分程度，通过提升信息披露质量对其股价崩盘风险产生影响；另一方面，混改能够显著抑制国有高管的机会主义行为，从而减少高管“捂盘”的可能性，并最终对国有企业的股价崩盘风险产生影响。也就是说，混改主要通过提升国有企业信息披露质量和抑制国有高管机会主义行为两条路径在其股价崩盘风险层面产生治理有效性。

（5）最后，我们进行了一系列稳健性及内生性检验，回归结果与主检验结论基本一致，表明我们实证结论的稳健性。

基于本章的研究我们发现，国有企业实施混改具有一定的信息治理功能。股价同步性作为衡量信息效率的重要指标之一（Morck et al.，2000），在特定条件下，政府行为可能会降低股价同步性，提高股价中公司特质信息的含量（陈冬华和姚振晔，2018）。基于此，我们预期进一步深入考察混合所有制改革作为由政府主导的经济体制改革，能否在国有企业股价同步性层面发挥治理功能，产生了何种影响？如何产生影响？相关探讨我们在第6章混改与国有企业股价同步性中进行详细阐述。

第 6 章

信息效率维度：分类治理视域下混改与国有企业股价同步性

6.1 引　　言

信息质量和信息效率作为信息治理的两大维度，其在资本市场中的价值表现是不同的。具体地，信息质量给予资本市场的价值更多地体现在投资者对微观企业信息的解读能力上，并最终通过影响投资者的行为决策对资本市场中的股价行为产生影响。而信息效率予资本市场的价值更多地体现在资本市场中的股价对微观企业特质信息的反应能力上，并最终对个股股价与市场股价的“同涨同跌”情况产生影响。有学者认为，股价同步性作为资本市场股价行为的典型表现，表征了股价中包含的公司层面特质信息及市场层面信息的多少。因此，股价同步性的高低可以衡量资本市场上的信息效率（于悦，2013）。理论上讲，股票市场是信息的市场，信息引导着股票价格的运行，并进一步在股票市场的资源配置层面发挥作用（王亚平等，2009）。在一个有效的市场中，价格能引导稀缺资本实现效益最大化（朱红军等，2007）。也就是说，资本市场的基本功能是利用股票价格的信号机制实现资源的最优配置。但股价引导资源配置作用的发挥取决于其反映企业真实（特质）信息的能力（黄俊和郭照蕊，2014），而公司特质信息能否进入市场并反映在市场股价中则是衡量资本市场信息有效性的一个重要方面（王立章等，2016）。

相关研究指出，信息披露质量的高低是直接影响资本市场股票定价合理性以及资源配置效率高低的重要因素（于悦，2013），而私有信息或特质信息是导致股票收益波动率高的重要原因（Roll，1988）。也就是说，股价的合理性在一定程度上是由信息质量决定的，而股价如何对信息进行反应则更多的是由信息效率决定的，不同的信息治理维度能够在资本市场中表现出不同的价值体现。基于此，在本章中，我们切入股价同步性视角，进一步深挖混合所有制改革在微观企业信息效率维度的治理有效性。

由前面的研究可知，混合所有制改革作为一项由政府推动的产权多元化改革举措，能够在通过优化股权结构、治理结构及组织结构等在微观企业层面发挥积极的信息治理效应。股价同步性作为衡量企业信息效率的重要指标之一（Morck et al.，2000），混改的实施必然能够对其产生显著的影响效应。基于此，切入信息效率视角，首先，本章考察了国有企业混合所有制改革对其股价同步性的影响，以期从股价信息含量视角为国有企业混改在微观企业层面的信息治理有效性提供更深入的实证证据。其次，结合分类分层改革背景，深入分析不同功能分类和行政分层国有企业中，混合所有制改革发挥信息治理功能的影响效应差异。进一步地，我们还深入考察了影响混改与国有企业股价同步性关系的调节因素。结合中国经济体制改革的背景，深入探讨混改影响国有企业股价同步性的机制渠道，以期为我国混改实施予以微观企业及资本市场的积极意义提供实证佐证。

6.2 企业股价同步性相关文献综述

股价同步性的相关研究最早可追溯到 King（1966）。20 世纪末，Roll（1998）首次提出股价同步性的概念，随后学术界就股价同步性的成因开展了一系列深入的讨论，在理论发展上逐渐形成意见相左的两个主流观点：以 Morck 等（2000）为代表的“信息效率观”和以 West（1988）为代表的“非理性行为观”。前者认为，股价同步性负向反映信息含量。即股价同步性衡量了公司特质信息进入市场的程度，若股价信息传递效率高，则公司特质信息能够体现在市场股价中。此时，个股股价不会随市场股价整体涨跌，表现出较低的股价同步性。反之，若股价信息传递效率低，则表明公司特质信息无法及时反映在个股股价中，从而使得个股随市场股价“同涨同跌”，表现出较高的股价同步性；而后者则认为股价同步性正向体现信息效率。具体而言，非理性行为观认为，股价同步性反映的是市场噪声及投资者情绪的多少。由于投资者在处理信息中存在行为偏误，较低的股价同步性并不意味着股价中更高的信息含量，而是和不确定性或者噪声有关（周林洁，2014），企业信息进入股价会降低股价波动，使得股票的一致性加强，从而表现出较高的股价同步性。即股价同步性越高，表明股票中的公司信息含量越多，是衡量股价同步性的正向指标（West，1988；Dasgupta et al.，2010；Chan et al.，2013）。在两种主流假说的基础上，国内外学者开展了广泛讨论，而国内的相关研究结论则主要支持了信息效率观（王艳艳和于李胜，2012，2013；许年行等，2011，2013；黄俊和郭照蕊，2014；陈冬华和姚振晔，2018；伊志宏等，2019）。

在国外，Durnev 等（2003，2004）及 Gul 等（2010）从实证的角度证实股价同步性较低是由于公司特质信息的融入，从实证分析视角支持了信息效率观。Li 等（2004）基于资本市场开放程度的视角也得出了相同的结论。Chan 和 Hameed（2006）则着眼于分析师跟踪这一视角，考察了“信息效率观”的合理性。相反，Chan 等（2013）基于信息不对称理论，表明股价同步性与流动性正相关，公司层面信息少意味着较低的信息不对称性。Dasgupta 等（2010）从公司信息透明度的视角，支持了“非理性行为观”。他认为公司的透明度越高，其公司层面波动越小，此时股价同步性较高。而 Jin 和 Myers（2006）基于信息透明度的实证分析则得出了相反的结论：信息透明度越低，外部投资者越依赖市场平均收益来对公司进行预期，股价中反映公司层面的特质信息越少，股价同步性越高。Hutton 等（2009）的相关研究也证明了该结论，认为信息透明度与股价同步性负相关。

此外，Bushman 等（2004）从公司治理的视角考察了公司治理的约束和激励效应，进而考察了公司治理效应对公司信息环境与股价同步性的影响。还有部分学者关注于债权人的特质因素，认为债权人要求企业通过非公开渠道披露更多内部信息的行为会对股价的波动性产生影响（Christie，1982；Campbell et al.，2001），从而影响股价同步性。Piotroski 和 Roulstone（2004）、Chan 和 Hameed（2006）分别基于机构投资者持股及分析师人数变动等金融视角，考察了股价同步性的影响因素。

在国内，学者们主要围绕"信息效率观"进行影响因素及经济后果的探讨。例如，许年行等（2011，2013）、侯宇和叶冬艳（2008）基于机构投资者行为及特征，探讨了机构投资者的"羊群"行为、心理偏差、持股比例及获取信息的成本等对股价同步性的影响。李增泉（2005）则从第一大股东持股比例的视角，考察了内部治理机制与股价同步性的关系，证明了利益协同和壕沟防御双重效应的存在。此外，王亚平等（2009）、金智（2010）则通过实证分析，验证了会计信息质量与股价同步性的正相关关系。黄俊和郭照蕊（2014）则另辟蹊径，基于新闻媒体报道对资本市场定价效率的影响效率视角，实证了媒体报道与股价同步性之间显著的负相关关系，即随着媒体报道的增多，公司层面信息更多地融入股票价格，股价同步性显著降低。陈冬华和姚振晔（2018）基于我国产业政策的制度背景，考察了政府行为对股价同步性的影响。结论表明，在特定条件下，政府行为可能会通过降低股价同步性，从而提升股价中公司特质信息的含量。伊志宏等（2019）基于分析师研究报告中公司特质信息对企业股价同步性的影响。研究结果发现，分析师报告中的公司特质信息能够显著降低被关注公司的股价同步性。

从以上梳理可以看出，目前关于股价崩盘风险的探讨多集中于公司治理、信息中介等微观企业及中观市场层面，鲜少有文献考察政府政策对股价同步性的影响效应（陈冬华和姚振晔，2018）。混合所有制改革作为由政府推动的一项产权制度改革，具有一定的微观治理功能，但鲜少有文献基于所有制改革视角，结合分类分层改革考察影响国有企业股价同步性的影响因素及潜在机理，这为本章的研究提供了研究机会。在现有研究基础上，切入信息治理视角，结合分类分层改革背景，以混合所有制为研究切入点，以期考察混合所有制改革对国有企业股价同步性的影响效应和影响机制，并深挖不同分类分层国有企业实施混改的影响效应差异。不仅丰富了混改经济后果的相关文献，也有助于股价同步性影响因素理论框架的拓展与构建，具有一定的理论意义。

6.3 理论分析与假设提出

现有关于股价信息效率影响因素的探讨主要集中于制度环境因素（游家兴等，2006；陈冬华和姚振晔，2018；唐松等，2011）和分析师、机构投资者及媒体等信息中介因素（伊志宏等，2019，2015；Piotroski and Roulstone，2004；Chan and Hameed，2006；朱红军等，2007；许年行等，2013；许年行等，2011；侯宇和叶冬艳，2008；黄俊和郭照蕊，2014；胡军和王甄，2015），以及微观企业的信息披露、信息质量（王艳艳等，2014；王亚平等，2009；Jin and Myers，2006；Hutton et al.，2009；吴秋声和郭飞，2020）和公司治理因素（周林洁，2014；李小荣等，2018）等层面，且相关研究均认为公司特质信息进入市场股价的多少能够反映股价同步性的高低。可见，目前基于制度环境层面影响因素的考察相对较少，主要探讨了证券市场制度建设（游家兴等，2006）及行业政策调整（陈冬华和姚振晔，2018）等对股价同步性的影响以及政府干预和法制水平对政治关联与股价同步性的调节效应（唐松等，2011）。这在为我们提供研究借鉴的同时，亦为我们开展进一步的深入探讨提供了机会。

混合所有制改革作为国有企业产权制度改革的一种体现，是否能够通过影响信息透明度和内部治理对国有企业的股价同步性产生影响？产生何种影响？结合国有企业的产权特性及其改革实际，我们认为存在以下两种可能。

一方面，混合所有制改革的实施可能会显著降低国有企业的股价同步性。其原因在于：其一，混合所有制改革是政府推动下的“政策性”经济体制改革，受到了社会各界的广泛关注，尤其是媒体、分析师及机构投资者的积极关注。相关研究指出，作为资本市场的信息中介，新闻媒体搜集、整理和发布公司信息，能够影响外部投资者的信息获取，并作用于股价（黄俊和郭照蕊，2014）。且媒体报道能够影响公司股票的资本定价功能（游家兴和吴静，2012；黄俊和陈信元，2013），并进一步在微观企业层面发挥治理作用（李培功和沈艺峰，2010；杨德明和赵璨，2012；郑志刚等，2011），这都有助于企业特质信息进入市场，降低企业的股价同步性（胡军和王甄，2015；黄俊和郭照蕊，2014）。同样地，分析师及机构投资者作为资本市场具有影响力的信息中介，能够通过专业的信息挖掘和信息解读能力（Huang et al.，2016），向市场传递有价值的公司特质信息，降低内外部的信息不对称，使得股票价格能够反映公司层面特质信息，进而降低股价同步性（伊志宏等，2019；朱红军等，2007；Jiang et al.，2016）。因此，混改的实施，能够通过信息中介作用的发挥提升信息透明度，加快信息传递效率，降低国有企业的股价同步性。

其二，混合所有制改革本身具有一定的微观治理功能，通过提升国有企业的内部治理水平，提升信息透明度，降低市场获取公司特质信息的难度及成本（Karamanou and Vafeas，2005），从而显著降低企业的股价同步性；通过引入不同所有制的股东，在股权层面形成制衡和多样性，降低控股股东的掏空行为，表现出利益协同效应，有助于信息传递渠道的构建，加速信息传递效率，从而降低股价同步性（袁知柱和鞠晓峰，2009）。且非国有股东的引入，亦进一步缓解了国有企业所有者缺位的治理结构缺陷，这有助于抑制国有企业高管的寻租动机。李小荣（2018）的研究指出，为了避免外部监督者或董事会的制约，有寻租动机的国有企业高管有动机通过增加投资者的信息搜寻成本、降低知情交易等提升企业的股价同步性。混改对高管寻租动机的抑制，在一定程度上有助于信息效率的提升，从而显著降低国有企业的股价同步性；通过让非国有股东参与公司治理决策，在国有企业内部形成有效的监督机制，亦加快了信息的传递效率，降低了国有企业的股价同步性。可见，混改的治理功能能够进一步在国有企业信息效率维度发挥作用，显著降低国有企业的股价同步性。

其三，国有企业实施混合所有制改革，显著提升了国有企业的效率。李小荣（2018）认为，国有企业效率的提升，关键在于政府干预的减少，这能够使国有企业高管获得更大的权力，有助于充分调动高管的积极性和经营自主性，并通过降低高管团队间的沟通成本和协调成本（Li et al.，2014），加快企业信息传递效率，从而显著降低国有企业的股价同步性。

基于以上分析，提出本章的第一个研究假设：

假设 H6 - 1a：在其他条件不变的情况下，混合所有制改革能够显著降低国有企业的股价同步性。

另一方面，混合所有制改革可能显著增加国有企业的股价同步性。其原因在于：其一，混合所有制改革引发的市场关注可能导致市场中出现过量的信息，这不利于国有企业特质信息进入市场，降低了信息的传递效率。具体而言，混合所有制改革是由政府推动的一项经济体制改革，这在一定程度上会促使国有企业高管基于政治晋升预期积极开展并推进混改进程，并积极地披露相关信息。但这些信息可能并不包含公司的特质信息，更多的是一些"冗余"信息，从而导致市场中各种信息"丰富而广泛"，这可能会增加外部信息使用者获取有用信息和特质信息的搜寻成本和难度，从而阻碍公司特质信息进入市场，降低信息的传递效率，导致国有企业股价同步性提升。此外，正如 Piotroski 和 Roulstone（2004）、Chan 和 Hameed（2006）的观点，分析师、机构投资者及媒体等都属于"外部人"，无法获取全部的公司特质信息，其更多的是通过行业信息和市场层面信息进行分析。当国有企业因实施混改引发较多的市场信息中介关注时，他们更多的是基于市场及行业层面的"非特质信息"来引导市场，使更多的非特质信息进入市场，阻碍了国有企业特质信息的反应，这显著降低了国有企业的信息效率，导致其股价的同步性增加。

其二，混合所有制改革的实施在国有企业内部引入非国有股东，这在一定程度上增加了国有企业内部治理的复杂性。国有股东和非国有股东经营追求的差异，可能会加剧国有企业内部信息的沟通成本和协调成本，这阻碍了国有企业内部特质信息进入市场，从而加剧市场中股价的"同涨同跌"，表现出较高的股价同步性。

基于以上分析，我们提出备择假设：

假设 H6 - 1b：在其他条件不变的情况下，混合所有制改革能够显著提高国有企业的股价同步性。

进一步地，正如前面的论述，不同层次、不同功能的国有企业拥有不同的治理机制（黄群慧和余菁，2013；肖慧萍和李辰颖，2018）和改革原则（杨瑞龙，2017），这种差异性必然影响混合所有制改革在微观企业信息治理维度的经济效应。股价同步性作为企业特质信息进入股价多少的测度，在一定程度上刻画了企业的信息效率，是企业信息治理在效率维度的重要表现形式。因此，我们预期，不同功能分类的国有企业实施混改对其股价同步性的影响效应存在显著性差异。

理论上，商业竞争类国有企业因主要处于充分竞争行业和领域，其现代企业制度相对完善。该类国有企业的发展在兼顾社会和政治经营目标的同时，更追求经济目标的实现。因此，其内部治理结构、股权结构及组织结构都相对更好。基于此，我们预期，商业竞争类国有企业实施混改的信息治理效应，更多地体现在信息效率的提升上，对于信息质量的提升相对有限。加之，商业竞争类国有企业的混改要求指出，商业竞争类国有企业应通过公司股份制改革，积极引入其他性质的资本实现股权多元化，国有资本可以绝对控股，可以相对控股，亦可以只保持参股，通过放权形式推进混合所有制改革，使商业竞争类国有企业以市场化经营为导向，获得充分的治理权和足够的治理空间，这都有助于商业竞争类国有企业通过内部治理机制的优化提升企业的信息传递效率，加快特质信息进入股价，降低企业的股价同步性。而公益类国有企业因其功能定位主要以社会效益为主，实施混改要保证国有经济的绝对控股地位（国有独资），股权结构及治理结构依然以国有性质为主导，这不利于企业信息效率的提升，因此对其股价同步性的影响相对较弱。特定功能类国有企业的混改程度及其经营目标介于商业竞争类国有企业和公益类国有企业之间，其主要涵盖了关系国家安全、国民经济命脉的重要行业和关键领域，或者处于自然垄断行业，经营专项业务，承担重大专项任务的行业企业。其混改要求保证国有企业的控股地位，但也积极要求“放权”，构建现代企业制度。该类国有企业实施混改可能会对企业的信息效率产生影响，也可能不产生影响。这取决于特定功能类国有企业内部治理结构的完善程度。

综上所述，我们可以看出，不同功能分类的国有企业实施混改，其股权结构、治理结构及组织结构得到了不同程度的优化，通过影响国有企业的信息传递效率，对其股价同步性产生影响。按照预期，混合所有制改革对企业股价同步性的抑制效应在商业竞争类国有企业中较显著；在特定功能类国有企业中可能显著，也可能不显著；而在公益类国有企业中不显著。

基于以上分析，提出本章节第二个研究假设：

假设 H6－2：在其他条件不变情况下，混合所有制改革对国有企业股价同步性的影响效应在不同功能分类的国有企业中存在显著性差异，即分类治理对混改与国有企业股价同步性的关系能够产生异质性影响。

此外，正如前面提到的，不同层次、不同功能的国有企业具有特殊性（李维安，2014），与行政属性较强的中央国有企业相比，地方国有企业的经营更倾向于市场化，其市场化程度较高，信息传递机制也相对完善。因此，混改对其信息效率的影响效应可能相对有限。而中央国有企业因其经营涉及经济发展、社会稳定及财政盈余等多项社会目标（郭宏等，2020）。因此，其内部治理结构更固化，待提升的空间更大。混改的实施在一定程度上盘活了中央国有企业内部治理机制，完善了其信息披露机制，从而加快了内部特质信息的传递效率，显著降低了其股价同步性。基于以上猜想，我们预期混改对国有企业股价同步性的影响效应可能在中央国有企业中更显著，在地方国有企业中的影响效应相对较弱。基于以上分析，提出本章节第三个研究假设：

假设 H6－3：在其他条件不变情况下，混合所有制改革对国有企业股价同步性的影响效应在不同行政分层国有企业中表现出显著性差异，即分层治理对混改与国有企业股价同步性的关系能够产生异质性影响。

6.4 研究设计

6.4.1 样本选择与数据来源

选取 2008～2019 年全部 A 股国有上市公司为初始研究样本，考察混合所有制改革对国有企业股价同步性的影响效应。书中涉及的与混合所有制改革测度相关的股权结构数据主要来自 CNRDS 数据库及同花顺数据库，对于部分缺失的数据，通过查询年报补充处理。组织层级数据及派驻“董监高”席位数数据通过翻阅年报信息手工整理获得。变量的处理过程详见变量定义部分说明。此外，样本公司的财务数据和测度股价同步性所需数据主要来自 CSMAR 数据库。为保证数据的合理性和实证结论的稳健性，我们对数据库中的原始数据作以下筛选和处理：（1）剔除金融行业公司样本观测值；（2）剔除 ST、*ST 和 PT 等交易状态异常的上市公司样本观测值；（3）剔除样本期间内财务数据缺失的样本观测值；（4）剔除每年不足 30 个周收益率的上市公司。经过以上筛选，我们最终获得 9845 个有效样本观测值。进一步地，为了消除极端值对实证结论的影响，我们对模型中所有连续变量进行上下 1% 的 Winsorize 处理。

6.4.2 模型设定及变量定义

6.4.2.1 模型设定

为检验 H6－1 关于混合所有制改革对国有企业股价同步性影响效应的理论猜想，本章借鉴李增泉（2005）、Gul 等（2010）、王艳艳和于李胜（2013）及陈冬华和姚振晔（2018）的研究，构建回归模型（6－1）以检验研究假设：

$$SYN_{i,t} = \alpha_0 + \beta Mix_{i,t} + \gamma Controls_{i,t} + \delta + \tau + \varepsilon \tag{6-1}$$

其中，$SYN_{i,t}$是公司 i 在第 t 年的股价同步性，$Mix_{i,t}$为国有企业混合所有制改革的代理变量，*Controls* 为控制变量，δ 为行业虚拟变量，τ 为时间虚拟变量。此外，为进一步验证分类治理与分层治理对混改与国有企业股价同步性的差异性影响效应，我们将模型（6－1）在不同功能分类和不同行政分层的子样本中进行回归，以验证假设 H6－2 和 H6－3。

6.4.2.2 变量定义

（1）被解释变量：股价同步性（*SYN*）。

股价同步性刻画了个股与市场股价同涨同跌的一种市场现象。目前国内关于股价同步性的测度多参照 Morck 等（2000）、Gul 等（2010）的测算方法，采用个股收益与市场收益回归模型的拟合优度 R^2 作为股价同涨同跌现象的测度方法。R^2 刻画了个股收益变动能够被市场变动解释的部分，R^2

越大，表示个股能够被市场解释得越多，即公司的特质信息没有进入市场中，此时，企业的股价同步性较高。反之，则较低。但该指标的测度未考虑个股收益被行业收益解释的部分。因此，本章参照 Durnev（2003）及许年行（2011）构建股价同步性指标的方法，通过如下模型（6－2）来估计个股的 R^2，作为企业股价同步性的代理变量。

$$R_{i,t} = \alpha_0 + \beta_1 R_{m,t} + \beta_2 R_{I,t} + \varepsilon \tag{6-2}$$

其中，$R_{i,t}$为个股 i 第 t 周的收益率；$R_{m,t}$为市场指数第 t 周的收益率；$R_{I,t}$为行业 I 第 t 周的收益率，其中行业分类参照中国证监会 2012 年行业分类标准。具体的，$R_{I,t}$的测度方法如模型（6－3）所示：

$$R_{i,t} = \frac{\sum_{j \in I} W_{j,t} R_{j,t}}{\sum_{j \in I} W_{j,t}} \tag{6-3}$$

其中，$W_{j,t}$为个股 j 在行业 I 中的权重，用 A 股流通市值来测度。$R_{j,t}$为个股 j 在行业 I 中的周收益率。根据许年行等（2011）的处理方法，模型中的收益率指标均进行对数处理，以保证其更接近于正态分布。

按照现有研究关于 R^2 的解释，其反映了公司特质信息被纳入股价的程度，R^2 值越大，表明个股股价能够被市场和行业解释的部分越多，其包含的公司特质信息越少，此时，表现出较高的股价同步性。因此，R^2 是测度股价同步性的正向指标，R^2 越大，表明企业的股价同步越高，公司个股信息效率越低，企业股价“同涨同跌”现象越严重。

（2）解释变量：混合所有制改革（*Mix*）。

在现在指标测度的基础上，通过“股权结构＋高层治理结构＋组织结构”三个维度，参照白重恩等（2005）关于公司治理水平（*G_index*）的指标构建方法，采用主成分分析法构建混合所有制改革综合测度指数（*Mix*），用于刻画国有企业实施混合所有制改革的程度。该指标越大，表明国有企业实施混合所有制改革的水平越高，越有助于完善国有企业的内部治理和现代企业制度。其具体操作过程和相关数据来源如前所述。

（3）控制变量。

参照李增泉（2005）、Gul 等（2010）、王艳艳和于李胜（2013）及陈冬华和姚振晔（2018），我们在模型中主要控制了如下变量：财务杠杆（*LEV*），用公司当期总负债与总资产的比值来测度；经营业绩（*ROA*），用企业当期利润总额与总资产的比值来表示；企业规模（*SIZE*），为企业当期资产总额加 1 取自然对数；市值账面比（*MB*），为企业当期市值与总资产之比；上市年限（*AGE*），用企业上市时长加 1 的自然对数表示；股权集中度（*TOP*1）用企业第一大股东持股比例来测度；审计师事务所（*BIG*4），上市公司当年的财务报表是否由“四大”会计师事务所审计哑变量，若是则 *BIG*4 赋值为 1，否则为 0。此外，我们还在模型中控制了行业和年份哑变量，以防止行业及年份层面不可观测因素对实证结论的影响。详细的变量定义见主要变量定义表 6－1。

表 6－1　主要变量定义

变量	变量符号	变量名称	具体定义
被解释变量	*SYN*	股价同步性	详细变量定义见前面表述。其中，个股、综合市场及行业的回报率均采用考虑现金红利再投资的回报率；计算方法方面，市场及行业采用流通市值加权平均法
	*SYN*1	股价同步性	测度方法与正文变量解释一致。其中，个股、分市场及行业的回报率均采用考虑现金红利再投资的回报率；计算方法方面，市场及行业采用流通市值加权平均法
	*SYN*2	股价同步性	测算方法与正文变量解释一致。其中，个股、综合市场及行业回报率均采用考虑现金红利再投资的回报率；计算方法层面，市场及行业采用总市值加权平均法
解释变量	*MIX*	混合所有制改革	详见前面关于混合所有制改革变量的详细定义
控制变量	*LEV*	企业财务杠杆	企业当期总负债与总资产的比值
	ROA	经营业绩	企业当期利润总额与总资产的比值
	SIZE	企业规模	企业当期总资产加 1 取自然对数
	MB	市值账面比	企业当期总市值与总资产的比值
	AGE	公司上市时长	公司上市时长加 1 取自然对数
	*TOP*1	股权集中度	公司第一大股东的持股比例
	*BIG*4	是否“四大”	哑变量，若公司当年由四大会计师事务所审计，*BIG*4 取 1，否则取 0

6.5 实证结果分析

6.5.1 描述性统计分析

表6-2中列示了模型中涵盖主要变量的描述性统计结果。从表中结果可以看出，股价同步性（*SYN*）的均值为0.513，中位数为0.523，不存在显著性差异，表明*SYN*的分布基本接近正态分布。从均值及中位数的数值大小看，个股收益能够被市场及行业收益率解释超过50%，这也在一定程度上验证了目前国内大多数学者的观点，即在我国监管制度不完备的资本市场中，存在较严重的股价“同涨同跌”现象（许年行，2011；陈冬华和姚振晔等，2018；黄俊和郭照蕊，2014）。且*SYN*的最大值为0.904，表明个股的收益率能够被市场和行业解释的部分最高可达90.4%，进一步验证了我国证券市场存在较严重股价同步性的现状。此外，更换测度方式后，*SYN*1和*SYN*2的基本统计结果与*SYN*基本一致。

混改综合指标*Mix*的均值和中位数分别为-0.010和-0.232，表现出明显的右偏分布状态，其标准差为0.982，表明其分布离散度不高。进一步地，企业规模*SIZE*、企业杠杆率*LEV*及企业业绩*ROA*等指标的均值和中位数基本相同，表明企业基本特征变量基本符合正态分布，呈现出无偏的状态。但企业规模*SIZE*的标准差为1.558是所有特征变量中最高的，表明我国国有上市公司的规模还是存在一定的差异。从企业上市时长*AGE*的均值可以看出，样本期内，我国上市公司的平均上市时长为2.515年，最长上市时长为3.296年。股权集中度*TOP*1的均值为0.397，表明我国上市国有企业的第一大股东持股比例平均为0.397，相较于此前关于我国股权集中度过高的研究结论，说明混改在一定程度上优化了我国国有上市公司的股权结构。而是否“四大”哑变量的统计结果显示，我国国有上市公司中约有10.5%的企业是由四大会计师事务所审计的。

表 6－2　　　　　　　　主要变量描述性统计

变量	N	Mean	S. D.	P25	P50	P75	Min	Max
SYN	9845	0.513	0.195	0.376	0.523	0.661	0.072	0.904
*SYN*1	9845	0.511	0.192	0.374	0.521	0.655	0.078	0.904
*SYN*2	9845	0.511	0.192	0.375	0.521	0.657	0.077	0.903
Mix	9845	－0.010	0.982	－0.350	－0.232	0.629	－1.420	3.697
LEV	9845	0.518	0.205	0.367	0.528	0.672	0.077	0.976
ROA	9845	0.039	0.061	0.013	0.036	0.066	－0.215	0.221
SIZE	9845	21.980	1.558	20.900	21.840	22.940	18.370	26.250
MB	9845	0.684	0.253	0.490	0.701	0.894	0.135	1.177
AGE	9845	2.515	0.595	2.303	2.708	2.944	0.693	3.296
*TOP*1	9845	0.397	0.153	0.275	0.395	0.510	0.116	0.763
*Big*4	9845	0.105	0.307	0.000	0.000	0.000	0.000	1.000

6.5.2 主检验结果分析

6.5.2.1 混合所有制改革与国有企业股价同步性

为验证假说 H6－1 的猜想，在控制年份及行业固定效应的情况下，我们对主检验模型进行实证回归分析。实证结果列示于表 6－3 中。由表中的结果可以看出，混改代理变量 *Mix* 的系数为－0.004，且在 5% 的显著性水平上显著，验证了假设 H6－1a 的猜想。这表明国有企业实施混合所有制改革能够显著降低企业的股价同步性，提升企业股价中公司特质信息的含量。该结论进一步从信息效率视角验证了国有企业实施混合所有制改革予以微观企业信息治理层面的有效性。

表 6－3　　　　　　　　国有企业混改与股价同步性

变量	(1)
	SYN
Mix	－0.004 ** (－2.199)
LEV	－0.146 *** (－13.765)

续表

变量	(1)
	SYN
ROA	0.041 (1.265)
SIZE	0.035 *** (21.238)
MB	0.118 *** (12.555)
AGE	0.004 (1.311)
*TOP*1	−0.018 (−1.508)
*Big*4	0.013 ** (2.249)
_cons	0.010 (0.242)
Year	Yes
Industry	Yes
N	9845
R−sq	0.334

注：括号中为 *t* 值，***、**、* 分别表示在 1%、5%、10% 的显著性水平显著。

6.5.2.2 分类治理的影响效应

为验证 H6−2 的理论猜想，结合前面的方法，参照国资委、财政部和发改委《关于国有企业功能界定与分类的指导意见》文件及魏明海等（2017）等关于国有企业分类的标准，依据证监会行业将样本期内国有上市公司分为商业竞争类、特定功能类和公益类国有企业。并采用子样本对主检验结论进行重复回归，以验证分类治理对国有企业混改与其股价同步性关系的影响效应。实证结果列示于表 6−4 中。

表 6－4　分类治理的影响效应

变量	(1)	(2)	(3)
	SYN	SYN	SYN
	商业竞争类国有企业	特定功能类国有企业	公益类国有企业
Mix	−0.006*** (−2.708)	0.001 (0.407)	−0.001 (−0.215)
LEV	−0.128*** (−9.180)	−0.124*** (−6.009)	−0.148*** (−5.669)
ROA	0.121*** (2.720)	0.161*** (2.616)	0.021 (0.264)
SIZE	0.023*** (9.766)	0.044*** (16.138)	0.025*** (5.419)
MB	0.133*** (10.315)	0.115*** (6.879)	0.125*** (5.101)
AGE	0.012*** (2.723)	0.001 (0.147)	0.007 (1.029)
*TOP*1	−0.061*** (−3.836)	−0.006 (−0.291)	0.044 (1.491)
*Big*4	0.008 (0.937)	0.021** (2.250)	−0.018 (−1.193)
_cons	0.049 (0.930)	−0.285*** (−4.581)	0.107 (1.365)
Year	Yes	Yes	Yes
Industry	Yes	Yes	Yes
N	4969	3334	1542
R－sq	0.323	0.353	0.328

注：括号中为 *t* 值，***、**、* 分别表示在 1%、5%、10% 的显著性水平显著。

从表 6－4 中的实证结果可以看出，在商业竞争类国有企业子样本中，混改代理变量 *Mix* 的系数为－0.006，在 1% 的显著性水平上显著为负；在公益类国有企业子样本中，*Mix* 的回归系数虽为负，但不显著；而在特定功能类国有企业子样本中，*Mix* 的系数亦不显著，表明混合所有制改革对国有企业股价同步性的影响效应仅仅体现在商业竞争类的国有企业中。

与第 5 章分类分层子样本的检验结果对比分析发现，混改在信息质量和信息效率维度的治理效应存在差异，混改在信息质量维度的治理效应主要体现在特定功能类国有企业，而在信息效率维度的治理有效性主要体现在商业竞争类国有企业中。其可能的原因在于，混改对企业股价崩盘风险的影响主要体现在对信息披露质量的优化上，而对企业股价同步性的影响主要体现在信息传递效率的提升上，也就是说，混改在微观企业的信息治理效应体现为信息质量和信息效率两个维度。这在一定程度上说明，不同功能分类国有企业在不同治理维度的问题本质上存在差异，也进一步检验了混改作为一项经济体制改革，能够在微观企业信息治理的各个维度产生积极的经济效应。

6.5.2.3　分层治理的影响效应

基于理论分析，为进一步验证我们在 H6 – 3 中的理论猜想，将样本按照国有企业所属的不同层级分为地方国有企业子样本组和中央国有企业子样本组，并采用分组子样本对主检验模型进行重复回归，回归结果列示于表 6 – 5 中。

表 6 – 5　　分层治理的影响效应

变量	(1)	(2)
	SYN	SYN
	地方国有企业	中央国有企业
Mix	–0.003 (–1.411)	–0.006 ** (–1.974)
LEV	–0.145 *** (–11.086)	–0.129 *** (–7.015)
ROA	0.112 *** (2.763)	–0.040 (–0.724)
SIZE	0.031 *** (14.937)	0.035 *** (12.307)

续表

变量	(1)	(2)
	SYN	SYN
	地方国有企业	中央国有企业
MB	0.127*** (10.808)	0.111*** (6.758)
AGE	0.007* (1.782)	-0.000 (-0.085)
*TOP*1	-0.017 (-1.220)	-0.024 (-1.110)
*Big*4	0.003 (0.388)	0.022** (2.404)
_cons	-0.001 (-0.020)	-0.158** (-2.039)
Year	Yes	Yes
Industry	Yes	Yes
N	6575	3270
R-sq	0.310	0.398

注：括号中为 *t* 值，***、**、* 分别表示在 1%、5%、10% 的显著性水平显著。

从表 6-5 中的实证结果可以看出，在地方国有企业子样本中，混改代理变量 *Mix* 的回归系数为 -0.003($t=-1.411$)，虽为负，但不显著；而在中央国有企业子样本中，混改代理变量 *Mix* 的系数为 -0.006($t=-1.974$)，在 5% 的显著性水平上显著为负。该实证结论证实了我们的理论猜想，即混改对地方国有企业股价同步性的影响效应较小，而对中央国有企业股价同步性的影响较显著。进一步验证了混改在微观企业信息治理维度的治理功能。对比前面的结论发现，在信息质量维度，混改的治理效应更多地体现在地方国有企业中；而在信息效率维度，混改的治理效应更多地体现在中央国有企业中。进一步表明，不同类型国有企业具有特殊性。因此，混改对信息治理各维度的影响机制也可能存在差异。

基于前面讨论，在信息质量维度，混改主要通过信息披露及时性、充分程度和抑制高管的机会主义行为来实现治理有效性；而在本小节中，我们认为，混改可能更多的是通过提升信息透明度（信息渠道）和内部治理水平（治理渠道）两条路径在国有企业信息效率层面发挥治理有效性，机制检验部分我们开展了进一步的实证验证。

6.6　影响机制分析

根据现有关于影响股价同步性的机制探讨，混改主要通过两种机制渠道影响企业的信息效率，并对其股价同步性产生影响。具体而言，第一种为直接影响渠道——信息渠道。混合所有制改革的实施使得国有企业中纳入了不同类型的股东，如机构投资者、境外投资者、非国有法人及自然人等，借助股东的知情交易权，投资者们可以直接将价值相关的信息纳入个股股价中，加快企业层面的信息传递效率，促使特质信息进入股价，缓解企业股价“同涨同跌”现象，降低国有企业的股价同步性。第二种为间接影响渠道——治理渠道。混合所有制改革的实施通过优化国有企业内部治理结构和治理水平，间接加快企业特质信息的传递，并通过优化特质信息的传递途径，提升股价信息效率，从而显著降低国有企业的股价同步性。基于此，本小节我们通过信息渠道及治理渠道两个维度深入考察了混合所有制改革影响企业股价同步性的影响机制。

6.6.1　信息渠道：信息透明度

混合所有制改革是政府主导下的一项经济体制改革，致力于通过在国有企业中引入非国有成分，如战略投资者、境外投资者等。通过多元化股权结构，优化治理结构，在企业内部形成股权制衡。这种股权制衡机制与国有大股东形成相抗衡的力量，能够有效抑制大股东和管理者的自利行为并优化公司的信息披露，从而提高公司的信息透明度，提升公司特质信息的传递效率（张斌和嵇凤珠，2014），加快国有企业特质信息进入市场的效率，从而显著降低市场股价与企业股价“同涨同跌”现状，最终降低企业的股价同步性。

此外，Jin 和 Myers（2006）的研究指出，有限信息改变了内部管理层和外部投资者之间的异质风险分担。为了利用内部信息牟取私利，内部人会选择隐瞒公司的特质信息，进而使得内部人承担更多的公司特有风险，减少了外部投资者吸收的公司特有风险，由此降低了股票价格中所包含的公司特质信息含量（钟覃琳和陆正飞，2018）。Hutton 等（2009）的拓展性研究亦发现，当公司的财务信息不透明时，投资者无法充分获取公司层面的信息进而无法通过交易影响股票价格，从而降低了股价的个体波动性。如果成熟的投资者入场能够搜集更多的私有信息，增加知情交易强度，则促进公司层面的信息纳入股票价格中（钟覃琳和陆正飞，2018），那么混改的实施将会显著提升信息不透明企业的定价效率，降低其股价同步性。而信息透明度较高的企业，其股价信息效率较高，混改对其股价信息效率的修正作用亦会相对减弱。

基于以上分析，参照游家兴和李斌（2007）的测度方法，我们分别选取盈余平滑度（ES）和盈余激进度（EA）作为企业信息透明度的代理变量，进行信息渠道的检验。具体而言，盈余平滑度是指上市公司报告盈余与真实收益之间的关系，描述了公司收益波动偏离正常水平的程度。盈余平滑度越大，说明公司管理层越有可能为了向投资者传递公司经营状况稳定的假象而故意隐藏业绩的波动，从而增加了信息的不透明程度（周晓苏和吴锡皓，2013）。即，盈余平滑度越高，公司会计信息的不透明度越高。同样地，盈余激进度刻画了上市公司推迟确认损失和加速确认收益的倾向，其结果是增加应计利润，背离了财务报告的稳健性原则。盈余激进度越大，说明公司管理层越有可能利用应计制下会计政策选择的巨大弹性对盈余项目进行粉饰，以掩盖公司实际的经济行为和经营业绩，从而增加公司信息的不透明度（游家兴，2007）。即，盈余激进度越高，公司会计信息的不透明程度越高。可见，盈余平滑度和盈余激进度均为企业信息透明度的负向指标。在以上指标测度的基础上，我们进一步按照是否高于其年度中位数将其分为信息透明组子样本和信息不透明组子样本，并采用分组子样本对主假设模型进行重复回归分析，实证结果列示于表6-6中。

表6-6　信息渠道机制检验结果

变量	(1)	(2)	(3)	(4)
	SYN	SYN	SYN	SYN
	盈余平滑度		盈余激进度	
	信息不透明	信息透明	信息不透明	信息透明
Mix	-0.006** (-2.437)	-0.001 (-0.493)	-0.004* (-1.799)	-0.003 (-1.444)
LEV	-0.158*** (-11.289)	-0.132*** (-8.074)	-0.134*** (-8.811)	-0.161*** (-10.861)
ROA	0.025 (0.640)	0.032 (0.475)	0.057 (1.372)	-0.026 (-0.449)
SIZE	0.035*** (15.040)	0.034*** (14.719)	0.037*** (15.556)	0.033*** (14.705)
MB	0.134*** (10.318)	0.095*** (6.678)	0.114*** (8.443)	0.113*** (8.370)
AGE	-0.017*** (-3.240)	0.016*** (4.171)	-0.007 (-1.451)	0.012*** (3.041)
*TOP*1	-0.042** (-2.488)	0.002 (0.099)	-0.042** (-2.484)	0.002 (0.145)
*Big*4	0.003 (0.336)	0.022*** (2.747)	0.013 (1.635)	0.012 (1.439)
_cons	-0.062 (-0.791)	-0.121* (-1.789)	-0.137 (-1.608)	-0.035 (-0.546)
Year	Yes	Yes	Yes	Yes
Industry	Yes	Yes	Yes	Yes
N	4788	5057	4899	4946
R-sq	0.345	0.340	0.339	0.338

注：括号中为 *t* 值，***、**、* 分别表示在1%、5%、10%的显著性水平显著。

从表6-6中的实证结果可以看出，在信息不透明的子样本组中，混改代理变量 *Mix* 的回归系数分别在5%和10%的显著性水平上显著为负。而在信息透明的子样本中，混改代理变量 *Mix* 的回归系数虽为负但不显著。这表明在信息不透明的子样本中，国有企业的股价同步性较高，通过实施混合所有制改革能够显著提升市场的定价效率和股价信息效率，从而降低国有企业的股价同步性。这与钟覃琳和陆正飞（2018）在资本市场开放与股价信息含量相关研究中的机制探讨结论一致。即，当企业的信息不透明程度较高时，混改的实施更能够通过提升企业私有信息的传递效率，加速私有信息融入市场股票价格，对企业的股价同步性产生影响，验证了混合所有制改革在国有企业股价同步性层面发挥治理有效性的信息渠道。

6.6.2 治理渠道：内部治理水平

相关研究指出，内部治理较差的企业其信息透明度相对较差，且对于负面信息的披露更不充分（黎文靖和孔东民，2013）。此时，内外部人之间的信息不对称程度也相对较大（顾乃康和周艳利，2017），这不仅会导致内部人控制和利益侵占等代理问题和机会主义行为，亦会进一步阻碍风险套利者对公司层面基本信息的获取，阻碍公司特质信息进入股价中，从而使个股股价与市场股价出现“同涨同跌”现象，表现出较高的股价同步性（Morck et al.，2000；顾乃康和周艳利，2017）。现有研究指出，公司治理的优化能够显著增加股价异质性波动（Ferreira and Laux，2007），通过提升内部信息质量，加快内外部信息沟通，使公司特质信息更多地体现在股价中，并最终降低股价同步性。基于此，我们认为，混改的实施可能会通过提升公司的内部治理机制，显著缓解企业内外部信息不对称，强化外部投资者的信息知情权，提升信息传递效率，最终对国有企业的股价同步性产生影响。

基于以上分析，我们参照白重恩等（2005）关于公司治理水平的测度方法，构建公司治理水平测度指标，并按照是否高于其年度中位数将全样本分为内部治理水平较高子样本组和内部治理水平较低子样本组，并采用分组样本对主检验模型进行回归分析，实证结果列示于表 6 - 7 中。

表 6 - 7　　治理渠道机制检验结果

变量	(1)	(2)
	SYN	SYN
	内部治理水平低	内部治理水平高
Mix	-0.005** (-2.148)	-0.003 (-1.257)
LEV	-0.130*** (-8.409)	-0.161*** (-11.126)
ROA	0.001 (0.014)	0.086** (1.970)
SIZE	0.036*** (15.784)	0.031*** (12.987)
MB	0.111*** (8.261)	0.125*** (9.555)
AGE	-0.006 (-1.275)	0.014*** (3.366)
*TOP*1	-0.031* (-1.741)	-0.029* (-1.675)
*Big*4	-0.005 (-0.642)	0.044*** (4.454)
_cons	-0.107 (-1.628)	-0.038 (-0.629)
Year	Yes	Yes
Industry	Yes	Yes
N	4918	4927
R - sq	0.336	0.336

注：括号中为 t 值，***、**、* 分别表示在 1%、5%、10% 的显著性水平显著。

从表 6 - 7 中的结果可以看出，混改代理变量 Mix 的系数仅仅在内部治理水平较低的子样本中显著为负，表明混改通过提升公司的内部治理水平，加快了企业特质信息向市场传递，从而显著降低了企业的股价同步性。这与我们的理论预期相符，进一步从治理渠道验证了混改在微观企业层面的信息治理效应。

6.7 进一步检验

现有研究指出，分析师、机构投资者、媒体报道等在公司信息搜集与处理、缓解信息不对称、提高信息效率等方面发挥着重要作用（陈冬华和姚振晔，2018）。作为信息中介，当其高度参与企业的信息传递和信息挖掘时，企业层面的特质信息更可能也更有机会进入股价中，并在个股股价中得到体现，从而显著降低企业的股价同步性。基于此，我们预期，分析师跟踪、机构投资者持股及媒体报道等外部治理因素是影响混改与国有企业股价同步性的重要调节变量，在有分析师跟踪、机构投资者持股且媒体报道时，混改对国有企业股价同步性的影响更显著。此外，从内部治理角度看，内部控制质量是影响公司内部治理的关键因素，内部控制质量的提升能够显著增加企业的公司治理水平。相关研究指出，随着公司治理水平的提高，企业信息透明度会显著增加（周林洁，2014），这有助于降低市场获取公司特质信息的难度及成本（Karamanou and Vafeas，2005），从而显著降低企业的股价同步性。也就是说，当内部控制质量较高时，混改对国有企业股价同步性的影响更显著。为验证以上猜想，我们首先从外部治理视角，分别基于分析师、机构投资者及媒体报道三个视角进行横截面分析，以考察影响混改与国有企业股价同步性的信息中介层面的调节效应。进一步地，从内部治理视角，考察了内部控制质量对混改与股价同步性关系的调节效应。

6.7.1 分析师跟踪的调节效应

现有关于分析师的研究普遍认为，分析师作为专业的信息挖掘和信息处理人才，具有较强的专业性，可以通过调研、电话会议、路演和年报等多种途径获得企业信息，并通过自身的市场影响力，对市场股价产生影响。也就是说，分析师作为专业的信息中介，凭借其信息优势有助于提高信息精度，加快企业特质信息进入市场，并体现在市场股价中，从而显著降低企业的股价同步性。基于此，我们预期，在有券商及分析师跟踪的企业子样本中，混改对国有企业股价同步性的影响效应更显著。

进一步地，分析师及券商作为企业与市场的信息中介，当其向市场提供的信息量不足或信息量过剩时，均不利于市场中信息使用者挖掘并使用信息，即不利于企业特质信息进入股价。具体而言，当分析师提供的报告数量较少时，信息供给不足，市场无法获取足够的信息，内外部信息存在较高的不对称程度，市场也不能及时对企业信息做出反应，不利于股价同步性的降低；反之，当分析师提供的报告数量较多时，信息供给过剩，这反而增加了外部信息使用者获取信息的成本，增加了信息分析时间，降低了信息精度，不利于公司层面的特质信息进入市场，亦不利于市场准确捕捉公司的特质信息，从而不利于企业股价同步性的缓解。因此，不管是信息过多还是过少均会增加市场获取信息的难度，降低信息传递效率。基于此，我们认为，混改对国有企业股价同步性的影响效应在分析师报告数量过多或者过少时均不太显著。这种缓解效应主要体现在合理的信息报告区间内。

基于以上分析，按照是否有券商跟踪、是否有分析师跟踪以及分析师报告数量进行分组检验，以考察分析师作为信息中介对混改与国有企业股价同步性关系的调节效应。关于分析师发布报告数量的分组，我们取上 1/4 分位的样本为分析师发布报告较高组子样本，取下 1/4 分位的样本为分析师发布报告较低子样本组，其他为分析师发布报告数量相对合理子样本组。基于以上分组标准，我们对主检验模型进行重复回归分析，实证结果列示于表 6-8 中。

表 6-8　　基于分析师视角的调节效应检验

变量	(1)	(2)	(3)	(4)	(5)	(6)	(7)
	SYN	SYN	SYN	SYN	SYN	SYN	SYN
	分析师机构（券商）		分析师跟踪		分析师发布报告数量		
	无	有	无	有	低	中	高
Mix	0.002	-0.004**	0.001	-0.004**	-0.000	-0.006**	0.001
	(0.455)	(-2.278)	(0.164)	(-2.110)	(-0.116)	(-2.302)	(0.152)

续表

变量	(1)	(2)	(3)	(4)	(5)	(6)	(7)
	SYN	SYN	SYN	SYN	SYN	SYN	SYN
	分析师机构（券商）		分析师跟踪		分析师发布报告数量		
	无	有	无	有	低	中	高
LEV	-0.135***	-0.142***	-0.134***	-0.142***	-0.123***	-0.140***	-0.151***
	(-8.211)	(-10.305)	(-7.918)	(-10.512)	(-8.258)	(-7.950)	(-5.393)
ROA	0.122**	-0.039	0.125**	-0.039	0.083*	0.051	-0.202**
	(2.245)	(-0.933)	(2.238)	(-0.936)	(1.708)	(0.898)	(-2.239)
SIZE	0.007**	0.040***	0.007*	0.040***	0.009***	0.033***	0.055***
	(1.991)	(20.288)	(1.764)	(20.601)	(2.668)	(11.785)	(14.043)
MB	0.197***	0.095***	0.202***	0.095***	0.200***	0.112***	0.034
	(10.503)	(8.450)	(10.486)	(8.491)	(12.137)	(7.331)	(1.573)
AGE	-0.002	0.008**	-0.001	0.007**	-0.002	0.012***	0.017***
	(-0.323)	(2.276)	(-0.206)	(2.132)	(-0.302)	(2.580)	(2.596)
TOP1	-0.025	-0.021	-0.017	-0.024*	-0.010	-0.020	-0.027
	(-1.071)	(-1.532)	(-0.726)	(-1.742)	(-0.486)	(-1.110)	(-1.021)
Big4	0.035*	0.005	0.038**	0.005	0.019	0.018**	-0.011
	(1.870)	(0.818)	(1.985)	(0.773)	(1.217)	(2.085)	(-1.119)
_cons	0.328***	-0.357***	0.331***	-0.355***	0.358***	0.032	-0.579***
	(2.917)	(-4.073)	(2.902)	(-4.070)	(3.651)	(0.444)	(-5.138)
Year	Yes	Yes	Yes	Yes	Yes	Yes	Yes
Industry	Yes	Yes	Yes	Yes	Yes	Yes	Yes
N	2689	7156	2561	7284	3473	4303	2069
R-sq	0.329	0.332	0.334	0.329	0.323	0.303	0.408

注：括号中为 t 值，***、**、* 分别表示在1%、5%、10%的显著性水平显著。

从表6-8中列（1）至列（2）的结果可以看出，*Mix* 的回归系数在有券商跟踪的子样本中在5%的显著性水平显著为负（-0.004，$t=-2.278$），而在没有分析师跟踪的子样本中不显著；同样地，从列（3）至列（4）中的结果可以看出，混合所有制改革代理变量 *Mix* 的回归系数为-0.004（$t=-2.110$），亦在5%的显著性水平显著为负，这在一定程度上验证了我们的猜想。即，在有券商及分析师跟踪时，混改对国有企业股价同步性的缓解效应更显著。从表列（5）至列（7）中发现，混改对国有企业股价同步性的缓解效应仅在分析师发布报告数量居中的子样本中显著为负，在分析师发布报告数量较低或者较高的子样本组中，混改变量 *Mix* 的回归系数均不显著。这也进一步验证了我们的理论预期，即混改对国有企业股价同步性的影响在有券商及分析师跟踪的子样本中更显著，且这种负向关系仅在分析师发布合理报告数量时才更能体现出来。这些验证了分析师作为信息中介对主检验结论的调节效应。

6.7.2 机构投资者持股的调节效应

进一步地，我们考察了机构投资者作为信息中介的影响效应。从前面的论述中，我们发现，机构投资者予以企业治理及市场稳定的作用是不稳定的。机构投资者作为企业的股东之一，在一定程度上可以降低企业内外部信息不对称。尤其是当其参与企业内部治理时，其具有较强的信息优势，可以通过股票市场的交易行为引导市场中的股价波动，从而促进企业内部信息进入市场中，并反映在个股股价中，以降低企业的股价同步性。基于该逻辑，我们预期机构投资者持股有助于企业信息效率的提升，这会对混改与国有企业股价同步性的关系产生显著的促进效应，即国有企业实施混改对其股价同步性的缓解效应在机构投资者持股的子样本中更显著。

考虑到机构投资者存在异质性，且不同机构投资者的治理效应及发挥作用的机制是不同的（陈冬华和姚振晔，2018；温军和冯福根，2012）。我们进一步考察了不同类型的机构投资者对混改与股价同步性关系的调节效应差异。按照理论预期，我们认为，不同类型的机构投资者对混改与国有企业股价同步性的关系的影响效应存在显著性差异。

基于以上分析，首先，我们将全样本分别按照机构投资者是否持股进行分组，并用分组子样本对主检验模型进行回归分析，实证结果列示于表6-9列（1）至列（2）中。从表中结果可以看出，在有机构投资者持股的子样本中，混改代理变量 *Mix* 的回归系数在10%的显著性水平显著为负，在没有机构投资者持股的子样本中，*Mix* 的回归系数不显著。这表明，机构投资者作为信息中介能够对混改与国有企业股价同步性的关系产生显著的差异性效应。

表 6-9　　　　基于机构投资者持股视角的调节效应检验

变量	(1)	(2)	(3)	(4)	(5)	(6)	(7)	(8)
	SYN	SYN	SYN	SYN	SYN	SYN	SYN	SYN
	机构投资者持股		证券投资基金		社保保险证券等		合格的境外投资者	
	有	无	有	无	有	无	有	无
Mix	-0.003*	-0.005	-0.004**	0.003	-0.004*	-0.003	0.008	-0.005***
	(-1.758)	(-1.398)	(-2.449)	(0.561)	(-1.809)	(-1.226)	(1.604)	(-2.580)
LEV	-0.169***	-0.110***	-0.144***	-0.104***	-0.152***	-0.140***	-0.226***	-0.139***
	(-12.735)	(-6.131)	(-12.554)	(-4.014)	(-9.976)	(-9.486)	(-6.535)	(-12.526)
ROA	-0.053	0.180***	0.013	0.046	-0.036	0.113**	-0.143	0.073**
	(-1.334)	(3.121)	(0.349)	(0.638)	(-0.755)	(2.529)	(-1.434)	(2.110)
SIZE	0.040***	0.026***	0.035***	0.002	0.037***	0.031***	0.059***	0.032***
	(20.149)	(7.763)	(20.177)	(0.347)	(16.624)	(12.371)	(12.241)	(17.967)
MB	0.077***	0.192***	0.105***	0.241***	0.105***	0.133***	0.084***	0.123***
	(6.698)	(11.564)	(10.651)	(7.124)	(8.154)	(9.611)	(3.111)	(12.241)
AGE	0.003	0.008	0.004	0.024**	0.008**	-0.002	-0.000	0.006*
	(0.906)	(1.447)	(1.252)	(2.188)	(2.008)	(-0.438)	(-0.030)	(1.805)
*TOP*1	-0.024*	-0.015	-0.019	-0.015	-0.016	-0.022	0.023	-0.024*
	(-1.652)	(-0.695)	(-1.555)	(-0.391)	(-1.007)	(-1.213)	(0.680)	(-1.875)
*Big*4	0.017**	-0.000	0.013**	0.016	0.014*	0.012	-0.032**	0.023***
	(2.507)	(-0.024)	(2.118)	(0.420)	(1.862)	(1.192)	(-2.451)	(3.405)
_cons	-0.041	0.078	0.020	0.362**	0.003	-0.041	-0.471***	-0.321***
	(-0.869)	(1.044)	(0.437)	(2.264)	(0.037)	(-0.657)	(-3.744)	(-4.702)
Year	Yes	Yes	Yes	Yes	Yes	Yes	Yes	Yes
Industry	Yes	Yes	Yes	Yes	Yes	Yes	Yes	Yes
N	6651	3194	9130	715	5607	4238	1190	8655
R-sq	0.339	0.342	0.324	0.543	0.345	0.328	0.374	0.334

注：括号中为 *t* 值，***、**、* 分别表示在1%、5%、10%的显著性水平显著。

其次，参照陈冬华和姚振晔（2018）的做法，我们将机构投资者分为证券投资基金、社保基金保险基金证券公司及合格的境外投资者三类，并按照是否有该类机构投资者进行分组检验。实证结果列示于表6-9列（3）至列（8）中。从表中的实证结果可以看出，在有证券投资基金类投资者的公司中，混改对国有企业股价同步性的回归系数在5%的显著性水平显著为负，而在没有证券投资基金类投资者的公司中，*Mix* 的回归系数不显著；同样地，在有社保保险证券类投资者的子样本中，*Mix* 的系数在10%的水平上显著为负，而在没有社保保险证券类投资者的子样本中不显著。这表明证券投资基金类投资者及社保保险证券类投资者持股对混改与国有企业股价同步性的关系产生了显著的调节效应。而在是否有合格的境外投资者分组检验中，混改对国有企业股价同步性的缓解效应在没有境外投资者持股的子样本中在1%的显著性水平上显著为负（-0.005，$t=-2.580$），而在有境外投资者持股的子样本中不显著。这表明此类型的机构投资者对混改的信息效率治理效应存在显著的差异性影响。

6.7.3 媒体报道的调节效应

媒体报道作为一种重要的信息传播渠道，其在证券市场的信息传播效率中扮演着重要的角色。有研究表明，媒体报道与企业的股价同步性显著负相关，即随着媒体报道的增多，公司层面的特质信息能够通过媒体渠道更多地融入个股股价中，有助于股价同步性的降低（黄俊和郭照蕊，2014）。基于此，我们有理由认为，媒体报道作为信息中介的一种表现形式，其能够对混改与国有企业股价同步性间的负相关关系产生显著的调节效应。具体而言，在有媒体报道和媒体报道较多的子样本中，混改对企业股价同步性的影响效应更显著。

基于以上猜想，我们按照标题及内容中是否有公司相关的内容及在标题及内容中出现的次数多少进行分组检验，媒体报道次数分组按照是否高于报道次数年度中位数将全样本分为媒体报道较高（标题及内容中出现次数较多）和媒体报道较低（标题及内容中出现次数较少）子样本组。实证结果列示于表 6－10 中。

表 6－10　　基于媒体报道的调节效应检验

变量	(1)	(2)	(3)	(4)	(5)	(6)	(7)	(8)
	SYN	SYN	SYN	SYN	SYN	SYN	SYN	SYN
	标题中是否出现		标题中出现次数		内容中是否出现		内容中出现次数	
	否	是	低	高	否	是	低	高
Mix	−0.005 (−1.040)	−0.003* (−1.908)	−0.003 (−1.238)	−0.004* (−1.881)	0.040* (1.930)	−0.004** (−2.392)	−0.003 (−1.412)	−0.004* (−1.677)
LEV	−0.165*** (−6.303)	−0.138*** (−11.911)	−0.141*** (−9.704)	−0.141*** (−9.186)	−0.106 (−0.939)	−0.144*** (−13.543)	−0.142*** (−10.407)	−0.139*** (−8.384)
ROA	0.071 (0.880)	0.024 (0.660)	0.062 (1.310)	0.027 (0.607)	−0.111 (−0.287)	0.045 (1.391)	0.060 (1.374)	0.046 (0.927)
SIZE	0.013*** (2.891)	0.038*** (21.489)	0.022*** (8.312)	0.044*** (20.242)	0.007 (0.390)	0.035*** (21.170)	0.016*** (6.077)	0.044*** (18.803)
MB	0.218*** (9.186)	0.102*** (9.948)	0.175*** (12.387)	0.081*** (6.316)	0.169* (1.691)	0.118*** (12.491)	0.180*** (13.482)	0.083*** (6.157)
AGE	0.011 (1.459)	0.003 (1.009)	−0.002 (−0.362)	0.010** (2.485)	0.053** (2.110)	0.003 (0.924)	0.010** (2.416)	0.005 (1.218)
*TOP*1	−0.030 (−0.937)	−0.017 (−1.320)	−0.003 (−0.151)	−0.032** (−2.018)	−0.037 (−0.282)	−0.019 (−1.572)	−0.012 (−0.722)	−0.024 (−1.439)
*Big*4	0.029* (1.775)	0.008 (1.191)	0.015 (1.498)	0.007 (0.990)	0.105 (1.130)	0.012** (2.119)	0.016 (1.574)	0.002 (0.230)
_cons	0.384*** (3.946)	−0.311*** (−4.542)	−0.172* (−1.676)	−0.281*** (−3.119)	0.372 (0.855)	0.010 (0.222)	0.228*** (3.849)	−0.379*** (−3.090)
Year	Yes	Yes	Yes	Yes	Yes	Yes	Yes	Yes
Industry	Yes	Yes	Yes	Yes	Yes	Yes	Yes	Yes
N	1568	8277	4481	5364	119	9726	4884	4961
R－sq	0.273	0.353	0.316	0.365	0.441	0.335	0.324	0.341

注：括号中为 *t* 值，***、**、* 分别表示在 1%、5%、10% 的显著性水平显著。

基于以上分组标准，若在标题或者内容中出现公司相关的内容，则认为有媒体报道，否则为没有媒体报道；而标题及内容中出现公司相关报道内容的次数较高则意味着媒体报道较多，反之，标题及内容中出现公司相关报道内容的次数较低就意味着媒体报道较少。从表6－10中列（1）至列（2）及列（5）至列（6）的实证结果可以看出，在有媒体报道的子样本中，混改代理变量 *Mix* 的回归系数分别为 －0.003（t ＝ －1.908）和 －0.004（t ＝ －2.392），分别在10%和5%的显著性水平上显著为负；而在没有媒体报道的子样本中，*Mix* 的回归系数虽为负但不显著或者虽显著但符号为正。该结果表明，媒体报道作为信息中介能够显著促进混改对股价同步性的抑制效应。即，混改对股价同步性的影响效应在有媒体报道的子样本中更显著。进一步地，从列（3）至列（4）及列（7）至列（8）中的结果可以看出，在媒体报道较高的子样本中，混改代理变量 *Mix* 的回归系数均在10%的显著性上水平上显著为负；而在媒体报道较低的子样本中，*Mix* 的系数虽为负，但不显著。这进一步验证了媒体报道对混改与股价同步性关系的调节效应，即媒体报道越多，混改对国有企业股价同步的缓解效应越显著。

6.7.4 内部控制质量的调节效应

进一步地，既有研究指出，股权制衡度能够显著提升企业的内部控制质量（曹越等，2020），而良好的内部控制有助于抑制高管的机会主义行为并显著提高企业的会计信息质量（Doyle et al.，2007）。当企业内部控制存在显著缺陷时，可能会加大内外部信息使用者的信息搜寻成本和信息使用效率，进而引致内外部信息沟通机制“失灵”，阻碍企业内部信息进入市场。即，内部控制可能会通过影响企业信息的传递效率，从而对股价同步性产生影响。基于此，我们有理由认为，混改对企业股价同步性的缓解效应在内部控制质量较高的企业中会更显著。

为验证该猜想，按照是否按高于内部控制质量的年度中位数我们将全样本划分为内部控制质量较高组和内部控制质量较低组两个子样本组，并采用分组子样本对主假设模型进行重复回归分析，实证结果列示于表6－11中。

表 6-11 基于内部控制质量的调节效应检验

变量	(1)	(2)
	SYN	SYN
	内部控制质量低	内部控制质量高
Mix	-0.003 (-1.185)	-0.005** (-2.269)
LEV	-0.135*** (-9.711)	-0.155*** (-9.451)
ROA	0.137*** (3.200)	-0.064 (-1.144)
SIZE	0.028*** (10.959)	0.039*** (17.333)
MB	0.139*** (9.900)	0.101*** (7.618)
AGE	-0.006 (-1.335)	0.001 (0.346)
*TOP*1	-0.042** (-2.408)	0.000 (0.014)
*Big*4	0.018* (1.749)	0.006 (0.835)
_cons	-0.202*** (-3.265)	-0.263*** (-3.604)
Year	Yes	Yes
Industry	Yes	Yes
N	4481	5288
R-sq	0.336	0.329

注：括号中为 t 值，***、**、* 分别表示在 1%、5%、10% 的显著性水平显著。

从表 6-11 中的实证结果可以看出，在内部控制质量较低的子样本组中，混改代理变量 *Mix* 的回归系数为 -0.003（$t=-1.185$），统计上不显著。而在内部控制质量较高的子样本中，混改代理变量 *Mix* 的回归系数为 -0.005（$t=-2.269$），在 5% 的显著性水平上显著为负。这表明，混合所有制改革对国有企业股价同步性的缓解效应在内部控制质量较高的公司中更显著，即，国有企业实施混改的信息治理效应更多地体现在内控质量较高的企业中。

6.8 稳健性检验

为保证实证结论的稳健性，我们开展了一系列稳健性检验及内生性测试，以保证实证结论的准确性。具体检验方法如下。

6.8.1 替换被解释变量的测度指标

为了防止实证结论受指标测度偏差的影响，在该小节，我们调整股价同步性的测度方法，其一，调整参与指标测算的市场回报率指标。在该部分，我们采用分市场及行业中考虑现金分红再投资的回报率作为股价同步性指标测算的主要指标。参照模型（6－2）的测度方法，我们构建股价同步性代理变量 SYN1，并对主检验模型进行实证回归分析，实证结果列示于表6－12列（1）中。其二，调整参与指标测度的权重指标。在该部分，市场、行业均采用总市值加权，并按照考虑现金红利在投资的个股、综合市场及行业回报率测度股价同步性。同样地，采用模型（6－2）进行指标测度，得到股价同步性代理指标 SYN2，并重复主检验回归，实证结果列示于表6－12列（2）中。从表中的结果可以看出，在调整了股价同步性的测度后，混改代理变量 *Mix* 的回归系数均在10%或5%的显著性水平上显著为负，与我们的主检验结论基本一致，表明我们实证结果是稳健的。

表6－12　　更换股价同步性测度方法进行稳健性检验

变量	(1)	(2)
	SYN1	SYN2
Mix	-0.003* (-1.770)	-0.004** (-2.125)

续表

变量	(1)	(2)
	SYN1	SYN2
ROA	0. 041 (1. 251)	0. 049 (1. 537)
LEV	−0. 150 *** (−14. 203)	−0. 147 *** (−14. 095)
SIZE	0. 035 *** (21. 316)	0. 032 *** (19. 599)
MB	0. 118 *** (12. 582)	0. 132 *** (14. 337)
AGE	−0. 002 (−0. 674)	−0. 007 ** (−2. 164)
*TOP*1	−0. 021 * (−1. 755)	−0. 005 (−0. 461)
*Big*4	0. 012 ** (2. 109)	0. 011 * (1. 934)
_cons	0. 015 (0. 351)	0. 058 (1. 378)
Year	Yes	Yes
Industry	Yes	Yes
N	9845	9845
R − sq	0. 334	0. 335

注：括号中为 *t* 值，***、**、* 分别表示在 1%、5%、10% 的显著性水平显著。

6. 8. 2 调整自变量的测度进行稳健性回归

为进一步检验实证结论的稳健性，防止因不可观测因素对实证结论稳健性的影响，本章考虑将混改代理变量进行滞后处理，分别滞后一期和两期对主假设进行重复回归检验，实证结果列示于表 6 − 13 中。从表 6 − 13 中的结果可以看出，不管是滞后一期还是滞后两期，混改代理变量 *Mix* 的回归系数均在1%的显著性水平上显著为负，与我们的主检验假设结论基本一致，进一步说明我们的实证结果是稳健的。

表6-13　　调整自变量测度进行稳健性回归

变量	(1)	(2)	(3)
	SYN	SYN	SYN
	二维度综合指标	滞后一期	滞后两期
*Mix*1	-0.003* (-1.741)		
*Mix*2		-0.008*** (-4.606)	
*Mix*3			-0.007*** (-3.615)
LEV	-0.146*** (-13.756)	-0.145*** (-12.618)	-0.142*** (-11.444)
ROA	0.041 (1.257)	0.055 (1.508)	0.080** (2.017)
SIZE	0.035*** (21.281)	0.035*** (19.430)	0.033*** (17.289)
MB	0.117*** (12.537)	0.116*** (11.425)	0.124*** (11.552)
AGE	0.004 (1.372)	-0.010*** (-2.804)	-0.021*** (-4.736)
*TOP*1	-0.017 (-1.426)	-0.024* (-1.848)	-0.020 (-1.443)
*Big*4	0.013** (2.186)	0.014** (2.253)	0.011* (1.715)
_cons	0.009 (0.203)	-0.034 (-0.673)	-0.153*** (-2.710)
Year	Yes	Yes	Yes
Industry	Yes	Yes	Yes
N	9845	8455	7470
R-sq	0.334	0.313	0.313

注：括号中为 *t* 值，***、**、* 分别表示在1%、5%、10%的显著性水平显著。

6.8.3 更换控制变量的测度方法

为防止模型中控制变量选取差异对实证结论的影响，我们考虑调整控制变量的测度，用净资产收益率（*ROE*）替代总资产收益率（*ROA*）对我们的主检验进行重复回归估计，实证结果列示于表6－14列（1）中。从表中结果可以看出，调整控制变量的测度后，我们的实证结论依然存在，*Mix* 在5%的显著性水平显著为负，与主检验结论一致。这进一步验证了我们结论的可靠性。

6.8.4 进行稳健标准误回归

我们考虑通过优化估计方法对我们实证结果的稳健性进行检验。具体地，我们采用稳健标准误回归估计，实证结果列示于表6－14列（2）中。从表中结果可以看出，更换回归估计方法后，我们的实证结论依然存在，且与主检验结果基本一致，验证了我们实证结论的稳健性。

表6－14　　调整指标测度及估计方法的稳健性检验结果

变量	(1)	(2)
	SYN	SYN
	调整控制变量测度	稳健标准误估计
Mix	−0.004 ** (−2.199)	−0.004 ** (−2.181)
LEV	−0.146 *** (−13.800)	−0.146 *** (−13.965)
ROE	0.043 (1.197)	
ROA		0.041 (1.269)
SIZE	0.035 *** (21.402)	0.035 *** (20.550)

续表

变量	(1)	(2)
	SYN	SYN
	调整控制变量测度	稳健标准误估计
MB	0.117 *** (12.593)	0.118 *** (12.403)
AGE	0.004 (1.313)	0.004 (1.262)
*TOP*1	-0.018 (-1.504)	-0.018 (-1.489)
*Big*4	0.013 ** (2.243)	0.013 ** (2.153)
_cons	0.010 (0.230)	0.010 (0.204)
Year	Yes	Yes
Industry	Yes	Yes
N	9845	9845
R - sq	0.334	0.334

注：括号中为 t 值，***、**、* 分别表示在1%、5%、10%的显著性水平显著。

6.8.5 剔除市场交易量的影响

进一步地，考虑到市场交易量的多少反映了市场的活跃程度，这在一定程度上会对我们的主检验结论产生影响。为防止遗漏变量对主检验结论的影响，我们进一步在模型中控制个股的市场交易量变量，并对主假设模型进行重复回归，实证结果列示于表6-15列（1）中。从表中结果可以看出，混改代理变量 *Mix* 的回归系数为 -0.004（t = -2.202），在1%的显著性水平上显著为负，与我们的主检验结论基本一致，进一步验证了主检验结论的稳健性。

6.8.6 剔除极端市值对实证结论的影响

上市公司市值是上市公司股价在当期市场的具体体现。市值过小不容易被外部投资者关注，这会阻碍企业信息效率；而市值过大则会更吸引外部投资者，可能导致信息过度流动。基于此，考虑到极端市值可能会对混改的信息治理效应产生影响，我们仅保留百亿以上千亿元以下市值量级的公司样本观测值，并对主假设模型进行重新估计，实证结果列示于表 6－15 列（2）中。从表中结果看出，实证结论与主检验结论基本一致，说明我们的实证结论是稳健且可靠的，不会受到极端市值的影响。

6.8.7 剔除上市不到一年的公司样本的影响

考虑到采用上市不到一年的公司样本考察混改经济后果可能会导致实证结论的偏误。为保证实证结论的稳健性，我们剔除上市不到一年的上市公司样本观测值对主检验进行实证检验，以排除样本偏差对实证结论稳健性的影响。实证结果列示于表 6－15 列（3）中。从表中结果可以看出，*Mix* 的回归系数显著为负，与主检验结论一致，进一步验证了本章实证结论的稳健性。

表 6－15　　剔除相关因素影响的稳健性检验结果

变量	(1)	(2)	(3)
	SYN	SYN	SYN
	控制交易量的影响	剔除极端市值的影响	剔除上市不到一年公司样本影响
Mix	－0.004** (－2.202)	－0.007*** (－2.734)	－0.004** (－2.352)
LEV	－0.146*** (－13.751)	－0.125*** (－6.242)	－0.146*** (－13.815)
ROA	0.040 (1.210)	－0.018 (－0.286)	0.046 (1.415)

续表

变量	(1)	(2)	(3)
	SYN	SYN	SYN
	控制交易量的影响	剔除极端市值的影响	剔除上市不到一年公司样本影响
SIZE	0.035 ***	0.031 ***	0.034 ***
	(21.063)	(9.454)	(20.970)
MB	0.117 ***	0.103 ***	0.121 ***
	(12.108)	(6.684)	(12.958)
AGE	0.004	-0.001	-0.002
	(1.323)	(-0.129)	(-0.601)
*TOP*1	-0.018	-0.027	-0.017
	(-1.523)	(-1.495)	(-1.473)
*Big*4	0.013 **	-0.003	0.012 **
	(2.255)	(-0.361)	(2.079)
TOL	-0.000		
	(-0.226)		
_cons	0.012	0.040	-0.105
	(0.274)	(0.230)	(-1.559)
Year	Yes	Yes	Yes
Industry	Yes	Yes	Yes
N	9845	4123	9772
R-sq	0.334	0.297	0.336

注：括号中为 t 值，***、**、* 分别表示在1%、5%、10%的显著性水平显著。

6.8.8 内生性问题检验

为进一步减轻内生性问题对本章主检验结论的影响，参照现有研究，选用剔除本公司的行业—年度均值作为工具变量进行工具变量检验（权小锋等，2015）。具体而言，同一行业年份的国有企业实施混改可能受政策影响存在相似之处，但行业内其他公司的混改并不会对本企业当期的股价同步性产生直接影响。因此，选用其他企业行业年度中位数作为工具变量能够在一定程度上缓解可能存在的遗漏变量引发的内生关系，回归结果如表6－16所示。从表6－16中的实证结果可以看出，工具变量 *Mix_ind* 的回归系数在5%的水平显著为负。该结果表明混合所有制改革对国有企业股价同步性的影响效应在采用工具变量进行检验后依然成立，进一步验证了本章主检验结论的稳健性。

表6－16　　内生性检验结果

变量	(1)
	SYN
Mix_ind	−0.037** (−2.086)
LEV	−0.147*** (−13.600)
ROA	0.051 (1.511)
SIZE	0.033*** (17.648)
MB	0.122*** (12.419)
AGE	−0.003 (−0.676)
*TOP*1	−0.057** (−2.372)
*Big*4	0.027*** (2.848)
_cons	−0.016 (−0.218)
N	9845
R−sq	0.309

注：括号中为 t 值，***、**、* 分别表示在1%、5%、10%的显著性水平显著。

6.9 本章小结与启示

前面从信息质量角度考察了混改在微观企业层面的信息治理效应及影响机理。本章则进一步从信息效率维度考察了混改在微观企业层面的信息治理功能。具体而言，选取2008~2019年全部A股国有上市企业作为初始研究样本，基于股价信息含量的视角，考察了混改对于股价同步性的影响，从信息效率维度为混改在微观企业的信息治理效应提供了实证证据。实证结果表明：

（1）国有企业实施混改能够发挥信息治理功能，通过提升信息效率，加快内外部信息沟通，使公司特质信息更高效进入市场中，并体现在个股股价中，从而显著降低企业的股价同步性，也进一步从信息效率维度为混合所有制改革在微观企业层面的治理功能提供了实证佐证。

（2）分层分类治理的调节效应考察结果表明，混合所有制改革的信息治理功能仅仅在商业竞争类国有企业和中央国有企业中表现显著。与前面结论对比分析发现，混合所有制改革能够在微观企业的信息质量和信息效率两个维度发挥治理功能，混改在信息质量维度的治理效应更多地体现在特定功能类国有企业和地方国有企业中；而在信息效率维度的治理效应更多地体现在商业竞争类国有企业和中央国有企业中。梳理现有文献，我们认为，混改在信息治理不同维度上的治理效应可能是由不同分类及分层的国有企业其功能分类和市场发展程度决定的。

（3）进一步检验结果显示，内外部治理因素均能对混改与国有企业股价同步性的关系产生差异性影响。从外部治理因素看，分析师、机构投资者及媒体报道等信息中介均会对混改与股价同步性的关系产生显著的差异性影响。具体而言，相较于没有分析师及券商跟踪的样本公司，有券商及分析师跟踪的国有企业实施混改对其股价同步性的影响效应更大。基于分析师发布报告数量的分组检验结果表明，分析师发布过多或者过少的报告均不利于外部投资者获取信息，混改对股价同步性的影响仅仅在分析师发布了适量的报告子样本组才表现出显著性。此外，机构投资者持股及不同类型的机构投资者均会对国有企业混改的信息治理效应产生显著的调节作用。相较于没有机构投资者持股的国有企业，有机构投资者持股的国有企业实施混改对其股价同步性的影响更显著，且不同类型的机构投资者其影响效应存在显著差异性。进一步地，媒体报道作为企业信息传递的重要渠道，是否有媒体报道及媒体报道的多少均会对混改与国有企业股价同步性的关系产生调节作用。我们的结论表明，在有媒体报道的国有企业中，混改对股价同步性的影响效应显著为负，且媒体报道越多，混改对股价同步性的影响效应越显著。这进一步验证了信息中介对混改与股价同步性关系的调节效应。

从内部治理因素看，我们进一步考察了内部控制质量作为调节因素对混改与股价同步性关系的调节效应。实证结果显示，混改对企业股价同步性的缓解效应在内部控制质量较高的子样本中更显著。这表明，较高的内部控制质量能够对混改的信息治理效应产生显著的调节作用。

（4）机制检验结果表明，混改影响企业股价同步性主要通过信息渠道和治理渠道两种影响机制。具体而言，一方面混改通过优化股权结构，在企业内部形成股权制衡，从而有效抑制大股东和管理者的自利行为并优化公司的信息披露，提高公司的信息透明度，提升公司特质信息的传递效率（张斌和嵇凤珠，2014），加快国有企业特质信息进入市场的效率，从而显著降低市场股价与企业股价间的“同涨同跌”现象。此外，混改通过引入战略投资者这种成熟的投资者，增强外部投资者的知情交易权，促进公司层面的信息纳入股票价格中，最终显著降低企业的股价同步性。另一方面，混改能够通过提升内部治理水平，提升企业信息透明度，防止由内部治理结构不完善引发的内部人控制和利益侵占等代理问题和机会主义行为对风险套利者信息获取的阻碍，从而加速公司特质信息进入股价，降低股价同步性。进一步地，内部治理水平的提升亦能够显著增加股价异质性波动（Ferreira and Laux，2007），通过提升信息透明度，加快内外部信息沟通，使公司特质信息更多地体现在股价中，并最终降低股价同步性。我们的实证结论验证了混改影响企业股价同步性的信息渠道和治理渠道的存在性。

（5）最后，稳健性检验结果表明，在分别调整了自变量、因变量及控制变量的指标测度方法后，我们的实证结论依然与主检验结论一致，初步证明了我们实证结论的稳健性。我们还尝试优化回归估计方法，通过稳健性标准误回归估计，实证结论依然存在，进一步证明了我们实证结论的严谨性。此外，为防止遗漏变量引发的内生性问题，我们进一步考虑个股市场交易量、个股市值及上市不足一年样本观测值对实证结论的影响，通过在模型中控制相关变量、调整研究样本及进行工具变量检验等方法，对主检验结论进行稳健性检验以缓解可能存在的内生性问题。实证结果进一步验证了国有企业实施混改对其股价同步性的缓解效应，保证了我们研究结论的可信性和严谨性。

基于以上检验，本章主要探讨了混合所有制改革在信息效率维度的治理功能。结合前面的研究结论，我们发现，国有企业实施混改对微观企业而言具有显著的信息治理功能，不管是信息质量维度还是信息效率维度，均能够表现出显著的治理有效性。相关研究结论不仅丰富了混合所有制改革经济后果及股价同步性和股价崩盘风险影响因素考察的相关研究文献，亦进一步从混改的信息治理效应为我国国有企业深化改革进程中大力发展混合所有制改革的必要性和前瞻性提供了实证佐证，具有一定的实践意义。分层分类子样本的考察亦为我国在深化国有企业混改进程中坚持分类分层推进的合理性和必要性提供了信息治理层面的实证支持。此外，相关研究结论为国有企业通过实施混改提升内部治理水平，优化内部信息治理机制，有助于微观企业信息在资本市场发挥信息价值功能，并进一步完善证券市场体制提供了理论证据，具有一定的理论价值。

第7章

经营效率维度：分类治理视域下混改与国有企业社会责任负担

7.1 引　　言

在前面两章中，我们分别从信息质量维度和信息效率维度考察了混改在微观企业层面的信息治理效应，从信息治理视角验证了混合所有制改革的微观治理功能。基于第6章的研究，混合所有制改革的实施能够通过降低股价同步性，强化其在微观企业信息效率层面的治理效应。按照黄俊和郭照蕊（2014）的观点，资本市场的基本功能是利用股价的信号机制实现资源的最优配置，通过提升微观企业的信息质量（真实并及时反映企业信息）引导资本在证券市场有效发挥其资本配置功能。也就是说，混合所有制改革能够通过信息治理功能在中观市场层面发挥积极作用，引导资本在市场中实现有效配置，以提升资本的配置效率。那么，在微观企业层面，混合所有制改革是否能够通过行为治理功能的发挥引导国有企业通过经营目标优化调整及信贷资本高效配置显著提升国有企业的整体经营效率及金融资源配置效率？基于该逻辑，立足国有企业混合所有制改革的行为治理功能，我们预期从经营效率和资本效率两个维度考察混合所有制改革在微观企业行为层面的治理有效性。

在本章中，基于经营效率视角，我们预期考察混改在国有企业社会责任负担层面的治理有效性。具体而言，国有企业作为中国特色社会主义重要物质基础和政治基础，必须切实履行社会责任，特别是面对急难险重大任务时，更应冲锋在前，通过积极主动履行社会责任，树立良好形象①，这是国有企业“国有”性质的基本体现和功能要求。可见，履行社会责任是国有企业的重要经营目标之一。且伴随国有企业分类改革而出现的分类治理目标论认为，国有企业应根据其功能定位差异来确定企业经营目标。即不同类型的国有企业，其目标和使命各有不同（杨瑞龙，2020）。这在一定程度上表明，基于分类分层改革的混改实践能够通过优化国有企业社会经营目标，调整社会责任分配，从而整体提升国有企业的经营效率。基于此，我们以期从国有企业的社会责任负担切入，结合分类分层改革背景，考察混改予以微观企业经营效率维度的行为治理功能。

现有研究认为，由于国有企业经营目标的多重性及政府摊派政策性负担的经营背景，国有企业承担了超出一般企业需承担范围的社会责任，如超额雇员和更多的政策性负担等（耿云江和马影，2020；赵雅娜和敖小波，2016）。很显然，这不利于国有企业经营效率的提升，甚至会损害国有企业的经济效益。混合所有制改革作为由政府推动的一项产权制度改革，混改推行的本质就是为了缓和国有企业经营效率低下以及弥补国有企业内部治理机制缺陷，通过引入非国有成分，盘活国有资本获利能力，促使国有资产保值增值，最终实现国有企业经营效率的提升和资本效率优化。

既有研究指出，混合所有制改革的实施能够显著降低国有企业的政策性负担（陈林等，2014），显著提升企业绩效（张辉等，2016），且非国有大股东能够显著降低国有企业超额雇员，缓解其价值损失（耿云江和马影，2020）。可见，混合所有制改革在一定程度上能够在微观企业的社会责任承担层面发挥积极的治理效应。目前关于混合所有制改革对国有企业社会责任的影响研究，从研究内容看，主要聚焦于政策性负担和超额雇员等层面；从研究思路看，主要考察了非国有股东的治理功能对国有企业社会

① 人民网人民日报报道：http：//paper. people. com. cn/rmrb/html/2020 - 04/14/nw. D110000renmrb_20200414_3 - 09. htm。

责任负担的影响效应。鲜少有文献结合分类分层改革，探查混改予微观企业社会责任负担层面的治理有效性。基于此，深挖混合所有制改革的内涵，在充分考虑股权结构、高层治理结构及组织结构等改革维度后，通过构建混改综合指标体系，立足国有企业经营效率维度，结合分类分层推进混改的实践背景，切入国有企业社会责任负担视角，系统考察国有企业实施混合所有制改革在微观企业社会责任负担层面的治理功能。

具体而言，社会责任不仅是国有企业作为一般企业存在的价值反映，更是国有企业“国有”特殊性质的天然要求（肖红军，2018）。这不仅仅体现在国有企业功能中（乔明哲和刘福成，2010），亦体现在国有企业经营目标中（黄速建和余菁，2006；吴照云和刘灵，2008）。也就是说，社会责任是国有企业经营主体的一部分，体现在国有企业履责的各个方面。混合所有制改革的实施优化了国有企业的内部治理机制，同时在分类分层改革的推动下，国有企业通过混改实现了不同的功能定位和经营定位，这有助于国有企业政策性负担、超额雇员等社会责任负担的改善。基于该猜想，采用润灵环球数据库中企业社会责任评级数据作为企业社会责任水平的代理变量，借鉴 Jian 和 Lee（2015）关于企业社会责任的分类思路，沿用耿云江和马影（2021）等关于超额雇员和政策性负担的概念内涵，参照 Richardson（2006）的残差模型，我们构建了国有企业社会责任负担指标，并深入考察了混合所有制改革对国有企业社会责任负担的影响效应，以期验证混改在国有企业经营效率维度的治理有效性。

7.2 企业社会责任相关文献综述

社会责任承担一直是学术界及实务界关注的重点研究话题，本质上是个利益相关者问题。但考虑到中国特殊制度背景下，由于产权差异，一般企业的社会责任和国有企业的社会责任可能涉及不同的理论内涵。具体而言，国有企业作为一种制度安排（黄速建和余菁，2006），社会责任不仅是其作为一般企业存在的价值反映，更是国有企业“国有”特性的天然要求（肖红军，2018），也就是说，相较于一般企业，国有企业的社会责任更多地体现了国有产权的使命功能，即国有企业存在的目的除了实现一般企业价值最大化的经济经营目标外，还要通过承担社会及政治“摊派任务”，彰显国有企业“国有”的特性，实现“国有”性质的社会经营目标和政治经营目标，这也是学者们认为国有企业经营目标多元化的基本逻辑起点。

目前，关于企业社会责任影响因素的探讨主要集中于内外部制度等层面。例如，徐莉萍等（2011）、张建君（2013）及Gainet（2010）分别从政府制度、媒体监督及法律制度等方面考察企业社会责任的影响因素。McGuire等（2003）以美国公司为样本，发现履行社会责任与高管薪酬显著正相关，有助于高管工作积极性的提升。Mahoney和Thorn（2005）的研究发现经理人的股票薪酬与社会责任显著正相关，表明社会责任具有长期激励价值（Berrone and Gomez－Mejia，2009；Luo et al.，2012）。王海妹等（2014）以2010～2012年中国A股上市公司为研究样本探讨了上市公司股权结构中外资参股、高管持股、机构持股等对于企业社会责任的影响效应。而步丹璐等（2021）则从外资股东对企业社会责任的双向影响机制出发，研究外资股东基本特征与企业社会责任之间的关系。结果表明，外资持股比例与企业社会责任之间存在正“U”形关系，说明较高的持股比例是外资股东对企业社会责任发挥积极作用的前提条件。进一步地，王士红（2016）则基于高层梯队理论考察了高管特征差异对企业社会责任披露的影响。结论表明，高管团队女性比例对企业社会责任披露有显著的正向影响，而高管团队平均任职年限对企业社会责任披露有显著负向影响，高管团队的年龄、教育水平对企业社会责任影响不显著。此外，Jian和Lee（2015）从社会责任分类的视角，将社会责任分为正常社会责任（Nomal CSR）和异常社会责任（Abnormal CSR）两类，考察了高管薪酬与企业社会责任间的关系。结果表明，高管薪酬与正常的社会责任正相关，与异常社会责任负相关。

而关于国有企业社会责任的探讨大多还停留在理论构建阶段。例如，乔明哲和刘福成（2010）认为国有企业是经济功能与社会功能的矛盾统一体，其社会责任由经济责任、法律责任、政治责任和道德责任四部分组成。

黄速建和余菁（2006）认为，国有企业的社会责任是社会对国有企业行为的客观期望，这是由国有企业的性质决定的。此外，李昱（2011）从国有经济性质和功能两个层面对企业社会责任进行分类，以期找出不同类型国有企业履行社会责任时的着眼点。而藏瑞瑞（2013）以国有企业社会责任的实现路径为着眼点，指出国有企业社会责任的实现需要走政府、企业、社会协同治理的道路。董淑兰和严秀丽（2013）则以社会责任层次模型和利益相关者理论为基础，构建了七维度社会责任指标体系，运用层次分析法对比分析了国有企业与民营企业社会责任的履行情况。结果表明，国有企业偏重中级社会责任的履行，而民营企业则偏重基本社会责任的履行。基于民营企业社会责任实践与国有企业之间存在着显著的差距，Li 等（2020）基于中国企业深化混改的背景，考察了改革对私人收购方民营企业社会责任实践的影响。研究表明，私营企业可以通过收购国有控股或国有企业的股权来提高其经济和政治地位，并进而改善其企业社会责任实践。进一步地，戴锦和和军（2015）则从经济、社会及政治三个维度探讨国有企业经济责任、社会责任与政策责任之间的区别与联系。

此外，还有部分学者采用实证分析的方法考察了国有企业社会责任的经济后果。杨汉明和邓启稳（2011）以我国 A 股上市公司为研究对象，采用公司披露的社会责任信息分析了可持续增长、社会责任与企业绩效之间的关系。实证结论表明，社会责任与可持续增长率及企业业绩存在负相关关系，但不显著。王文成和王诗卉（2014）则基于 2009～2012 年反映国有企业社会责任和企业绩效的企业社会责任发展指数和经济增加值率等数据得出了相反的结论，认为国有企业社会责任与企业绩效之间具有联动效应。单春霞和崔杰（2018）基于扎根理论，选取 2015～2017 年我国 18 家国有企业为研究样本，考察了企业社会责任战略与经营绩效之间的关系。结论表明，国有企业社会责任战略对企业经营绩效有影响，但并不显著。而王元芳和李思思（2019）则基于党组织参与治理的视角，考察了国有企业党组织参与治理对企业社会责任的影响。

近年来，随着国企改革的不断深化与推进，学者们立足中国国有企业社会责任承担的制度背景，考虑国有企业的产权特殊性及其经营目标的

“多重性”，以及政府为稳定就业与社会发展向企业摊派政策性负担的倾向性行为，认为国有企业通常承担了“超出限度”的社会责任，如超额雇员和政策性负担等（耿云江和马影，2020；赵雅娜和敖小波，2016）。基于以上梳理，借鉴 Jian 和 Li（2015）关于企业社会责任的分类思路，以及耿云江和马影（2020）、赵雅娜和敖小波（2016）关于超额雇员和政策性负担的概念内涵，我们将国有企业社会责任超出其承担范围及高出其行业平均水平的部分用“社会责任负担”的概念进行描述，并以国有企业混合所有制改革为研究切入点，嵌入国有企业的分类分层改革实践，基于国有企业经营目标优化再分配的视角深入考察了国有企业混合所有制改革对企业社会责任负担的影响效应及其潜在机制，从行为治理维度为国企混合所有制改革在微观企业经营效率层面的治理有效性提供实证证据。

7.3 理论分析与假设提出

国有企业作为国有资产的微观经营组织主体，拥有一般企业存在的基本价值体现，即追求经济效益的最大化。但考虑到国有企业在国家战略中的定位和使命，以及国有企业的政治属性和经营目标的多重性，国有企业的社会责任也应兼具政治、经济和社会三个维度（汪锋，2008；乔明哲和刘福成，2010）。因此，国有企业在追求经济效益的同时，还应担负有限度的社会责任（刘玲，2007）。但在我国以政府为主导的市场中，政府为了完成政治任务、获得政治晋升而干预国有企业经营导致其承担超出限度社会责任的行为屡见不鲜（潘红波等，2008；江轩宇，2016；蔡贵龙等，2018），如向国有企业摊派更多政策性负担、让国有企业承担更多稳定社会发展、减轻财政负担等职责及要求其承担超额雇员等行为（Lin and Tan，1999；林毅夫和李志赟，2004；曾庆生和陈信元，2006；刘行和李小荣，2012；马连福等，2013；黄俊和李增泉，2014）。原则上讲，这种超出限度的社会责任的承担会加剧国有企业的经营负担，损害企业竞争力，降低企业财务绩效（赵雅娜和敖小波，2016），同时，这也是导致国有企业经营效率低下的重要原因之一。

而混合所有制改革的推进在一定程度上有助于国有企业社会责任的“减负”。具体而言，混合所有制改革的实施，从股权结构的优化上看，通过引入了非国有性质的股东，能够在国有企业内部形成股权制衡机制，缓解了国有企业内部人控制下“行政”高管的“行政服从”行为。即，非国有股东进入国有企业后，能够破除国有企业内部的行政化治理局面，如由于实际控制人缺失，国有企业高管基于政治晋升动机，积极承担更多社会经营目标，导致国有企业社会责任负担较重等。另外，可以通过完善国企公司治理机制、提升国企运营效率和实现国有资本保值增值的目标，打破国企在一些行业中的垄断地位，更加公平地分配社会经济资源以促进多种所有制经济共同发展（黄速建，2014；郑志刚，2015），从而抑制国有企业承担更多的社会责任。从高层治理结构看，混合所有制改革的实施强化了非国有股东参与治理的话语权机制，从而优化了国有企业的内部治理结构，通过在国有企业内部引入非国有性质的话语权，有助于强化国有企业的经营目标向经济效益最大化偏移。通过降低国有企业承担“更多”社会责任的意愿，优化国有企业经营目标，显著提升国有企业运营效率。从组织结构看，混合所有制改革的实施通过简政放权，减少了政府对国有企业的干预，这在一定程度上加强了国有企业的经营自主性和经营活力，促使国有企业积极发展经济目标，更多地发挥作为一般企业的价值最大化价值观，从而减少其社会责任负担程度。此外，混合所有制改革本身是政府推动下的产权制度改革，目的在于放活国有资本，提升国有企业经营效率。政府积极推动混改表现出政府强烈的放权意愿，这是政府减少市场干预的一种体现，有助于国有企业根据自身经营需要承担适量社会责任，从而达到通过实施混改放活国有资本的目的。也就是说，混合所有制改革能够显著缓解国有企业的社会责任负担。

基于此，我们提出本章的第一个研究假设：

假设 H7－1a：在其他条件不变的情况下，混合所有制改革有助于缓解国有企业的社会责任负担。

但以上理论逻辑忽略了不同类型国有企业实施混改后其功能定位变化

及经营角色调整带来的社会责任承担能力变化和经营目标优化，以及国有企业承担社会责任动机的影响。具体而言，结合国有企业承担社会责任负担的动机及我国国有企业分层分类改革实践和国有企业推行混合所有制改革的目的，我们认为混合所有制改革的实施亦可能会增加国有企业的社会责任负担。其原因在于：其一，从国有企业承担社会责任的动因角度看，国有企业作为一种制度安排（黄速建和余菁，2006），是社会主义经济成分的微观经济主体。社会责任不仅是其作为一般企业存在的价值反映，更是国有企业"国有"特殊性质的天然要求（肖红军，2018）。也就是说，国有企业与政府的"天然联系"使其有使命积极承担更多社会责任以彰显其"国有"特性。因此，混合所有制改革的实施可能通过调整国有企业组织层级简政放权，优化股权结构和高层治理结构构建内部决策制衡机制和监督制衡机制，显著提升国有企业的管理效率。这有助于国有资产保值增值，通过优化经营绩效显著提升国有企业承担更多社会责任的能力。考虑到国有企业经营目标的多元化及国有企业"天然"的行政使命和政治属性，混合所有制改革的推行为国有企业积极承担"更多"社会责任奠定了经济基础。加之，我国的国有企业高管有强烈的动机通过承担更多社会责任以提升自身的政治晋升预期。由政府推动实施的混合所有制改革为国有企业积极承担社会责任提供了良好的表现契机。因此，混改可能会助推国有企业承担更多的社会责任，显著增加国有企业的社会责任负担。

其二，从国有企业实施混改的绩效不确定角度看，混合所有制改革作为一种探索性的国企深化改革尝试，不管是从改革实践还是从改革绩效看均存在较大的不确定性。也就是说，混合所有制改革的推行既可能会通过优化内部治理，提升经营绩效，亦可能因操作不当导致严重的国有资产流失和混改绩效不佳，加剧国有企业未来期的经营风险。在国有企业深化改革的关键节点，政府要求国有企业通过混合所有制改革提升经营绩效，实现国有资本保值增值的改革背景下，推行混改带来的未来期经营不确定性可能会影响国有企业高管的政治晋升预期。相关研究指出，为稳定就业、获取更多政治晋升机会，政府官员有动机通过人事任免对国有企业的关键决策施加影响（廖冠民和沈红波，2014），并引导国有企业承担较多维稳社会发展、降低失业率等政策性负担（Lin et al.，1998；林毅夫和李志赟，2004；马连福等，2013；罗喜英和刘伟，2019）。可见，积极承担“更多”社会责任能够“对冲”混改带来的经营绩效不确定性，成为国有企业及其高管在不确定改革实践中的“庇护伞”。即，积极承担更多的社会责任既可以为混改进程中国有企业可能存在混改绩效不乐观提供“业绩庇护”，亦能够通过“业绩操纵”增加国有企业高管的政治晋升机会。因此，混改的实施会倒逼国有企业高管基于政治晋升动机和“业绩庇护”动机自愿且积极地承担“更多”社会责任负担。

其三，从分类分层改革的角度看，混合所有制改革的实施使得部分能够完全市场化经营的国有企业健全了现代企业制度，扩大了其经营自主权，更多以经营效率为主。这使得无法完全实施产权改革的国有企业更多的肩负行政使命，借由改革提升其履职能力，更专注地追求社会及政治经营目标。通过明确不同功能分类国有企业的功能定位，促使不同功能分类的国有企业在发展中承担不同的经营目标，扮演不同的经营角色，不仅提升了国有企业承担社会责任负担的能力，同时显著提升了国有企业整体经营效率。具体而言，我们认为，分类分层推进混改为国有企业经营目标的优化再分配提供了方向，混合所有制改革的实施促使国有企业的经营目标在不同分类的国有企业间发生了转移。从功能分类看，对于商业竞争类的国有企业，因其功能定位鼓励其实现完全市场化的经营行为。因此，混改的实施能够助推商业竞争类国有企业更倾向于通过追求经济效益最大化而减少社会责任承担。而公益类和特定功能的国有企业，因其功能定位涉及国家重要行业和关键领域以及公共产品的提供，混改的实施能够通过明确其“政治任务”和“社会责任”引致其承担更多社会责任负担，发挥其作为政府调节市场工具的基本功能。也就是说，混合所有制改革的推行，通过优化不同分类国有企业间的经营目标再分配，减少了商业竞争类国有企业的社会责任承担，增加了公益类和特定功能类国有企业的社会责任承担。考虑到国有企业作为政府维持社会稳定和社会人员就业的微观经济调控工具，其产权性质决定其“行政功能”不能丢的政治特性，我们预期混改的实施通过明确不同分类国有企业的功能定位，提升了国有企业承担社会责任任负担的能力，最终加剧了国有企业的社会责任负担，显著提升了国有企业的整体经营效率。同样地，从行政分层看，中央国有企业作为国有企业中级别最高，行政职权较大，直接隶属国务院国资委投资和管辖的企业，是国民经济的支柱，其主要集中于关乎国家关键行业和重要领域的垄断性产业。而地方国有企业则更多地隶属于地方国资委及财政部等，涉及城市投资、地方金融、工业等行业产业。混改的实施在一定程度上明确了中央国有企业和地方国有企业的经营目标差异。作为国家经济体系的国有企业，其更应该发挥国有资本的“政治”功能，这显著强化了中央国有企业承担更多社会责任的能力和动机。而地方国有企业作为地区经济的带动者，混改的实施更加促进地方政府简政放权，放活地方国有资本活力，强化地方国有企业的经济经营目标，从而显著弱化其承担社会责任的意愿。也就是说，混改的推行有助于政府根据不同功能分类和行政分层的国有企业依据其功能定位调整其经营目标，社会责任更多地由无法彻底实施产权改革的功能类国有企业和大型央企承担，而商业竞争类及地方国有企业则更多地通过混改放活国有资本活力，以追求利润最大化为经营目标。通过调整不同功能分类和行政分层国有企业间的经营目标，明确不同分类国有企业的功能定位及经营角色，显著提升国有企业承担社会责任负担的能力，同时助推国有企业整体经营效率的提升。

基于以上分析，我们认为，混合所有制改革的实施可能会促使国有企业基于政治动机及经济动机增加国有企业社会责任负担，亦可能会通过优化调整不同类型国有企业的经营目标对国有企业社会责任负担产生影响。基于该猜想，提出相关假设：

假设 H7 - 1b：在其他条件不变的情况下，混合所有制改革显著增加了国有企业的社会责任负担。

假设 H7 - 2：混合所有制改革主要通过助推国有企业高管基于经济动机或政治动机对国有企业的社会责任负担产生影响。

假设 H7 - 3：混合所有制改革主要通过优化不同功能分类和行政分层国有企业的经营目标对国有企业社会责任负担产生影响。

7.4 研究设计

7.4.1 样本选择与数据来源

考虑到润灵环球数据库数据披露时间始于 2009 年，因此，在该章中，我们选取 2009 ~ 2019 年全部 A 股国有上市公司为研究原始样本，通过考察混改对国有企业社会责任负担的影响效应，以验证混合所有制改革在微观企业经营效率维度的治理有效性。书中涉及的与混合所有制改革测度相关的股权结构数据主要来自 CNRDS 数据库及同花顺数据库，对于部分缺失的数据，通过查询年报补充处理。组织层级数据及派驻董监高席位数数据通过翻阅年报信息手工整理获得。变量的处理过程详见变量定义部分说明。此外，样本公司的财务数据主要来自 CSMAR 数据库，测算企业社会责任相关指标的数据主要来自 CSMAR 数据库及环球润灵数据库。为保证数据的合理性和实证结论的稳健性，我们对数据库中的原始数据作以下筛选和处理：（1）剔除金融行业公司样本观测值；（2）剔除 ST、*ST 和 PT 等交易状态的上市公司样本观测值；（3）剔除样本期间内财务数据缺失的样本观测值。经过以上筛选，我们最终获得 9373 个有效样本观测值。进一步地，为消除极端值对实证结论的影响，我们对模型中所有连续变量进行上下 1% 的 Winsorize 处理。

7.4.2 模型设定及变量定义

7.4.2.1 模型设定

为检验混合所有制改革对国有企业社会责任负担的影响效应，借鉴现有关于企业社会责任驱动因素的考察（靳小翠，2017；朱焱和王玉丹，2019），并结合影响企业承担社会责任的其他内外部治理因素，构建如下回归模型（7－1）。

$$EXP\_CSRindex_{i,t} = \alpha + \beta Mix_{i,t} + \gamma Controls_{i,t} + \delta + \tau + \varepsilon \quad (7-1)$$

其中，*EXP_CSRindex* 是公司 i 在第 t 年承担的企业社会责任负担，其概念内涵有别于国有企业社会责任承担，用于刻画超出国有企业行业平均水平及一般企业承担范畴的社会责任部分。其具体测算方法，详见变量定义部分论述。*Mix* 是公司 i 在第 t 年实施混合所有制改革的代理变量。*Controls* 为影响企业承担企业社会责任的特征因素，作为模型的控制变量。δ 为行业虚拟变量，τ 为时间虚拟变量。

理论上，若国有企业经营绩效较高且经营绩效波动性较低则表明国有企业的经营状况良好，这有助于提升国有企业高管的晋升预期。因此我们选取经营绩效和经营绩效波动率指标作为国有企业绩效和经营不确定的代理变量，进一步考察混合所有制改革影响国有企业社会责任负担的可能潜在动机。通过构建如下模型，进行经济及政治动机检验：

$$OPE_{i,t}/OPE\_VOL_{i,t} = \alpha_0 + \beta_0 Mix_{i,t} + \gamma_0 Controls_{i,t} + \delta_0 + \tau_0 + \varepsilon_0 \quad (7-2)$$

其中，$OPE_{i,t}$和 $OPE_VOL_{i,t}$分别表示国有企业的经营绩效和国有企业经营绩效的波动性（绩效不确定性），其中经营绩效采用国有企业资产盈利率来测度，经营绩效的波动性采用近三年国有企业经营效率的标准差与均值的比值来测度。采用该模型来检验混合所有制改革影响国有企业社会责任负担的政治动机和经济动机。*Mix* 是公司 i 在第 t 年实施混合所有制改革的代理变量。*Controls* 为影响企业承担企业社会责任的特征因素，作为模型的控制变量。δ_0为行业虚拟变量，τ_0为时间虚拟变量。

此外，为进一步检验混改通过调整不同类型国有企业间社会责任承担的机制渠道，参照模型（7－1），构建如下模型（7－3），采用国有企业社会责任水平指标，通过考察混合所有制改革对不同功能分类和行政分层的国有企业社会责任的差异性影响，进一步考察分层分类改革推进的潜在影响机制。

$$CSR_{i,t} = \alpha_1 + \beta_1 Mix_{i,t} + \gamma_1 Controls_{i,t} + \delta_1 + \tau_1 + \varepsilon_1 \quad (7-3)$$

其中，$CSR_{i,t}$表示公司 i 在第 t 年承担的社会责任水平，*Mix* 是公司 i 在第 t 年实施混合所有制改革的代理变量。*Controls* 为影响企业承担企业社会责任的特征因素，作为模型的控制变量。δ_0为行业虚拟变量，τ_0为时间虚拟变量。采用不同功能分类和行政分层国有企业子样本对模型（7－1）和模型（7－3）进行分别回归，以检验混改影响国有企业社会责任负担的潜在机制，验证混改予以微观企业经营效率维度的治理有效性。

7.4.2.2　变量定义

（1）被解释变量：企业社会责任负担（*EXP_CSRindex*）。

按照 Jian 和 Lee（2015）的分类逻辑及现有文献的研究理论观点，在考虑企业的经营特点和行业因素情况下，企业社会责任投资存在最佳水平（Johnson and Greening，1999；Karpoff et al.，2005；McWilliams and Siegel，2000；Wu，2006）。在这种假设前提下，企业社会责任投资只要偏离这一水平便是次优的，会直接影响企业的经营效率。正如 Larcker（2003）的观点，尽管企业通过各种方式不断优化企业的财务政策，但还是会有一些因素致使企业政策和管理决策偏离其最佳水平。这可能是由潜在的特征因素变化引起的，如企业特征和管理者特征的变化（Core and Guay，1999）以及法律和其他制度环境的变化等。这些变化改变了决策的最佳水平（Jian and Lee，2015）。也就是说，对于企业而言，从经济效用最大化的角度看，企业承担社会责任的投入水平存在最优区间，如果企业承担了可行范围内的社会责任，则有助于企业经营效率的提升和资本保值增值；如果当企业承担了超出其可行范围内的社会责任，则可能会破坏其经营效率及资本增值。而在中国以国有经济为主导的资本市场中，国有企业虽然表现为一种企业实体，但其公有属性使得其通常被视为政府代表公众利益对市场问题加以控制和解决的政策手段（李昱，2011）。社会责任不仅是国有企业作为一般企业存在的价值反映，更是国有企业“国有”特殊性质的天然要求（肖红军，2018）。即，国有性质企业的产权特性决定了社会责任是其必须要承担的一项重大经营目标，且因国有企业经营目标的多重性及国有企业的“国有”特性，导致国有企业被无差别分派社会经营目标，使其承担了高于行业平均水平及一般企业承担水平的“超限度”的社会责任，我们将该部分社会责任描述为社会责任负担。

需要说明的是，社会责任负担和社会责任承担存在本质内涵上的差别，这种差别可以从社会责任负担的指标构建逻辑中体现。具体地，借鉴 Demsetz 和 Lehn（1985）、Ittner 和 Larcker（2001）、Ittner 等（2003）及 Borghesi 等（2014）等提供的理论，参照 Jian 和 Lee（2015）将总体企业社会责任分解为正常企业社会责任（Normal CSR）和异常企业社会责任（Abnormal CSR）的分类思路及耿云江和马影（2020）等关于超额雇员和政策性负担等概念内涵，借鉴现有关于企业社会责任动因考察的研究文献（靳小翠，2017；朱焱和王玉丹，2019），首先，从企业特征及治理因素等层面对企业社会责任进行解释；其次，考虑到我国行业特征对企业行为决策的影响，进一步从行业平均水平视角对企业社会责任进行解释；最后，参照 Richardson（2006）残差模型的解释方法，我们认为，模型中不能被企业层面及行业层面因素解释的社会责任投入部分即为企业的社会责任负担。即，国有企业承担社会责任超出其应承担水平及行业平均水平的部分。具体测算方法如下：

$$CSR_{i,t} = \alpha + \beta_1 CSR\_Induestry_{j,t} + \beta_2 Firm\_Factors_{i,t} + \delta + \tau + \varepsilon \tag{7-4}$$

其中，*CSR* 为公司 i 在第 t 年承担的企业社会责任；*CSR_Industry* 是行业 j 在第 t 年承担的社会责任均值；*Firm_Factors* 为公司 i 在第 t 年影响企业承担社会责任的特征因素，这里的特征变量与模型（7－1）中的控制变量一致；δ 为行业虚拟变量，τ 为时间虚拟变量；ε 为残差项，即无法通过模型被解释的部分。通过模型（7－4）的拟合回归，无法被行业及公司驱动因素解释的企业社会责任部分，即残差 ε，我们将其定义为企业的社会责任负担。

在主检验部分，企业社会责任指标（*CSR*）我们主要选取润灵环球数据库中企业社会责任评分数据作为企业社会责任承担水平的代理变量。而在稳健性检验部分，我们分别采用 *CSMAR* 数据库中社会责任承担数据相关变量作为国有企业社会责任承担水平的代理变量进行社会责任负担的测算，

用 *EXP_CSR* 来表示，并采用替换指标对主检验结论进行稳健性测试。

（2）解释变量：混合所有制改革（*Mix*）。

在现在指标测度的基础上，通过“股权结构 + 高层治理结构 + 组织结构”三个维度，参照白重恩等（2005）关于公司治理水平（*G_index*）的指标构建方法，采用主成分分析法构建混合所有制改革综合测度指数（*Mix*），用于刻画国有企业实施混合所有制改革的程度。该指标越大，表明国有企业实施混合所有制改革的水平越高，越有助于完善国有企业的内部治理和现代企业制度。具体构建过程和相关数据来源如前所述。

（3）控制变量。

参照步丹璐等（2021）、陈峻和郑惠琼（2020）、王元芳和李思思（2019）以及朱焱和王玉丹（2019）等的研究，我们在模型中还控制了可能会影响企业社会责任负担的特征因素和治理因素，主要包括以下控制变量：企业规模（*SIZE*），为企业当期资产总额加 1 取自然对数；财务杠杆（*LEV*），用公司当期总负债与总资产的比值来测度；经营业绩（*ROA*），用企业当期利润总额与总资产的比值来表示；公司成长性（*GROWTH*），为企业营业收入增长率，用当期营业收入增加额与期初营业收入的比值来测度；经营现金流（*CASH*），用企业当期经营活动产生的现金流净额占企业当期总资产的百分比来表示；股权集中度（*TOP*1）用企业第一大股东持股比例来测度；独董比例（*INDRATE*），用独立董事人数占董事会总人数的百分比来测度；是否兼任（*DUAL*），哑变量，当企业的董事长与总经理兼任时赋值为 1，当企业董事长与总经理不兼任时赋值为 0。这是企业管理层权力集中度的一种测度方式。此外，我们还在模型中控制了行业和年份哑变量，以防止行业及年份层面不可观测因素对实证结论的影响。详细的变量定义见表 7 – 1。

表 7 – 1　　　　主要变量定义

名称	变量符号	变量名称	具体定义
被解释变量	*EXP_CSRIndex*	社会责任负担	详细定义见变量定义部分具体说明
	EXP_CSR	社会责任负担	详细定义见变量定义部分具体说明

续表

名称	变量符号	变量名称	具体定义
解释变量	*Mix*	混合所有制改革	详细定义见变量定义部分具体说明
控制变量	*SIZE*	企业规模	企业总资产加1取自然对数
	LEV	财务杠杆	企业当期总负债与总资产的比值
	ROA	企业业绩	企业当期利润总额与总资产的比值
	GROWTH	企业成长性	企业营业收入增长率，即企业当期营业收入增加额与期初营业收入的比值
	CASH	经营现金流	企业经营活动现金流净额与企业当期总资产的比值
	*TOP*1	股权集中度	企业第一大股东持股比例，该比例越大，表示企业的股权越集中，反之，则表示企业的股权越分散
	INDRATE	独董比例	独立董事人数占企业董事总人数的百分比
	DUAL	是否“两职合一”	哑变量，董事长和高管是否兼任，若兼任，则赋值为1；不兼任，则赋值为0

7.5　实证结果分析

7.5.1　描述性统计分析

表7－2中列示了模型中涵盖主要变量的描述性统计结果。从表中结果可以看出：企业社会责任负担（*EXP_CSRIndex*）的均值为0.105，而其中位数为－0.265，其分布表现出明显的右偏状态，且从其最大值和最小值来看，该指标的分布表现出一定的波动性。同样地，更改指标测度后，企业社会责任负担（*EXP_CSR*）也表现出类似的分布状态和波形性。在样本期间内，国有企业混合所有制改革综合指标 *Mix* 的均值略小于中位数，表现出左偏分布特征。而从企业特征因素如企业规模、财务杠杆、经营绩效、经营现金流等指标看，企业基本特征层面的相关变量的分布均表现出接近正态分布的状态。且从其标准差上看，企业特征变量除企业规模外，其整

体分布没有明显的波动性。从企业治理因素看，股权集中度（*TOP*1）的均值为39.6，即样本期内国有上市公司第一大股东的平均持股约为39.6%，进一步证实随着我国国有企业改革的不断深入推进，我国股权集中度较高的问题得到了显著的缓解。此外，从是否兼任（*DUAL*）的数据分布看，样本期内，我国国有上市公司中约有9.2%的企业其董事长与总经理是兼任的。

表7-2　　主要变量的描述性统计

变量	N	mean	sd	p25	p50	p75	min	max
EXP_CSRIndex	9373	0.105	1.317	-0.786	-0.265	0.715	-1.990	4.031
EXP_CSR	9373	0.104	1.314	-0.779	-0.260	0.723	-2.053	4.042
Mix	9373	-0.014	0.955	-0.398	-0.221	0.560	-1.518	3.590
SIZE	9373	22.67	1.400	21.70	22.54	23.57	19.71	26.02
LEV	9373	0.519	0.207	0.365	0.528	0.674	0.077	0.985
ROA	9373	0.030	0.054	0.010	0.029	0.054	-0.213	0.179
GROWTH	9373	0.160	0.473	-0.038	0.084	0.228	-0.570	3.261
CASH	9373	0.045	0.072	0.005	0.046	0.088	-0.170	0.244
*TOP*1	9373	39.600	15.260	27.370	39.310	50.910	11.600	75.000
INDRATE	9373	0.370	0.053	0.333	0.333	0.385	0.333	0.571
DUAL	9373	0.092	0.289	0.000	0.000	0.000	0.000	1.000

7.5.2　主检验结果分析

7.5.2.1　混合所有制改革与国有企业社会责任负担

为验证假说H7-1，在控制年份及行业固定效应的前提下，我们对主检验模型进行实证回归分析，实证结果列示于表7-3中。由表中的回归结果可以看出，国有企业实施混改后，混改代理变量Mix的系数在1%的水平上显著为正，与我们在理论分析部分的假设H7-1a预期不符，验证了备择假设H7-1b。这与目前学者们关于混改对国有企业政策性负担及超额雇员的实证结论不一致。现有研究大多认为，在国有企业中引入民营股东能够显著缓解国有企业的冗余雇员程度（耿云江和马影，2020；张伟华等，2021），降低了国有企业的社会责任负担（陈林和唐杨柳，2014；张辉等，2016），而本章基于综合视角的考察则发现国有企业实施混改后，其社会责任负担显著增加了。这在一定程度上与政府推进混改的目的一致，即国有企业的改革不是为了减负，而是更好地承担社会责任。这也符合我国国有企业作为政府借以维持社会稳定的微观经济组织的功能使命安排以及作为“国有”产权无论何时肩负的行政功能及政治任务不能丢的经营实际，验证了我们的理论预期。

表7-3　主检验实证结果

变量	(1)
	EXP_CSRIndex
Mix	0.060*** (4.154)
SIZE	0.081*** (6.566)
LEV	-0.438*** (-5.055)
ROA	-0.041 (-0.133)
GROWTH	-0.001 (-0.044)
CASH	-0.249 (-1.183)
TOP1	0.000 (0.168)
INDRATE	0.419 (1.606)
DUAL	-0.006 (-0.131)
_cons	-2.489*** (-4.218)

续表

变量	(1)
	EXP_CSRIndex
Year	Yes
Industry	Yes
N	9373
R - sq	0.028

注：括号中为 *t* 值，***、**、* 分别表示在 1%、5%、10% 的显著性水平显著。

7.5.2.2 影响机制检验

从前面的实证结论，我们发现国有企业实施混改显著增加了其社会责任负担。按照理论预期，其一，混改作为由政府推动的一项产权制度改革，在一定程度上会助推国有企业高管基于未来期的政治晋升预期积极承担更多社会责任。其二，混合所有制改革作为一种探索性的国企深化改革尝试，不管是从改革实践还是改革绩效看均存在较大的不确定性。也就是说，混合所有制改革的实施兼具风险和收益，既可能会通过优化内部治理提升经营绩效，也可能会因操作不当导致严重的国有资产流失或混改绩效不乐观。为了对冲混改绩效不确定性带来的“失职追责”，国有企业高管有强烈的动机通过承担更多社会责任为混改绩效不乐观提供“业绩庇护”。其三，混合所有制改革的实施可能对通过优化再分配不同类型国有企业间的社会责任承担，将更多的社会责任转移至无法彻底实施产权改革的功能类国有企业，让不同类型的国有企业依据其功能定位承担不同水平的社会责任，不仅提升了国有企业的社会责任承担能力，也显著提升了国有企业的整体经营效率。基于以上猜想，我们预期基于以上潜在路径考察混改影响国有企业社会责任负担的机制渠道。具体而言，我们首先考察了混改影响国有企业社会责任负担的动机渠道，具体地，检验了混改实施后国有企业经营绩效及经营绩效波动性的变化，对政治及经济动机进行间接检验。其次，我们基于国有企业分类分层推进混改的实践背景，将国有企业进行分类，并采用不同功能分类和行政分层国有企业子样本考察混改实施后国有企业社会责任承担及国有企业社会责任负担的变化情况，以验证混合所有制改革通过优化不同类型国有企业经营目标对其社会责任负担产生影响的机制猜想，详见以下实证检验。

（1）政治及经济动机机制检验。

首先，验证政治动机及经济动机渠道的存在性。采用企业资产盈利率作为企业经营绩效的代理变量，并采用近三年企业经营绩效的标准差与均值的比值作为企业经营绩效波动性的测度，参照现有关于经营绩效的研究文献，在控制企业特征变量及股权结构变量的情况下，对模型（7－2）进行实证回归，结果列示于表7－4中。由表中结果可以看出，国有企业实施混改后，其经营绩效并没有显著增加，*Mix* 的系数虽为正，但不显著。同样，其经营绩效不确定性也没有增加，经营波动性的回归系数虽为负亦不显著。这表明混合所有制改革并不是通过经济或政治动机渠道对国有企业的社会责任负担产生作用。

表7－4　　政治动机及经济动机检验结果

变量	(1)	(2)
	OPE	OPE_VOL
Mix	0.002 (1.045)	−7.304 (−0.495)
SIZE	0.009*** (5.331)	−5.882 (−0.484)
LEV	−0.144*** (−13.340)	−74.468 (−0.947)
GROWTH	0.021*** (5.058)	58.443** (1.972)
CASH	0.143*** (5.087)	−279.673 (−1.359)
TOP1	0.000 (1.022)	−0.442 (−0.442)

续表

变量	(1)	(2)
	OPE	OPE_VOL
_cons	-0.121 (-1.466)	145.981 (0.242)
Year	Yes	Yes
Industry	Yes	Yes
N	9394	9394
R-sq	0.035	0.002

注：括号中为 t 值，***、**、*分别表示在1%、5%、10%的显著性水平显著。

（2）优化不同类型国有企业经营目标的机制检验。

进一步地，我们考察了混改影响国有企业社会责任负担的另一种可能的潜在机制，即混改通过促使不同分类国有企业依据其功能定位承担社会责任，优化了不同分类国有企业的经营目标，提升了国有企业的整体经营效率和承担“更多”社会负担的能力。原则上讲，国有企业作为中国特色社会主义重要物质基础和政治基础，承担社会责任是其重要的经营目标之一。但随着混合所有制改革和分类分层改革推进，承担社会责任的经营目标可能在不同分类的国有企业间进行了优化再分配，在微观企业行为层面表现为混合所有制改革对不同功能分类和行政分层国有企业的社会责任承担的差异性影响。我们分别从功能分类和行政分层国有企业两个维度分别开展检验。

①混改对不同功能分类国有企业社会责任承担的差异性影响检验。

按照理论预期，混合所有制改革的实施能够促使不同功能分类的国有企业在经济发展中承担不同的经营角色。对于竞争类国有企业而言，因其主要处于充分竞争行业和领域，其现代企业制度相对完善。该类国有企业的发展在兼顾社会和政治经营目标的同时，更追求经济效率实现。混改进一步加快了该类国有企业的市场化程度，通过引入非国有性质的股东及管理层，通过组织层级优化简政放权，促使其实现以经济最大化为主的经营目标，为国有经济的发展奠定基础。这就要求该类国有企业“减负”，保证商业竞争类国企“轻装上阵”，实现经济效益最大化；而对于特定功能类和公益类国有企业而言，因其更多地涉及关系国家安全、国民经济命脉的重要行业和关键领域，或者处于自然垄断行业，经营专项业务，承担重大专项任务的行业企业以及以社会效益为主的行业企业，在国有企业混合所有制的推进过程中，其主要目的在于保证国有成分的相对控股及绝对控股地位，保证国有企业国有性质的主导权。这类国有企业虽然也力求改革，但更多的是借由改革更好的承担社会责任，履行其作为政府意志的行政使命，社会及政治目标依然是该类国有企业经营发展的重要目标。对于这类国有企业，就需要承担更多商业竞争类国企“减负”下的重担，甚至承担了更多的社会责任。因此，公益类和特定功能类国有企业在实施混合所有制改革后可能需要承担“更多”的社会责任。这种经营目标的分类优化配置不仅有助于优化国有企业承担社会责任的能力，提升国有企业的整体经营效率，亦有助于其借助分类改革探索国有企业混改的最佳模式。

基于以上分析，我们认为，国有企业实施混改后，其社会责任负担增加的原因在于，混改的实施使得不同功能分类国有企业的经营目标依据其功能定位更加明晰化，社会责任在不同国有企业间发生了转移，通过优化不同分类国有企业的社会经营目标，提升了其承担更多社会责任的能力。同时，考虑到公益类及特定功能类国有企业的行政使命及混改的推行目的及本质，总的来看，混改实施后国有企业的社会责任负担显著增加。按照预期，混改实施后，商业竞争类国有企业的社会责任承担显著减少，而特定功能类和公益类国有企业的社会责任则显著增加，尤其是公益类国有企业，可能承担了“更多”与其功能定位及社会经营目标相匹配的社会责任。

为验证以上猜想，结合前面的方法，参照国资委、财政部及发改委《关于国有企业功能界定与分类的指导意见》文件及魏明海等（2017）等关于国有企业分类的标准，依据证监会行业将样本期内国有上市公司分为商业竞争类、特定功能类和公益类国有企业。并采用子样本对模型（7－3）进行实证回归，以验证国有企业混改影响国有企业社会责任负担的潜在机制。实证结果列示于表7－5中。

表 7－5　　混改对不同功能分类国有企业社会责任的影响差异检验

变量	(1)	(2)	(3)
	CSR	CSR	CSR
	商业竞争类国有企业	特定功能类国有企业	公益类国有企业
Mix	－0.565**	1.087***	2.055***
	(－2.221)	(2.956)	(4.753)
SIZE	6.977***	9.009***	7.206***
	(28.586)	(31.380)	(18.446)
LEV	－11.710***	－15.452***	－5.257**
	(－7.738)	(－6.573)	(－2.103)
ROA	3.759	－9.865	－12.329
	(0.694)	(－1.147)	(－1.407)
GROWTH	－2.096***	－2.688***	－2.163**
	(－3.962)	(－3.836)	(－2.301)
CASH	4.808	4.831	14.825**
	(1.369)	(0.846)	(2.172)
TOP1	0.039**	－0.070***	0.109***
	(2.223)	(－2.828)	(3.620)
INDRATE	－1.527	32.283***	7.048
	(－0.341)	(4.995)	(0.745)
DUAL	0.018	－1.136	3.747**
	(0.024)	(－0.909)	(2.420)
_cons	－138.424***	－182.013***	－156.452***
	(－23.128)	(－19.249)	(－17.541)
Year	Yes	Yes	Yes
Industry	Yes	Yes	Yes
N	4727	3164	1482
R－sq	0.344	0.406	0.441

注：括号中为 *t* 值，***、**、* 分别表示在 1%、5%、10% 的显著性水平显著。

从表 7－5 中实证结果可以看出，混改代理变量 *Mix* 的系数在商业竞争类国有企业中为－0.565，在 5% 的显著性水平上显著为负，而在特定功能类和公益类国有企业中，混改代理变量 *Mix* 的系数分别为 1.087 和 2.055，且均在 1% 的显著性水平上显著为正。这表明混合所有制改革对不同功能分类国有企业社会责任的影响效应存在显著性差异。具体而言，混改显著增加了特定功能类国有企业和公益类国有企业的社会责任承担水平，而显著降低了商业竞争类国有企业的社会责任承担水平。从系数大小看，特定功能类国有企业及公益类国有企业增加的社会责任承担水平显著高于商业竞争类国有企业社会责任的承担水平。这验证了我们的理论预期——混合所有制改革的实施优化了不同功能分类国有企业的经营目标的再分配机制，使得社会经营目标在不同功能分类的国有企业中发生了转移，优化了国有企业的经营效率和整体治理结构，显著提升了国有企业承担更多社会责任的能力。进一步地，考虑到国有企业的"政治属性"，混改实施后国有企业能够发挥更大的使命功能，承担了"更多"的社会责任负担。

为了进一步验证我们的猜想，我们采用不同功能分类国有企业的分组子样本对主检验模型进行重复回归估计。理论上，如果我们以上的预期是合理的，那么，在不同功能分类的国有企业中，混改对国有企业社会责任负担的影响效应是有差异的。实证结果列示于表 7-6 中。

从表 7-6 中实证结果可以看出，混合所有制改革对国有企业社会责任负担的影响效应，仅仅在特定功能类国有企业和公益类国有企业子样本中显著为正，而在商业竞争类国有企业中，则不显著。该结论在一定程度上验证了我们的理论预期，即混合所有制改革的实施，使得国有企业需承担的社会责任在不同功能分类的国有企业中进行了再分配，更多的社会责任由特定功能类国有企业和公益类国有企业承担了。此外，对比表 7-6 中列（2）和列（3）的回归系数大小，我们发现，混改代理变量 *Mix* 的回归系数在公益类国有企业子样本中为 0.177，在 1% 的显著性水平上显著为正，而在特定功能类国有企业子样本中，其回归系数虽然亦在 1% 的显著性水平上显著为正，但数值大小仅为 0.071，显著小于在公益类国有企业子样本中的回归系数。这进一步验证了我们前面提到的，商业竞争类国有企业社会责任的"减负"，更多的社会责任由公益类国有企业承担。因此混改对国有企业社会责任负担的影响效应更大。

表 7-6　混改对不同功能分类国有企业社会责任负担的差异性影响检验

变量	(1)	(2)	(3)
	EXP_CSRIndex	EXP_CSRIndex	EXP_CSRIndex
	商业竞争类国有企业	特定功能类国有企业	公益类国有企业
Mix	-0.002 (-0.125)	0.071*** (2.593)	0.177*** (5.307)
SIZE	0.069*** (3.668)	0.124*** (5.818)	0.098*** (3.235)
LEV	-0.441*** (-3.767)	-0.561*** (-3.215)	-0.183 (-0.950)
ROA	-0.001 (-0.002)	-0.468 (-0.733)	-0.957 (-1.415)
GROWTH	0.015 (0.376)	-0.024 (-0.461)	-0.032 (-0.442)
CASH	-0.169 (-0.621)	-0.334 (-0.787)	-0.004 (-0.007)
TOP1	0.004*** (2.820)	-0.007*** (-3.966)	0.007*** (3.172)
INDRATE	-0.565 (-1.632)	1.591*** (3.315)	0.704 (0.964)
DUAL	-0.026 (-0.426)	-0.046 (-0.497)	0.200* (1.677)
_cons	-1.080** (-2.332)	-3.623*** (-5.161)	-2.600*** (-3.776)
Year	Yes	Yes	Yes
Industry	Yes	Yes	Yes
N	4727	3164	1482
R-sq	0.026	0.053	0.056

注：括号中为 *t* 值，***、**、* 分别表示在 1%、5%、10% 的显著性水平显著。

②混改对不同行政分层国有企业社会责任承担的差异性影响检验。

为进一步从行政分层维度提供进一步的证据，我们按照不同行政分层将全样本分为地方国有企业和中央国有企业两组子样本对我们的理论预期进行检验。

理论上讲，中央国有企业作为国有经济的骨干和支柱，在支撑、引导和带动经济社会发展，发挥国有经济的控制力、影响力、带动力方面，有着不可替代的作用。同样，在稳定社会发展，承担社会责任方面也更具有能力。而地方国有企业虽然也兼任着承担社会责任的经营目标，但考虑到地区经济发展需要，相对于中央国有企业，地方国有企业实施混改对其社会责任承担的影响可能相对较弱，即混改对国有企业社会责任的影响更多地体现在中央国有企业中。即混改实施后，中央国有企业承担了更多的社会责任，而地方国有企业更多地追求经济效益最大化。

基于以上猜想，我们按照预期分组对模型（7－3）进行实证回归，以考察分层维度混改影响国有企业社会责任负担的潜在机制。实证结果列示于表7－7中。从表7－7中的实证结果可以看出，*Mix* 的系数仅在中央国有企业子样本中在1%的显著性水平显著为正，而在地方国有企业中不显著。这表明混合所有制改革的实施，通过明确中央和地方国有企业的社会经营目标，加剧了中央国有企业更多承担社会责任的能力，而对地方国有企业的社会责任承担水平不产生显著影响。这验证了我们的理论预期。

表7－7　混改对不同行政分层国有企业社会责任的差异性影响检验

变量	(1)	(2)
	CSR	CSR
	地方国有企业	中央国有企业
Mix	0.279 (1.227)	0.676** (2.057)
SIZE	7.465*** (37.016)	7.642*** (26.725)
LEV	−14.961*** (−11.038)	−5.938*** (−2.890)
ROA	−11.776** (−2.423)	16.923** (2.329)

续表

变量	(1)	(2)
	CSR	CSR
	地方国有企业	中央国有企业
GROWTH	-1.661 *** (-3.713)	-3.804 *** (-5.227)
CASH	1.743 (0.542)	17.401 *** (3.392)
*TOP*1	0.001 (0.073)	0.030 (1.216)
INDRATE	8.056 * (1.930)	15.883 *** (2.620)
DUAL	0.830 (1.207)	-0.644 (-0.502)
_cons	-148.859 *** (-29.789)	-167.767 *** (-21.961)
Year	Yes	Yes
Industry	Yes	Yes
N	6238	3135
R - sq	0.365	0.439

注：括号中为 *t* 值，***、**、* 分别表示在 1%、5%、10% 的显著性水平显著。

此外，为深入验证我们的理论猜想，我们采用行政分层分组子样本进一步对混合所有制改革与国有企业社会责任负担的差异性影响进行回归估计，实证结果列示于表 7 - 8 中。从表 7 - 8 中实证结果可以看出，混合所有制改革的实施导致中央国有企业的社会责任负担显著提升，而地方国有企业的社会责任负担未发生变化，这进一步验证了我们理论预期。

表 7 - 8　混改对不同行政分层国有企业社会责任负担的差异性影响检验

变量	(1)	(2)
	EXP_CSRIndex	EXP_CSRIndex
	地方国有企业	中央国有企业
Mix	0.027 (1.570)	0.109 *** (4.288)

续表

变量	(1)	(2)
	EXP_CSRIndex	EXP_CSRIndex
	地方国有企业	中央国有企业
SIZE	0.044*** (2.884)	0.087*** (3.954)
LEV	-0.603*** (-5.907)	-0.019 (-0.121)
ROA	-0.330 (-0.903)	0.824 (1.471)
GROWTH	0.077** (2.273)	-0.180*** (-3.213)
CASH	-0.664*** (-2.744)	0.576 (1.456)
*TOP*1	-0.002 (-1.466)	0.001 (0.537)
INDRATE	0.105 (0.333)	0.464 (0.992)
DUAL	-0.003 (-0.050)	0.086 (0.873)
_cons	-0.436 (-1.159)	-2.438*** (-4.139)
Year	Yes	Yes
Industry	Yes	Yes
N	6238	3135
R-sq	0.021	0.092

注：括号中为 t 值，***、**、* 分别表示在1%、5%、10%的显著性水平显著。

基于以上分析，我们发现，混改的实施对国有企业社会责任负担的影响并不是基于政治及经济动机，而是通过调整不同分类国有企业的社会责任承担水平，加剧了国有企业社会责任的转移，通过让不同分类的国有企业依据其功能定位承担相应的社会责任负担，优化了国有企业的社会经营目标。从行政功能看，混改的实施显著提升了国有企业承担社会责任负担的能力，使其承担了更多社会责任负担，这是国有企业作为国民经济的特殊产权属性决定的。而从经营目标看，混改的实施通过优化经营目标，让不同分类的国有企业各司其职，依据其功能行为进行社会经营目标优化，充分盘活国有资本，显著提升了国有企业的整体经营效率。

7.6 进一步检验

7.6.1 企业文化的差异性影响

国有企业承担社会责任除了其作为“国有”产权的经营目标要求外，其承担社会责任的积极性及意愿强度亦可能会对企业的社会责任承担情况产生影响，并进一步对混改与国有企业社会责任负担间的关系产生差异性影响。基于此，我们分别选取公司主页是否设置 CSR 专栏，董事、监事、高管中是否有党员及公司是否对经济、社会、环境负责任的理念、愿景或价值观等作为企业承担社会责任积极性和承担意愿代理变量，通过横截面分析，考察影响混改与国有企业社会责任负担关系的调节因素。

理论上讲，当一家公司在公司主页设置 CSR 专栏及明确表现出承担社会责任的理念、愿景及价值观时，表明该家公司的企业文化更注重社会责任的承担，其承担企业社会责任的积极性和意愿也更强。既有研究表明，企业文化作为一种非正式制度，能够通过它所包含的道德标准、社会规范等潜移默化地影响企业利益相关者的行为（Schein，1985），并最终对企业的行为决策产生影响（靳小翠，2017），且良好的企业文化会促使企业承担更多的社会责任。因此，当公司文化更注重社会责任承担时，表明企业有更强的积极性和意愿承担“更多”社会责任。因此，混改对国有企业社会责任负担的影响效应在有强烈社会责任承担意愿的国有企业中作用更大。

更深层次地，在我国，党代表最广大人民的根本利益，具有更强烈的社会责任感，当国有企业的“董监高”中有党员时，其可能更有动机积极承担社会责任负担。王元芳和李思思（2019）的研究指出，企业基层党组织作为党在企业内部的体现，代表了党和政府的利益，具有社会目标，需要企业增强社会责任帮助其完成社会经营目标。因此，我们预期，当国有企业“董监高”中有党员时，企业承担更多社会责任的积极性及意愿可能更强。

为验证我们的理论预期，按照国有上市公司的主页是否设 CSR 专栏、“董监高”中是否有党员以及是否有社会责任价值和愿景等进行分组检验，以考察企业社会责任承担积极性对混改与国有企业社会责任负担关系的调节效应。实证结果列示于表 7－9 中。

表 7－9　　调节效应检验结果分析

变量	(1)	(2)	(3)	(4)	(5)	(6)
	EXP_CSRIndex	EXP_CSRIndex	EXP_CSRIndex	EXP_CSRIndex	EXP_CSRIndex	EXP_CSRIndex
	未设 CSR 专栏	设 CSR 专栏	无党员	有党员	无理念和愿景	有理念和愿景
Mix	0.030**	0.151***	0.072***	0.112***	0.031***	0.121***
	(2.163)	(4.382)	(6.057)	(3.324)	(3.264)	(4.938)
SIZE	−0.127***	−0.005	−0.114***	−0.025	−0.305***	−0.066***
	(−9.883)	(−0.164)	(−10.769)	(−0.872)	(−33.327)	(−3.070)
LEV	−0.155*	−0.487*	−0.168**	−0.199	0.154***	−0.201
	(−1.946)	(−1.801)	(−2.396)	(−0.918)	(2.837)	(−1.182)
ROA	0.267	0.074	−0.021	0.265	−0.679***	1.534**
	(0.931)	(0.080)	(−0.083)	(0.335)	(−3.512)	(2.507)
GROWTH	0.057**	0.004	0.064***	0.026	0.078***	0.109*
	(2.155)	(0.034)	(2.753)	(0.303)	(4.466)	(1.651)
CASH	−0.558***	0.841	−0.340**	0.697	−0.475***	0.451
	(−2.852)	(1.428)	(−1.997)	(1.326)	(−3.603)	(1.118)
TOP1	−0.000	0.002	−0.001	−0.000	0.001**	−0.001
	(−0.151)	(0.717)	(−0.835)	(−0.085)	(2.274)	(−0.826)
INDRATE	−0.066	−0.635	0.306	0.309	−0.053	−0.383
	(−0.255)	(−1.178)	(1.385)	(0.573)	(−0.292)	(−0.941)

续表

变量	(1)	(2)	(3)	(4)	(5)	(6)
	EXP_CSRIndex	EXP_CSRIndex	EXP_CSRIndex	EXP_CSRIndex	EXP_CSRIndex	EXP_CSRIndex
	未设 CSR 专栏	设 CSR 专栏	无党员	有党员	无理念和愿景	有理念和愿景
DUAL	0.046 (1.032)	-0.157 (-1.330)	0.043 (1.085)	-0.321*** (-3.212)	0.044 (1.403)	-0.199** (-2.506)
_cons	2.497*** (7.376)	1.243 (0.856)	1.275*** (2.784)	1.028 (1.159)	5.908*** (11.136)	2.325*** (3.357)
Year	Yes	Yes	Yes	Yes	Yes	Yes
Industry	Yes	Yes	Yes	Yes	Yes	Yes
N	7663	1710	7374	1999	6008	3365
R-sq	0.037	0.161	0.122	0.138	0.256	0.152

注：括号中为 t 值，***、**、* 分别表示在 1%、5%、10% 的显著性水平显著。

从表 7-9 中的实证结果可以看出，混改对国有企业社会责任负担的影响效应在有无 CSR 承担意愿及积极性的国有企业中均显著为正。但从回归系数的大小比较看，在有承担意愿和承担积极性的国有企业中，混改对企业社会责任承担的影响效应更大。这表明，对于国有企业而言，企业社会责任的承担意愿及积极性只能影响企业承担社会责任的多少，并不是决定企业是否承担社会责任的关键因素。国有企业作为国民经济的主要组成部分，不管其承担意愿是否强烈，其社会经营目标要求其必须承担产权性质赋予的经营使命。

7.6.2 宏观因素的影响

相关研究指出，促使企业承担社会责任的因素有很多，如法律法规、政府行为、媒体监督等外部监督制度（Gainet, 2010；徐莉萍等，2011；张建君，2013），工会和独立董事等内部制度（Sacconi, 2006；Mahmood and Riaz, 2008），以及企业文化等非正式制度等（靳小翠等，2017）。此外，企业是否履行社会责任以及社会责任的履行情况，还受其外部社会制度、经济环境、法律体系、市场机制和企业所在行业、企业规模及所有制形式等因素的影响（陈峻和郑惠琼，2020；金国荣等，2014）。进一步地，还有学者关注了党组织治理等内部治理因素（王元芳和李思思，2019）以及外资持股等外部治理因素（步丹璐等，2021）等的影响效应。可见，企业的治理因素及外部监督制度均会影响企业社会责任的承担。政策变更及经济发展程度可能会引起外部治理环境及监督环境的变化，并进一步对企业社会责任承担情况产生影响。且《2019 年中国国企混改研究报告》指出，党的十八届三中全会以来，国内外经济形势发生了巨大变化，我国经济由高速增长阶段转向高质量发展阶段，国企深化改革进入新时代（任腾飞，2019）。面对国内外经济环境的不确定性，对我国经济深化改革，尤其是国企“混改”提出了新的挑战，也赋予了新的意义。可见，政策变更及经济发展会对国有企业改革进程产生实质性影响。基于此，我们进一步从政策变更和经济发展程度两个维度考察影响混改与国有企业社会责任负担关系的调节因素。

7.6.2.1 政策变更的调节效应

混合所有制改革是贯穿我国国有企业改革进程的一项重要经济体制改革和产权制度改革，是我国国有企业在深化改革进程中的重要实施方向。随着 2013 年 11 月党的十八届三中全会明确提出“积极发展混合所有制经济”，并强调“国有资本、集体资本和非公有资本等交叉持股、相互融合的混合所有制经济是基本经济制度的重要体现形式”。发展混合所有制经济被提升到了经济体制改革的高度，并被赋予新的发展内涵。也就是说，随着政策指引的变更，混合所有制在国有企业改革中的作用及地位也发生了变化，这可能会对混改的经济后果产生影响。相关研究指出，《中共中央关于全面深化改革若干重大问题的决定》《中共中央、国务院关于深化国有企业改革的指导意见》等文件的出台，标志着国有企业进入深化改革与规范治理结构的重要阶段（祁怀锦等，2019）。因此，我们选取十八届三中全会第一次提出政策变更为分组节点将全样本分为政策变更前和政策变更后两个子样本，并对主检验结论进行重复检验，实证结果列示于表 7－10 中。

表 7-10　　政策变更的影响结果分析

变量	(1)	(2)
	EXP_CSRIndex	EXP_CSRIndex
	政策变更前	政策变更后
Mix	0.075*** (4.218)	0.040* (1.853)
SIZE	-0.045*** (-2.930)	0.182*** (9.924)
LEV	-0.215** (-2.013)	-0.692*** (-5.322)
ROA	0.602 (1.540)	-0.512 (-1.114)
GROWTH	0.036 (1.007)	-0.033 (-0.740)
CASH	-0.199 (-0.794)	-0.467 (-1.433)
*TOP*1	-0.000 (-0.240)	0.001 (0.611)
INDRATE	0.326 (0.978)	0.548 (1.441)
DUAL	0.091 (1.492)	-0.070 (-1.032)
_cons	0.406 (0.699)	-5.461*** (-3.676)
Year	Yes	Yes
Industry	Yes	Yes
N	4092	5281
R-sq	0.021	0.038

注：括号中为 *t* 值，***、**、* 分别表示在 1%、5%、10% 的显著性水平显著。

从表 7-10 中的实证结果可以看出，政策变更前后，混改对国有企业社会责任负担的影响效应均表现出明显的提升作用。但从系数大小及显著性看，政策变更后，混改对国有企业社会责任负担的影响效应相对较小。具体而言，在政策变更前子样本组中，混改代理变量 *Mix* 的回归系数为0.075，在1%的显著性水平上显著为正；而在政策变更后的子样本组中，混改代理变量 *Mix* 的回归系数为0.040，仅在10%的显著性水平上显著为正。其可能的原因在于，随着混改的推进，国有企业经营效率得到显著提升，政策变更能够发挥的作用相对有限。

7.6.2.2 宏观经济状况的调节效应

进一步地，我们深入考察了经济发展程度对混改与国有企业社会责任负担关系的调节效应。具体而言，当宏观经济不景气时，国民经济下行，国有企业肩负的社会经营目标更重。其原因在于，宏观经济不景气增加了经济环境的不确定性，加剧了企业生产和经营的外部环境不确定性（张宇杰，2015），不仅增加了政府通过宏观调控救市的可能性，也显著增加了国有企业需要承担的社会责任水平。反之，当宏观经济景气时，国民经济处于上行期，企业经营效率得到提升，政府需要解决的社会问题较少，国有企业的社会责任负担会相对较少。基于此，参照王元芳和李思思（2019），选取宏观经济景气一致指数作为宏观经济发展状况的代理变量，并按照是否高于其样本中位数将全样本分为经济景气子样本和经济不景气子样本。并利用分组样本对主检验结论进行分组考察，以探究经济发展程度对混改与国有企业社会责任负担关系的调节效应。实证结果列示于表7-11中。

表7-11　　经济景气指数的影响结果分析

变量	(1)	(2)
	EXP_CSRIndex	EXP_CSRIndex
	经济不景气	经济景气
Mix	0.063*** (3.093)	0.052*** (2.601)
SIZE	0.112*** (6.417)	0.045*** (2.605)

续表

变量	(1)	(2)
	EXP_CSRIndex	EXP_CSRIndex
	经济不景气	经济景气
LEV	-0.554 *** (-4.515)	-0.309 ** (-2.556)
ROA	0.406 (0.928)	-0.573 (-1.316)
GROWTH	-0.010 (-0.222)	0.004 (0.112)
CASH	-0.730 ** (-2.347)	0.219 (0.782)
*TOP*1	0.001 (0.514)	-0.001 (-0.479)
INDRATE	0.318 (0.872)	0.584 (1.589)
DUAL	-0.034 (-0.528)	0.034 (0.506)
_cons	-3.069 *** (-3.516)	-1.652 ** (-2.099)
Year	Yes	Yes
Industry	Yes	Yes
N	5243	4130
R-sq	0.030	0.029

注：括号中为 t 值，***、**、* 分别表示在 1%、5%、10% 的显著性水平显著。

从表 7-11 中的结果可以看出，经济发展程度对混改与国有企业社会责任负担的关系没有显著的差异性影响，混改均在 1% 的显著性水平上显著增加了国有企业社会责任负担。但从系数大小比较看，当经济不景气时，混改对国有企业社会责任负担的影响效应更大。这也进一步验证了我们的猜想，当经济不景气时，国有企业需要配合政府进行市场调控，维稳社会发展，因此需要承担更多社会责任负担；当经济景气时，混改对国有企业社会责任负担的影响效应相对较小，这是由我国国有企业的政治及社会属性决定的。

7.6.3　微观特征的影响

我们还进一步从企业特征层面挖掘了影响混改与国有企业社会责任负担关系的调节因素。具体而言，我们深入考察了国有企业的股利政策、融资约束及可持续增长率等对混改与国有企业社会责任负担关系的异质性影响效应。

7.6.3.1　现金股利的调节效应

现有文献指出，外资股东为了尽早实现资金回笼，会更青睐股利支付水平较高的企业（Kim et al.，2010；Jeon et al.，2011；步丹璐等，20201）。也就是说，股利政策作为企业吸引外部投资者的重要支付方式，现金股利政策的推行更可能会吸引战略投资者及外部投资者参与国有企业的混改决策中，这可能会对国有企业混合所有制改革的经济后果产生直接影响。且国有企业实施现金股利政策，在一定程度上表明国有企业的经营业绩优异，经营前景较好，不仅保证了非国有股东支持其社会经营目标的实现，也有一定的经济实力承担更多社会责任。

基于此，我们参照周县华等（2012）及步丹璐等（2021）的做法，构建“是否支付现金股利”哑变量（*DIV*），若国有企业在当年支付现金股利，则 *DIV* 赋值为1，否则赋值为0。并按照是否支付现金股利子样本对主假设进行回归估计。实证结果列示于表7－12中。

表7－12　现金股利的调节效应结果分析

变量	(1)	(2)
	EXP_CSRIndex	EXP_CSRIndex
	不支付现金股利	支付现金股利
Mix	0.024 (1.187)	0.070*** (3.828)
SIZE	-0.165*** (-9.996)	0.188*** (10.800)

续表

变量	(1)	(2)
	EXP_CSRIndex	EXP_CSRIndex
	不支付现金股利	支付现金股利
LEV	-0.116 (-1.211)	-0.585*** (-4.362)
ROA	-0.860*** (-2.771)	0.836 (1.380)
GROWTH	0.062** (1.965)	-0.065 (-1.449)
CASH	-0.704*** (-2.695)	-0.132 (-0.446)
*TOP*1	0.002 (1.513)	-0.001 (-0.610)
INDRATE	0.702* (1.923)	-0.072 (-0.213)
DUAL	-0.047 (-0.741)	-0.003 (-0.041)
_cons	2.759*** (4.030)	-4.166*** (-6.639)
Year	Yes	Yes
Industry	Yes	Yes
N	2957	6416
R-sq	0.074	0.049

注：括号中为 *t* 值，***、**、* 分别表示在 1%、5%、10% 的显著性水平显著。

从表 7-12 中的实证结果可以看出，在不支付现金股利的国有企业子样本中，混改代理变量 *Mix* 的回归系数虽为正，但不显著。而在支付现金股利的国有企业子样本组中，混改代理变量 *Mix* 的回归系数为 0.070，在 1% 的显著性水平上显著为正，验证了我们的理论预期。即国有企业混合所有制改革对其社会责任负担的影响效应在支付现金股利的国有企业子样本中更显著。

7.6.3.2　融资约束的调节效应

相关研究指出，企业所面临的融资约束程度会影响到其融资能力和自由现金流水平，甚至会促使企业基于预防性动机选择保守的社会责任政策，并最终对企业社会责任的履行产生影响（陈峻和郑惠琼，2020）。因此，我们有理由认为，国有企业面临的融资约束程度在一定程度上会对混改与国有企业社会责任负担的关系产生差异性影响。基于此，参照 Hadlock 和 Pierce（2010）关于 SA 指标的测度方法，测算企业融资约束的代理变量，按照是否高于样本期内融资约束的年度中位数将其分为融资约束较低子样本组和融资约束较高子样本组，并利用分组样本对主检验结果进行重复回归，实证结果列示于表 7－13 中。

表 7－13　　融资约束的调节效应结果分析

变量	(1)	(2)
	EXP_CSRIndex	EXP_CSRIndex
	融资约束低	融资约束高
Mix	0.015 (0.916)	0.081*** (3.513)
SIZE	−0.199*** (−8.661)	0.368*** (14.347)
LEV	0.021 (0.257)	−1.048*** (−5.931)
ROA	−0.286 (−0.999)	1.698*** (2.596)
GROWTH	0.054* (1.661)	−0.026 (−0.544)
CASH	−0.190 (−0.885)	−0.448 (−1.220)
TOP1	0.002* (1.950)	−0.002 (−1.265)

续表

变量	(1)	(2)
	EXP_CSRIndex	EXP_CSRIndex
	融资约束低	融资约束高
INDRATE	0.049 (0.156)	-0.126 (-0.322)
DUAL	0.053 (1.116)	-0.120 (-1.469)
_cons	3.859 *** (7.367)	-8.291 *** (-10.253)
Year	Yes	Yes
Industry	Yes	Yes
N	4660	4713
R-sq	0.043	0.102

注：括号中为 t 值，***、**、* 分别表示在1%、5%、10%的显著性水平显著。

从表7-13中的实证结果可以看出，在融资约束较低的国有企业子样本组中，混改代理变量 *Mix* 的回归系数虽为正，但不显著。而在融资约束较高的国有企业子样本组中，混改代理变量 *Mix* 的回归系数为0.081，在1%的显著性水平上显著为正。这表明，融资约束对主检验的结论存在差异性调节效应，且混改对国有企业社会责任负担的影响效应主要体现在融资约束较高的国有企业子样本中。这种差异性影响的原因可能在于，当国有企业面临较强的融资约束时，其更有动机通过承担更多的社会责任从上级政府处获得税收优惠、管制放松及融资便利等（李姝等，2014；胡旭阳，2006；罗党论等，2009；吴文锋等，2009）。基于该政治动机，混改对国有企业社会责任负担的影响效应在融资约束较高的国有企业子样本中更显著，这与我国国有企业在融资方面的产权性质优势相符。

7.6.3.3 可持续增长率的调节效应

我们还考察了企业可持续增长率对混合所有制改革与国有企业社会责任负担关系的调节效应。参照 De Angelo 等（2006）、Denis 和 Osobov（2008）、罗琦和李辉（2015）关于留存收益股权比的测度，我们采用该指标作为企业可持续增长率的代理变量，并按照是否高于其年度中位数，将全样本分为可持续增长率较高子样本和可持续增长率较低子样本组。通过对主检验结论进行分组回归，考察可持续增长率对混改与国有企业社会责任负担关系的调节效应。实证结果列示于表7-14中。从表7-14的实证结果可以看出，混合所有制改革的代理变量 *Mix* 的回归系数仅在可持续增长率较高的子样本组中显著为正。这表明，国有企业的可持续增长率会对混改与国有企业社会责任负担间的关系产生显著的差异性影响。

表7-14　可持续增长率的调节效应结果分析

变量	(1)	(2)
	EXP_CSRIndex	EXP_CSRIndex
	可持续增长率低	可持续增长率高
Mix	0.015 (0.770)	0.081*** (3.808)
SIZE	-0.031* (-1.953)	0.168*** (8.648)
LEV	-0.465*** (-4.573)	-0.291* (-1.955)
ROA	-1.057*** (-2.810)	-0.082 (-0.148)
GROWTH	0.031 (0.962)	0.020 (0.361)
CASH	-0.014 (-0.050)	-0.677** (-2.088)
*TOP*1	0.000 (0.091)	-0.001 (-0.755)
INDRATE	-0.005 (-0.016)	1.071*** (2.689)
DUAL	-0.048 (-0.781)	-0.016 (-0.228)

续表

变量	(1)	(2)
	EXP_CSRIndex	EXP_CSRIndex
	可持续增长率低	可持续增长率高
_cons	0.758* (1.849)	-4.307*** (-7.133)
Year	Yes	Yes
Industry	Yes	Yes
N	4635	4738
R-sq	0.028	0.054

注：括号中为 *t* 值，***、**、* 分别表示在1%、5%、10%的显著性水平显著。

7.7 经济后果检验

随着《中央企业负责人经营业绩考核暂行办法》的正式施行，经济增加值（EVA）成为中央企业业绩考核的核心指标（李斌等，2020）。在此之前，我国的国有企业绩效考核以传统的财务指标作为主要的业绩考核标准。直到2007年，国务院国有资产监督管理委员会（以下简称国资委）基于提升国有资本管理效率的目的，创造性地提出在部分中央企业中试点实施经济增加值（Economic Value Added，EVA）考核计划。所谓经济增加值即在现有绩效考核体制内将资本成本纳入成本核算体系，关注税后净利润减去债务及股本成本后的收入所得。即认为除了债务有成本外，资本也是有成本的，占用资本的成本也应该从经营利润中减除，这样才能刻画出公司真正的"经济"价值。在这种考评体制下，对国有企业的投资经营提出了更高的要求，同时更注重扣除资本成本后的经济效益。该考评体系于2010年在中央及其下属国有企业中全面推行，这也必然会对国有企业的行为决策产生根本性的影响。尤其是国有企业社会责任，作为一种使命任务，国有企业社会责任的最优区间是由其使命功能确定的，不同类型的国有企业只有依据其功能定位承担不同水平的社会责任，才能最大化国有企业的经营效率。若国有企业承担了超出其功能范围的社会责任，则可能会损害其 EVA 考核绩效。反之，则表明企业的经营效率较高，有助于企业 EVA 绩效的提升。

基于以上分析，结合主检验及分层分类治理检验的结论，我们预期，国有企业实施混合所有制改革在一定程度上优化了国有企业的经营目标分配，这有助于国有企业整体 EVA 绩效考核的提升。但由于社会经营目标在不同功能分类的国有企业间发生了调整，特定功能类国有企业和公益类国有企业承担了更多的社会责任。因此，混改实施后，EVA 考核绩效的提升仅仅体现在商业竞争类国有企业中，特定功能类国有企业和公益类国有企业的 EVA 绩效并不会得到显著提升。同样地，在国有企业的分层治理层面，相较于中央国有企业的 EVA 绩效，地方国有企业的 EVA 绩效提升更显著。

7.7.1　混改经济后果的检验

按照预期，混合所有制改革的实施能够显著增加国有企业的 EVA 考核绩效，且该效应更多地体现在商业竞争类国有企业和地方国有企业子样本中。为验证理论预期，我们从 CSMAR 数据库获取国有企业 EVA 绩效考评数据，分别选用国有企业 EVA 和人均 EVA（EVA/职工人数）作为国有企业 EVA 考评绩效的代理变量，并通过构建如下模型（7－5），通过实证回归分析考察国有企业实施混合所有制改革的经济后果。

$$EVA\_Index_{i,t} = \alpha + \beta Mix_{i,t} + \gamma Controls_{i,t} + \delta + \tau + \varepsilon \qquad (7-5)$$

其中，*EVA_Index* 包括 *EVA* 和人均 *EVA*（*EVA_Average*）两个主要指标，是国有企业 i 在第 t 年末的 EVA 考核绩效；*Mix* 是国有企业混合所有制改革代理变量；*Controls* 是控制变量，主要包括可能会影响企业绩效考核的公司层面基本特征变量，如公司规模（*SIZE*）、公司财务杠杆（*LEV*）及企业价值（*TOBINQ*）等。其中公司规模和公司财务杠杆与主检验模型中的测度方法一致，TOBINQ 为国有企业当期总市值与总资产的比值。此外，为防止行业及年份层面不可观测因素对实证结论的影响，我们还在模型中控制了年份（τ）及行业（δ）固定效应。通过对模型（7－3）进行多元线性回归分析，实证结果列示于表7－15中。

从表7－15中的实证结果可以看出，混改代理变量*Mix*的回归系数在至少10%（或5%）的显著性水平上显著为正。这表明，国有企业实施混合所有制改革能够显著提升其EVA绩效，为混合所有制改革在微观企业层面的行为治理效应提供了实证佐证。

表7－15　　混合所有制改革经济后果检验

变量	(1)	(2)
	EVA	EVA_Average
Mix	0.398** (2.098)	0.212* (1.947)
SIZE	3.863*** (23.676)	2.238*** (23.915)
LEV	－27.190*** (－26.880)	－15.777*** (－27.189)
TOBINQ	0.842*** (8.402)	0.446*** (7.748)
_cons	－92.364*** (－11.534)	－55.581*** (－12.099)
Year	Yes	Yes
Industry	Yes	Yes
N	9364	9364
R－sq	0.126	0.128

注：括号中为*t*值，***、**、*分别表示在1%、5%、10%的显著性水平显著。

7.7.2　不同功能分类国有企业经济后果差异

为进一步验证我们前面的猜想，即国有企业实施混改后，其社会责任发生了转移。具体而言，实施混改后，商业竞争类国有企业因引入了战略投资者等非国有成分，通过优化股权结构、高层治理结构以及组织结构，在更大程度上实现了“简政放权”和市场化经营。这在一定程度上使得商业竞争类国有企业在实施混改后更多地以经济经营目标为主，其社会经营目标被适当“减负”，从而显著优化了经营效率和资本保值增值能力。而特定功能类国有企业和公益类国有企业因其功能分类要求其保证国有性质的主导地位，混合所有制改革的治理功能在一定程度上不能发挥作用。且考虑到国有企业的经营目标的多重性，特定功能类国有企业和公益类国有企业承担了更多的社会责任，从而导致其资本利用率不高。这直接导致混改对其EVA绩效的效用不显著。

基于以上猜想，按照前面的功能分类标准，参照国资委、财政部及发改委《关于国有企业功能界定与分类的指导意见》文件及魏明海等（2017）等关于国有企业分类的标准，依据证监会行业将样本期内国有上市公司分为商业竞争类、特定功能类和公益类国有企业。并采用子样本对主检验结论进行重复回归，以验证我们在前面的猜想。实证结果列示于表7-16中。

从表7-16中的结果可以看出，混合所有制改革代理变量*Mix*的回归系数仅在商业竞争类国有企业中显著为正，在特定功能类国有企业和公益类国有企业中均不显著，验证了我们的理论猜想，亦与我国国有企业的发展现状相符。

表7-16　　　　不同分类国有企业的经济后果差异

变量	(1)	(2)	(3)	(4)	(5)	(6)
	EVA	EVA	EVA	EVA_Avege	EVA_Avege	EVA_Avege
	商业竞争类	特定功能类	公益类	商业竞争类	特定功能类	公益类
Mix	0.483*	-0.063	0.200	0.290*	-0.057	0.052
	(1.854)	(-0.184)	(0.451)	(1.906)	(-0.295)	(0.204)
SIZE	5.217***	3.287***	5.470***	3.069***	1.874***	3.132***
	(20.205)	(12.717)	(13.483)	(20.341)	(12.938)	(13.518)
LEV	-24.770***	-33.058***	-18.392***	-14.567***	-18.815***	-10.692***
	(-18.125)	(-17.045)	(-7.522)	(-18.243)	(-17.314)	(-7.657)

续表

变量	(1)	(2)	(3)	(4)	(5)	(6)
	EVA	EVA	EVA	EVA_Avege	EVA_Avege	EVA_Avege
	商业竞争类	特定功能类	公益类	商业竞争类	特定功能类	公益类
TOBINQ	2.826*** (12.523)	0.877*** (4.571)	0.219 (1.606)	1.608*** (12.196)	0.477*** (4.436)	0.072 (0.919)
_cons	-124.749*** (-18.741)	-82.665*** (-8.876)	-100.751*** (-11.434)	-72.862*** (-18.734)	-49.310*** (-9.449)	-57.615*** (-11.449)
Year	Yes	Yes	Yes	Yes	Yes	Yes
Industry	Yes	Yes	Yes	Yes	Yes	Yes
N	4708	3161	1495	4708	3161	1495
R-sq	0.152	0.158	0.156	0.151	0.160	0.159

注：括号中为 *t* 值，***、**、* 分别表示在1%、5%、10%的显著性水平显著。

7.7.3 不同行政分层国有企业经济后果差异

此外，我们还深入考察了分层治理层面国有企业社会责任转移的可能性。原则上讲，混合所有制改革实施后，国有企业的股权结构、高层治理结构及组织结构都更加完善，其内部治理结构和内部治理水平都更加优化，这有助于国有企业资本效率的提升，从而显著提升其EVA绩效。但由于地方国有企业承担了较少的社会责任负担，导致中央国有企业承担了更多的社会责任负担。因此，可能会导致实施混改后，地方国有企业的EVA绩效显著提升，而中央国有企业的EVA绩效并没有明显变化。

基于以上分析，参照前面的分组及估计方法，我们将样本按照国有企业所属的不同层级分为地方国有企业子样本组和中央国有企业子样本组，并采用分组子样本对模型（7-3）进行重复回归，回归结果列示于表7-17中。从表7-17中的结果可以看出，正如前面猜想，混改代理变量 *Mix* 的回归系数在地方国有企业子样本中在1%（或5%）的显著性水平上显著为正，而在中央国有企业子样本中不显著。这进一步表明，混合所有制改革后，不同分层的国有企业其经营目标发生了调整，中央国有企业作为国有企业发展的基础和主导，其承担了更多的社会经营目标，而地方国有企业因地区经济发展需求，承担了较少的社会责任，使得社会责任在地方和国有企业间发生转移，并最终导致混改后地方国有企业的 EVA 绩效显著增加，而中央国有企业的 EVA 绩效没有显著变化。

表 7－17　不同分层国有企业的经济后果差异

变量	(1)	(2)	(3)	(4)
	EVA	EVA	EVA_Avege	EVA_Avege
	地方国有企业	中央国有企业	地方国有企业	中央国有企业
Mix	0. 613 *** (2. 635)	－0. 012 (－0. 037)	0. 319 ** (2. 370)	0. 007 (0. 040)
SIZE	4. 677 *** (22. 545)	2. 941 *** (10. 045)	2. 754 *** (22. 932)	1. 640 *** (9. 953)
LEV	－27. 795 *** (－22. 838)	－24. 754 *** (－13. 390)	－16. 344 *** (－23. 199)	－14. 034 *** (－13. 486)
TOBINQ	0. 854 *** (8. 053)	1. 352 *** (4. 577)	0. 463 *** (7. 543)	0. 702 *** (4. 222)
_cons	－105. 171 *** (－12. 777)	－75. 247 *** (－8. 720)	－62. 498 *** (－13. 116)	－41. 892 *** (－8. 625)
Year	Yes	Yes	Yes	Yes
Industry	Yes	Yes	Yes	Yes
N	6219	3145	6219	3145
R－sq	0. 155	0. 110	0. 157	0. 112

注：括号中为 t 值，***、**、* 分别表示在 1%、5%、10% 的显著性水平显著。

7.8 稳健性检验

为保证实证结论的稳健性，我们开展了一系列稳健性检验，以保证我们实证结论的准确度。

7.8.1 调整自变量的测度方法

为保证自变量测度方法的稳健性，基于现有相关研究仅采用“股权结构和高层治理结构”两个维度来测度混合所有制改革，通过构建两维度综合指标进行稳健性检验，结果列示于表7－18至表7－20中。从表7－18至表7－20中的结果可以看出，*Mix*的系数显著为正，与主检验结论一致，验证了指标测度的稳健性。其次，考虑到不可观测因素导致的可能影响实证结论稳健性的情况，本章考虑将混改代理变量进行滞后处理，分别滞后一期和两期对主假设进行重复回归检验，实证结果列示于表7－18至表7－20中。从表中的结果可以看出，不管是滞后一期还是滞后两期，混改代理变量*Mix*的回归系数均在1%的显著性水平上显著为正，与我们的主检验假设结论基本一致，进一步验证了我们的实证结果是稳健的。

表7－18　　自变量滞后期调整回归结果分析（主检验）

变量	(1)	(2)	(3)
	EXP_CSRIndex	EXP_CSRIndex	EXP_CSRIndex
	二维度综合指标	滞后一期	滞后两期
*Mix*1	0.058*** (4.054)		
*Mix*2		0.065*** (4.253)	
*Mix*3			0.062*** (3.690)
SIZE	0.081*** (6.564)	0.100*** (7.558)	0.129*** (8.912)
LEV	−0.439*** (−5.068)	−0.495*** (−5.279)	−0.608*** (−5.885)
ROA	−0.042 (−0.136)	−0.033 (−0.095)	0.014 (0.037)

续表

变量	(1)	(2)	(3)
	EXP_CSRIndex	EXP_CSRIndex	EXP_CSRIndex
	二维度综合指标	滞后一期	滞后两期
GROWTH	-0.001 (-0.038)	-0.009 (-0.272)	-0.026 (-0.728)
CASH	-0.247 (-1.173)	-0.337 (-1.464)	-0.518 ** (-2.026)
*TOP*1	0.000 (0.136)	0.000 (0.034)	-0.000 (-0.305)
INDRATE	0.418 (1.602)	0.455 (1.638)	0.405 (1.339)
DUAL	-0.006 (-0.136)	-0.010 (-0.200)	-0.031 (-0.560)
_cons	-2.488 *** (-4.217)	-2.752 *** (-4.183)	-2.895 *** (-6.902)
Year	Yes	Yes	Yes
Industry	Yes	Yes	Yes
N	9373	8425	7429
R-sq	0.027	0.030	0.034

注：括号中为 t 值，***、**、* 分别表示在1%、5%、10%的显著性水平显著。

表7-19　自变量滞后期调整回归结果分析（分类治理）

变量	(1)	(2)	(3)	(4)	(5)	(6)	(7)	(8)	(9)
	EXP_CSRIndex	EXP_CSRIndex	EXP_CSRIndex	EXP_CSRIndex	EXP_CSRIndex	EXP_CSRIndex	EXP_CSRIndex	EXP_CSRIndex	EXP_CSRIndex
	二维度综合指标			滞后一期			滞后两期		
	商业竞争类	特定功能类	公益类	商业竞争类	特定功能类	公益类	商业竞争类	特定功能类	公益类
	-0.003 (-0.153)	0.067 ** (2.476)	0.174 *** (5.240)						
*Mix*1				0.007 (0.317)	0.084 *** (2.928)	0.158 *** (4.430)			

续表

变量	(1)	(2)	(3)	(4)	(5)	(6)	(7)	(8)	(9)
	EXP_CSRIndex	EXP_CSRIndex	EXP_CSRIndex	EXP_CSRIndex	EXP_CSRIndex	EXP_CSRIndex	EXP_CSRIndex	EXP_CSRIndex	EXP_CSRIndex
	二维度综合指标			滞后一期			滞后两期		
	商业竞争类	特定功能类	公益类	商业竞争类	特定功能类	公益类	商业竞争类	特定功能类	公益类
Mix2							-0.017 (-0.737)	0.103 *** (3.299)	0.173 *** (4.444)
SIZE	0.069 *** (3.666)	0.124 *** (5.817)	0.098 *** (3.239)	0.086 *** (4.218)	0.149 *** (6.519)	0.101 *** (3.153)	0.120 *** (5.361)	0.170 *** (6.869)	0.141 *** (3.984)
LEV	-0.441 *** (-3.768)	-0.561 *** (-3.212)	-0.190 (-0.984)	-0.514 *** (-4.034)	-0.653 *** (-3.487)	-0.138 (-0.657)	-0.643 *** (-4.528)	-0.741 *** (-3.656)	-0.294 (-1.271)
ROA	-0.001 (-0.002)	-0.468 (-0.733)	-0.969 (-1.432)	-0.129 (-0.279)	-0.550 (-0.800)	-0.410 (-0.528)	-0.081 (-0.161)	-0.592 (-0.811)	-0.342 (-0.403)
GROWTH	0.015 (0.376)	-0.024 (-0.463)	-0.031 (-0.423)	0.015 (0.320)	-0.031 (-0.540)	-0.056 (-0.696)	-0.000 (-0.003)	-0.045 (-0.708)	-0.077 (-0.889)
CASH	-0.169 (-0.621)	-0.331 (-0.780)	0.012 (0.022)	-0.254 (-0.849)	-0.217 (-0.474)	-0.408 (-0.690)	-0.416 (-1.238)	-0.382 (-0.768)	-0.686 (-1.047)
TOP1	0.004 *** (2.818)	-0.007 *** (-3.995)	0.007 *** (3.112)	0.004 ** (2.535)	-0.008 *** (-3.847)	0.007 *** (2.833)	0.004 ** (2.196)	-0.008 *** (-3.812)	0.008 *** (2.795)
INDRATE	-0.565 (-1.633)	1.591 *** (3.315)	0.704 (0.963)	-0.512 (-1.391)	1.544 *** (3.016)	0.561 (0.715)	-0.657 (-1.629)	1.579 *** (2.843)	0.879 (1.031)
DUAL	-0.026 (-0.425)	-0.046 (-0.499)	0.202 * (1.689)	-0.026 (-0.403)	-0.052 (-0.528)	0.243 * (1.852)	-0.029 (-0.404)	-0.090 (-0.854)	0.173 (1.239)
_cons	-1.080 ** (-2.330)	-3.624 *** (-5.162)	-2.599 *** (-3.772)	-1.398 *** (-2.815)	-3.537 *** (-6.623)	-2.717 *** (-3.711)	-2.886 *** (-5.317)	-3.886 *** (-6.772)	-3.382 *** (-4.137)
Year	Yes	Yes	Yes	Yes	Yes	Yes	Yes	Yes	Yes
Industry	Yes	Yes	Yes	Yes	Yes	Yes	Yes	Yes	Yes
N	4727	3164	1482	4227	2874	1324	3722	2547	1160
R-sq	0.026	0.053	0.056	0.027	0.057	0.055	0.031	0.061	0.067

注：括号中为 t 值，***、**、* 分别表示在1%、5%、10%的显著性水平显著。

表7-20　　自变量滞后期调整回归结果分析（分层治理）

变量	(1)	(2)	(1)	(2)	(3)	(4)
	EXP_CSRIndex	EXP_CSRIndex	EXP_CSRIndex	EXP_CSRIndex	EXP_CSRIndex	EXP_CSRIndex
	二维度综合指标		滞后一期		滞后两期	
	中央国有企业	地方国有企业	中央国有企业	地方国有企业	中央国有企业	地方国有企业
*Mix*1	0.026 (1.539)	0.106 *** (4.199)				
*Mix*2			0.028 (1.514)	0.124 *** (4.592)		
*Mix*3					0.018 (0.899)	0.125 *** (4.283)
SIZE			0.061 *** (3.757)	0.102 *** (4.319)	0.097 *** (5.410)	0.124 *** (4.805)
LEV	0.044 *** (2.881)	0.087 *** (3.954)	-0.674 *** (-6.073)	-0.058 (-0.343)	-0.801 *** (-6.549)	-0.167 (-0.891)
ROA	-0.603 *** (-5.911)	-0.022 (-0.136)	-0.384 (-0.939)	1.097 * (1.823)	-0.251 (-0.564)	1.038 (1.611)
GROWTH	-0.331 (-0.903)	0.822 (1.467)	0.088 ** (2.275)	-0.210 *** (-3.417)	0.075 * (1.763)	-0.236 *** (-3.620)
CASH	0.077 ** (2.274)	-0.180 *** (-3.202)	-0.701 *** (-2.614)	0.345 (0.813)	-0.953 *** (-3.194)	0.271 (0.577)
*TOP*1	-0.663 *** (-2.741)	0.582 (1.472)	-0.002 (-1.623)	0.002 (0.881)	-0.002 * (-1.683)	0.001 (0.481)
INDRATE	-0.002 (-1.477)	0.001 (0.500)	0.180 (0.536)	0.469 (0.949)	0.185 (0.502)	0.472 (0.879)
DUAL	0.104 (0.331)	0.463 (0.990)	-0.003 (-0.055)	0.078 (0.715)	-0.006 (-0.103)	0.021 (0.178)
_cons	-0.003 (-0.051)	0.085 (0.864)	-0.740 * (-1.836)	-3.251 *** (-4.189)	-1.154 ** (-2.526)	-3.737 *** (-4.261)
Year	Yes	Yes	Yes	Yes	Yes	Yes
Industry	Yes	Yes	Yes	Yes	Yes	Yes
N	-0.435	-2.438 ***	5578	2847	4910	2519
R-sq	(-1.155)	(-4.138)	0.025	0.090	0.029	0.087

注：括号中为 t 值，***、**、* 分别表示在1%、5%、10%的显著性水平显著。

7.8.2 社会责任负担测度的调整

我们尝试采用 CSMAR 数据库中企业社会责任承担相关变量作为企业社会责任的代理变量，并采用模型（7－2）测算社会责任负担的方法更换企业社会责任负担的测度，并对主检验模型进行稳健性测试，实证结果列示于表 7－21 至表 7－23 中。从表中的结果可以看出，更换社会责任负担的指标测度后，我们的实证结论依然存在，且与主检验结论一致。

表 7－21　调整因变量测度的稳健性检验结果分析（主检验）

变量	(1)
	EXP_CSR
Mix	0.057 *** (3.963)
SIZE	0.082 *** (6.675)
LEV	－0.445 *** (－5.145)
ROA	－0.020 (－0.065)
GROWTH	0.001 (0.026)
CASH	－0.254 (－1.208)
*TOP*1	0.000 (0.036)
INDRATE	0.400 (1.536)
DUAL	－0.007 (－0.142)
_*cons*	－2.403 *** (－4.076)

续表

变量	(1)
	EXP_CSR
Year	Yes
Industry	Yes
N	9373
R - sq	0.025

注：括号中为 t 值，***、**、* 分别表示在 1%、5%、10% 的显著性水平显著。

表 7-22　调整因变量测度的稳健性检验结果分析（分类治理）

变量	(1)	(2)	(3)
	EXP_CSR	EXP_CSR	EXP_CSR
	商业竞争类	特定功能类	公益类
Mix	-0.004 (-0.208)	0.068** (2.470)	0.173*** (5.191)
SIZE	0.071*** (3.739)	0.125*** (5.848)	0.101*** (3.354)
LEV	-0.456*** (-3.896)	-0.558*** (-3.189)	-0.178 (-0.928)
ROA	0.021 (0.051)	-0.392 (-0.612)	-0.977 (-1.451)
GROWTH	0.019 (0.468)	-0.023 (-0.434)	-0.027 (-0.373)
CASH	-0.201 (-0.738)	-0.286 (-0.674)	-0.008 (-0.016)
TOP1	0.004*** (2.765)	-0.008*** (-4.113)	0.007*** (3.116)
INDRATE	-0.586* (-1.694)	1.577*** (3.280)	0.665 (0.913)
DUAL	-0.031 (-0.513)	-0.045 (-0.489)	0.209* (1.759)

续表

变量	(1)	(2)	(3)
	EXP_CSR	EXP_CSR	EXP_CSR
	商业竞争类	特定功能类	公益类
_cons	-1.088** (-2.350)	-3.499*** (-4.976)	-2.675*** (-3.900)
Year	Yes	Yes	Yes
Industry	Yes	Yes	Yes
N	4727	3164	1482
R-sq	0.026	0.043	0.056

注：括号中为 *t* 值，***、**、* 分别表示在1%、5%、10%的显著性水平显著。

表7-23　调整因变量测度的稳健性检验结果分析（分层治理）

变量	(1)	(2)
	EXP_CSR	EXP_CSR
	地方国有企业	中央国有企业
Mix	0.023 (1.366)	0.107*** (4.237)
SIZE	0.045*** (2.971)	0.088*** (4.017)
LEV	-0.615*** (-6.036)	-0.016 (-0.099)
ROA	-0.316 (-0.864)	0.860 (1.537)
GROWTH	0.080** (2.372)	-0.181*** (-3.228)
CASH	-0.660*** (-2.732)	0.549 (1.389)
TOP1	-0.002 (-1.573)	0.001 (0.429)
INDRATE	0.089 (0.285)	0.431 (0.924)

续表

变量	(1)	(2)
	EXP_CSR	EXP_CSR
	地方国有企业	中央国有企业
DUAL	0.000 (0.004)	0.077 (0.784)
_cons	-0.422 (-1.122)	-2.449*** (-4.162)
Year	Yes	Yes
Industry	Yes	Yes
N	6238	3135
R-sq	0.019	0.090

注：括号中为 *t* 值，***、**、* 分别表示在1%、5%、10%的显著性水平显著。

7.8.3 采用稳健性标准误回归估计和双聚类回归估计

我们考虑通过优化估计方法对我们实证结果的稳健性进行检验。具体地，我们采用稳健标准误回归估计和公司年份双聚类回归估计，实证结果列示于表7-24至表7-26中。从表中的结果可以看出，更换回归估计方法后，我们的实证结论依然存在，且与主检验结果基本一致，进一步验证了我们实证结论的稳健性。

表7-24　更换估计方法的稳健性检验结果分析（主检验）

变量	(1)	(2)
	EXP_CSRIndex	EXP_CSRIndex
	稳健标准误估计	双聚类回归估计
Mix	0.060*** (4.083)	0.060** (2.203)
SIZE	0.081*** (6.366)	0.081 (1.557)
LEV	-0.438*** (-5.706)	-0.438** (-2.492)

续表

变量	(1)	(2)
	EXP_CSRIndex	EXP_CSRIndex
	稳健标准误估计	双聚类回归估计
ROA	-0.041 (-0.149)	-0.041 (-0.091)
GROWTH	-0.001 (-0.048)	-0.001 (-0.054)
CASH	-0.249 (-1.306)	-0.249 (-0.772)
*TOP*1	0.000 (0.166)	0.000 (0.081)
INDRATE	0.419 (1.492)	0.419 (0.911)
DUAL	-0.006 (-0.138)	-0.006 (-0.088)
_cons	-2.489*** (-7.829)	-2.489** (-2.193)
Year	Yes	Yes
Industry	Yes	Yes
N	9373	9373
R-sq	0.028	0.028

注：括号中为 *t* 值，***、**、* 分别表示在 1%、5%、10% 的显著性水平显著。

表 7-25　　更换估计方法的稳健性检验结果分析（分类治理）

变量	(1)	(2)	(3)	(4)	(5)	(6)
	EXP_CSRIndex	EXP_CSRIndex	EXP_CSRIndex	EXP_CSRIndex	EXP_CSRIndex	EXP_CSRIndex
	稳健标准误估计			双聚类回归		
	商业竞争类	特定功能类	公益类	商业竞争类	特定功能类	公益类
Mix	-0.002 (-0.122)	0.071*** (2.613)	0.177*** (5.062)	-0.002 (-0.066)	0.071* (1.699)	0.177** (2.479)
SIZE	0.069*** (3.513)	0.124*** (5.672)	0.098*** (3.033)	0.069 (1.063)	0.124** (1.973)	0.098 (1.259)

续表

变量	(1)	(2)	(3)	(4)	(5)	(6)
	EXP_CSRIndex	EXP_CSRIndex	EXP_CSRIndex	EXP_CSRIndex	EXP_CSRIndex	EXP_CSRIndex
	稳健标准误估计			双聚类回归		
	商业竞争类	特定功能类	公益类	商业竞争类	特定功能类	公益类
LEV	-0.441*** (-4.372)	-0.561*** (-3.518)	-0.183 (-0.959)	-0.441** (-2.093)	-0.561* (-1.859)	-0.183 (-0.432)
ROA	-0.001 (-0.003)	-0.468 (-0.810)	-0.957 (-1.604)	-0.001 (-0.001)	-0.468 (-0.677)	-0.957 (-1.147)
GROWTH	0.015 (0.383)	-0.024 (-0.540)	-0.032 (-0.504)	0.015 (0.347)	-0.024 (-0.568)	-0.032 (-0.429)
CASH	-0.169 (-0.663)	-0.334 (-0.901)	-0.004 (-0.008)	-0.169 (-0.454)	-0.334 (-0.680)	-0.004 (-0.005)
*TOP*1	0.004*** (2.834)	-0.007*** (-3.823)	0.007*** (3.054)	0.004 (1.326)	-0.007** (-1.978)	0.007 (1.500)
INDRATE	-0.565 (-1.489)	1.591*** (3.040)	0.704 (0.990)	-0.565 (-0.793)	1.591* (1.938)	0.704 (0.559)
DUAL	-0.026 (-0.430)	-0.046 (-0.554)	0.200* (1.816)	-0.026 (-0.331)	-0.046 (-0.342)	0.200 (1.122)
_cons	-1.080** (-2.209)	-3.623*** (-7.618)	-2.600*** (-3.421)	-1.080 (-0.717)	-3.623*** (-2.694)	-2.600 (-1.424)
Year	Yes	Yes	Yes	Yes	Yes	Yes
Industry	Yes	Yes	Yes	Yes	Yes	Yes
N	4727	3164	1482	4727	3164	1482
R-sq	0.026	0.053	0.056	0.026	0.053	0.056

注：括号中为 t 值，***、**、* 分别表示在1%、5%、10%的显著性水平显著。

表7-26　更换估计方法的稳健性检验结果分析（分层治理）

变量	(1)	(2)	(3)	(4)
	EXP_CSRIndex	EXP_CSRIndex	EXP_CSRIndex	EXP_CSRIndex
	稳健标准误估计		双聚类回归	
	中央国有企业	地方国有企业	中央国有企业	地方国有企业
Mix	0.027 (1.570)	0.109*** (4.288)	0.027 (0.910)	0.109** (2.513)

续表

变量	(1)	(2)	(3)	(4)
	EXP_CSRIndex	EXP_CSRIndex	EXP_CSRIndex	EXP_CSRIndex
	稳健标准误估计		双聚类回归	
	中央国有企业	地方国有企业	中央国有企业	地方国有企业
SIZE	0.044*** (2.884)	0.087*** (3.954)	0.044 (0.778)	0.087 (1.378)
LEV	-0.603*** (-5.907)	-0.019 (-0.121)	-0.603*** (-2.911)	-0.019 (-0.075)
ROA	-0.330 (-0.903)	0.824 (1.471)	-0.330 (-0.615)	0.824 (1.154)
GROWTH	0.077** (2.273)	-0.180*** (-3.213)	0.077*** (3.025)	-0.180*** (-3.613)
CASH	-0.664*** (-2.744)	0.576 (1.456)	-0.664* (-1.931)	0.576 (1.124)
*TOP*1	-0.002 (-1.466)	0.001 (0.537)	-0.002 (-0.612)	0.001 (0.230)
INDRATE	0.105 (0.333)	0.464 (0.992)	0.105 (0.205)	0.464 (0.534)
DUAL	-0.003 (-0.050)	0.086 (0.873)	-0.003 (-0.034)	0.086 (0.725)
_cons	-0.436 (-1.159)	-2.438*** (-4.139)	-0.436 (-0.363)	-2.438* (-1.833)
Year	Yes	Yes	Yes	Yes
Industry	Yes	Yes	Yes	Yes
N	6238	3135	6238	3135
R-sq	0.021	0.092	0.021	0.092

注：括号中为 *t* 值，***、**、* 分别表示在 1%、5%、10% 的显著性水平显著。

7.8.4 调整控制变量测度进行稳健性检验

我们尝试调整控制变量的测度方法。具体地，我们分别更换企业规模和企业经营业绩的测度，并对主假设检验进行重复估计，实证结果列示于表7－27至表7－29中。从表中的实证结果可以看出，稳健性测试的实证结果与主检验部分的实证结果基本一致，表明我们的实证结论是稳健可靠的。

表7－27　　调整控制变量测度的稳健性检验结果分析（主检验）

变量	(1)	(2)
	EXP_CSRIndex	EXP_CSRIndex
Mix	0.060*** (4.148)	0.059*** (4.089)
SIZE	0.080*** (6.705)	
*SIZE*1		0.087*** (8.249)
LEV	－0.427*** (－5.527)	－0.503*** (－5.813)
ROE	0.034 (0.458)	
ROA		－0.252 (－0.805)
GROWTH	－0.003 (－0.095)	－0.010 (－0.329)
CASH	－0.262 (－1.302)	－0.379* (－1.795)
*TOP*1	0.000 (0.157)	－0.000 (－0.432)
INDRATE	0.421 (1.617)	0.386 (1.485)
DUAL	－0.007 (－0.149)	－0.002 (－0.040)
_cons	－2.477*** (－4.212)	－2.407*** (－4.231)

续表

变量	(1)	(2)
	EXP_CSRIndex	EXP_CSRIndex
Year	Yes	Yes
Industry	Yes	Yes
N	9373	9373
R - sq	0.028	0.030

注：括号中为 *t* 值，***、**、* 分别表示在 1%、5%、10% 的显著性水平显著。

表 7-28　调整控制变量测度的稳健性检验结果分析（分类治理）

变量	(1)	(2)	(3)	(4)	(5)	(6)
	EXP_CSRIndex	EXP_CSRIndex	EXP_CSRIndex	EXP_CSRIndex	EXP_CSRIndex	EXP_CSRIndex
	商业竞争类	特定功能类	公益类	商业竞争类	特定功能类	公益类
Mix	-0.002 (-0.109)	0.071*** (2.616)	0.176*** (5.019)	-0.000 (-0.001)	0.059 (1.401)	0.178** (2.442)
SIZE	0.073*** (3.742)	0.120*** (5.694)	0.084*** (2.732)			
*SIZE*1				0.072 (1.378)	0.147*** (2.719)	0.053 (0.737)
LEV	-0.474*** (-5.063)	-0.492*** (-3.577)	-0.072 (-0.408)	-0.482** (-2.367)	-0.674** (-2.302)	-0.143 (-0.327)
ROE	-0.203 (-1.422)	0.048 (0.512)	0.003 (0.024)			
ROA				-0.175 (-0.255)	-0.641 (-0.909)	-0.867 (-0.958)
GROWTH	0.020 (0.502)	-0.031 (-0.711)	-0.057 (-0.925)	0.006 (0.133)	-0.039 (-0.838)	-0.035 (-0.471)
CASH	-0.128 (-0.515)	-0.418 (-1.171)	-0.234 (-0.528)	-0.266 (-0.701)	-0.647 (-1.381)	-0.034 (-0.042)
*TOP*1	0.004*** (2.886)	-0.007*** (-3.798)	0.007*** (2.887)	0.003 (1.210)	-0.009** (-2.351)	0.008 (1.598)
INDRATE	-0.574 (-1.515)	1.598*** (3.053)	0.729 (1.023)	-0.556 (-0.790)	1.265 (1.591)	0.685 (0.532)

续表

变量	(1)	(2)	(3)	(4)	(5)	(6)
	EXP_CSRIndex	EXP_CSRIndex	EXP_CSRIndex	EXP_CSRIndex	EXP_CSRIndex	EXP_CSRIndex
	商业竞争类	特定功能类	公益类	商业竞争类	特定功能类	公益类
DUAL	-0.027 (-0.445)	-0.050 (-0.599)	0.204* (1.838)	-0.022 (-0.282)	-0.030 (-0.224)	0.213 (1.154)
_cons	-1.149** (-2.364)	-3.574*** (-7.631)	-2.399*** (-3.201)	-1.058 (-0.879)	-3.665*** (-3.453)	-1.619 (-1.009)
Year	Yes	Yes	Yes	Yes	Yes	Yes
Industry	Yes	Yes	Yes	Yes	Yes	Yes
N	4727	3164	1482	4727	3164	1482
R-sq	0.026	0.053	0.055	0.028	0.062	0.052

注：括号中为 *t* 值，***、**、* 分别表示在1%、5%、10%的显著性水平显著。

表7-29　调整控制变量测度的稳健性检验结果分析（分层治理）

变量	(1)	(2)	(3)	(4)
	EXP_CSRIndex	EXP_CSRIndex	EXP_CSRIndex	EXP_CSRIndex
	地方国有企业	中央国有企业	地方国有企业	中央国有企业
Mix	0.027 (1.552)	0.109*** (4.301)	0.026 (0.890)	0.107** (2.501)
SIZE	0.040*** (2.715)	0.093*** (4.297)		
*SIZE*1			0.022 (0.485)	0.132** (2.563)
LEV	-0.558*** (-6.059)	-0.118 (-0.834)	-0.551*** (-2.794)	-0.234 (-0.892)
ROE	0.013 (0.121)	0.085 (0.844)		
ROA			-0.221 (-0.401)	0.321 (0.447)
GROWTH	0.071** (2.129)	-0.166*** (-3.016)	0.073*** (2.939)	-0.195*** (-3.705)
CASH	-0.729*** (-3.139)	0.738* (1.954)	-0.676* (-1.879)	0.333 (0.636)

续表

变量	(1)	(2)	(3)	(4)
	EXP_CSRIndex	EXP_CSRIndex	EXP_CSRIndex	EXP_CSRIndex
	地方国有企业	中央国有企业	地方国有企业	中央国有企业
*TOP*1	-0.002 (-1.523)	0.001 (0.583)	-0.001 (-0.545)	-0.001 (-0.190)
INDRATE	0.115 (0.367)	0.432 (0.925)	0.135 (0.264)	0.170 (0.196)
DUAL	-0.003 (-0.067)	0.084 (0.851)	-0.002 (-0.021)	0.085 (0.693)
_cons	-0.378 (-1.016)	-2.484*** (-4.223)	-0.004 (-0.004)	-2.988*** (-2.869)
Year	Yes	Yes	Yes	Yes
Industry	Yes	Yes	Yes	Yes
N	6238	3135	6238	3135
R-sq	0.021	0.091	0.020	0.102

注：括号中为 t 值，***、**、* 分别表示在 1%、5%、10% 的显著性水平显著。

7.8.5 剔除上市不到一年的公司样本检验

为进一步剔除上市不到一年的上市公司样本对实证结论稳健性的影响，我们剔除上市不到一年的上市公司样本观测值对主检验进行重复估计，以排除潜在的样本偏差对实证结论稳健性的影响，实证结果列示于表 7-30 至表 7-32 中。从表中的实证结果可以看出，稳健性测试的实证结果与主检验部分的实证结果基本一致，表明我们的实证结论是稳健可靠的。

表 7-30　调整控制变量测度的稳健性检验结果分析（主检验）

变量	(1)
	EXP_CSRIndex
Mix	0.058*** (4.045)

续表

变量	(1)
	EXP_CSRIndex
SIZE	0.081*** (6.536)
LEV	-0.438*** (-5.058)
ROA	-0.041 (-0.133)
GROWTH	-0.003 (-0.098)
CASH	-0.252 (-1.196)
*TOP*1	0.000 (0.267)
INDRATE	0.428 (1.640)
DUAL	-0.007 (-0.149)
_cons	-1.996*** (-5.747)
Year	Yes
Industry	Yes
N	9345
R-sq	0.028

注：括号中为 t 值，***、**、* 分别表示在1%、5%、10%的显著性水平显著。

表7-31　调整控制变量测度的稳健性检验结果分析（分类治理）

变量	(2)	(3)	(4)
	EXP_CSRIndex	EXP_CSRIndex	EXP_CSRIndex
	商业竞争类	特定功能类	公益类
Mix	-0.003 (-0.146)	0.066** (2.426)	0.177*** (5.298)

续表

变量	(2)	(3)	(4)
	EXP_CSRIndex	EXP_CSRIndex	EXP_CSRIndex
	商业竞争类	特定功能类	公益类
SIZE	0.070*** (3.698)	0.123*** (5.780)	0.099*** (3.267)
LEV	−0.443*** (−3.778)	−0.564*** (−3.230)	−0.192 (−0.990)
ROA	−0.011 (−0.027)	−0.472 (−0.740)	−0.954 (−1.405)
GROWTH	0.014 (0.342)	−0.025 (−0.483)	−0.036 (−0.501)
CASH	−0.173 (−0.635)	−0.314 (−0.741)	−0.043 (−0.081)
TOP1	0.004*** (2.893)	−0.007*** (−3.982)	0.008*** (3.312)
INDRATE	−0.545 (−1.574)	1.621*** (3.370)	0.688 (0.939)
DUAL	−0.027 (−0.441)	−0.048 (−0.521)	0.201* (1.682)
_cons	−1.110** (−2.389)	−3.524*** (−5.002)	−2.604*** (−3.767)
Year	Yes	Yes	Yes
Industry	Yes	Yes	Yes
N	4718	3154	1473
R − sq	0.026	0.053	0.057

注：括号中为 t 值，***、**、* 分别表示在1%、5%、10%的显著性水平显著。

表 7−32　调整控制变量测度的稳健性检验结果分析（分层治理）

变量	(1)	(2)
	EXP_CSRIndex	EXP_CSRIndex
Mix	0.025 (1.465)	0.107*** (4.229)

续表

变量	(1)	(2)
	EXP_CSRIndex	EXP_CSRIndex
SIZE	0.043*** (2.808)	0.088*** (3.973)
LEV	-0.601*** (-5.879)	-0.027 (-0.170)
ROA	-0.337 (-0.921)	0.833 (1.485)
GROWTH	0.076** (2.253)	-0.184*** (-3.277)
CASH	-0.654*** (-2.699)	0.565 (1.424)
*TOP*1	-0.002 (-1.421)	0.001 (0.620)
INDRATE	0.100 (0.318)	0.520 (1.111)
DUAL	-0.002 (-0.041)	0.083 (0.835)
_cons	-0.929 (-1.639)	-3.094*** (-4.363)
Year	Yes	Yes
Industry	Yes	Yes
N	6221	3124
R-sq	0.021	0.092

注：括号中为 t 值，***、**、* 分别表示在1%、5%、10%的显著性水平显著。

7.9　本章小结与启示

切入国有企业社会责任负担视角，本章主要考察了混合所有制改革在微观企业经营效率维度的治理有效性。具体而言，我们选取 2009～2019 年全部 A 股国有上市公司为初始研究样本，基于国有企业经营效率维度，结合分类分层推进混改的改革背景，考察了混改对国有企业社会责任负担的影响效应，并深入探查了其潜在的影响机制。实证结果发现：

（1）国有企业实施混合所有制改革显著增加了其社会责任负担。机制检验的结果表明，混改影响企业社会责任负担并不是基于经济或者政治动机，而是因为混改加速了不同分类国有企业间社会经营目标的优化再配置，通过将社会经营目标在不同功能分类和行政分层的国有企业间进行转移，优化国有企业资本布局，提升国有企业整体经营效率，提升了国有企业承担更多社会责任的能力。具体而言，我们基于经济动机和政治动机的检验结果均不显著，而分层分类的检验结果表明，混合所有制改革实施后，商业竞争类国有企业的社会责任水平显著降低，而特定功能类和公益类国有企业的社会责任水平显著增加。同样地，在分层维度，国有企业的社会责任水平也显著增加了。且混合所有制改革对国有企业社会责任负担的影响效应仅仅体现在特定功能类国有企业和公益类国有企业及中央国有企业中，而商业竞争类国有企业和地方国有企业实施混合所有制改革并没有对其社会责任负担产生影响。这表明，混改的实施使得不同分类国有企业间的社会经营目标发生了优化调整。具体而言，商业竞争类国有企业和地方国有企业通过实施混改获得了更大的经营自主性，更多地开始追求经济效益的最大化。因此，减少了社会经营目标的承担。而更多的社会责任由公益类和特定功能类国有企业以及中央国有企业承担，这是由公益类和特定功能类国有企业以及中央国有企业的国有控股产权性质决定的。也就是说，混改的实施显著增加了国有企业承担社会责任的能力，使其社会责任负担显著增加。同时，有助于促使不同分类的国有企业根据其功能定位承担相应的社会责任，通过优化不同功能分类国有企业间的社会经营目标配置，显著提升国有企业的整体经营效率。

（2）不同维度调节因素的考察发现，国有企业承担社会责任的意愿和积极性并不是驱使其承担更多社会责任的动因，但有更大意愿和积极性承担企业社会责任的国有企业更可能承担“更多”社会责任负担。具体而言，当公司主页设置 CSR 专栏，当企业有与社会责任相关的理念、愿景及价值观以及当“董监高”中有党员时，混改对于国有企业社会责任负担的影响效应更显著。

（3）宏观因素调节效应的考察结果表明，政策变更及宏观经济发展的变化均会对混改在国有企业社会责任负担层面的经济效应产生差异性影响。具体而言，政策变更后及宏观经济景气时，混改对国有企业社会责任负担的影响效应减弱了，从治理有效性的视角肯定了混改的价值。

（4）我们还从国有企业微观特征层面深入挖掘了影响混改与社会责任负担关系的调节因素。具体而言，我们考察了股利政策、融资约束及可持续增长率等对混改与国有企业社会责任负担关系的异质性影响。实证结果表明，相较于不发放现金股利的国有企业，发放现金股利的国有企业中混改对其社会责任负担的影响效应更显著；相较于融资约束较低的国有企业，融资约束较高的国有企业中混改对其社会责任负担的影响效应更显著；相较于可持续增长率较低的国有企业，可持续增长率较高的国有企业中混改对其社会责任负担的影响效应更显著。进一步表明，企业的股利政策、融资约束及可持续增长率均会对混改予微观企业经营效率维度的治理有效性产生异质性影响。

（5）为了进一步验证结论（1）中的理论预期，我们进一步通过检验混改实施后不同分类及分层国有企业的 EVA 考核绩效情况为主检验结论提供更有力的实证佐证。实证结果表明，国有企业实施混改后其 EVA 绩效显著增加，这在一定程度上肯定了国有企业混改予微观企业经营效率维度的行为治理效应。分类分层检验的结果表明，混改对 EVA 绩效的提升效应仅仅体现在商业竞争类国有企业和地方国有企业中。这进一步从混改经济后果的角度验证了混改实施后，国有企业社会责任在不同功能分类及行政分层的国有企业间发生了转移的理论猜想。

（6）为保证实证结论的稳健性，我们对主假设结论及分类分层检验结论进行了一系列稳健性测试。具体而言，通过将调整自变量测度方法、调整因变量测度、优化实证回归估计方法、剔除存在潜在偏差的样本观测值以及调整模型中控制变量测度等检验，验证了我们实证结论的稳健性。稳健性检验的结论均与主检验结论保持一致，增加了我们实证结论的可信度。

通过本章的研究，我们深入考察了混合所有制改革在微观企业行为治理层面的积极作用。相关结论不仅为我国国有企业在深化改革进程中应注重分类分层推进的必要性和重要性提供了理论证据，亦能够指导国有企业依托分类分层治理深入推进混改，让不同分类分层的国有企业“各司其职”，最大化国有企业的资本效率和经营效率，推动国有企业资本保值增值，具有较强的理论指导意义。此外，相关研究还拓展了混改经济后果的文献研究，并基于所有制改革视角，深入挖掘了影响国有企业社会责任负担的成因，有助于社会责任研究框架的构建，具有较强的理论价值。接下来，我们预期切入金融错配视角，考察混合所有制改革在国有企业资本效率维度的治理有效性，以期为混改的行为治理效应提供更多的实证证据。

第8章

资本效率维度：分类治理视域下混改与国有企业金融错配

8.1 引　　言

从前面的探讨中我们得到结论，混合所有制改革的实施能够通过优化不同功能分类国有企业间的社会经营目标分配，提升国有企业在经营效率维度的行为治理功能。可见，混合所有制改革能够在微观企业行为治理维度发挥积极的治理效应。相关研究表明，混合所有制改革通过在国有企业中引入民营股东，不仅可以完善国有企业的公司治理机制、提升国有企业的运营效率、实现国有资本保值增值等；亦打破了国有企业在一些行业中的垄断地位，更加公平地分配社会经济资源以促进多种所有制经济共同发展（黄速建，2014；郑志刚，2015）。因此，混合所有制改革的实施在优化国有企业经营目标分配层面发挥了显著的积极效应，且通过经营目标的调整显著提升了国有企业的整体经营效率，最终实现了国有资本的保值增值。而资本配置效率作为国有企业资本保值增值的基本维度，混改是否能够对其产生影响？产生了何种影响？如何产生影响？这是我们预期要深入探讨的研究话题。

本章基于资本效率维度，切入金融错配的研究视角，通过探讨混合所有制改革是否能够通过在微观企业层面发挥行为治理功能引导信贷资本在国有企业中实现有效配置，以提升国有企业金融资本的配置效率，我们预期深入考察混合所有制改革对国有企业金融错配的影响，并结合分层分类改革背景探查混改对不同类型国有企业金融错配的影响效应差异。

具体地，金融错配作为信贷资本在微观企业的一种无效率资源配置体现，普遍存在于我国资本市场的微观企业中，是企业资本偏离经济规律的一种非市场化行为。从经济学定义讲，所谓金融错配，即金融资源配置结构与配置效率的不匹配性（周煜皓和张盛勇，2014）。原则上，金融资源应当按照效率原则更多地流向高效率的部门和企业以保证金融资源的高效配置。在我国以国有银行为主导的金融体系中，银行信贷表现出明显的"规模歧视"和"所有权歧视"特征（战明华等，2013）。金融资本在微观企业间的配置存在严重的不对称和非效率性，在规模存在差异及产权性质不同的企业中，金融资本配置效率并没有按照效率原则达到最优化配置，表现出明显的金融错配。还有部分学者认为，政府管制、不同所有制企业的地位不平等及不同性质企业非对称的融资能力等制度缺陷导致了我国金融错配问题的产生（王慧和王军，2017；谢菲，2012；康志勇，2014；靳来群，2016）。这使得金融资源总是更多地流向效率相对较低的部门或企业，从而出现非均衡的金融资源错配特征。

资源配置流向与配置效率间的非对称性导致微观企业的资金配置表现出信贷不足（获取金融资源成本相对较高且难度大）和信贷过剩（获取金融资源成本相对较低且难度小）两种情形。在中国"所有权歧视"弊病下，国有企业因其独特的产权性质及隐性担保，能够从银行获得更多的信贷资金（郑曼妮等，2018；战明华等，2013；Cull et al.，2015），表现出明显的信贷过剩。但同时，在国有企业内部，亦可能存在规模差异及行政分层差异引发的金融配置效率低下的问题。

混合所有制改革作为政府主导推动的一项产权制度改革，资本配置效率的提高是国有企业实施混合所有制改革的动机与目的。因此，从企业资本配置效率视角探讨混合所有制改革的经济后果具有重要的现实意义（祁怀锦等，2019）。具体而言，国有企业实施混改的目的在于搞活国有企业经营机制、放大国有资本功能和提高国有企业经济效益。并通过不同所有制资本间的共同发展与有效制衡，实现国有企业经营机制的成功转换。也就是说，混合所有制改革作为我国国有企业深化改革进程中的重要一环，致力于在国有企业内部构建现代企业制度及规范，通过盘活国有资本和国有资产保值增值，实现效益最大化。随着我国经济发展由高速发展向高质量发展的转变，优化资本配置成为国有企业改革不容忽视的重要关键问题。

相关研究表明，国有企业通过实施混合所有制改革能够移植非国有企业灵活的市场经营机制，提升国有企业资源配置效率，促进国有资产保值增值（祁怀锦等，2019），从而有助于国有企业的资源配置优化，提升国有企业的投资有效性，降低其非效率投资行为（李井林，2021）。可见，混合所有制改革能够通过降低企业的非效率资源配置，显著提升国有企业的资本配置效率。进一步地，祁怀锦等（2019）的研究表明，考察混合所有制改革在国有企业资本配置效率层面的影响，不仅有助于检验和评价国有企业的改革效果，对于深化国企改革、推动经济发展亦有着重要的理论意义和现实价值。

基于以上分析，本章立足国有企业资本效率视角，深入考察了混合所有制改革对国有企业金融错配的影响，以期从信贷资本配置效率维度为混合所有制改革的行为治理有效性提供实证佐证，验证混合所有制改革予微观企业发展的积极经济后果，为国有企业改革效果的积极意义提供理论和实证支持。

8.2　企业金融错配相关文献综述

金融错配的概念最早产生于资源配置效率理论。相关研究指出，资源配置效率反映了稀缺资源在不同生产主体间进行分配产生的经济效益，即资源配置到效率最高的部门和企业的有效程度（蔡柏良，2006；周煜皓和张盛勇，2014）。且金融资源只有充分流向经营效率最好的部门和企业，才能实现金融资源配置的帕累托最优。此外，既有研究表明，企业对金融资源的需求能否得到满足决定了经济的发展（Coase，1965），资本错配会阻碍经济的持续发展（邢天才和庞士高，2015）。可见，金融资源是推动经济发展的重要资本因素，其配置效率在资源配置中发挥着主导作用，因为金融资源的流向带动了其他经济资源的流向。而金融错配刻画了金融资源配置的非效率状态，即占有金融资源的部门和企业不能高效率经营，充分实现资本效率。

在我国，以国有银行为主导的金融体系中，银行信贷表现出明显的“规模歧视”和“所有权歧视”特征（战明华等，2013）。也就是说，金融资本在微观企业间的配置存在严重的不对称和非效率性，在规模存在差异及产权性质不同的企业中，金融资本配置效率并没有按照效率原则达到最优化配置，表现出明显的金融错配。学者们认为，政府管制、不同性质企业非对称的融资能力及不同所有制企业的地位不平等制度缺陷导致了我国金融错配问题的产生（谢菲，2012；康志勇，2014；靳来群，2016；王慧和王军，2017）。国有企业因其独特的产权性质及隐性担保，能够从银行获得更多的信贷资金（郑曼妮等，2018；战明华等，2013；Cull et al.，2015），表现出明显的信贷过剩。但同时在国有企业内部，可能亦存在规模差异及央地企业差异引发的金融配置效率低下的问题。由于“信贷歧视”的存在，民营企业虽然比国有企业的经营效率更高，但却更难获得金融资源（刘小玄，2000；Ayyagari et al.，2008），这种融资能力和经营效率的非对称性是现阶段我国金融错配的主要表现形式（鲁晓东，2008）。

目前学术界围绕金融错配的经济后果及其成因开展了广泛且深刻的探讨，从企业层面考察金融错配对企业全要素生产率及总生产率（Brandt et al.，2013；Bartelsman et al.，2009；Tombe and Winter，2015；张庆君等，2016；刘任重等，2016）、企业绩效（成力为，2015）、创新行为（房子琳和余丽斌，2017）、投资效率（张庆君和李萌，2018）及资本结构（周煜皓和张盛勇，2014）等的影响。此外，部分研究从产业政策、对外直接投资及金融摩擦等视角考察了金融错配的形成动因（马壮等，2016；伦晓波等，2018；Gilchrist et al.，2011），宁薛平和张庆君（2020）则基于企业杠杆率视角考察了杠杆率水平、杠杆转移与金融错配的逻辑关系。实证结果表明，杠杆率水平与金融错配存在非线性关系，当杠杆率水平低于杠杆率门限阈值时，增加杠杆率会减缓金融错配；而当杠杆率超过杠杆率门限阈值时，增加杠杆率会加重金融错配。且实现杠杆率从大型企业转移至中小型企业对金融错配具有一定的缓释效应，进一步验证了我国信贷市场“规模歧视”的存在。

综上所述，目前鲜少有文献从产权改革视角考察影响国有企业金融错配的制约因素。本章认为，国有企业实施混合所有制改革，一方面，能够显著提升国有企业的经营效率。从国有企业层面看，经营效率的提升有助于降低国有企业金融资源的无效占有率，在一定程度上提升了资源的配置效率。另一方面，能够通过简政放权降低政府干预，在一定程度上促进了国有企业在信贷市场中以经营效率为标准获得信贷配给的资本配置机制，这有助于资本配置依照市场化的效率原则推进，最终显著缓解国有企业间的金融错配。基于此，本章以国有企业混合所有制改革为切入点，参照 Song 等（2009）、邵挺（2010）、周煜皓和张盛勇（2014）等关于资源错配的测度方法，基于行为治理视角，考察混合所有制改革在国有企业资本效率维度的治理有效性。

8.3 理论分析与假设提出

现有关于混合所有制改革影响资本配置效率的研究主要聚焦于投资效率视角。具体而言，学者们从混合所有制改革股权主体多样性和股权制衡等视角，考察了混合所有制改革影响国有企业投资效率的影响机理（李井林等，2021；刘建丽等，2014；马连福等，2015；Jiang et al.，2018；祁怀锦等，2019；谢海洋等，2020）。还有部分学者基于国有股东参股非国有企业的视角，考察了国有股东参股非国有企业对非国有企业投资不足及过度投资的影响效应（李增福等，2021）。此外，杨志强和李增泉（2018）从产权专业化视角探讨了混合所有制改革实施对企业非效率投资的“纠偏”效应。总体而言，现有研究认为，混合所有制改革具有积极的微观治理意义，能够提升企业的盈利能力、产出水平、经营效率等（Shleifer，1997；宋立刚和姚洋，2005；马连福等，2015），从而显著提升企业的资本配置效率。其中，卢佳瑄和万寿义（2021）的研究与本书的研究最相近，立足混合所有制改革的行为治理功能，他们考察了混合所有制改革对国有企业债务融资错配的影响效应，并基于异质性股东参股的视角考察了异质性股东对国有企业及民营企业债务金融错配的影响差异。可见，目前关于国有企业混合所有制改革资本配置功能的研究主要集中于股权融合及股权制衡的视角，且大部分研究基于投资过度、投资不足、全要素生产率等，极少有研究关注金融错配这一资本配置无效率的微观企业行为表现。这为我们结合分类分层改革背景，深挖混改在微观企业资本效率维度的行为治理功能提供了研究机会。

理论上讲，混合所有制改革通过引入非国有资本，不仅能够引入市场化的经营机制，还能够通过盘活国有资本，提升国有企业经营效率和产出水平（Shleifer，1997；宋立刚和姚洋，2005；马连福等，2015），促使资本在效率较高的企业和部门间运转，从而整体提升金融资本的配置效率。具体而言，其一，从股权结构维度看，正如大部分研究的观点，混改有助于在国有企业内部构建行之有效的股权制衡机制，通过强化国有企业内部治理机制，加大政府对企业实施干预的成本和难度；通过优化经营目标配置和市场化机制的构建，进行经济效益最大化投资；通过提升项目投资效率（马连福等，2015），助推国有企业资本配置效率的提升，让资本在高效率的企业或部门流转，最终在国有企业的金融错配层面发挥缓解效应。此外，多种性质资本的融合打破了单一所有制融资渠道受限导致的“融资难”问题，优化了市场资源配置（马俊清，1995），提升了资本在企业间的配置效率，这亦能够显著缓解国有企业的金融错配。其二，从高层治理结构维度看，混合所有制改革的实施，在国有企业高层治理结构中引入非国有监督机制。非国有高管的趋利主义特性能够很好地将高效的市场化投资经验引入国有企业中，通过优化国有企业的资本利用率，提升资本配置与使用效率，显著降低国有企业的金融错配。其三，从组织结构维度看，混合所有制改革在一定程度上是政府“放权式”改革的一种体现。通过对不同功能分类和行政分层的国有企业进行不同程度的“简政放权”，减少了政府对市场的干预，在一定程度上也助推了国有企业在信贷市场中以经营效率为依据基于效率原则从金融机构获得信贷配给的资本配置机制，推动资本按照市场化的效率原则进行配置，有助于缓解国有企业自身及企业间的金融错配。也就是说，混合所有制改革能够通过提升自身投资效率和降低政府干预两条路径对国有企业的金融错配实施影响。

此外，混合所有制改革本身就是一种资本效率提升的改革机制，通过完善治理机制、提升运营效率，实现国有资本保值增值的目标。且实施混改打破了特定国有企业在一些行业中的专属垄断地位，通过更加公平地分配社会经济资源推动了多种所有制经济共同发展（黄速建，2014；郑志刚，2015），通过提升社会资本的整体配置效率降低了国有企业的金融错配。进一步地，基于经营效率维度的实证检验，国有企业实施混合所有制改革能够显著提升不同类型国有企业充分利用国有资本创造经济价值的能力，通过增加国有企业的资本利用效率，降低其金融错配。关于混改在社会责任负担层面的行为治理功能的探究表明，混合所有制改革的实施能够显著降低国有企业的政策性负担及超额雇员等（耿云江和马影，2020；赵雅娜和敖小波，2016；张辉等，2016；陈林等，2014），通过降低政府行政干预、减少政府隐性担保，弱化了国有企业的资源优势，强化了国有企业面临的融资约束（杨兴全和尹兴强，2018；李井林等，2021），从而倒逼国有企业提升资本配置效率，缓解其金融错配。

基于以上分析，提出本章的第一个研究假设：

假设 H8 - 1：在其他条件不变的情况下，混合所有制改革能够显著缓解国有企业的金融错配。

进一步地，金融错配作为我国金融资源配置非市场化的一种行为体现，是影响经济增长、资本积累及全要素生产率的一个重要因素（鲁晓东，2008；李静等，2012；Restuccia and Rogerson，2008；Klenow and Hsieh，2009），在一定程度上刻画了金融资本在企业间的配置无效性。而混合所有制改革作为国有企业改革进程中的一项优化治理改革，通过在国有资本中引入非国有成分，不仅能够优化国有企业治理功能，帮助国有企业实现政企分开（张涛等，2017），亦能够通过多种性质的资本相互融合，打破单一所有制“融资难”的问题，降低了投资不当带来的经营风险，优化了市场资源配置（马俊清，1995）。且政府干预作为我国金融错配的主要诱因之一，通过混改的“简政放权”，显著降低了政府对国有企业经营行为的干预，这必然有助于国有企业金融错配现状的缓解。加之，前面的研究表明，不同功能分类的国有企业，其改革原则及混改程度存在较大差异，这种差异性必然影响混合所有制改革在国有企业金融错配层面的治理效应。不同功能分类的国有企业因其功能定位差异，其金融错配程度本身存在差别。基于此，我们进一步验证了不同功能分类的国有企业实施混合所有制改革后，其金融错配的变化情况。考虑到不同功能分类的国有企业经过混改后的经营目标及发展机制存在较大差异，我们预计，混改对不同功能分类国有企业的金融错配的影响效应存在显著性差异。基于此，提出本章的第二个研究假设：

假设 H8 -2：在其他条件不变的情况下，混合所有制改革对国有企业金融错配的缓解效应在不同功能分类的国有企业中存在显著性差异。

此外，我们还深入考察了混改对国有企业金融错配的抑制效应在不同行政分层的国有企业中是否存在显著性差异。原则上讲，不管是地方国有企业还是中央国有企业，由于国有属性的隐性担保，所有国有企业均可能存在严重的金融错配问题。因此，混合所有制改革对两类国有企业的金融错配均会产生影响。但考虑到中央国有企业相较于地方国有企业拥有更强的“政治”光环，且从企业规模看，中央国有企业多为规模较大的企业。也就是说，不管是从行政层级看，还是从企业规模看，中央国有企业都比地方国有企业拥有更强的“政府背景”，因此，其错配程度更高，混改的治理效应也相对更大。基于该逻辑，提出本章节的第三个研究假设：

假设 H8 -3：在其他条件不变情况下，混合所有制改革对国有企业金融错配的缓解效应在不同行政分层的国有企业中存在显著性差异，其相较于地方国有企业，这种缓解效应在中央国有企业中更显著。

8.4 研究设计

8.4.1 样本选择与数据来源

如前所述，我们选取2008～2019年全部A股国有上市公司为研究原始样本，通过考察混改对国有企业金融错配的影响效应，以期验证混合所有制改革在微观企业资本配置效率维度的治理有效性。书中涉及的与混合所有制改革测度相关的股权结构数据主要来自CNRDS数据库及同花顺数据库，对于部分缺失的数据，通过查询年报补充处理。组织层级数据及派驻“董监高”席位数数据通过翻阅年报信息手工整理获得，变量的处理过程详见变量定义部分说明。此外，样本公司的财务数据主要来自CSMAR数据库，测算国有企业金融错配相关指标的数据主要来自CSMAR数据库。为保证数据的合理性和实证结论的稳健性，我们对数据库中的原始数据作以下筛选和处理：（1）剔除金融行业公司样本观测值；（2）剔除ST、*ST和PT等交易状态异常的上市公司样本观测值；（3）剔除样本期间内财务数据缺失的样本观测值。经过以上筛选，我们最终获得9119个有效样本观测值。进一步地，为了消除极端值对实证结论的影响，我们对模型中所有连续变量进行上下1%的Winsorize处理。

8.4.2 模型设定及变量定义

8.4.2.1 模型设定

为检验假设H8－1中的理论预期，验证混合所有制改革对国有企业金融错配的影响效应，参照现有关于金融错配影响因素及驱动因素的探讨（宁薛平和张庆君，2020），构建如下模型（8－1）：

$$FM_{i,t} = \alpha + \beta Mix_{i,t} + \gamma Controls_{i,t} + \delta + \tau + \varepsilon \qquad (8-1)$$

其中，*FM*为解释变量，是公司i在第t年的金融错配程度；*Mix*为国有企业实施混合所有制改革程度的代理变量；*Controls* 为企业层面及市场层面的主要控制变量。δ 为行业固定效应，τ 为时间虚拟变量。此外，为验证假设 H8－2 和假设 H8－3 的预期，我们进一步将模型（8－1）在不同功能分类和不同行政分层的子样本中进行实证回归，以验证分层治理和分类治理的异质性影响效应。

8.4.2.2 变量定义

（1）被解释变量：金融错配（*FM*）。

目前，国内关于金融错配的测度方式并不统一，从不同的测度视角主要包括以下几种测量方法：

第一，基于古典经济学中柯布—道格拉斯生产函数，采用资本与劳动两种要素的产出弹性比来反映资本配置过度水平（曹玉书等，2012），但该方法忽视了技术环境对于要素产出弹性的影响（张庆君和李萌，2018），通过该模型测度出的指标存在较大偏差。

第二，采用国有经济在银行部门贷款比重来测度金融错配，以反映金融资源在所有权不同企业间的错配程度（刘瑞明，2011）。该方法囿于国有经济在银行部门贷款比重数据的可获得性，使指标测度存在操作方面的困难。

第三，这是目前学术界认可度最高、引用最多的测度方法，大多数学者参照邵挺（2010）的做法，用企业的资金使用成本相对于其所在行业的平均资金使用成本的偏离度来衡量金融错配，以反映企业间获取金融资源的成本偏离度（赵晓鸽等，2021；宁薛平和张庆君，2020；韩珣和李建军，2020；张庆君和李萌，2018；周煜皓和张盛勇，2014）。

基于以上分析，结合本章主要研究问题及指标测度的适用性和数据的可获得性，本章借鉴邵挺（2010）的测度方式，运用企业的资金使用成本与其所在行业的平均资金使用成本的偏离度来测度金融错配，企业资金使用成本用财务费用中的利息支出与扣除应付账款后负债总额的比值测度①。

① 参照邵挺（2010）关于金融错配指标测度的说明，按照会计准则，企业负债中的应付账款不需要支付利息，因此，需要事先扣除。用财务费用中的利息支出与扣除应付账款后的企业负债的比值测度企业的资金使用成本。相关数据来源于 CSMAR 数据库。

金融错配就等于企业资金使用成本减去行业平均资金使用成本的差与行业平均资金使用成本的比值（周煜皓和张盛勇，2014；韩珣和李建军，2020；张庆君和李萌，2018）。企业资金使用成本与行业平均资金使用成本的偏离度越大，表明企业从金融机构获取金融资金的成本被抬高或压低的越多，企业所承担的金融错配程度越大。其测算方法如模型（8－2）所示：

$$FM_{i,t} = \frac{R_{i,t}}{MR_{j,t}} - 1 \tag{8-2}$$

其中，R 为公司 i 在第 t 年的资本成本，企业资本使用成本用企业当年的财务费用中的利息支出与扣除应付账款后负债总额的比值来表示；MR 为行业 j 在第 t 年的平均资金使用成本。

（2）解释变量：混合所有制改革（*Mix*）。

在现在指标测度的基础上，通过"股权结构＋高层治理结构＋组织结构"三个维度，参照白重恩等（2005）关于公司治理水平（*G_index*）的指标构建方法，采用主成分分析法构建混合所有制改革综合测度指数（*Mix*），用于刻画国有企业实施混合所有制改革的程度。该指标越大，表明国有企业实施混合所有制改革的水平越高，越有助于完善国有企业的内部治理和现代企业制度。其具体操作过程和相关数据来源如前所述。

（3）控制变量。

参照宁薛平和张庆君（2020）及现有关于企业资本配置效率的研究文献（祁怀锦等，2019；陈德球等，2017），我们在主检验模型中还控制了以下变量：财务杠杆（*LEV*），用公司当期总负债与总资产的比值来测度；盈利能力（*ROA*），用企业当期利润总额与总资产的比值来表示；企业规模（*SIZE*），为企业当期资产总额加 1 取自然对数；公司成长性（*GROWTH*），用上市公司营业收入增长率来测度；托宾 *Q* 值（*TOBINQ*），为企业当期市值与总资产的比值；每股盈利（*EPS*），用公司当年的税后利润与股本总数的比值来测度；员工总数（*STAFF*），用企业当年年末员工总人数加 1 取自然对数来衡量；股权集中度（*TOP*1）用企业第一大股东持股比例来测度；净现金流量（*CASH*），用上市公司当年的经营活动现金流净额与当期总资产的比值衡量；固定资产投资（*TANG*），用企业当年购建固定资产、无形资产和其他长期资产支付的现金与总资产的比值来测度。此外，我们还在模型中控制了行业和年份固定效应，以防止行业及年份层面不可观测因素对实证结论的影响。详细的变量定义见主要变量定义表 8-1。

表 8-1 主要变量定义

名称	变量符号	变量名称	具体定义
被解释变量	*FM*	金融错配	[利息支出/（负债-应付账款）-行业平均利率]/行业平均利率。详细定义见上文中关于金融错配变量的详细定义
解释变量	*Mix*	混合所有制改革	详见关于混合所有制改革变量的详细定义
控制变量	*LEV*	财务杠杆	企业当期总负债与总资产的比值
	ROA	获利能力	上市公司年末利润总和与期末总资产的比值
	SIZE	企业规模	企业总资产加 1 取自然对数
	GROWTH	公司成长性	公司当期营业收入增长率，用当期营业收入增加额与期初营业收入的比值表示
	TOBINQ	托宾 Q 值	企业当期总市值与总资产的比值
	EPS	每股盈利	企业当期税后利润与当期股本总数之比
	STAFF	员工总数	企业职工总人数加 1 取自然对数
	TOP1	股权集中度	上市公司第一大股东持股比例
	CASH	净现金流量	公司当年经营活动产生的现金流净额与当期总资产的比值
	TANG	固定资产投资	企业当年购建固定资产、无形资产和其他长期资产支付的现金与当期总资产的比值

8.5 实证结果分析

8.5.1 描述性统计分析

表 8-2 中列示了主检验模型中相关变量的描述性统计结果。从表 8-2 中的统计情况可以看出，样本期内，国有企业金融错配的均值为 -0.031，其中位数为 -0.069，两者相差不大，基本接近正态分布。混改代理变量 *Mix* 的均值（-0.007）显著大于其中位数（-0.203），表现出明显的右偏分布状

态。企业基本特征变量的分布基本符合正态分布，如企业规模、企业杠杆率、企业盈利能力及企业价值，但企业成长性则表现出明显的右偏分布状态。从标准差上看，企业股权集中度的波动程度最大，其均值为39.69，表明样本期内我国国有企业上市公司第一大股东持股比例平均约为39.69%，而其最大持股比例高达76.31，表明国有企业持股差异较明显。此外，企业的员工人数及企业规模都存在一定的差异性，这是由企业的不同规模差异引致的。

表8-2 主要变量描述性统计

变量	N	mean	sd	p25	p50	p75	min	max
FM	9119	-0.031	0.723	-0.607	-0.069	0.396	-1	2.669
Mix	9119	-0.007	0.961	-0.376	-0.203	0.590	-1.484	3.696
LEV	9119	0.517	0.205	0.365	0.526	0.671	0.077	0.975
ROA	9119	0.038	0.061	0.013	0.036	0.066	-0.210	0.216
SIZE	9119	22.70	1.435	21.71	22.55	23.60	19.74	26.75
GROWTH	9119	0.150	0.438	-0.039	0.082	0.223	-0.567	2.905
TOBINQ	9119	1.802	1.131	1.111	1.412	2.023	0.849	7.580
EPS	9119	0.363	0.586	0.0770	0.260	0.558	-1.402	2.786
STAFF	9119	8.046	1.412	7.179	8.035	8.900	4.220	11.69
TOP1	9119	39.69	15.29	27.46	39.34	51.01	11.65	76.31
CASH	9119	0.045	0.072	0.005	0.046	0.088	-0.171	0.243
TANG	9119	0.262	0.197	0.099	0.221	0.397	0.002	0.780

8.5.2 主检验结果分析

8.5.2.1 混合所有制改革与国有企业金融错配

为验证假说H8-1，在控制年份及行业固定效应的前提下，我们对主检验模型进行实证回归分析。实证结果列示于表8-3中。从表中的结果可以看出，国有企业混合所有制改革代理变量*Mix*的系数为-0.027，且在1%的显著性水平上显著为负。这表明国有企业实施混合所有制改革能够显著降低其金融错配，提升国有企业的资本配置效率。该结论进一步从金融错配的视角考察了混改予以微观企业行为治理的积极意义，验证了混改在微观企业资本效率维度的治理有效性。

表 8-3　　　　混合所有制改革与国有企业金融错配

变量	(1) FM
Mix	-0.027*** (-3.752)
LEV	0.866*** (19.532)
ROA	-0.741*** (-3.668)
SIZE	0.049*** (5.135)
GROWTH	-0.022 (-1.358)
TOBINQ	-0.036*** (-4.690)
EPS	-0.084*** (-4.390)
STAFF	-0.085*** (-9.923)
*TOP*1	-0.005*** (-9.280)
CASH	0.325*** (2.876)
TANG	0.956*** (20.755)
_cons	-0.621*** (-2.921)
Year	Yes
Industry	Yes
N	9119
R-sq	0.196

注：括号中为 t 值，***、**、* 分别表示在 1%、5%、10% 的显著性水平显著。

8.5.2.2　分类治理的影响效应

为验证假设 H8 - 2 的理论预期，结合前面的分类方法，参照国资委、财政部和发改委《关于国有企业功能界定与分类的指导意见》文件及魏明海等（2017）等关于国有企业分类的标准，依据证监会行业将样本期内国有上市公司分为商业竞争类、特定功能类和公益类国有企业。并采用子样本对主检验模型进行重复回归，以验证分类治理对混改与国有企业金融错配关系的影响效应。实证结果列示于表 8 - 4 中。

表 8 - 4　　分类治理的影响效应

变量	(1)	(2)	(3)
	FM	FM	FM
	商业竞争类	特定功能类	公益类
Mix	-0.017 *	-0.007	-0.067 ***
	(-1.695)	(-0.614)	(-3.462)
LEV	1.023 ***	0.679 ***	0.858 ***
	(16.586)	(8.823)	(7.383)
ROA	-0.464 *	-0.770 **	-1.865 ***
	(-1.659)	(-2.153)	(-3.753)
SIZE	0.053 ***	0.062 ***	-0.058 *
	(3.551)	(4.513)	(-1.934)
GROWTH	-0.049 **	0.003	-0.022
	(-2.111)	(0.108)	(-0.473)
TOBINQ	-0.057 ***	-0.025	-0.036 *
	(-5.236)	(-1.625)	(-1.941)
EPS	-0.083 ***	-0.050	0.003
	(-3.030)	(-1.461)	(0.067)
STAFF	-0.096 ***	-0.101 ***	0.022
	(-7.933)	(-7.836)	(0.831)
TOP1	-0.005 ***	-0.003 ***	-0.009 ***
	(-6.541)	(-4.175)	(-6.327)

续表

变量	(1)	(2)	(3)
	FM	FM	FM
	商业竞争类	特定功能类	公益类
CASH	0.422*** (2.830)	0.778*** (3.881)	-1.033*** (-3.232)
TANG	1.100*** (15.685)	0.619*** (9.555)	0.774*** (3.896)
_cons	-1.333*** (-4.313)	-1.167*** (-3.297)	0.925* (1.661)
Year	Yes	Yes	Yes
Industry	Yes	Yes	Yes
N	4614	3087	1418
R-sq	0.216	0.196	0.234

注：括号中为 *t* 值，***、**、* 分别表示在1%、5%、10%的显著性水平显著。

从表8-4中的结果可以看出，混合所有制改革对国有企业金融错配的影响在不同功能分类的国有企业中存在显著性差异。具体而言，*Mix* 的回归系数在特定功能类国有企业子样本中为负但不显著，而在商业竞争类国有企业和公益类国有企业子样本中分别在10%和1%的显著性水平上显著为负，表明混合所有制改革对国有企业金融错配的缓解效应在公益类国有企业及商业竞争类国有企业中更显著。从显著性和回归系数大小比较看，混合所有制改革对公益类国有上市公司的金融错配影响效应更大。其原因可能在于，公益类国有企业作为完全由政府主导的企业组织，其更多的是为了承担公共责任和维稳国民经济发展基础。在某种程度上，公益类国有企业与完全市场化的企业是存在显著差别的。但因为其在国民经济中的重要地位，公益类国有企业往往能凭借自身的政治属性从银行获得较多的低成本信贷资金，也就是说，在三种不同功能分类的国有企业中，公益类国有企业的金融错配最严重。而混合所有制改革的实施，使得公益类国有企业的治理结构相对优化，虽然要保证公益类国有企业中国有股权的绝对控股地位，但混改的治理功能在一定程度上能够帮助公益类国有企业提升经营效率，增强国有资本的投资效率，从而显著降低公益类国有企业的资本错配。这也与我国不同功能分类国有企业的发展现状相符。

8.5.2.3 分层治理的影响效应

进一步地，为验证假设H8-3的理论预期，考察分层治理对混改行为治理在国有企业金融错配层面的治理有效性，参照前面做法，我们将全样本按照国有企业所属的不同层级分为地方国有企业子样本组和中央国有企业子样本组，并采用分组子样本对主检验模型进行重复回归，回归结果列示于表8-5中。

从表8-5中的实证结果可以看出，混合所有制改革对国有企业金融错配的影响效应，不管是在地方国有企业还是在中央国有企业中均显著为负，表明混改显著降低了国有企业的金融错配。但从系数大小及显著性的比较来看，正如我们预期的，混合所有制改革对中央国有企业金融错配的缓解效应更显著，这也符合中国不同层级国有企业的金融错配现状。

表8-5　分层治理的影响效应

变量	(1)	(2)
	FM	FM
	地方国有企业	中央国有企业
Mix	-0.022** (-2.408)	-0.029*** (-2.633)
LEV	0.825*** (14.709)	0.859*** (11.979)
ROA	-0.616** (-2.418)	-0.995*** (-3.113)
SIZE	0.091*** (7.339)	0.003 (0.190)
GROWTH	-0.046** (-2.300)	0.014 (0.539)
TOBINQ	-0.009 (-0.908)	-0.047*** (-4.040)

续表

变量	(1)	(2)
	FM	FM
	地方国有企业	中央国有企业
EPS	-0.147 ***	0.019
	(-5.961)	(0.620)
STAFF	-0.104 ***	-0.018
	(-9.625)	(-1.287)
*TOP*1	-0.005 ***	-0.005 ***
	(-8.016)	(-6.000)
CASH	0.504 ***	-0.089
	(3.567)	(-0.488)
TANG	0.962 ***	1.141 ***
	(16.761)	(14.285)
_*cons*	-1.337 ***	-0.714 *
	(-5.073)	(-1.902)
Year	Yes	Yes
Industry	Yes	Yes
N	6084	3035
R-sq	0.200	0.237

注：括号中为 *t* 值，***、**、* 分别表示在1%、5%、10%的显著性水平显著。

8.5.2.4 进一步验证：信贷过剩还是信贷不足发挥作用

为进一步验证我们在理论分析中的猜想，即在我国，以国有银行为主导的金融体系下，银行信贷表现出明显的“所有权歧视”特征（战明华等，2013）。在这种信贷歧视环境下，国有企业的经营效率远低于民营企业（杨汝岱，2015；聂辉华和贾瑞雪，2011；Hsieh and Song，2015），但其负债水平却远高于民营企业（方军雄等，2007）。可见，国有企业凭借自身独特的产权性质及隐性担保，从银行获得更多低成本的信贷资金（郑曼妮等，2018；战明华等，2013；Cull et al.，2015）。也就是说，国有企业的金融错配更多地表现为信贷过剩。混改对国有企业金融错配的影响效应可能更多地表现在信贷过剩的子样本中。

为验证以上猜想，按照金融错配是否大于0，将全样本分为信贷过剩（$FM>0$）和信贷不足（$FM<0$）两组子样本，并利用分组子样本对主检验模型进行重复回归估计，实证结果列示于表8-6中。从表中的结果可以看出，在信贷过剩（$FM>0$）的子样本中，混合所有制改革代理变量*Mix*的回归系数为-0.011，在1%的显著性水平上显著为负；而在信贷不足（$FM<0$）的子样本中，混合所有制改革代理变量*Mix*的回归系数为-0.008，虽为负但不显著。这表明混合所有制改革予国有企业金融错配的影响效应更多地体现在信贷过剩的国有企业子样本组中，也进一步验证了国有企业实施混改有助于其资本配置效率的提升的理论论断。

表8-6　金融错配方向的异质性影响

变量	(1)	(2)
	FM	FM
	信贷过剩（FM>0）	信贷不足（FM<0）
Mix	-0.011*** (-2.637)	-0.008 (-0.904)
LEV	0.445*** (16.332)	-0.003 (-0.054)
ROA	-0.040 (-0.316)	-0.296 (-1.329)
SIZE	0.047*** (8.209)	-0.010 (-0.934)
GROWTH	0.013 (1.377)	-0.042** (-2.273)
TOBINQ	-0.013*** (-2.985)	0.036*** (3.464)
EPS	-0.052*** (-4.526)	-0.059*** (-2.577)
STAFF	-0.008 (-1.529)	-0.051*** (-5.119)

续表

变量	(1)	(2)
	FM	FM
	信贷过剩（FM>0）	信贷不足（FM<0）
TOP1	-0.002***	-0.002***
	(-5.500)	(-4.231)
CASH	-0.363***	0.558***
	(-5.220)	(4.335)
TANG	0.268***	0.359***
	(8.334)	(7.329)
_cons	-1.662***	1.560***
	(-12.479)	(6.529)
Year	Yes	Yes
Industry	Yes	Yes
N	4936	4183
R-sq	0.251	0.180

注：括号中为 t 值，***、**、* 分别表示在1%、5%、10%的显著性水平显著。

8.6 机制分析

混合所有制经济是我国基本经济制度的重要实现形式，是社会主义市场经济体制下的企业制度创新。2018 年的政府工作报告明确提出了积极稳妥推进混合所有制改革的政策指令。通过实施混合所有制改革，在国有产权中引入非国有成分，以激发国有企业的内生动力和活力。一方面，混改可以通过多种性质的资本融合打破了单一所有制“融资难”问题，显著降低企业经营风险，优化市场资源配置（马俊清，1995）。即通过优化股权及治理结构，缓解所有制歧视，提升资本配置效率以缓解企业的金融错配。另一方面，政府干预作为我国金融错配的主要诱因之一，混改可以通过优化组织结构，实现简政放权、政企分开（张涛等，2017），减少政府干预，从而显著缓解企业的金融错配。也就是说，混合所有制改革在国有企业金融错配维度的治理效应主要通过提升国有企业资本配置效率和降低政府干预两个机制渠道产生作用。为验证该猜想，我们分别从资本配置效率和政府干预两条路径进行潜在机制检验。

8.6.1 提升国有企业资源配置效率

参照曾峻等（2018）、李鑫和李香梅（2014）的做法，用投资效率作为企业资本配置效率的代理变量，采用 Richardson（2006）的残差模型测算国有企业投资效率，通过构建中介效应模型（8－3）考察资本配置效率机制渠道的存在性。中介模型如下：

$$INV_{i,t} = \alpha + \beta Mix_{i,t} + \gamma Controls_{i,t} + \delta + \tau + \varepsilon \tag{8-3}$$

其中，*INV* 是由 Richardson（2006）的残差模型测算出的企业投资效率，用来衡量企业 i 在第 t 年的资本配置效率；*Mix* 为国有企业混合所有制改革代理变量；*Controls* 为影响企业投资效率的相关控制变量，主要包括企业财务杠杆（*LEV*）、企业规模（*SIZE*）、企业获利能力（*ROA*）、企业价值（*TOBINQ*）、企业现金流量（*CASH*）、企业成长性（*GROWTH*）及企业的股权集中度（*TOP*1）等。此外，我们还在模型中控制了年份（τ）及行业（δ）哑变量，以防止行业及年份层面不可观测因素对实证结论的影响。

按照理论预期，若混合所有制改革是通过提升国有企业的资本配置效率对其金融错配产生了缓解效应，那么，混改代理变量 *Mix* 的回归系数 β 应显著为正，即国有企业实施混合所有制改革能够显著提升企业的资本配置效率，混改与投资效率之间表现出显著的正相关关系。基于此，我们采用模型（8－3）进行影响机制检验，实证结果列示于表 8－7 中。

从表 8－7 的实证结果可以看出，*Mix* 的回归系数在 1% 的显著性水平上显著为正，与我们的理论预期相符，验证了我们的假说逻辑，即混合所有制改革能够通过提升企业的资本配置效率而对国有企业的金融错配实施治理效应。

表 8-7　　资本配置效率渠道的影响机制检验（中介检验）

变量	(1)
	INV（投资效率）
Mix	0.010*** (3.342)
LEV	0.075*** (4.034)
SIZE	-0.004 (-1.430)
ROA	-0.100 (-1.644)
TOBINQ	0.006* (1.791)
CASH	0.044 (0.957)
GROWTH	0.087*** (12.792)
*TOP*1	0.000 (0.884)
_cons	0.123 (0.971)
Year	Yes
Industry	Yes
N	8860
R-sq	0.029

注：括号中为 *t* 值，***、**、* 分别表示在 1%、5%、10% 的显著性水平显著。

进一步地，我们按照企业配置效率年度中位数将其分为投资效率较低和投资效率较高两个子样本组，并通过对主检验模型进行分组回归为资本配置效率维度的影响机制提供更直接的证据。实证结果列示于表 8-8 中。

表 8-8　　资本配置效率渠道的影响机制检验（分组检验）

变量	(1)	(2)
	FM	FM
	投资效率低	投资效率高
Mix	-0.034*** (-2.938)	-0.012 (-1.455)

续表

变量	(1)	(2)
	FM	FM
	投资效率低	投资效率高
LEV	0. 922 *** (14. 854)	0. 815 *** (13. 068)
SIZE	0. 080 *** (5. 335)	0. 021 * (1. 781)
ROA	−0. 748 *** (−2. 682)	0. 019 (0. 063)
GROWTH	−0. 062 ** (−2. 295)	0. 017 (0. 879)
TOBINQ	−0. 016 (−1. 424)	−0. 075 *** (−6. 743)
EPS	−0. 087 *** (−2. 989)	−0. 115 *** (−4. 671)
STAFF	−0. 097 *** (−7. 741)	−0. 058 *** (−5. 029)
*TOP*1	−0. 006 *** (−8. 325)	−0. 003 *** (−5. 395)
CASH	0. 356 ** (2. 329)	0. 243 (1. 446)
TANG	1. 167 *** (16. 080)	0. 827 *** (14. 345)
_cons	−2. 184 *** (−3. 735)	−0. 534 (−1. 500)
Year	Yes	Yes
Industry	Yes	Yes
N	4857	4262
R − sq	0. 212	0. 210

注：括号中为 t 值，***、**、* 分别表示在1%、5%、10%的显著性水平显著。

按照预期，若混改通过提升国有企业的资本配置效率对其金融错配产生了影响，那么混改对金融错配的影响效应仅在投资效率较低的国有企业子样本中显著为负。反之，则不显著。从表中的实证结果可以看出，实证结果再一次验证了我们的理论预期，在投资效率较低的子样本组中，*Mix* 的回归系数在 1% 的显著性水平显著为负，而在投资效率较高的子样本组中，混改代理变量 *Mix* 的回归系数不显著，进一步验证了资本配置效率提升这一影响机制的存在。

8.6.2 降低国有企业所在地政府干预

参照毛其淋等（2012）、刘修岩等（2013）及杨钧等（2017）等的做法，用地方财政支出占地区 GDP 的比重来测度地方政府干预程度。该指标越大表明地方政府对市场的干预程度就越高。通过构建中介模型（8－4）考察地方政府干预机制渠道的存在性。中介模型如下：

$$ZFGY_{i,j,t} = \alpha + \beta Mix_{i,t} + \gamma Controls_{i,t} + \delta + \tau + \varepsilon \tag{8-4}$$

其中，*ZFGY* 是企业 *i* 所在地区 *j* 在第 *t* 年的政府干预程度；*Mix* 为国有企业混合所有制改革代理变量；*Controls* 为影响政府干预程度的相关控制变量，主要包括企业财务杠杆（*LEV*）、企业规模（*SIZE*）、企业获利能力（*ROA*）、企业价值（*TOBINQ*）、企业现金流量（*CASH*）及地区人均 *GDP*（*AVEGDP*）等。此外，我们还在模型中控制了年份（τ）及行业（δ）哑变量，以防止行业及年份层面不可观测因素对模型回归结论的影响。

按照理论预期，若混合所有制改革是通过减少政府干预对国有企业金融错配产生了缓解效应，那么混改代理变量 *Mix* 的回归系数 β 应显著为负，即国有企业实施混合所有制改革能够显著减少地方政府对市场的干预，混改与政府干预程度之间表现出显著的负相关关系。基于此，我们采用模型（8－4）进行影响机制检验，实证结果列示于表 8－9 中。

从表 8－9 的实证结果可以看出，*Mix* 的回归系数在 1% 的显著性水平上显著为负，与我们的理论预期相符，验证了我们的假说逻辑，即混合所有制改革能够通过减少政府干预在国有企业的金融错配层面发挥治理效应。

表8-9　　政府干预的影响机制检验（中介检验）

变量	(1)
	ZFGY（政府干预）
Mix	-0.016*** (-5.041)
LEV	-0.075*** (-3.904)
SIZE	0.022*** (7.285)
ROA	-0.303*** (-4.886)
TOBINQ	0.019*** (5.602)
CASH	-0.119** (-2.538)
AVEGDP	-0.267*** (-37.851)
_cons	9.840*** (93.362)
Year	Yes
Industry	Yes
N	9687
R-sq	0.251

注：括号中为 t 值，***、**、* 分别表示在1%、5%、10%的显著性水平显著。

进一步地，我们按照政府干预程度的年度中位数将其划分为政府干预程度弱和政府干预程度强两个子样本组，并通过对主检验模型进行分组回归以期为政府干预路径的机制猜想提供更全面的实证证据。实证结果列示于表8-10中。

表8-10　　政府干预的影响机制检验（分组检验）

变量	(1)	(2)
	FM	FM
	政府干预程度弱	政府干预程度强
Mix	-0.029*** (-3.829)	0.002 (0.081)

续表

变量	(1)	(2)
	FM	FM
	政府干预程度弱	政府干预程度强
LEV	0.856 ***	0.858 ***
	(18.082)	(6.580)
SIZE	0.055 ***	0.022
	(5.513)	(0.735)
ROA	-0.763 ***	-0.749
	(-3.549)	(-1.304)
GROWTH	-0.018	-0.028
	(-1.055)	(-0.681)
TOBINQ	-0.029 ***	-0.065 ***
	(-3.556)	(-2.843)
EPS	-0.082 ***	-0.069
	(-4.047)	(-1.114)
STAFF	-0.092 ***	-0.039
	(-10.055)	(-1.592)
TOP1	-0.005 ***	-0.003 **
	(-9.282)	(-2.401)
CASH	0.327 ***	0.573 *
	(2.706)	(1.886)
TANG	0.948 ***	0.959 ***
	(19.244)	(7.532)
_cons	-1.140 ***	-1.426 **
	(-5.648)	(-2.506)
Year	Yes	Yes
Industry	Yes	Yes
N	8213	906
R-sq	0.189	0.367

注：括号中为 *t* 值，***、**、* 分别表示在 1%、5%、10% 的显著性水平显著。

按照预期，若混改通过减少政府干预对其金融错配产生了影响，那么混改对金融错配的影响效应仅在政府干预较弱的国有企业子样本中显著为负。反之，则不显著。从表中的实证结果可以看出，实证结果再一次验证了我们的理论预期，在政府干预较弱的子样本组中，*Mix* 的回归系数在 1% 的显著性水平上显著为负，而在政府干预程度较强的子样本组中，混改代理变量 *Mix* 的回归系数不显著，进一步验证了资本配置效率提升这一影响机制的存在。

综上所述，混合所有制改革主要通过提升国有资本配置效率和减少政府干预两条机制渠道对国有企业的金融错配产生作用，从资本效率维度验证了混改予微观企业的行为治理有效性。

8.7 进一步检验

此外，我们从企业特征、地区特征及宏观特征三个维度深入考察了影响混改与国有企业金融错配关系的调节因素。具体而言，企业特征层面，我们主要选取公司规模、财务杠杆率及混改程度作为异质性因素进行分组考察；地区特征层面，我们主要选取地区金融化程度及地区经济发展水平等作为调节因素进行分组检验；宏观特征层面，我们考察了政策变更、宏观经济不确定性和宏观经济发展状况（经济景气指数）等对主检验结论的差异性影响效应。

8.7.1 企业特征层面的异质性因素考察

（1）企业规模。

学者们的研究指出，在中国，以国有银行为主导的金融体系中，银行信贷表现出明显的“规模歧视”和“所有权歧视”特征（战明华等，2013）。因此，在不同规模的国有企业中，存在不同程度的金融错配程度，混改的治理效应亦可能表现出差异性影响。基于此，参照 Custodio（2013）关于公司规模的测度方法，我们将公司市值超过年度公司市值50分位数的样本观测值界定为大型企业样本组，将年度公司市值超过20分位数，但小于50分位数的样本观测值界定为中型国有企业子样本，将年度公司市值低于20分位数的样本观测值界定为小型国有企业子样本。并按照分组子样本对主检验结论进行重复回归估计，实证结果列示于表8－11中。

表8－11　　　　公司规模的异质性影响

变量	(1)	(2)	(3)
	FM	FM	FM
	企业规模		
	大	中	小
Mix	−0.006 (−0.545)	−0.052*** (−4.395)	−0.031** (−2.030)
LEV	0.993*** (16.161)	0.833*** (10.542)	0.804*** (7.405)
ROA	−0.851*** (−3.151)	−0.342 (−0.737)	−0.329 (−0.499)
GROWTH	−0.042* (−1.658)	−0.020 (−0.751)	0.038 (1.167)
TOBINQ	−0.039*** (−4.111)	0.023 (0.342)	−0.176 (−1.258)
EPS	−0.034 (−1.119)	−0.121*** (−3.510)	−0.080** (−2.085)
STAFF	−0.057*** (−5.606)	−0.046*** (−4.054)	−0.097*** (−6.854)
*TOP*1	−0.004*** (−5.228)	−0.006*** (−6.802)	−0.002** (−2.561)
CASH	0.273* (1.731)	0.433** (2.106)	0.206 (0.756)
TANG	0.750*** (10.573)	1.115*** (14.153)	1.064*** (11.389)

续表

变量	(1)	(2)	(3)
	FM	FM	FM
	企业规模		
	大	中	小
_cons	0.206 (1.025)	0.025 (0.107)	0.771** (2.519)
Year	Yes	Yes	Yes
Industry	Yes	Yes	Yes
N	4614	2752	1753
R - sq	0.174	0.219	0.241

注：括号中为 *t* 值，***、**、* 分别表示在 1%、5%、10% 的显著性水平显著。

从表中的实证结果可以看出，混合所有制改革代理变量 *Mix* 的回归系数在大型国有企业中虽为负但不显著，在中小型国有企业中分别在 1% 和 5% 的显著性水平上显著为负。这表明国有企业混合所有制改革对其金融错配的影响效应主要体现在中小型国有企业中。其可能的原因在于，在中国二元经济结构中，“规模歧视”的存在使得中小型国有企业的金融错配程度较高。而混改通过优化国有企业的治理、提升国有企业的经营效率，显著缓解了中小企业面临的金融错配。

（2）财务杠杆率。

相关研究指出，公司的杠杆率会对其金融错配产生显著的非线性影响。当杠杆率水平低于杠杆率门限阈值时，增加杠杆率会减缓金融错配；而当杠杆率超过杠杆率门限阈值时，增加杠杆率会加重企业的金融错配（宁薛平和张庆君，2020）。可见，杠杆率作为影响企业金融错配的重要企业特征因素，可能会对混改在国有企业金融错配层面的治理效应产生差异性影响。基于此，参照企业规模的分组方法，我们将全样本按照是否高于 50 分位数以及是否低于 20 分位数划分为杠杆率高、中、低三个子样本组，并采用分组子样本对主检验模型进行重复拟合回归，实证结果列示于表 8 - 12 中。

从表 8 - 12 中的实证结果可以看出，混合所有制改革代理变量 *Mix* 的回归系数在杠杆率高于 20% 的国有企业中均表现出在 1% 的显著性水平上显著为负，而在杠杆率较低的国有企业中，混改代理变量 *Mix* 的回归系数不显著。这验证了我们的预期猜想，亦与现有研究结论相符。即当国有企业杠杆率相对较高时，其金融错配程度较高，此时混改的治理效应表现的较显著。反之，当国有企业杠杆率较低时，其金融错配相对较低，混改的治理效应不太明显。

表 8-12　　财务杠杆的异质性影响效应

变量	(1)	(2)	(3)
	FM	FM	FM
	杠杆率		
	高	中	低
Mix	-0.025*** (-2.635)	-0.052*** (-4.181)	0.017 (0.892)
ROA	-1.496*** (-5.713)	-0.714* (-1.869)	-0.843* (-1.678)
SIZE	0.030** (2.430)	0.059*** (3.362)	0.152*** (5.361)
GROWTH	0.008 (0.413)	-0.047 (-1.528)	0.004 (0.094)
TOBINQ	-0.021* (-1.647)	-0.050*** (-3.574)	-0.019 (-1.141)
EPS	-0.108*** (-4.580)	-0.103*** (-2.642)	-0.017 (-0.283)
STAFF	-0.079*** (-6.889)	-0.053*** (-3.478)	-0.114*** (-4.958)
*TOP*1	-0.005*** (-7.945)	-0.005*** (-6.115)	-0.002 (-1.461)
CASH	0.378*** (2.628)	0.410** (1.986)	-0.421 (-1.307)
TANG	0.903*** (15.511)	1.259*** (14.760)	0.898*** (6.841)

续表

变量	(1)	(2)	(3)
	FM	FM	FM
	杠杆率		
	高	中	低
_cons	-0.354 (-1.019)	-1.153 *** (-3.203)	-2.813 *** (-4.772)
Year	Yes	Yes	Yes
Industry	Yes	Yes	Yes
N	4629	2777	1713
R-sq	0.185	0.205	0.106

注：括号中为 t 值，***、**、* 分别表示在1%、5%、10%的显著性水平显著。

（3）混改程度。

混改程度在一定程度上决定了混合所有制改革在微观企业影响效应的发挥。理论上讲，当国有企业实施混改的程度较大时，可能更有助于其内部治理结构及经营效率的提升，其优化治理功能发挥的作用更大。反之，当国有企业实施混改的程度较弱时，其对微观企业行为的治理效应则相对较弱。基于此，我们进一步按照是否高于样本期内混改水平年度中位数将全样本分为混改程度高和混改程度低两个子样本，并通过子样本对主检验模型进行重复回归，实证结果列示于表8-13中。

表8-13　　混改程度的异质性影响

变量	(1)	(2)
	FM	FM
	混改程度弱	混改程度强
Mix	-0.005 (-0.216)	-0.053 *** (-4.837)
LEV	0.852 *** (13.713)	0.903 *** (14.207)
SIZE	0.057 *** (4.143)	0.038 *** (2.857)

续表

变量	(1)	(2)
	FM	FM
	混改程度弱	混改程度强
ROA	-0.683**	-0.714**
	(-2.314)	(-2.565)
GROWTH	-0.024	-0.022
	(-1.113)	(-0.913)
TOBINQ	-0.036***	-0.034***
	(-3.224)	(-3.102)
EPS	-0.081***	-0.090***
	(-2.948)	(-3.341)
STAFF	-0.078***	-0.088***
	(-6.424)	(-7.170)
*TOP*1	-0.004***	-0.005***
	(-5.043)	(-7.308)
CASH	0.230	0.448***
	(1.488)	(2.716)
TANG	0.980***	0.926***
	(15.122)	(14.034)
_cons	-1.190***	-0.840**
	(-4.350)	(-2.250)
Year	Yes	Yes
Industry	Yes	Yes
N	4513	4606
R-sq	0.208	0.197

注：括号中为 t 值，***、**、* 分别表示在 1%、5%、10% 的显著性水平显著。

从表 8-13 中的实证结果可以看出，在混改程度较弱的子样本组，混合所有制代理变量 *Mix* 的回归系数为 -0.005，虽为负但不显著。而在混改程度较高的子样本组中，混改代理变量 *Mix* 的回归系数为 -0.053，在 1% 的显著性水平上显著为负。这表明，混改程度对混改与国有企业金融错配的关系产生了异质性影响效应，混改对国有企业金融错配的治理效应更多地体现在混改程度较高的国有企业中。

8.7.2 地区特征层面的异质性因素考察

（1）地区金融化水平。

金融业是地区经济的重要组成部分，金融发展程度是衡量地区发展程度的重要指标。理论上讲，地区金融市场发展水平越高，地区金融体系越完善，资源配置效率越高，银行业的竞争较激烈，企业面临的融资约束相对越小，地区企业的金融错配程度相对越低；反之，在地区金融市场发展水平越低的地区，因面临严重的信贷资金配置问题，地区企业的金融错配程度越严重。因此，我们认为在金融化发展存在差异的地区，混改对微观企业金融错配的影响效应可能存在差异。基于此，参照 Macesich（1970）关于金融发展水平的测度，我们选取地区金融业经济增加值占地区 GDP 总额的百分比来测度地区金融市场发展程度，并按照是否高于地区年份均值判定其地区金融发展水平的高低，将全样本分为地区金融化水平高和金融化水平低两个子样本，并利用分组子样本对主检验模型进行重复回归，实证结果列示于表 8-14 列（1）至列（2）中。

从表中的实证结果可以看出，在地区金融化水平较低的地区，混合所有制改革代理变量 *Mix* 的回归系数为 -0.046，在 1% 的显著性水平上显著为负；而在地区金融化水平较高的地区，混合所有制改革代理变量 *Mix* 的回归系数为 -0.017，仅在 10% 的显著性水平上显著为负。可见，混改对国有企业金融错配的缓解效应在地区金融化水平存在差异的地区企业中表现出显著性的差异。不管是从系数大小还是从显著性水平看，混改对国有企业金融错配的影响效应在地区金融化水平较低的地区企业中更显著，这与我们的理论预期相符，进一步从地区金融发展异质性的视角为国有企业混合所有制改革予微观企业资本配置效率维度的治理有效性提供了理论佐证。

（2）地区经济发展水平。

此外，我们进一步考察了地区经济发展水平差异对混改与国有企业金融错配关系的调节效应。原则上，地区经济发展水平较高的地区，市场化进程较快，其政府治理及市场管理相对更规范，且资本市场相对成熟。在这种高效率的市场环境下，国有企业的资本配置效率相对较高，其金融错配程度相对较低；反之，在地区经济发展水平较低的地区，市场化进程相对较慢，市场机制相对不健全，其金融错配程度更高。因此，我们预期混改对国有企业金融错配的缓解效应在地区经济发展水平较低的地区更显著。选取地区人均 GDP 作为地区经济发展水平的代理变量，按照是否高于其年度均值将全样本分为地区经济发展水平高子样本组和地区经济发展水平低子样本组，并对主假设模型进行分组估计，实证结果列示于表 8 - 14 列（3）至列（4）中。

表 8 - 14　地区金融化水平的影响效应

变量	(1)	(2)	(3)	(4)
	FM	FM	FM	FM
	地区金融化水平		地区经济发展水平	
	低	高	低	高
Mix	-0.046 *** (-3.911)	-0.017 * (-1.821)	-0.043 *** (-3.825)	-0.012 (-1.302)
LEV	0.766 *** (11.462)	0.936 *** (15.656)	0.755 *** (11.542)	0.912 *** (14.979)
SIZE	0.072 *** (4.519)	0.038 *** (3.200)	0.053 *** (3.376)	0.047 *** (3.829)
ROA	-0.348 (-1.142)	-1.035 *** (-3.824)	-0.605 ** (-2.008)	-0.948 *** (-3.470)
GROWTH	-0.044 * (-1.887)	-0.001 (-0.032)	-0.023 (-1.013)	-0.021 (-0.920)
TOBINQ	-0.043 *** (-3.695)	-0.023 ** (-2.149)	-0.039 *** (-3.368)	-0.030 *** (-2.847)
EPS	-0.114 *** (-3.701)	-0.061 ** (-2.492)	-0.079 ** (-2.551)	-0.077 *** (-3.101)

续表

变量	(1)	(2)	(3)	(4)
	FM	FM	FM	FM
	地区金融化水平		地区经济发展水平	
	低	高	低	高
STAFF	−0.102*** (−6.960)	−0.083*** (−7.745)	−0.075*** (−5.183)	−0.092*** (−8.453)
*TOP*1	−0.004*** (−4.805)	−0.005*** (−7.139)	−0.003*** (−4.254)	−0.005*** (−7.645)
CASH	0.270 (1.548)	0.431*** (2.925)	0.266 (1.517)	0.441*** (3.003)
TANG	1.083*** (15.959)	0.823*** (12.992)	1.126*** (17.093)	0.804*** (12.361)
_cons	−1.402** (−2.042)	−0.471* (−1.885)	−2.069*** (−4.433)	−0.474* (−1.838)
Year	Yes	Yes	Yes	Yes
Industry	Yes	Yes	Yes	Yes
N	3684	5435	3754	5365
R−sq	0.244	0.181	0.258	0.177

注：括号中为 *t* 值，***、**、* 分别表示在 1%、5%、10% 的显著性水平显著。

从表中的结果可以看出，在经济发展水平较低的子样本中，混改代理变量 *Mix* 的回归系数在 1% 的显著性水平上显著为负；在经济发展水平较高的子样本中，混改代理变量 *Mix* 的回归系数虽为负但不显著。这表明混合所有制改革予国有企业金融错配层面的治理效应在经济发展水平较低的地区中更显著。

8.7.3 宏观政策层面的异质性因素考察

(1) 政策变更的影响。

如前所述，2013 年 11 月，党的十八届三中全会强调“积极发展混合所有制经济”，将混合所有制经济提升到基本经济制度重要实现形式的高度

(李井林，2021)，亦奠定了混合所有制改革在国有企业深化改革进程中的关键地位。这种顶层指导政策的变更有助于推动混合所有制改革的进程。那么政策变更是否能提升混改的治理效应？这是本部分要验证的研究问题。以政策变更时点（2013 年）作为分组节点，将全样本分为政策变更前（2013 年之前）和政策变更后（2013 年之后）两组子样本，并对主检验模型进行分组检验。实证结果列示于表 8－15 中。

表 8－15　　政策变更的影响效应

变量	(1)	(2)
	FM	FM
	政策变更前	政策变更后
Mix	−0.022 ** (−2.315)	−0.030 *** (−2.774)
LEV	0.963 *** (16.660)	0.750 *** (10.985)
SIZE	0.115 *** (8.951)	−0.017 (−1.242)
ROA	−0.835 *** (−3.134)	−0.674 ** (−2.175)
GROWTH	−0.027 (−1.292)	−0.014 (−0.569)
TOBINQ	−0.028 *** (−2.971)	−0.040 *** (−3.041)
EPS	−0.072 *** (−3.059)	−0.107 *** (−3.260)
STAFF	−0.138 *** (−11.595)	−0.038 *** (−3.104)
*TOP*1	−0.005 *** (−7.520)	−0.004 *** (−5.255)
CASH	0.640 *** (4.172)	0.005 (0.028)

续表

变量	(1)	(2)
	FM	FM
	政策变更前	政策变更后
TANG	0.897*** (14.968)	1.019*** (14.341)
_cons	-1.742*** (-6.317)	0.789** (2.335)
Year	Yes	Yes
Industry	Yes	Yes
N	5128	3991
R-sq	0.220	0.200

注：括号中为 t 值，***、**、* 分别表示在 1%、5%、10% 的显著性水平显著。

从表中的结果可以看出，政策变更前后，混改均能够显著降低国有企业的金融错配。从显著性及系数大小比较看，政策变更前，混改对国有企业金融错配的回归系数为 -0.022，在 5% 的显著性水平上显著。而政策变更后，混改的系数为 -0.030，在 1% 的显著性水平上显著为负。可见，政策变更对混合所有制改革与国有企业金融错配的关系在政策变更后的效应更大。这在一定程度上表明，顶层指导政策的变更能够进一步深化混合所有制改革的微观治理功能。但其影响更多的是体现在加大混改治理效应的影响力度，并不能决定混改是否能够在微观企业层面发挥治理效应。

（2）宏观经济不确定性。

经济不确定性作为微观企业外部经营环境的宏观体现，会直接影响企业的决策行为，是企业在经营决策中无法规避的系统性风险之一。《2019 中国国企混改研究报告》指出，党的十八届三中全会以来，国内外经济形势发生了巨大变化，我国经济由高速增长阶段转向高质量发展阶段，国企深化改革进入新时代（任腾飞，2019）。国内外经济环境的不确定性对我国经济深化改革，尤其是国企“混改”提出了新的挑战，也赋予了新的意义。可见，经济环境不确定性作为影响微观企业决策行为的外部经营环境，必然会对国有企业混改的治理效应产生显著的影响。

基于此，我们预期从宏观经济的不同维度考察宏观经济作为影响国有企业混合所有制改革实施效果及程度的重要外部环境特征因素，是否会对混改予微观企业金融错配层面的治理效应产生差异性影响。首先，我们从宏观经济不确定维度考察宏观经济特征对混改在国有企业金融错配维度的治理效应。参照王义中和宋敏（2014）的做法，运用广义自回归条件方差模型 CARCH(1，1)，构建宏观经济不确定性指标用于刻画宏观经济的发展环境，并按照是否高于宏观经济不确定性的均值将全样本分为宏观经济不确定性高和宏观经济不确定性低两个子样本组，采用分组子样本对主检验模型的回归估计结果列示于表 8 - 16 列（1）和列（2）中。

从表中的实证结果可以看出，在宏观经济不确定性较低的子样本组中，混改代理变量 *Mix* 的回归系数 1% 的显著性水平上显著为负，而在宏观经济不确定性较高的子样本组中，混改代理变量 *Mix* 的回归系数为 - 0.020，虽为负但不显著。这表明，当宏观经济不确定性较高时会显著影响混合所有制改革的微观治理功能。

（3）宏观经济发展状况。

我们进一步从宏观经济发展状况维度考察影响混改予微观企业行为治理效应的宏观经济特征因素。相关研究指出，宏观经济的发展具有反周期性，经济萧条时其不确定性程度较高，经济繁荣时其不确定性程度较低（朴基石和李天宇，2018；Bloom，2014）。可见，当宏观经济景气时，混改的微观治理功能更容易发挥效应，而当宏观经济不景气时，混改的行为治理效应受限。基于该逻辑，我们预期，相较于宏观经济不景气时期，宏观经济景气时期混改对国有企业金融错配的缓解效应更显著。

参照王元芳和李思思（2019）关于宏观经济发展状况的测度，选取宏观经济景气指数（一致指数）作为宏观经济发展状况的代理变量。按照是否高于经济景气指数的样本均值将其分为宏观经济景气和宏观经济不景气两个子样本组，并对主检验模型进行分组回归估计，实证结果列示于表 8 - 16 列（3）至列（4）中。

从表 8 - 16 中的实证结果可以看出，在宏观经济不景气子样本组，混改代理变量 *Mix* 的回归系数为 - 0.018，在 5% 的显著性水平上显著为负；

而在宏观经济景气子样本组，混改代理变量 *Mix* 的回归系数为 -0.040，在1%的显著性水平上显著为负。不管从显著性还是从系数大小看，混改对国有企业金融错配的影响效应在经济景气时期的影响效应都更大，这验证了我们的理论预期，进一步证明宏观经济特征会对混改与微观企业金融错配的关系产生差异性影响。

表8-16　宏观经济特征的影响效应

变量	(1)	(2)	(3)	(4)
	FM	FM	FM	FM
	宏观经济不确定性		宏观经济发展状况	
	低	高	不景气	景气
Mix	-0.026***	-0.020	-0.018**	-0.040***
	(-3.220)	(-1.233)	(-1.977)	(-3.492)
LEV	0.945***	0.484***	0.906***	0.806***
	(19.215)	(4.704)	(16.039)	(11.283)
SIZE	0.063***	-0.010	0.048***	0.048***
	(5.834)	(-0.525)	(3.926)	(3.158)
ROA	-0.788***	-0.694	-0.743***	-0.760**
	(-3.454)	(-1.582)	(-2.905)	(-2.311)
GROWTH	-0.021	-0.009	-0.035	-0.009
	(-1.167)	(-0.267)	(-1.574)	(-0.387)
TOBINQ	-0.039***	-0.021	-0.047***	-0.021*
	(-4.642)	(-1.112)	(-4.720)	(-1.704)
EPS	-0.070***	-0.131**	-0.097***	-0.050
	(-3.349)	(-2.531)	(-4.038)	(-1.583)
STAFF	-0.096***	-0.047***	-0.081***	-0.091***
	(-9.798)	(-2.731)	(-7.261)	(-6.893)
TOP1	-0.004***	-0.005***	-0.004***	-0.006***
	(-7.923)	(-4.599)	(-6.148)	(-7.354)
CASH	0.301**	0.280	0.468***	0.038
	(2.355)	(1.186)	(3.155)	(0.216)

续表

变量	(1)	(2)	(3)	(4)
	FM	FM	FM	FM
	宏观经济不确定性		宏观经济发展状况	
	低	高	不景气	景气
TANG	0.979*** (19.168)	0.842*** (8.081)	0.956*** (16.252)	0.965*** (13.095)
_cons	-1.164*** (-3.031)	1.086** (2.181)	-0.935** (-2.099)	-0.178 (-0.523)
Year	Yes	Yes	Yes	Yes
Industry	Yes	Yes	Yes	Yes
N	7616	1503	5692	3427
R-sq	0.210	0.182	0.209	0.189

注：括号中为 t 值，***、**、* 分别表示在1%、5%、10%的显著性水平显著。

8.8 稳健性检验

为保证实证结论的稳健性，我们开展了一系列稳健性检验，以保证实证结论的准确性。

8.8.1 剔除利率管制放开的影响

考虑到2013年贷款利率管制的彻底放开可能会显著缓解国有企业的金融错配。为防止管制放开对我们实证结论的影响，我们剔除2013年之后的样本，采用2008~2013年的子样本对主检验进行稳健性测试，实证结果列示于表8-17列（1）中。从表中的结果可以看出，排除贷款利率管制放开的影响后，混改对国有企业金融错配的影响效应依然存在，且与主检验结论一致，证明了我们实证结论的稳健性。

8.8.2 剔除上市不到一年公司样本的影响

考虑到采用上市不到一年的公司样本考察混改予微观企业资本效率维度的治理有效性可能存在样本选择偏误。为剔除因样本选择偏差对实证结论稳健性的影响，我们采用剔除上市不到一年的公司样本对主检验结论进行实证估计，实证结果列示于表8-17列（2）中。从表中的结果可以看出，剔除上市时长不足一年的样本观测值后，实证结果与主检验结果一致，进一步验证了我们实证结论的稳健性。

表8-17　　剔除潜在影响因素的稳健性检验结果

变量	(1)	(2)
	剔除利率管制放开影响	剔除上市不到一年公司样本影响
	FM	FM
Mix	-0.024** (-2.072)	-0.027*** (-3.752)
LEV	0.715*** (9.737)	0.866*** (19.532)
SIZE	-0.018 (-1.210)	-0.741*** (-3.668)
ROA	-0.644* (-1.961)	0.049*** (5.135)
GROWTH	-0.042 (-1.606)	-0.022 (-1.358)
TOBINQ	-0.029** (-2.055)	-0.036*** (-4.690)
EPS	-0.104*** (-2.961)	-0.084*** (-4.390)
STAFF	-0.037*** (-2.872)	-0.085*** (-9.923)

续表

变量	(1)	(2)
	剔除利率管制放开影响	剔除上市不到一年公司样本影响
	FM	FM
*TOP*1	-0.004*** (-5.045)	-0.005*** (-9.280)
CASH	0.063 (0.357)	0.325*** (2.876)
TANG	0.935*** (12.306)	0.956*** (20.755)
_cons	-0.017 (-0.039)	-0.621*** (-2.921)
Year	Yes	Yes
Industry	Yes	Yes
N	3146	9119
R-sq	0.185	0.196

注：括号中为 *t* 值，***、**、* 分别表示在 1%、5%、10% 的显著性水平显著。

8.8.3 调整自变量的测度

为进一步检验实证结论的稳健性，首先，考虑采用“股权结构和高层治理维度”的两维度综合测度指标进行稳健性检验，实证结果列示于表 8-18 列（1）中。从表中的结果可以看出，混改代理变量的回归系数在 1% 的显著性水平上显著为负，与主检验结论一致，验证了本章实证结论的稳健性。进一步地，为防止因不可观测因素导致的可能影响实证结论可信度的情况，尽可能缓解内生性问题，本章考虑将混改代理变量进行滞后处理，分别滞后一期和两期对主假设进行重复回归检验，实证结果列示于表 8-18 列（2）至列（3）中。从表中的结果可以看出，不管是滞后一期还是滞后两期，混改代理变量 *Mix* 的回归系数均在 1% 的显著性水平上显著为负，与我们的主检验假设结论基本一致，进一步说明我们的实证结果是稳健的。

表 8 - 18　　调整自变量测度的稳健性检验

变量	(1)	(2)	(3)
	FM	FM	FM
	二维度综合指标	滞后一期	滞后两期
*Mix*1	-0.026 *** (-3.840)		
*Mix*2		-0.031 *** (-4.074)	
*Mix*3			-0.030 *** (-3.670)
LEV	0.867 *** (19.546)	0.923 *** (19.551)	0.950 *** (18.608)
SIZE	0.049 *** (5.139)	0.056 *** (5.568)	0.065 *** (5.898)
ROA	-0.739 *** (-3.660)	-0.874 *** (-3.940)	-0.726 *** (-3.011)
GROWTH	-0.022 (-1.377)	-0.017 (-0.930)	-0.010 (-0.540)
TOBINQ	-0.036 *** (-4.677)	-0.027 *** (-3.313)	-0.034 *** (-3.923)
EPS	-0.084 *** (-4.396)	-0.072 *** (-3.514)	-0.075 *** (-3.433)
STAFF	-0.085 *** (-9.910)	-0.091 *** (-9.853)	-0.101 *** (-10.026)
*TOP*1	-0.005 *** (-9.291)	-0.004 *** (-8.427)	-0.004 *** (-7.903)
CASH	0.324 *** (2.870)	0.275 ** (2.267)	0.260 * (1.954)
TANG	0.956 *** (20.768)	0.965 *** (19.752)	0.963 *** (18.316)

续表

变量	(1)	(2)	(3)
	FM	FM	FM
	二维度综合指标	滞后一期	滞后两期
_cons	-0.623*** (-2.930)	-0.767*** (-3.352)	-0.910*** (-3.660)
Year	Yes	Yes	Yes
Industry	Yes	Yes	Yes
N	9119	8219	7231
R-sq	0.196	0.205	0.205

注：括号中为 t 值，***、**、* 分别表示在 1%、5%、10% 的显著性水平显著。

8.8.4 调整估计方法

此外，我们进一步通过优化估计方法对本章实证结果的稳健性进行检验。具体地，我们采用稳健标准误回归估计、按照公司聚类、按照年份聚类以及按照公司年份双聚类等方法进行回归估计，实证结果列示于表 8-19 中。从表中的结果可以看出，更换回归估计方法后，我们的实证结论依然存在，且与主检验结果基本一致，进一步验证了我们实证结论的稳健性。

表 8-19　调整估计方法的稳健性检验

变量	(1)	(2)	(3)	(4)
	FM	FM	FM	FM
	Robust	Cl (stkcd)	Cl (year)	Cluster2
Mix	-0.027*** (-3.897)	-0.027** (-2.288)	-0.027*** (-4.049)	-0.027** (-2.318)
LEV	0.866*** (17.181)	0.866*** (9.717)	0.866*** (10.724)	0.866*** (7.931)
SIZE	0.049*** (5.019)	0.049** (2.534)	0.049* (2.075)	0.049* (1.695)

续表

变量	(1)	(2)	(3)	(4)
	FM	FM	FM	FM
	Robust	Cl (stkcd)	Cl (year)	Cluster2
ROA	−0.741*** (−2.954)	−0.741** (−2.224)	−0.741*** (−3.769)	−0.741** (−2.516)
GROWTH	−0.022 (−1.296)	−0.022 (−1.316)	−0.022 (−1.079)	−0.022 (−1.090)
TOBINQ	−0.036*** (−3.884)	−0.036** (−2.358)	−0.036*** (−3.425)	−0.036** (−2.243)
EPS	−0.084*** (−4.281)	−0.084** (−2.522)	−0.084*** (−3.613)	−0.084** (−2.362)
STAFF	−0.085*** (−9.070)	−0.085*** (−4.578)	−0.085*** (−4.655)	−0.085*** (−3.498)
*TOP*1	−0.005*** (−9.107)	−0.005*** (−4.576)	−0.005*** (−8.034)	−0.005*** (−4.420)
CASH	0.325** (2.462)	0.325** (2.050)	0.325* (1.910)	0.325* (1.697)
TANG	0.956*** (19.408)	0.956*** (10.217)	0.956*** (16.843)	0.956*** (9.782)
_cons	−0.621*** (−2.610)	−0.621* (−1.859)	−0.621 (−1.342)	−0.621 (−1.197)
Year	Yes	Yes	Yes	Yes
Industry	Yes	Yes	Yes	Yes
N	9119	9119	9119	9119
R − sq	0.196	0.196	0.196	0.196

注：括号中为 t 值，***、**、* 分别表示在 1%、5%、10% 的显著性水平显著。

8.8.5 调整控制变量的测度

我们尝试调整控制变量的测度方法。具体地，我们分别更换企业规模和企业经营业绩的测度，并对主假设检验进行重复估计，实证结果列示于表 8 – 20 中。从表中的实证结果可以看出，稳健性测试的实证结果与主检验部分的实证结果基本一致，表明我们的实证结论是稳健可靠的。

表 8 – 20　　调整控制变量测度的稳健性检验

变量	(1)	(2)
	FM	FM
Mix	−0.028 *** (−3.828)	−0.027 *** (−3.746)
LEV	0.863 *** (19.373)	0.916 *** (22.127)
*SIZE*1	0.043 *** (5.055)	
SIZE		0.049 *** (5.149)
ROA	−0.800 *** (−3.952)	
ROE		−0.135 ** (−2.197)
GROWTH	−0.028 * (−1.695)	−0.027 * (−1.676)
TOBINQ	−0.039 *** (−5.092)	−0.039 *** (−5.018)
EPS	−0.081 *** (−4.232)	−0.122 *** (−8.152)
STAFF	−0.088 *** (−9.733)	−0.085 *** (−9.972)
*TOP*1	−0.005 *** (−9.375)	−0.005 *** (−9.387)
CASH	0.276 ** (2.439)	0.230 ** (2.100)

续表

变量	(1)	(2)
	FM	FM
TANG	0.958 *** (20.797)	0.972 *** (21.216)
_cons	-0.421 ** (-2.261)	-0.654 *** (-3.083)
Year	Yes	Yes
Industry	Yes	Yes
N	9119	9119
R - sq	0.196	0.195

注：括号中为 *t* 值，*** 、** 、* 分别表示在1%、5%、10%的显著性水平显著。

8.8.6 内生性检验

此外，虽然我们尝试通过将自变量进行滞后期处理进行稳健性测试，在一定程度上能够缓解年度层面不可观测因素导致的潜在内生性问题，但依然可能存在遗漏变量引发的潜在内生性。为保证实证结论的稳健性及准确性，我们进一步对主检验结论进行内生性测试。具体地，选取年度行业中其他国有企业混改程度均值作为工具变量，参照宁薛平和张庆君（2020）采用面板 GMM 估计对主检验结论进行重复回归。实证结果列示于表 8 - 21 中。从表中实证结果可以看出，内生性测试的实证结果与主检验结论基本一致，表明不存在因遗漏变量而引发的潜在内生关系，我们的实证结论是稳健可靠的。

表 8 - 21　　　　内生性测试结果

变量	(1)
	FM
	GMM 估计
Mix_ind	-0.027 *** (-3.760)

续表

变量	(1) FM GMM 估计
LEV	0.866*** (19.574)
SIZE	0.049*** (5.146)
ROA	-0.741*** (-3.676)
GROWTH	-0.022 (-1.361)
TOBINQ	-0.036*** (-4.700)
EPS	-0.084*** (-4.399)
STAFF	-0.085*** (-9.944)
*TOP*1	-0.005*** (-9.300)
CASH	0.325*** (2.882)
TANG	0.956*** (20.799)
_cons	-0.699*** (-3.678)
N	9119
R-sq	0.196

注：括号中为 *t* 值，***、**、* 分别表示在 1%、5%、10% 的显著性水平显著。表中仅列示了 GMM 两阶段中第二阶段的实证结果。

8.9 本章小结与启示

本章以国有企业金融错配为研究切入点，考察了混合所有制改革在微观企业资本效率维度的治理有效性。具体地，选取2008~2019年全部A股上市国有企业为初始研究样本，检验混合所有制改革对国有企业金融错配的影响效应、分层分类治理的异质性影响及不同方向金融错配的影响效应差异。并进一步对影响混改与国有企业金融错配关系的调节因素进行了深入考察。此外，还深入探查了混改影响国有企业金融错配的机制渠道。为保证实证结论的稳健性，我们亦开展了一系列稳健性测试和内生性检验。实证结果表明：

（1）混合所有制改革能够显著降低国有企业的金融错配，验证了混合所有制改革在微观企业行为治理层面的积极意义。混合所有制改革作为国有企业优化治理的重要改革举措，通过在国有产权中引入非国有资本，提升了国有资本的配置效率及保值增值能力，并通过优化治理结构，实现简政放权，减少了政府干预，最终在资源配置效率层面发挥行为治理效应，验证了混改治理效应的正外部性。通过对金融错配方向的分组检验结果表明，混合所有制改革对金融错配的缓解效应更多地体现在信贷过剩的国有企业子样本中。这进一步表明了我国国有银行主导金融体系下，“所有制歧视”引致的国有企业金融错配现象的存在性。

（2）分层分类治理的影响结果表明，从功能分类看，混改对国有企业金融错配的缓解效应在公益类国有企业中最显著，在商业竞争类国有企业中次之，在特定功能类国有企业中的效应不显著。这可能是由于在三类国有企业中，公益类国有企业承担了更多的“社会经营责任”，同时也受到更多的政府干预，且因为其所涉及行业特殊，一直受到国家层面的资金支持，不以营利为目的，其金融错配程度最严重，所以混改的资本配置功能在公益类国有企业中的作用最大。从行政分层看，混改对不同行政分层国有企业的金融错配均能产生显著的影响。但从效应大小看，对中央国有企业的作用效果更大。相关结论的内在逻辑与我国不同分类分层国有企业的发展现状真切相符。

（3）进一步地，从企业特征、地区特征、宏观特征三个维度的异质性因素分析结果表明，在企业特征层面，企业规模、财务杠杆率、企业的混改程度均能够对混改在资本配置方面的治理效应产生显著的差异性影响；在地区特征层面，地区金融化水平和地区经济发展水平能够对混改与国有企业金融错配的关系产生差异性影响；在宏观特征层面，宏观经济不确定性及宏观经济发展状况会对混改与国有企业金融错配的负相关关系产生异质性影响。这表明，混改在发挥其微观企业资本配置功能时受诸多内外部特征因素的影响。

（4）影响机制的检验结果表明，混合所有制改革在国有企业资本效率维度发挥治理功能主要通过两个机制渠道：显著提升国有企业的资本配置效率和显著降低国有企业所在地政府的干预程度。具体而言，国有企业实施混改可以通过优化股权及治理结构，缓解所有制歧视，提升资本配置效率以缓解企业的金融错配；亦可以通过实施混合所有制改革优化组织结构，实现简政放权、政企分开（张涛等，2017），减少政府干预而显著缓解企业的金融错配。实证结果显示，混合所有制改革显著增加了国有企业的投资效率，显著降低了国有企业所在地的政府干预程度。分组检验结果亦进一步证实了资本配置效率和政府干预影响机制的存在性。

（5）稳健性测试结果显示，在排除贷款利率管制放开及上市不足一年的上市公司对我们检验结论的影响后，我们的实证结论与主检验结论一致，初步证明了我们检验结论的稳健性。此外，我们还尝试优化回归估计方法，通过稳健性标准误回归估计和聚类估计，实证结论依然存在，进一步证明了我们实证结论的严谨性。此外，我们还尝试分别调整自变量和控制变量的指标测度方法重复主假设检验，实证结论依然与主检验结论一致。最后，内生性测试结果也进一步证明了我们实证结论的稳健性和可信性，保证了我们研究结论的可信性和严谨性。

基于以上检验，本章主要探讨了混合所有制改革在资本效率维度的行为治理有效性，进一步从金融错配的视角为混合所有制改革的微观治理功能提供了实证。相关研究结论不仅丰富了混合所有制改革经济后果及金融错配影响因素相关的研究文献，亦进一步从混改的行为治理功能层面为我国国有企业混合所有制改革发展的重要意义提供了实证，具有一定的理论意义。此外，结合分类分层改革实践及相关调节因素的检验结论为国有企业如何更好地实施混合所有制改革，如何通过优化宏微观环境及自身特征因素最大化混改的治理效应，提升国有资本配置效率，提升国有资本保值增值能力提供了理论指导，具有一定的实践指导意义。

第9章

研究结论与政策建议

9.1 研究结论

混合所有制改革是新时期全面深化国有企业改革的重点内容（李井林等，2021），是中国特色社会主义制度下的经济体制性质的改革，以“公有制为主体，多种所有制经济共同发展”是混合所有制改革开展的主基调，国有企业实施混合所有制改革的目的在于实现国有资本与非公经济“双赢”。对于国有企业来说，以期通过实施混改实现国有资本功能放大、国有资产保值增值、国有企业竞争力提升等改革目标。对于民营企业来说，以期通过参与混改获得更多投资机会，进入垄断行业提升自身盈利机会。随着混合所有制改革的深入推进，党的十九大报告进一步指出，要深化国有企业改革，发展混合所有制经济，把混合所有制改革的重要性提升到前所未有的高度。混合所有制改革作为国有企业改革的重要突破口，必将为此奠定坚实基础。随着混改的深入推进，有研究指出，通过分类分层推进混改能够有效避免混合所有制改革过程中的“使命冲突”和“认识误区”（黄群慧和余菁，2013）。为保证混改效果，顶层设计号召要坚持分类分层稳妥推进混改，根据功能分类差异和层级差异，坚持因企施策。同时，政府也应当针对不同类型国有企业设计相应的治理结构和治理机制（肖慧萍和李辰颖，2018），在混改进程中践行分类治理理念，不断提升混合所有制改革推行的积极意义。可见，混改已成为我国国有企业深化改革进程中的主攻方向和关键领域，基于分层分类推进混改背景考察不同类型国有企业推行混改的治理有效性差异有助于我们深入理解混改予微观企业的治理功能，有助于对混改价值进行评价，具有较强的实践意义。

本书以国有企业混合所有制改革为主要研究对象，首先，在对现有研究文献进行回顾梳理的基础上，通过相关案例初步探查混改予微观企业的治理效应。其次，基于产权理论、股权制衡理论、委托代理理论、利益相关者理论及信息经济学理论等理论基础从信息治理和行为治理两个维度构建混改影响国有企业治理维度的内在激励，并通过基本的理论分析，从理论逻辑上验证了混合所有制改革对国有企业股价崩盘风险、股价同步性、社会责任负担及金融错配等行为的影响效应及作用机理。具体而言，前两个章节，选取股价崩盘风险和股价同步性为研究切入点，基于信息质量和信息效率两个维度考察混合所有制改革在微观企业的信息治理效应；后两个章节，选取社会责任负担和金融错配为研究切入点，基于经营效率和资本效率两个维度考察混合所有制改革的行为治理效应。并以此为基础，结合现有关于国有企业治理效应的研究构建模型，通过理论分析和模型构建，选用2008（2009）年至2019年我国全部A股上市国有企业作为研究对象，通过实证回归分析验证了混改在微观企业信息治理和行为治理各维度的积极作用和潜在影响机制，并嵌入考察不同分类及不同分层的国有企业实施混改的影响效应差异。进一步地，我们还深入探讨了可能影响混合所有制改革影响效应的调节因素，通过横截面分析进行异质性因素的考察。具体而言，通过本书的研究，我们主要得到了以下几点主要结论：

第一，在信息质量维度，考察了混合所有制改革对国有企业股价崩盘风险的影响效应。通过考察我们主要得到如下结论：

（1）国有企业通过实施混合所有制改革在国有产权中引入市场化因素，不仅有助于盘活国有资本、释放经营活力，摆脱经营效率低、经营状况差等窘况，也通过优化组织层级提升企业混改意愿，助推国有企业深化改革，不断实现权力下放，释放企业经营活力，整体上完善了国有企业的内部治理结构，提升了国有企业的内部治理水平。这有助于国有企业信息披露质量的提升，也有助于国有企业高管机会主义行为的缓解。实证结果表明，混改通过提升国有企业信息披露质量和抑制国有高管机会主义行为两个机制渠道显著抑制了高管的“捂盘”行为，降低了国有企业的股价崩盘风险。（2）不同功能分类和行政层级的国有企业因其涉及的主要行业和关键领域存在差异，其在实施混改时对国有产权的持有度也存在显著差异，这就导致不同功能分类和不同行政层级的国有企业其混改在股价崩盘风险维度的信息治理效应存在显著性差异。具体而言，混改对国有企业股价崩盘风险的影响效应在特定功能类国有企业和地方国有企业中更显著。（3）进一步研究发现，高管异质性特征、机构投资者持股异质性及国有企业内部治理水平异质性等均会对混改与股价崩盘风险间的关系产生差异性影响。从高管异质性特征看，混改对国有企业股价崩盘风险的抑制效应在高管年龄较大、女性高管占比较低、任期较长且不兼任董事长时更显著；从机构投资者持股看，混改对国有企业股价崩盘风险的抑制效应在机构投资者持股较高时更显著，且不同类型的机构投资者持股均能够对微观企业的信息治理产生积极的治理效应；从公司治理水平看，内部治理水平会对混改与股价崩盘风险的关系产生差异性影响，且治理水平较差的国有企业中，混合所有制改革能够发挥的治理效应更大。（4）机制检验结果表明，混改主要通过提升企业披露质量（披露及时性和披露充分程度）和降低高管机会主义行为（减持和信息操纵）对股价崩盘风险实施治理效应。（5）通过一系列稳健性测试和内生性测试验证了本章结论的严谨性和稳健性。

第二，在信息效率维度，考察了混合所有制改革对国有企业股价同步性的影响效应。通过考察我们主要得到如下结论：

（1）国有企业实施混改能够发挥混改的信息治理功能，通过提升信息效率，加快内外部信息沟通，使得公司特质信息进入市场，并体现在个股股价中，显著降低了国有企业股价的“同涨同跌”现象，即显著降低企业的股价同步性。（2）通过对不同功能分类和不同行政分层的国有企业实施混改的效应差异考察，发现混合所有制改革对国有企业股价同步性的缓解效应主要体现在商业竞争类国有企业和中央国有企业中。进一步地，结合前面的研究结论对比分析发现，混合所有制改革在微观企业层面的信息治理效应存在两个维度——信息质量和信息效率，混改在信息质量维度的治理效应更多地体现在特定功能类国有企业和地方国有企业中；而在信息效率维度的治理效应更多地体现在商业竞争类国有企业和中央国有企业中。我们认为，这可能是由不同功能分类及行政分层国有企业的市场功能和市场发展程度决定的。(3) 调节因素的考察结果表明，分析师、机构投资者及媒体报道等信息中介均会对混改与股价同步性的关系产生显著的差异性影响。此外，我们还进一步考察了内部控制质量对主检验结论的调节效应。结果表明，混改对企业股价同步性的缓解效应在内部控制质量较高的子样本中更显著。(4) 机制检验结果表明，混改主要通过信息渠道和治理渠道两个影响机制对国有企业的股价同步性产生治理效应。具体而言，从信息渠道看，混改通过优化国有企业信息披露，提高公司信息透明度，提升了公司特质信息的传递效率（张斌和嵇凤珠，2014），加快国有企业特质信息进入市场的效率，从而显著降低了企业的股价同步性；从治理渠道看，混改能够通过提升内部治理水平，增加企业信息透明度，防止由内部治理结构不完善引发的内部人控制和利益侵占等代理问题和机会主义行为对市场中利益相关者信息获取的阻碍，从而加速公司特质信息进入股价，最终降低国有企业的股价同步性。(5) 通过调整自变量、因变量及控制变量的指标测度、优化回归估计、控制可能的遗漏变量、调整研究样本等方法进行稳健性测试后，实证结论依旧与我们的主检验结论基本一致，并通过内生性测试，保证了我们研究结论的可信性和严谨性。

第三，在经营效率维度，考察了混合所有制改革对国有企业社会责任负担的影响效应。通过考察我们主要得到如下结论：

(1) 主检验回归结果显示，国有企业实施混合所有制改革显著增加了其社会责任负担。机制检验的结果表明，混合所有制改革并不是通过经济及政治动机渠道对国有企业的社会责任负担产生效用，而是通过优化不同分类国有企业间的社会经营目标在国有企业社会责任负担维度发挥治理有效性的。实证结果表明，混改实施后，商业竞争类国有企业的社会责任水平显著下降，而公益类和特定功能类国有企业的社会责任水平显著上升。同样，在行政分层的检验中得到了与预期一致的结论，从经营目标优化的视角为混合所有制改革在微观企业的行为治理效应提供了实证证据。基于分类及分层治理的横截面分析结果显示，混合所有制改革对国有企业社会责任的影响效应仅仅体现在特定功能类国有企业和公益类国有企业及中央国有企业中。而商业竞争类国有企业和地方国有企业中，混合所有制改革的实施并没有对其社会责任负担产生影响。进一步验证了我们的理论预期，即混合所有制改革使得国有企业社会经营目标在不同分类和分层的国有企业中发生了调整，商业竞争类国有企业和地方国有企业在实施混改后更多地追求“经济目标”，而“社会经营目标”更多地被特定功能类，尤其是公益类和中央国有企业承担，导致其社会责任负担在混改后显著增加。(2) 调节因素的考察结果表明，承担社会责任的意愿和积极性并不是驱使国有企业社会责任负担增加的动因，但有强烈意愿和积极性的国有企业，混改的实施对其社会责任负担的影响效用更大。具体而言，当公司主页设置 CSR 专栏、公司文化有与社会责任相关的理念、愿景及价值观以及“董监高”中有党员时，混改对国有企业社会责任负担的影响效应更显著。(3) 宏观层面调节因素的检验结果发现，混改对社会责任负担的影响效应在宏观经济发展较景气且在十八届三中全会明确提出“积极发展混合所有制经济”以后变弱了；进一步地，企业特征因素的检验结果表明，企业的股利政策、融资约束及可持续增长率均会对混改与企业社会责任负担的关系产生差异性影响。(4) 基于国有企业 EVA 考核绩效的经济后果检验进一步验证了本章的猜想：混改使得企业社会责任承担在不同的国有企业间发生了转移。实证结果显示，混改能够显著提升国有企业的 EVA 绩效，分组结果表明，国有企业实施混改后，仅有商业竞争类国有企业和地方国有企业的 EVA 考核绩效显著增加了，进一步验证了我们的理论预期。(5) 通过调整自变量测度、调整社会责任负担测度以及优化实证回归估计方法以及调整模型中控制变量等方法对主假设结论及分层分类结论进行了一系列稳健性测试，实证结果基本与主结论一致，表明我们的实证结论是稳健的。

第四，在资本效率维度，考察了混合所有制改革与国有企业金融错配的影响效应。通过考察我们主要得到如下结论：

(1) 混合所有制改革作为国有企业优化治理的重要改革举措，通过在国有产权中引入非国有资本，提升了国有资本的配置效率及保值增值能力，并通过优化组织结构，实现简政放权，减少了政府干预，最终在资源配置效率层面发挥显著的行为治理效应，显著降低国有企业的金融错配。进一步的检验表明，混合所有制改革对金融错配的缓解效应更多地体现在信贷过剩的国有企业子样本中。这在一定程度上验证了在我国国有银行主导的金融体系下，“所有制歧视”引致的国有企业金融错配现象的存在性。（2）分层分类的异质性影响结果表明，混改对国有企业金融错配的缓解效应在公益类国有企业和中央国有企业中更大。（3）异质性因素的考察结果表明，企业特征、地区特征及宏观特征因素均会对混改在微观企业资本配置效率层面的治理效应产生差异性影响。混改对国有企业金融错配的影响在中小型国有企业、杠杆率较高国有企业及混改程度较大的国有企业中更显著；进一步地，这种影响效应在地区金融发展水平及经济发展水平较高的地区更显著，此外，政策变更及宏观经济不确定性均会对混改的资本配置功能产生差异性影响。（4）机制检验结果证明，混合所有制改革对国有企业金融错配发挥作用主要通过两个机制的渠道：显著提升国有企业的资本配置效率和显著降低国有企业所在地的政府干预程度。中介效应检验结果及分组检验结果均验证了该结论。（5）稳健性测试结果显示，在排除贷款利率管制放开及上市不足一年样本观测值对我们检验结论的影响后，我们的实证结论依旧与主检验结论一致。此外，通过优化回归估计方法、调整自变量及控制变量指标测度等进行稳健性测试的结果均与主检验结论一致，证实了实证结论的稳健性和可信性。

通过以上四个方面对国有企业混合所有制治理效应的考察，我们发现，混合所有制改革是中国特色社会主义制度下的产权制度改革，能够通过优化产权结构和高层治理结构，调整组织结构等在微观企业的信息治理及行为治理层面发挥积极的治理效应。混改对微观企业行为的影响体现在方方面面，信息治理和行为治理作为微观企业治理框架的两大维度，在一定程度上能够通过验证政府政策在相关维度的经济后果，综合评价政策实施的治理有效性。本书的研究不仅丰富了国有企业混合所有制经济后果研究文献，通过深挖混改内涵，构建混改综合指标，拓展了其研究框架。也有助于强化国有企业混合所有制改革理论框架。通过信息治理和行为治理为混合所有制改革的研究框架体系提供思路，具有一定的理论意义。此外，依托分类分层改革背景，从所有制改革视角丰富了各维度研究文献，为中国特殊制度背景下国有企业相关行为的影响因素考察提供了新的解释和研究方向。从实践意义看，实证结果表明，混改有助于国有企业在深化改革进程中，通过强化治理有效性完善证券市场体制，提升国有企业经营效率和国有资本配置效率。从信息治理和行为治理双视角验证了混改在国有企业深化改革进程中的重要性，肯定了混改的价值。此外，基于分类分层改革的考察，为我国在深化国有企业混改进程中坚持分类分层推进的合理性和必要性提供了实证支持。

本书的研究创新点主要体现在以下三个层面：一是从研究视角看，基于分层分类推进国有企业混改的改革实践背景，切入信息治理和行为治理双视角系统考察了混改在微观企业层面的治理有效性。将分类治理纳入混改治理效应框架，是对现有文献的进一步深入挖掘。二是从研究内容上看，目前关于混改经济后果的探讨主要集中于企业绩效及治理、高管激励、企业创新、投资效率、政策性负担、国有企业资本稳定及国有企业税收规避和全要素生产率等层面。鲜少有文献结合分类分层改革系统深挖混改的信息治理效应和行为治理效应。在现有研究的基础上，本书通过将组织结构纳入混改指标测度框架，构建三维度综合测度指标的基础上，分别考察了混改对国有企业股价崩盘风险、股价同步性、社会责任负担和金融错配的影响效应及不同类型国有企业实施混改后的治理效应差异，并深入挖掘了混改影响各维度治理行为的潜在机制，具有一定的创新性。三是从研究方法上看，在现有研究的基础上，用组织结构量化政府放权意愿，基于“股权结构＋高层治理结构＋组织结构”三维度构建混改综合指标，在全面刻画混改对额基础上进行实证考察，是对现有研究方法的拓展和创新，同时，也有助于我们通过更深入理解混改内涵，探索混改予微观企业的积极意义。

9.2 政策建议

混合所有制改革从根本上说是一种资本逻辑的改革，是公有制实现形式的多样化。从过去的管人管事管资产相结合，转变为以管资本为主以改革国有资产监督管理体制。这种监管方向的转变表明，改革国有资本授权经营体制是国有企业混合所有制改革顺利推进的前提和条件。通过股权多元化、治理结构及组织结构优化，实现不同性质资本的融合、制衡与互补；通过改革体制的创新，使国有资本更有活力，使非国有资本更有市场，从而实现国有与非国有的“共赢”。本书的研究结论表明，国有企业实施混改能够有效改善微观企业的信息治理和行为治理。在信息治理效应层面，通过信息质量和信息效率的提升，显著降低了国有企业的股价崩盘风险和股价同步性，在一定程度上有助于我国资本市场的稳定发展；在行为治理效应层面，依托分类分层改革调整国有企业社会经营目标设定，实现国有企业考核绩效提升，通过优化资源配置效率、减少政府干预，显著缓解国有企业金融错配，在一定程度上有助于我国资本市场的公平发展。如何才能在深化国有企业改革阶段，不断实现混合所有制改革的经济效用，不断激发国有企业活力，提升资本效率，并维稳资本市场发展，深化国有企业改革？这是我们应该关注的重点话题。基于此，结合本书的研究结论和目前国内学者关于混合所有制经济后果的探讨以及我国国有企业混改现状，我们从以下几个方面给出政策建议。

（1）深刻理解以“混”促“改”的含义，实现“混”+“改”齐驱并进。

目前不管是学术界还是实务界，关于混合所有制改革存在一个明显的误区就是“混合所有制改革=股权多元化改革”。很多关于国有企业混合所有制改革经济后果的探讨，仅考察股权多样性和股权制衡度等国有股权与非国有股权在改革中“混”的层面的经济后果。很多企业在实施混改时，一味追求国有资本中引入不同性质或者不同类型的股东，实现股权多样性，就认为实现了国有企业的混合所有制改革。但从本质上讲，混合所有制改革虽然也注重股权多元化的发展，但其改革本质在体现“混”的同时，更意在“改”。各级国有资产监督委员会一直强调以“混”促“改”，不能仅完成了“混”而忽略了“改”。我们的研究在综合考虑股权结构、高层治理结构和组织结构的基础上，认为国有企业的混合所有制改革并不仅仅是从某一个维度发挥混改效应，而是综合各维度对国有企业的信息治理和行为治理产生积极的影响。

具体而言，混合所有制改革不仅仅要求不同性质和不同类型的股东持股，更重视通过股权机制改革实现公有制的多种实现形式和多样化，通过“混”不断纳入新的市场力量和新的管理经验，从而达到利用各家之长优化内部治理机制，提升经营效率和国有资本配置效率，以达到“改”的目的，并最终在微观企业层面发挥信息治理和行为治理功能。通过混合所有制改革促进国有企业和民营企业的共同发展，通过构建多种所有制经济共同发展的经济基础助推中国经济向高质量发展。以上这些都充分体现了政府推进混合所有制经济发展的意志。也就是说，混改的本质是在政府放权意愿驱使下的一项经济体制改革，目的在于通过实现公有制资本与非公资本的融合，使得多种所有制资本实现协作“共赢”，最终实现资本保值增值和内部治理调整优化。

进一步地，在中国经济由高速发展向高质量发展的转折时期，国有企业通过“混”实现“改”的目的，更有助于我国经济体制的完善。通过“混”将公有制与市场经济相结合，实现社会主义市场经济建设；通过“改”促进国有企业、国有资本等公有制经济与市场资本实现有效对接和现代企业制度构建。可见，兼具“混”+“改”的混改模式，不仅有利于公有制和市场经济的有机结合，更有助于解决国有企业内部所有者缺位的历史难题。通过以“混”促“改”，发挥国有企业的中流砥柱作用，通过完善创新改革机制，探索出符合我国基本国情及适应国际竞争的高质量发展之路。

（2）重视分类分层推动并实施混合所有制改革的必要性和重要性。

既有研究指出，分类分层推进混改能够有效避免混合所有制改革过程中的“使命冲突”和“认识误区”（黄群慧和余菁，2013），通过让功能定位不同的国有企业开展不同形式的混改，可以通过不同程度的“放权”促使国有企业产权明晰化，依托产权改革盘活国有资本获利，通过完善内部治理机制助力国有企业经营效率提升。基于我们的研究结论，分类分层推进国有企业混合所有制改革，不仅有助于不同功能分类和行政分层国有企业间社会经营目标的优化再分配，最大化国有企业的经营效率和经营活力；也有助于国有企业资本配置效率的提升，增加国有企业资本的保值增值，提升国有资本的创收能力。此外，还有助于不同功能分类和不同行政分层的国有企业根据自身改革特征积极开展经济活动，实现组织结构、产权结构及内部治理机制的优化升级。国务院国资委党委书记、主任郝鹏（2020）指出，“深化国有企业混合所有制改革。要坚持因地施策、因业施策、因企施策，宜独则独、宜控则控、宜参则参，不搞拉郎配，不搞全覆盖，不设时间表，分层分类深化混合所有制改革，把工作重点放在国有资本投资、运营公司出资企业和商业类子企业上，既支持民营企业等社会资本参与国有企业混合所有制改革，又鼓励国有资本投资入股民营企业。”可见，基于分类分层前提推进国有企业的混合所有制改革是混合所有制改革能够发挥有效性及微观治理功能的首要条件。在改革进程中，必须坚持一企一策、分类推进、分层推进，才能使混改发挥最大的功能和效用。

但目前学者们关于国有企业混合所有制改革的讨论以及现实中地方国企实施混改的进程，都忽略了分类分层改革予国有企业混改的重大意义。根据《国务院关于国有企业发展混合所有制经济的意见》（以下简称《意见》）的要求，在分类推进方面，将国有企业分为处于充分竞争行业和领域的商业类国有企业（商业竞争类国有企业）、主业处于重要行业和关键领域的商业类国有企业（特定功能类国有企业）和主业处于水电气热、公共交通、公共设施等提供公共产品及服务的行业和企业（公益类国有企业）。在分层推进方面，将国有企业分为集团公司和子公司以及中央国有企业和地方国有企业两个维度，并依据其功能定位和分层结构开展差异性的混改要求和实施原则。在分类国有企业方面，通过不同的持股权要求、发展要求及经营目标要求，实现混合所有制改革的效益最大化；在分层国有企业方面，通过子公司带动集团公司实现经营机制的优化提升。同时，鼓励地方国有企业积极探索混改新模式，基于中央要求，不断实现不同层级国有企业混改依法合规、有序推进。

基于此，结合《意见》要求，我们认为，从分类视角上，对于主业处于充分竞争行业和领域的商业类国有企业，应采取稳妥推进的改革方式，实现权力下放，突破国有资本“一股独大”的障碍，建立多元、明晰的产权结构，加快形成定位清晰、权责对等、制衡有效的公司治理结构。按照市场化及国际化要求，以提升经济效益和创新商业模式为导向，以增强国有经济活力、放大国有资本功能、实现国有资产保值增值为目标，积极引入非国有资本实现股权多元化的同时，调整商业竞争类国有企业的社会经营目标，让拥有市场活力的竞争类国企以市场化发展为导向，轻装上阵，积极实现国有企业在经济目标上的效应最大化追求，坚持以资本为纽带完善企业治理结构和管理方式；对于主业处于关系国家安全、国民经济命脉的重要行业和关键领域以及主要承担重大专项任务的特定功能类国有企业，应采取积极探索的推进方式，在保持国有资本控股地位的同时，支持非国有资本参股。根据不同行业特点实现政企政资分开和竞争性业务的放开，促进公共资源配置市场化，发挥“国有资本带动＋非国有资本联动”的混改新模式。通过优化其内部治理结构，不断助推混改在微观企业的治理有效性；对于主业处于提供公共产品和服务的公益类国有企业，应当以社会效益为导向，采取规范引导的方式推进混改。根据不同业务的特点，通过购买服务、特许经营、委托代理等方式鼓励非国有企业参与经营，强调从经营业绩指标、国有资产保值增值情况及社会评价三个维度构建考核体系和评价指标。同时注重该类国有企业社会经营目标的承担，以社会目标为导向，实现其社会效应最大化。从分层视角上，应采用“引导＋探索”的混改推进方式，在层级不同的国有企业间，地方国有企业从自身实际情况出发，因企施策，在认真贯彻落实中央改革要求的同时，因地制宜，实现不同分层国有企业混合所有制改革的稳妥推进。让中央国有企业更多地走稳定社会发展的改革之路，让地方国有企业更快地走加速地区经济发展的改革之路。保证国有企业根据其功能分类及行政分层差异，构建不同国资监管机制的改革模式，如混合股权结构中的国有持股比例要求不同，企业治理机制也有差异，行政层级设定有特色等。国有企业是否进行混合所有制改革，如何进行混合所有制改革、改革中国有股权的占比、改革节奏的快慢及改革中应注重的经营目标调整等，这些问题必须依靠其功能定位差异来确定，而不是笼统而概括的“一刀切”。

此外，各企业在推进混改进程中，还应结合分类分层推进改革的指导建议合理设计和优化调整混合所有制企业的股权结构，如通过拓宽非公资本参与渠道，积极引入匹配度高、认同感强、协作性优的战略投资者参与公司治理。此外，通过推动混合所有制企业实现经营机制的深度转换，在股东充分协商基础上依法制定章程，切实维护各方股东的合法权益，严格落实董事会各项法定权利，支持对公司治理健全的国有相对控股混合所有制企业依法实施更加市场化的差异化管控。从分层分类的体制机制设计上保证国有企业混合所有制改革的积极治理效应。

（3）注重微观企业质量建设和能力提升，为混改效应的发挥奠定基础。

党的十九大报告明确提出，“深化国有企业改革，发展混合所有制经济，培育具有全球竞争力的世界一流企业。”国有企业作为我国国民经济的微观体现，是推进国家现代化、保障人民共同利益的重要力量，是体现社会主义全民所有制性质优越性的微观经济主体，是我们党和国家事业发展的重要物质基础和政治基础（董强，2017；张伟华等，2021），其改革发展是贯穿我国资本市场发展的重要事项。随着时代变迁，尽管国有企业的功能和组织形式发生了变化，但国有企业作为全民所有制企业在国民经济发展中的积极意义是不变的，在中国的社会发展中保持着重要和特殊的地位。但国有企业的发展问题一直被诟病，通过深化改革放活国有企业经营活力是助推国有企业在国民经济中发挥关键作用的必经之路，也是我们党及社会公众关心的涉及各方利益的重要社会问题。

在此背景下，依托混合所有制改革的治理契机，通过完善国有企业内部发展机制，优化国有企业内部治理，实现国有企业高质量发展，提升国有企业经营效率，构建高效的现代企业制度和内外部监督体制是当下国有企业深化改革、实施混改的必要前提。这不仅有助于国有企业混合所有制改革治理有效性的发挥，而且也有助于我国国有企业改革往纵深推进。此外，我们的结论表明，混改有助于在信息治理和行为治理两个维度不断提升国有企业的发展质量。以本书的相关结论为依据，国有企业在深入发展过程中，首先，应注重信息监督机制的构建，通过提升信息质量以降低股市风险，通过提升信息效率以降低股价同步性。其次，注重分类分层改革的深入推进，通过明确自身功能定位，以经营目标为导向，实现经济效益最大化，社会效益最优化的公司经营格局。最后，还应注重国有企业资本配置效率的提升，加速推动从管资产向管资本的转变，加快实现国有企业以市场需求为导向的资本配置体制机制，实现政企分开，减少政府干预，降低其资本配置效率，提升其资本利用率和投资效率，实现真正意义上的高质量发展。此外，在要求深化发展国有企业混合所有制改革的关键时期，通过提升国有企业质量、盘活国有资本能力等为国有企业深化改革及混合所有制改革的深入推进奠定坚实的现代企业体制机制基础，有助于实现国有企业更高质量发展、国有资本更大程度保值增值、混合所有制改革更高效率推进等改革目标。

（4）完善混改实施的外部监督机制，构建良好的法治生态环境。

为保证混合所有制改革在国有企业中能够有效发挥治理效应，不仅需要国有企业自身的高质量发展和内部治理机制的完善与构建，更多地要依托外部法治环境的不断优化，构建良好的法治生态环境，为国有企业深化改革保驾护航。

一方面，国有企业作为社会主义全民所有制性质优越性体现的微观经济组织，为我们党和国家的事业发展提供了坚实的物质基础和政治基础。因此，国有企业本身存在着与一般企业不同的“政治”属性。虽然在长期以来的国有企业改革中，不断倡导“政企分开”“政资分开”，但国有企业的产权性质及其经济属性决定，它无法实现完全的市场化导向。在这种有“政治”特性的企业中，仅仅依靠市场力量构建监督体制机制是无法实现的。因此，要通过政府的法制力量和法制能力，通过出台合理严谨的法制条文，才能够为国有企业混合所有制改革的发展肃清“阻碍”。尤其是，可以防止借“混改”之名，侵占国家财富，导致国有资产严重流失的情况。

另一方面，我国的金融市场和证券市场发展相对滞后，且尚未构建完善的监督体制机制。这可能会导致混合所有制改革的实施受阻或效果不佳。随着经济一体化及经济全球化的发展，混改的治理有效性不仅会受到国有企业自身特征的影响，也会受到市场中机构投资者、分析师、媒体等信息中介以及宏观经济环境及经济发展状况的影响，这为国有企业深化实施混合所有制改革带来了外部环境的不确定性和阻力。

基于此，我们认为，国资委及相关监管部门在注重混合所有制改革实施的同时，应同步构建市场及体制内监督机制，以保证混合所有制改革的有效性。同时，应注重市场因素及宏观经济因素对混改予微观企业治理效应产生的重要影响。通过优化证券市场制度，改善法治生态，提高信息透明度和信息披露质量，降低内外部信息不对称导致的崩盘风险和股价同步性；通过分类分层治理体系的优化和完善，调整不同类型国有企业的社会经营目标；通过优化社会责任分配机制，让一部分企业“减负”致力于经济崛起，另一部分企业彰显“国有”特性，承担功能使命实现社会稳定，从而保证国有企业运营效率的提升和经济效益最大化。同时，注重外部法律体制机制的构建，通过减少政府干预程度，提升资本的配置效率优化国有资本的配置体系，缓解金融错配导致的经营效率不佳和社会福利损失。从不同维度和方面，通过外部监督制度的构建与完善，形成环境良好的法治生态体制机制，充分实现混合所有制改革在微观企业层面的优化治理功能。

9.3 研究局限与未来展望

9.3.1 研究局限

本书从“股权结构 + 高层治理结构 + 组织结构”的测度维度入手，通过构建混合所有制改革综合评价指标，结合分类分层改革背景，系统考察了混合所有制改革在微观企业信息治理和行为治理两个维度的经济效应。

通过一系列的研究与讨论，得到了一些既符合理论预期又符合企业实际的实证结论。但考虑到自身科研能力、时间、可获取数据资源及个人实务资历等的限制，本书的研究可能还存在一些局限尚待完善。具体主要体现在以下两个方面：

(1) 从研究内容来看。受限于时间、研究篇幅及研究框架构建等因素，本书主要结合分类分层改革背景，选取信息治理和行为治理研究框架中的四个层面的行为表现作为研究切入点，基于信息治理和行为治理双视角考察了混合所有制改革在微观企业信息质量、信息效率、经营效率和资本效率等维度的治理有效性，没能进一步深挖在不同治理维度的其他研究选题。此外，在研究框架上，我们仅仅探讨了混改的经济后果，没有挖掘影响国有企业实施混改的驱动因素及约束条件，这是我们构建混合所有制治理框架的重要一环，也是后续研究中我们关注的重点研究话题。

(2) 关于混改指标的测度。虽然通过深挖混改内涵，将政府放权意愿纳入了混合所有制改革的指标构建体系中，但限于时间及构建指标所需要的统计、计量及计算机学科基础等原因，并没有深入地对各构建维度的影响效应差异进行深入分析和量化赋权。同时，混改是一个动态过程，因此，而现有的指标测度均受限于度量难度，无法刻画混改的动态特征。这是本书在指标测度方面可能存在的局限之处，但同时也是未来期我们深入探讨的一个重要研究方向。

9.3.2 未来展望

结合现有研究及本书研究，我们认为，在未来期关于国有企业混合所有制改革这一焦点话题的研究中，还可以从以下研究方向和研究视角进行深入开展：

其一，基于混合所有制改革的驱动因素考察影响国有企业及非国有企业实施混合所有制改革的潜在动机以及驱动因素。目前，关于国有企业混改驱动因素的探讨相对较少。例如，陈仕华和卢昌崇（2017）基于高管的跨体制任职背景，考察了高管跨体制联结对国有企业混合所有制改革的驱动效应。蔡贵龙等（2018）考察了政府放权意愿对混合所有制改革实施的推动作用。此外，还有部分研究基于理论探讨，认为权利保障、资源优势获取、国企激励等亦会影响国有企业推行混改的积极性（黄速建，2014；郑志刚，2015；綦好东等，2017）。可见，关于混合所有制改革驱动及制约因素的探讨较少，且实证探讨更是少之又少。在现有研究的基础上，我们预期在未来的研究中，立足国有企业实施混改的动机，切入国有企业高管晋升预期及地方政府官员的晋升预期等视角探索混合所有制改革的驱动因素。同时，还可以立足民营企业参与国有企业混改的动机视角，进一步从民营企业冒险文化及民营企业获取政治关联动机等视角对混合所有制改革的影响因素进行深入探讨。

其二，从不同的研究视角更深层次地探讨混改在微观企业的经济效应。虽然目前学术界关于混合所有制改革经济后果的探讨广泛而深刻，但大多是基于股权制衡及高层治理结构等分维度考察的，很少有研究通过混合所有制改革的综合测度指标进行考察。对于产权性质特殊的国有企业而言，其经营预算设定、经营目标调整、财务行为等依然存在较大的探讨空间。在后续的研究中，我们预期进一步从国有企业的预算管控、违规担保、去杠杆、金融投资、委托贷款、财务重述、财务造假、税收激进度及国有企业费用分类操纵等维度深入探讨混改在微观企业层面的治理功能和积极意义，并深入探讨不同类型国有企业的最优混改模式及最优股权结构。这不仅有助于混合所有制改革理论框架的构建，也有助于混改研究领域的丰富与拓展，从微观层面的不同维度为国有企业实施混改及非国有企业参与混改的必要性和前瞻性提供理论支撑和实践指导。

其三，结合分类分层推进混合所有制改革的实践背景，我们预期继续深入考察混合所有制在不同分类和不同分层国有企业中的最优持股区间和最佳治理效果。深入挖掘分层维度的研究可能性，更多地关注集团公司和上市子公司实施混改的影响效应差异，如集团公司的级别、放权意愿及混改意愿是否会影响上市子公司实施混改的可能性及有效性等。这对国有企业混合所有制改革的深入推进与发展是有益的。

参考文献

[1] Aghion P, Reenen J V, Zingales L Z. Innovation and institutional ownership [J]. American Economic Review, 2013, 103 (1): 277 -304.

[2] Alchian A A. Some economics of property rights [J]. IL Politico, 1965, 30 (4): 816 -829.

[3] Alessi L D. Why corporations insure [J]. Economic Inquiry, 1987, 25 (3): 429 -438.

[4] An H, Zhang T. Stock price synchronicity, crash risk, and institutional investors [J]. Journal of Corporate Finance, 2013, 21: 1 -15.

[5] Andreou P C, Fiordelisi F, Harris T, Philip D. Firms' market culture: The role of institutional ownership [J]. Earnings Management and Crash Risk, Social Science Electronic Publishing, 2016.

[6] Anhua Y, Xiaohong F, Liangbing Y. How does the Mixed - ownership Reform in China of State - owned Enterprises Affect the Corporate Risk - taking? [C] // Proceedings of the 2020 3rd International Conference on Information Management and Management Science. 2020: 44 -48.

[7] Ascioglu A, Hegde S P, McDermott J B. Auditor compensation, disclosure quality, and market liquidity: Evidence from the stock market [J]. Journal of Accounting and Public Policy, 2005, 24 (4): 325 -354.

[8] Ayyagari M, Demirgüç - Kunt A, Maksimovic V. Formal versus informal finance: Evidence from China [J]. The Review of Financial Studies, 2010, 23 (8): 3048 -3097.

[9] Bai C E, Li D D, Tao Z, Wang Y. A multitask theory of state enterprise

reform [J]. Journal of Comparative Economics, 2000, 28 (4): 716 - 738.

[10] Bartelsman E, Haltiwanger J, Scarpetta S. Cross - country differences in productivity: The role of allocation and selection [J]. American Economic Review, 2013, 103 (1): 305 - 334.

[11] Berrone P, Gomez - Mejia L R. Environmental performance and executive compensation: An integrated agency - institutional perspective [J]. Academy of Management Journal, 2009, 52 (1): 103 - 126.

[12] Bloom N. Fluctuations in uncertainty [J]. Journal of Economic Perspectives, 2014, 28 (2): 153 - 176.

[13] Borghesi R, Houston J F, Naranjo A. Corporate socially responsible investments: CEO altruism, reputation, and shareholder interests [J]. Journal of Corporate Finance, 2014, 26: 164 - 181.

[14] Bortolotti B, D'Souza J, Fantini M, Megginson W L. Privatization and the sources of performance improvement in the global telecommunications industry [J]. Telecommuni - cations Policy, 2002, 26 (5 - 6): 243 - 268.

[15] Brandt L, Li H. Bank discrimination in transition economies: ideology, information, or incentives? [J]. Journal of Comparative Economics, 2003, 31 (3): 387 - 413.

[16] Brandt L, Tombe T, Zhu X. Factor market distortions across time, space and sectors in China [J]. Review of Economic Dynamics, 2013, 16 (1): 39 - 58.

[17] Bushman R M, Piotroski J D, Smith A J. What determines corporate transparency? [J]. Journal of Accounting Research, 2004, 42 (2): 207 - 252.

[18] Bushman R, Smtih A. Financial accounting information and corporate governance [J]. Journal Accounting and Economics, 2001, (32): 237 - 333.

[19] Callen J L, Fang X. Religion and stock price crash risk [J]. Journal of Financial and Quantitative Analysis, 2015, 50 (1 - 2): 169 - 195.

[20] Campbell J Y, Lettau M, Malkiel B G, Xu Y X. Have individual stocks become more volatile? An empirical exploration of idiosyncratic risk [J]. The Jour-

nal of Finance, 2001, 56 (1): 1 -43.

[21] Chan K, Hameed A, Kang W. Stock price synchronicity and liquidity [J]. Journal of Financial Markets, 2013, 16 (3): 414 -438.

[22] Chan K, Hameed A. Stock price synchronicity and analyst coverage in emerging markets [J]. Journal of Financial Economics, 2006, 80 (1): 115 -147.

[23] Chang E C, Cheng J W, Yu Y. Short - sales constraints and price discovery: Evidence from the Hong Kong market [J]. The Journal of Finance, 2007, 62 (5): 2097 -2121.

[24] Chang X, Chen Y, Zolotoy L. Stock liquidity and stock price crash risk [J]. Journal of Financial and Quantitative Analysis, 2017, 52 (4): 1605 -1637.

[25] Chen L, Huang J, Chen X. Mixed - ownership reform and auditor choice: Evidence from listed state - owned enterprises [J]. China Journal of Accounting Studies, 2020, 8 (3): 435 -469.

[26] Christie A A. The stochastic behavior of common stock variances: Value, leverage and interest rate effects [J]. Journal of Financial Economics, 1982, 10 (4): 407 -432.

[27] Coase R H. Evaluation of public policy relating to radio and television broadcasting: social and economic issues [J]. Land Economics, 1965, 41 (2): 161 -167.

[28] Core J, Guay W. The use of equity grants to manage optimal equity incentive levels [J]. Journal of Accounting and Economics, 1999, 28 (2): 151 -184.

[29] Cull R, Li W, Sun B, Xu L C. Government connections and financial constraints: Evidence from a large representative sample of Chinese firms [J]. Journal of Corporate Finance, 2015, 32: 271 -294.

[30] Custódio C, Ferreira M A, Laureano L. Why are US firms using more short - term debt? [J]. Journal of Financial Economics, 2013, 108 (1): 182 -212.

[31] Dasgupta S, Gan J, Gao N. Transparency, price informativeness, and stock return synchronicity: Theory and evidence [J]. Journal of Financial and Quantitative Analysis, 2010, 45 (5): 1189 -1220.

[32] DeAngelo H, DeAngelo L, Stulz R M. Dividend policy and the earned/contributed capital mix: a test of the life - cycle theory [J]. Journal of Financial Economics, 2006, 81 (2): 227 - 254.

[33] Demsetz H, Lehn K. The structure of corporate ownership: Causes and consequences [J]. Journal of Political Economy, 1985, 93 (6): 1155 - 1177.

[34] Denis M S, Kannan M P. The impact of uncertainty shocks on the UK economy [M]. International Monetary Fund, 2013.

[35] Doyle J T, Ge W, McVay S. Accruals quality and internal control over financial reporting [J]. The Accounting Review, 2007, 82 (5): 1141 - 1170.

[36] Doyle J, Ge W, McVay S. Determinants of weaknesses in internal control over financial reporting [J]. Journal of Accounting and Economics, 2007, 44 (1 - 2): 193 - 223.

[37] Durnev A, Morck R, Yeung B, et al. Does greater firm - specific return variation mean more or less informed stock pricing? [J]. Journal of Accounting Research, 2003, 41 (5): 797 - 836.

[38] Fama E F. Efficient Capital Markets: A review of theory and empirical work [J]. The Journal of Finance, 1970, 25 (2): 383 - 417.

[39] Fan J P H, Wong T J, Zhang T. Institutions and organizational structure: The case of state - owned corporate pyramids [J]. The Journal of Law, Economics, and Organization, 2013, 29 (6): 1217 - 1252.

[40] Ferreira M A, Laux P A. Corporate governance, idiosyncratic risk, and information flow [J]. The Journal of Finance, 2007, 62 (2): 951 - 989.

[41] Francis J, Philbrick D, Schipper K. Shareholder litigation and corporate disclosures [J]. Journal of Accounting Research, 1994, 32 (2): 137 - 164.

[42] Francis K C, Zhang L, Corporate political connections and tax aggressiveness [J]. Contemporary Accounting Research, 2016, 33: 78 - 114.

[43] Gainet C. Exploring the impact of legal systems and financial structure on corporate responsibility [J]. Journal of Business Ethics, 2010, 95 (2): 195 - 222.

[44] Gallmeyer M, Hollifield B. An examination of heterogeneous beliefs with

a short - sale constraint in a dynamic economy [J]. Review of Finance, 2008, 12 (2): 323 - 364.

[45] Gilchrist S, Zakrajšek E. Credit spreads and business cycle fluctuations [J]. American Economic Review, 2012, 102 (4): 1692 - 1720.

[46] Grullon G, Michenaud S, Weston J P. The real effects of short - selling constraints [J]. The Review of Financial Studies, 2015, 28 (6): 1737 - 1767.

[47] Gul F A, Kim J B, Qiu A A. Ownership concentration, foreign shareholding, audit quality, and stock price synchronicity: Evidence from China [J]. Journal of Financial Economics, 2010, 95 (3): 425 - 442.

[48] Gupta N. Partial privatization and firm performance [J]. The Journal of Finance, 2005, 60 (2): 987 - 1015.

[49] Hadlock C J, Pierce J R. New evidence on measuring financial constraints: Moving beyond the KZ index [J]. The Review of Financial Studies, 2010, 23 (5): 1909 - 1940.

[50] Hong H, Stein J C. Differences of opinion, short - sales constraints, and market crashes [J]. The Review of Financial Studies, 2003, 16 (2): 487 - 525.

[51] Hsieh C T, Klenow P J. Misallocation and manufacturing TFP in China and India [J]. The Quarterly Journal of Economics, 2009, 124 (4): 1403 - 1448.

[52] Hsieh C T, Song Z M. Grasp the large, let go of the small: The transformation of the state sector in China [R]. National Bureau of Economic Research, 2015.

[53] Huang A H, Lehavy R, Zang A Y, Zhang R. Analyst information discovery and interpretation roles: A topic modeling approach [J]. Management Science, 2018, 64 (6): 2833 - 2855.

[54] Hutton A P, Marcus A J, Tehranian H. Opaque financial reports, R2, and crash risk [J]. Journal of Financial Economics, 2009, 94 (1): 67 - 86.

[55] Ittner C D, Larcker D F, Randall T. Performance implications of strategic performance measurement in financial services firms [J]. Accounting, Organizations and Society, 2003, 28 (7 - 8): 715 - 741.

[56] Ittner C D, Larcker D F. Assessing empirical research in managerial accounting: a value - based management perspective [J]. Journal of Accounting and Economics, 2001, 32 (1 - 3): 349 - 410.

[57] Jeon J Q, Lee C, Moffett C M. Effects of foreign ownership on payout policy: Evidence from the Korean market [J]. Journal of Financial Markets, 2011, 14 (2): 344 - 375.

[58] Jian M, Lee K W. CEO compensation and corporate social responsibility [J]. Journal of Multinational Financial Management, 2015, 29: 46 - 65.

[59] Jiang X, Xu N, Yuan Q, Chan K. Mutual - fund - affiliated analysts and stock price synchronicity: Evidence from China [J]. Journal of Accounting, Auditing and Finance, 2018a, 33 (3): 435 - 460.

[60] Jiang F, Cai W, Wang X, Zhu B. Multiple large shareholders and corporate investment: Evidence from China [J]. Journal of Corporate Finance, 2018b, 50: 66 - 83.

[61] Jin L, Myers S C. R - squared around the world: New theory and new tests [J]. Journal of Financial Economics, 2006, 79 (2): 257 - 292.

[62] Johnson R A, Greening D W. The effects of corporate governance and institutional ownership types on corporate social performance [J]. Academy of Management Journal, 1999, 42 (5): 564 - 576.

[63] Karamanou I, Vafeas N. The association between corporate boards, audit committees, and management earnings forecasts: An empirical analysis [J]. Journal of Accounting Research, 2005, 43 (3): 453 - 486.

[64] Karpoff J M, Lott J R Jr, Wehrly E W. The reputational penalties for environmental violations: Empirical evidence [J]. The Journal of Law and Economics, 2005, 48 (2): 653 - 675.

[65] Kim O, Verrecchia R E. The relation among disclosure, returns, and trading volume information [J]. The Accounting Review, 2001, 76 (4): 633 - 654.

[66] Kim P, Leckman J F, Mayes L C, Feldman R, Wang X, Swain J E. The plasticity of human maternal brain: longitudinal changes in brain anatomy during the ear-

ly postpartum period [J]. Behavioral Neuroscience, 2010, 124 (5): 695 -700.

[67] Kim J B, Li Y, Zhang L. CFOs versus CEOs: Equity incentives and crashes [J]. Journal of Financial Economics, 2011a, 101 (3): 713 -730.

[68] Kim J B, Li Y, Zhang L. Corporate tax avoidance and stock price crash risk: Firm - level analysis [J]. Journal of Financial Economics, 2011b, 100 (3): 639 -662.

[69] Kim J B, Zhang L. Financial reporting opacity and expected crash risk: Evidence from implied volatility smirks [J]. Contemporary Accounting Research, 2014, 31 (3): 851 -875.

[70] Kim Y, Li H, Li S. Corporate social responsibility and stock price crash risk [J]. Journal of Banking and Finance, 2014, 43: 1 -13.

[71] Kim J B, Wang Z, Zhang L. CEO overconfidence and stock price crash risk [J]. Contemporary Accounting Research, 2016, 33 (4): 1720 -1749.

[72] Kim J B, Zhang L. Accounting conservatism and stock price crash risk: Firm - level evidence [J]. Contemporary Accounting Research, 2016, 33 (1): 412 -441.

[73] King B F. Market and industry factors in stock price behavior [J]. The Journal of Business, 1966, 39 (1): 139 -190.

[74] Kothari S P, Shu S, Wysocki P D. Do managers withhold bad news? [J]. Journal of Accounting Research, 2009, 47 (1): 241 -276.

[75] Larcker D F. Discussion of "are executive stock options associated with future earnings?" [J]. Journal of Accounting and Economics, 2003, 36 (1 -3): 91 -103.

[76] Li B, Xu L, McIver R P, Liu X, Pan A. Mixed - ownership reform and private firms' corporate social responsibility practices: Evidence from China [J]. Business and Society, 2020: 0007650320958762.

[77] Li C, Yuan R, Khan M A, Pervaiz K, Sun X. Does the mixed - ownership reform affect the innovation strategy choices of Chinese state - owned enterprises? [J]. Sustainability, 2020, 12 (7): 2587.

[78] Li G, Dimaggio C J, Brady J E. Cannabis use and crash risk in drivers [J]. Addiction, 2017, 112 (7): 1315.

[79] Li K, Morck R, Yang F, Yeung B. Firm – specific variation and openness in emerging markets [J]. Review of Economics and Statistics, 2004, 86 (3): 658 – 669.

[80] Li M, Lu Y, Phillips G M. CEOs and the product market: when are powerful CEOs beneficial? [J]. Journal of Financial and Quantitative Analysis, 2019, 54 (6): 2295 – 2326.

[81] Lin J Y, Cai F, Li Z. Competition, policy burdens, and state – owned enterprise reform [J]. The American Economic Review, 1998, 88 (2): 422 – 427.

[82] Lin J Y, Tan G. Policy burdens, accountability and the soft budget Constraint [J]. American Economic Review, 1999, 89 (2): 426 – 431.

[83] Liu Q, Zheng Y, Zhu Y. The evolution and consequence of Chinese pyramids [J]. Unpublished Working Paper, 2010.

[84] Luo X, Wieseke J, Homburg C. Incentivizing CEOs to build customer – and employee – firm relations for higher customer satisfaction and firm value [J]. Journal of the Academy of Marketing Science, 2012, 40 (6): 745 – 758.

[85] Ma S, Li W, Yan S. The impact of mixed ownership reform on enterprise performance – An empirical study based on A – share listing corporation in China [C] //International Conference on Management Science and Engineering Management. Springer, Cham, 2017: 670 – 679.

[86] Macesich G, Goldsmith R W. Financial structure and development [J]. The Journal of Finance, 1970, 25 (1): 204.

[87] Mahmood Z, Riaz Z. Using case study research method to emergent relations of corporate governance and social responsibility [J]. Journal of Quality and Technology Management, 2008, 4 (1): 9 – 20.

[88] Mahoney L S, Thorne L. Corporate social responsibility and long – Term compensation: Evidence from Canada [J]. Journal of Business Ethics, 2005, 57 (3): 241 – 253.

[89] Malkiel B G, Fama E F. Efficient capital markets: A review of theory and empirical work [J]. The Journal of Finance, 1970, 25: 383 -417.

[90] Matsumura T. Partial privatization in mixed duopoly [J]. Journal of Public Economics, 1998, 70 (3): 473 -483.

[91] Maw J. Partial privatization in transition economies [J]. Economic Systems, 2002, 26 (3): 271 -282.

[92] McGuire S T, Newton N J, Omer T C, Sharp N Y. Does local religiosity impact corporate social responsibility? [J]. Available at SSRN 1926387, 2012.

[93] McWilliams A, Siegel D. Corporate social responsibility and financial performance: correlation or misspecification? [J]. Strategic Management Journal, 2000, 21 (5): 603 -609.

[94] Megginson W L, Nash R C, Randenborgh M V. The financial and operating performance of newly privatized firms: An international empirical analysis [J]. The Journal of Finance, 1994, 49 (2): 403 -452.

[95] Megginson W L, Netter J M. From state to market: A survey of empirical studies on privatization [J]. Journal of Economic Literature, 2001, 39 (2): 321 -389.

[96] Miller E M. Risk, uncertainty, and divergence of opinion [J]. The Journal of Finance, 1977, 32 (4): 1151 -1168.

[97] Morck R, Yeung B, Yu W. The information content of stock markets: why do emerging markets have synchronous stock price movements? [J]. Journal of Financial Economics, 2000, 58 (1 -2): 215 -260.

[98] Pastena V, Ronen J. Some hypotheses on the pattern of management's informal disclosures [J]. Journal of Accounting Research, 1979: 550 -564.

[99] Piotroski J D, Roulstone D T. The influence of analysts, institutional investors, and insiders on the incorporation of market, industry, and firm -specific information into stock prices [J]. The Accounting Review, 2004, 79 (4): 1119 -1151.

[100] Piotroski J D, Wong T J, Zhang T. Political incentives to suppress negative information: Evidence from Chinese listed firms [J]. Journal of Accounting

Research, 2015, 53 (2): 405 – 459.

[101] Qian Y, Xu C. Innovation and bureaucracy under soft and hard budget constraints [J]. The Review of Economic Studies, 1998, 65 (1): 151 – 164.

[102] Restuccia D, Rogerson R. Policy distortions and aggregate productivity with heterogeneous establishments [J]. Review of Economic Dynamics, 2008, 11 (4): 707 – 720.

[103] Richardson S. Over – investment of free cash flow [J]. Review of Accounting Studies, 2006, 11 (2 – 3): 159 – 189.

[104] Roll R. R^2 [J]. Journal of Finance, 1988, 43: 541 – 566.

[105] Sacconi L. A social contract account for CSR as an extended model of corporate governance (I): Rational bargaining and justification [J]. Journal of Business Ethics, 2006, 68 (3): 259 – 281.

[106] Schein E H. Organizational culture and leadership – A dynamic view [M]. San Francisco: Jossey – Bass, 1985.

[107] Scott W R, O'Brien P C. Financial accounting theory [M]. Toronto: prentice hall, 2003.

[108] Shleifer A, Vishny R W. Politicians and firms [J]. The Quarterly Journal of Economics, 1994, 109 (4): 995 – 1025.

[109] Shleifer A, Vishny R W. A survey of corporate governance [J]. The Journal of Finance, 1997, 52 (2): 737 – 783.

[110] Shleifer A, Vishny R W. The grabbing hand: government pathologies and their cures [J]. American Economic Association Papers & Proceedings, 1998, 87 (2): 354 – 358.

[111] Song L. Accounting disclosure, stock price synchronicity and stock crash risk: An emerging – market perspective [J]. International Journal of Accounting and Information Management, 2015, 23 (4): 349 – 363.

[112] Song Z, Storesletten K, Zilibotti F. Growing like China [J]. American Economic Review, 2011, 101 (1): 196 – 233.

[113] Wang W, Wang H, Wu J G. Mixed ownership reform and corporate tax

avoidance：Evidence of Chinese listed firms [J]. Pacific - Basin Finance Journal, 2021, 69: 101648.

[114] West K D. Dividend innovations and stock price volatility [J]. Econometrica: Journal of the Econometric Society, 1988, 56 (1): 37 -61.

[115] Wu M L. Corporate social performance, corporate financial performance, and firm size: A meta - analysis [J]. Journal of American Academy of Business, 2006, 8 (1): 163 -171.

[116] Xu N, Li X, Yuan Q, Chan K C. Excess perks and stock price crash risk: Evidence from China [J]. Journal of Corporate Finance, 2014, 25: 419 -434.

[117] Ye L, Xunchang Z, Xiaoyan L. Theinfluence of the mixed ownership reform on the total factor productivity of the state owned enterprises——An empirical study based on PSM - DID method [J]. Public Finance Research, 2016: 10.

[118] Yin Y, Tian R. Investor sentiment, financial report quality and stock price crash risk: Role of short - sales constraints [J]. Emerging Markets Finance and Trade, 2017, 53 (3): 493 -510.

[119] Yuan R, Li C, Li N, Khan M A, Khaliq N. Can mixed - ownership reform drive the green transformation of SOEs? [J]. Energies, 2021, 14 (10): 1 -25.

[120] Zhang X, Yu M, Chen G. Does mixed - ownership reform improve SOEs' innovation? Evidence from state ownership [J]. China Economic Review, 2020, 61: 101450.

[121] 白重恩，路江涌，陶志刚．国有企业改制效果的实证研究 [J]. 经济研究，2006，08：4 -13.

[122] 白重恩，刘俏，陆洲等．中国上市公司治理结构的实证研究 [J]. 经济研究，2005，40 (2)：81 -91.

[123] 步丹璐，贺晨，文彩虹．外资持股与企业社会责任表现 [J]. 会计研究，2021，02：86 -101.

[124] 蔡贵龙，柳建华，马新啸．非国有股东治理与国企高管薪酬激励 [J]. 管理世界，2018，34 (5)：137 -149.

[125] 蔡贵龙，郑国坚，马新啸等．国有企业的政府放权意愿与混合所

有制改革［J］. 经济研究，2018，53（9）：99－115.

［126］蔡贵龙，卢锐，马新啸. 非国有股东委派董事与国有上市公司财务重述［J］. 中山大学学报（社会科学版），2021，61（1）：185－195.

［127］藏瑞瑞. 论国有企业社会责任的实现路径——基于“政府—社会—企业”框架的分析［J］. 经济研究导刊，2013，23：39－40.

［128］曹丰，鲁冰，李争光等. 机构投资者降低了股价崩盘风险吗？［J］. 会计研究，2015，11：55－61.

［129］曹廷求，张光利. 自愿性信息披露与股价崩盘风险：基于电话会议的研究［J］. 经济研究，2020，55（11）：191－207.

［130］曹玉书，楼东玮. 资源错配、结构变迁与中国经济转型［J］. 中国工业经济，2012，10：5－18.

［131］曹越，孙丽，郭天枭等. “国企混改”与内部控制质量：来自上市国企的经验证据［J］. 会计研究，2020，08：144－158.

［132］陈波，李欣，潘立生等. 内部控制、财务报告质量与股价同步性［J］. 财会通讯，2018，06：107－111.

［133］陈德球，陈运森，董志勇. 政策不确定性，市场竞争与资本配置［J］. 金融研究，2017，11：65－80.

［134］陈冬华，姚振晔. 政府行为必然会提高股价同步性吗？——基于我国产业政策的实证研究［J］. 经济研究，2018，53（12）：112－128.

［135］陈福中，蒋国海. 新时代国有企业混合所有制改革：特征、困境、路径［J］. 改革与战略，2021，37（1）：44－52.

［136］陈俊龙，汤吉军. 国有企业混合所有制分类改革与国有股最优比例——基于双寡头垄断竞争模型［J］. 广东财经大学学报，2016，31（1）：36－44.

［137］陈丽蓉，韩彬，杨兴龙. 企业社会责任与高管变更交互影响研究——基于A股上市公司的经验证据［J］. 会计研究，2015，08：57－64.

［138］陈良银，黄俊，陈信元. 混合所有制改革提高了国有企业内部薪酬差距吗？［J/OL］. 南开管理评论，2021：1－29. http：//kns. cnki. net/kcms/detail/12. 1288. f. 20210809. 1514. 002. html.

［139］陈林，万攀兵，许莹盈．混合所有制企业的股权结构与创新行为——基于自然实验与断点回归的实证检验［J］．管理世界，2019，35（10）：186－205.

［140］陈林．自然垄断与混合所有制改革——基于自然实验与成本函数的分析［J］．经济研究，2018，53（1）：81－96.

［141］陈林，唐杨柳．混合所有制改革与国有企业政策性负担——基于早期国企产权改革大数据的实证研究［J］．经济学家，2014，11：13－23.

［142］陈仕华，卢昌崇．国有企业高管跨体制联结与混合所有制改革——基于“国有企业向私营企业转让股权”的经验证据［J］．管理世界，2017，05：107－118.

［143］陈信元，叶鹏飞，薛建峰．我国会计信息环境的初步分析［J］．会计研究，2000，08：8－16.

［144］陈信元，汪辉．股东制衡与公司价值：模型及经验证据［J］．数量经济技术经济研究，2004，11：104－112.

［145］成力为，温源，张东辉．金融错配、结构性研发投资短缺与企业绩效——基于工业企业大样本面板数据分析［J］．大连理工大学学报（社会科学版），2015，02：26－33.

［146］程承坪，陈志．非国有资本能否促进国有企业技术创新研究［J］．中国软科学，2021，02：125－132.

［147］褚剑，秦璇，方军雄．中国式融资融券制度安排与分析师盈利预测乐观偏差［J］．管理世界，2019，35（1）：151－166.

［148］褚剑，方军雄．中国式融资融券制度安排与股价崩盘风险的恶化［J］．经济研究，2016，51（5）：143－158.

［149］戴锦，和军．国有企业的经济责任、社会责任与政策责任［J］．政治经济学研究，2015，16：55－68.

［150］单春霞，崔杰．国有企业社会责任战略与经营绩效影响研究［J］．河南社会科学，2018，26（8）：90－94.

［151］狄灵瑜，步丹璐．非国有股东参股与国有企业金融化——基于混合所有制改革的制度背景［J］．山西财经大学学报，2021，43（3）：96－111.

［152］丁慧，吕长江，陈运佳．投资者信息能力：意见分歧与股价崩盘风险——来自社交媒体“上证 e 互动”的证据［J］．管理世界，2018，34（9）：161－171．

［153］董梅生，洪功翔．发展混合所有制经济的内在机制研究——基于产权改革视角［J］．云南财经大学学报，2017，33（2）：12－25．

［154］董淑兰，严秀丽．国有企业与民营企业社会责任评价比较——来自中国500强企业的经验数据［J］．财会月刊，2013，24：22－24．

［155］董强．聚精会神抓党建不断推进强“根”固“魂”工程［J］．先锋队，2017，08：20－21．

［156］杜洋洋，田祥宇．企业金融化降低了资本市场信息效率吗——基于股价同步性的视角［J］．统计学报，2021，2（2）：66－79．

［157］方军雄．政府干预、所有权性质与企业并购［J］．管理世界，2008，09：118－123．

［158］方立兵，丁婧．透明度与市场效率——基于信息不对称的适应性学习研究［J］．管理科学学报，2017，20（7）：43－56．

［159］方明月，孙鲲鹏．国企混合所有制能治疗僵尸企业吗？——一个混合所有制类啄序逻辑［J］．金融研究，2019，01：91－110．

［160］房子琳，余丽斌．金融错配与企业技术创新模式选择［J］．中国商论，2017，26：50－51．

［161］冯璐，张泠然，段志明．混合所有制改革下的非国有股东治理与国企创新［J］．中国软科学，2021（3）：124－140．

［162］高明华，杨丹，杜雯翠等．国有企业分类改革与分类治理——基于七家国有企业的调研［J］．经济社会体制比较，2014，02：19－34．

［163］耿云江，马影．非国有大股东对国企超额雇员的影响：成本效应还是激励效应［J］．会计研究，2020，02：154－165．

［164］龚强，徐朝阳．政策性负担与长期预算软约束［J］．经济研究，2008，02：44－55．

［165］顾乃康，周艳利．卖空的事前威慑、公司治理与企业融资行为——基于融资融券制度的准自然实验检验［J］．管理世界，2017，02：120－134．

[166] 郭宏，李婉丽，高伟伟. 政治治理、管理层权力与国有企业过度投资 [J]. 管理工程学报，2020，34 (2)：71 – 83.

[167] 韩珣，李建军. 金融错配、非金融企业影子银行化与经济“脱实向虚”[J]. 金融研究，2020，08：93 – 111.

[168] 郝阳，龚六堂. 国有、民营混合参股与公司绩效改进 [J]. 经济研究. 2017，52 (3)：122 – 135.

[169] 郝云宏，汪茜. 混合所有制企业股权制衡机制研究——基于“鄂武商控制权之争”的案例解析 [J]. 中国工业经济，2015，03：148 – 160.

[170] 郝鹏. 激发各类市场主体活力 [J]. 现代国企研究，2020 (11)：10 – 13.

[171] 侯宇，叶冬艳. 机构投资者、知情人交易和市场效率——来自中国资本市场的实证证据 [J]. 金融研究，2008，04：131 – 145.

[172] 胡建雄. “釜底抽薪”还是“抱薪救火”——引入民营股东对国企并购效率的影响 [J]. 山西财经大学学报，2021，43 (1)：85 – 99.

[173] 胡军，王甄. 微博、特质性信息披露与股价同步性 [J]. 金融研究，2015，11：190 – 206.

[174] 胡旭阳. 民营企业家的政治身份与民营企业的融资便利——以浙江省民营百强企业为例 [J]. 管理世界，2006，05：107 – 113.

[175] 胡一凡，宋敏，张俊喜. 中国国有企业民营化绩效研究 [J]. 经济研究，2006，07：49 – 60.

[176] 黄俊，郭照蕊. 新闻媒体报道与资本市场定价效率——基于股价同步性的分析 [J]. 管理世界，2014，05：121 – 130.

[177] 黄群慧，余菁. 新时期的新思路：国有企业分类改革与治理 [J]. 中国工业经济，2013，11：5 – 17.

[178] 黄速建，任梦，张启望. 竞争性行业混改中国有资本控制人持股比例与企业绩效 [J]. 经济管理，2021，43 (3)：62 – 79.

[179] 黄速建，肖红军，王欣. 竞争中性视域下的国有企业改革 [J]. 中国工业经济，2019，06：22 – 40.

[180] 黄速建，余菁. 国有企业的性质、目标与社会责任 [J]. 中国工

业经济，2006，02：68－76.

［181］黄速建．中国国有企业混合所有制改革研究［J］．经济管理，2014，36（7）：1－10.

［182］贾明，张喆．高管的政治关联影响公司慈善行为吗？［J］．管理世界，2010，04：99－113.

［183］江轩宇，许年行．企业过度投资与股价崩盘风险［J］．金融研究，2015，422（8）：141－158.

［184］江轩宇，伊志宏．审计行业专长与股价崩盘风险［J］．中国会计评论，2013，02：133－150.

［185］江轩宇．政府放权与国有企业创新——基于地方国企金字塔结构视角的研究［J］．管理世界，2016，09：120－135.

［186］江婕，王正位，龚新宇．信息透明度与股价崩盘风险的多维实证研究［J］．经济与管理研究，2021，42（2）：53－65.

［187］蒋德权，姚振晔，陈冬华．财务总监地位与企业股价崩盘风险［J］．管理世界，2018，34（3）：153－166.

［188］金国荣，冯臻，于保平．企业社会责任动机、机制与模式研究——基于管理者价值观视角［J］．上海管理科学，2014，36（2）：9－14.

［189］金智．新会计准则、会计信息质量与股价同步性［J］．会计研究，2010，07：19－26.

［190］靳来群．所有制歧视所致金融资源错配程度分析［J］．经济学动态，2015，06：36－44.

［191］靳小翠．企业文化会影响企业社会责任吗？——来自中国沪市上市公司的经验证据［J］．会计研究，2017，02：56－62.

［192］井辉．国有企业改革中的两种产权理论比较［J］．财经科学，2000，05：57－60.

［193］康志勇．金融错配阻碍了中国本土企业创新吗？［J］．研究与发展管理，2014，26（5）：63－72.

［194］黎文飞，马新啸，蔡贵龙．混合所有制改革、公司治理与国有企业分红［J］．会计与经济研究，2020，34（4）：59－78.

[195] 黎文靖，孔东民．信息透明度、公司治理与中小股东参与 [J]. 会计研究，2013，01：42－49.

[196] 李斌，曹琳，向有涛．EVA、股权集中度对央企研发投入影响的研究 [J]. 商业会计，2020，01：56－60.

[197] 李春玲，袁润森，孙熠．非国有股东治理与国企创新投入 [J]. 预测，2021，40 (1)：38－44.

[198] 李炳堃．国资改革与混合所有制——基于委托代理理论视角 [J]. 经济问题，2017，12：60－64.

[199] 李广子，刘力．上市公司民营化绩效：基于政治观点的检验 [J]. 世界经济，2010，11：139－160.

[200] 李建标，王高阳，李帅琦等．混合所有制改革中国有和非国有资本的行为博弈——实验室实验的证据 [J]. 中国工业经济，2016，06：109－126.

[201] 李井林．混合所有制改革有助于提升国有企业投资效率吗？[J]. 经济管理，2021，43 (2)：56－70.

[202] 李静，彭飞，毛德凤．资源错配与中国工业企业全要素生产率 [J]. 财贸研究，2012，05：52－59.

[203] 李明敏，李秉祥，惠祥．异质股东控制权配置对企业混改绩效的影响——基于股东资源与治理结构双视角 [J]. 预测，2020，39 (1)：26－34.

[204] 李培功，沈艺峰．媒体的公司治理作用：中国的经验证据 [J]. 经济研究，2010，04：14－27.

[205] 李姝，谢晓嫣．民营企业的社会责任、政治关联与债务融资——来自中国资本市场的经验证据 [J]. 南开管理评论，2014，17 (6)：30－40.

[206] 李淑玲．国药集团的混改之路 [J]. 国资报告，2018，04：80－81.

[207] 李文贵，余明桂．民营化企业的股权结构与企业创新 [J]. 管理世界，2015，04：112－125.

[208] 李维安．分类治理：国企深化改革之基础 [J]. 南开管理评论，2014，17 (5)：1.

[209] 李向荣．混合所有制企业国有股比例、制衡股东特征与公司绩效 [J]. 经济问题，2018，10：101－104.

[210] 李向荣. 基于多重代理理论的国有企业混合所有制改革研究 [J]. 宏观经济管理. 2018, 07: 53-58.

[211] 李鑫, 李香梅. 代理冲突、公司治理因素的激励约束效应与资本配置效率 [J]. 管理世界, 2014, 11: 166-167.

[212] 李燕萍, 孙红, 张银. 高管报酬激励、战略并购重组与公司绩效——来自中国A股上市公司的实证 [J]. 管理世界, 2008, 12: 177-179.

[213] 李禹桥, 陈林. 国有企业分类改革与高管薪酬 [J]. 暨南学报 (哲学社会科学版), 2020, 42 (4): 14-25.

[214] 李昱. 国有经济功能和国有企业社会责任 [J]. 国有经济评论. 2011, 3 (2): 1-12.

[215] 李增福, 云锋, 黄家惠等. 国有资本参股对非国有企业投资效率的影响研究 [J]. 经济学家, 2021, 03: 71-81.

[216] 李增福, 黄家惠, 连玉君. 非国有资本参股与国企技术创新 [J]. 统计研究, 2021, 38 (1): 119-131.

[217] 李增泉, 叶青, 贺卉. 企业关联、信息透明度与股价特征 [J]. 会计研究, 2011, 01: 44-51.

[218] 李增泉. 所有权结构与股票价格的同步性——来自中国股票市场的证据 [J]. 中国会计与财务研究, 2005, 03: 57-100.

[219] 厉以宁. 国企改革, 重在国有资本配置体制改革 [J]. 创新科技, 2014, 07: 7.

[220] 梁权熙, 曾海舰. 独立董事制度改革、独立董事的独立性与股价崩盘风险 [J]. 管理世界, 2016, 03: 144-159.

[221] 梁上坤, 徐灿宇, 王瑞华. 董事会断裂带与公司股价崩盘风险 [J]. 中国工业经济, 2020, 03: 155-173.

[222] 梁永福, 王凤生, 陈林. 混合所有制改革: 上缴红利、转移支付与社会福利效应 [J]. 管理评论, 2020, 32 (12): 37-48.

[223] 廖冠民, 沈红波. 国有企业的政策性负担: 动因、后果及治理 [J]. 中国工业经济, 2014, 06: 96-108.

[224] 林毅夫, 李志赟. 政策性负担、道德风险与预算软约束 [J]. 经

济研究，2004，02：17－27.

［225］林毅夫，李志赟．中国的国有企业与金融体制改革［J］．经济学（季刊），2005，03：913－936.

［226］林毅夫，刘明兴，章奇．政策性负担与企业的预算软约束：来自中国的实证研究［J］．管理世界，2004，08：81－89.

［227］林毅夫，刘培林．自生能力和国企改革［J］．经济研究，2001，09：60－70.

［228］刘春，孙亮．政策性负担、市场化改革与国企部分民营化后的业绩滑坡［J］．财经研究，2013，01：71－81.

［229］刘建丽，张文珂，张芳芳．中央国有企业投资管控效率对股东回报的影响——基于国有企业股权多元化目标的研究［J］．中国工业经济，2014，08：109－121.

［230］刘玲．国有企业社会责任研究——以“企业—政府—社会”关系为框架［J］．理论界，2007，09：95－96.

［231］刘泉红，王丹．我国混合所有制经济的发展历程与展望［J］．经济纵横，2018，12：51－60.

［232］刘任重，郭雪，徐飞．金融错配、区域差异与技术进步——基于我国省级面板数据［J］．山东财经大学学报，2016，28（6）：1－8.

［233］刘瑞明，石磊．国有企业的双重效率损失与经济增长［J］．经济研究，2010，45（1）：127－137.

［234］刘小玄，李利英．改制对企业绩效影响的实证分析［J］．中国工业经济，2005，03：5－12.

［235］刘小玄．民营化改制对中国产业效率的效果分析——2001年全国普查工业数据的分析［J］．经济研究，2004，08：16－26.

［236］刘小玄，李利英．企业产权变革的效率分析［J］．中国社会科学，2005，02：4－16.

［237］刘小玄．中国工业企业的所有制结构对效率差异的影响——1995年全国工业企业普查数据的实证分析［J］．经济研究，2000，02：17－25.

［238］刘晓，刘洋．内部控制效率、信息披露质量与股价同步性［J］．

山东社会科学，2016，06：146 - 150.

［239］刘修岩，王璐．集聚经济与企业创新——基于中国制造业企业面板数据的实证研究［J］．产业经济评论，2013，12（3）：35 - 53.

［240］刘行，李小荣．金字塔结构、税收负担与企业价值：基于地方国有企业的证据［J］．管理世界，2012，08：91 - 105.

［241］刘运国，郑巧，蔡贵龙．非国有股东提高了国有企业的内部控制质量吗？——来自国有上市公司的经验证据［J］．会计研究，2016，11：61 - 68.

［242］卢佳瑄，万寿义．混合所有制改革能缓解债务融资错配吗——来自中国制造业上市公司的微观证据［J］．山西财经大学学报，2021，43（5）：88 - 101.

［243］卢江．论双重结构下的混合所有制改革——从微观资源配置到宏观制度稳定［J］．经济学家，2018，08：11 - 19.

［244］卢锐，柳建华，许宁．内部控制、产权与高管薪酬业绩敏感性［J］．会计研究，2011，10：42 - 48.

［245］鲁晓东．金融资源错配阻碍了中国的经济增长吗［J］．金融研究，2008，04：55 - 68.

［246］伦晓波，杨竹莘，李欣．所有制、对外直接投资与融资约束：基于金融资源错配视角的实证分析［J］．世界经济研究，2018，06：83 - 93.

［247］罗党论，唐清泉．政治关系、社会资本与政策资源获取：来自中国民营上市公司的经验证据［J］．世界经济，2009，07：84 - 96.

［248］罗宏，黄文华．国企分红、在职消费与公司业绩［J］．管理世界，2008，09：139 - 148.

［249］罗宏，秦际栋．国有股权参股对家族企业创新投入的影响［J］．中国工业经济，2019，07：174 - 192.

［250］罗进辉，杜兴强．媒体报道、制度环境与股价崩盘风险［J］．会计研究，2014，09：53 - 59.

［251］罗琦，李辉．企业生命周期、股利决策与投资效率［J］．经济评论，2015，02：115 - 125.

［252］马俊清．实行混合所有制是国有企业改造的重要途径［J］．经济

纵横，1995，02：56－57.

［253］马连福，王丽丽，张琦．混合所有制的优序选择：市场的逻辑［J］．中国工业经济，2015，07：5－20.

［254］马连福，王元芳，沈小秀，国有企业党组织治理、冗余雇员与高管薪酬契约［J］．管理世界，2013，05：100－115.

［255］马新啸，汤泰劼，郑国坚．非国有股东治理与国有资本金融稳定——基于股价崩盘风险的视角［J］．财经研究，2021，47（3）：35－49.

［256］马新啸，汤泰劼，蔡贵龙．非国有股东治理与国有企业去僵尸化——来自国有上市公司董事会“混合”的经验证据［J］．金融研究，2021，03：95－113.

［257］马新啸，汤泰劼，郑国坚．非国有股东治理与国有企业的税收规避和纳税贡献——基于混合所有制改革的视角［J］．管理世界，2021，37（6）：128－141.

［258］马新啸，汤泰劼，郑国坚．混合所有制改革能化解国有企业产能过剩吗？［J］．经济管理，2021，43（2）：38－55.

［259］马壮，李延喜，曾伟强等．产业政策提升资本配置效率还是破坏市场公平？［J］．科研管理，2016，37（10）：79－92.

［260］毛其淋．地方政府财政支农支出与农村居民消费——来自中国29个省市面板数据的经验证据［J］．经济评论，2011，05：86－97.

［261］毛述新，张博文．国有企业混合所有制改革与真实盈余管理［J］．财务研究，2020，05：15－28.

［262］孟庆斌，杨俊华，鲁冰．管理层讨论与分析披露的信息含量与股价崩盘风险——基于文本向量化方法的研究［J］．中国工业经济，2017，12：132－150.

［263］孟庆斌，侯德帅，汪叔夜．融券卖空与股价崩盘风险——基于中国股票市场的经验证据［J］．管理世界，2018，34（4）：40－54.

［264］聂辉华，贾瑞雪．中国制造业企业生产率与资源误置［J］．世界经济，2011，07：29－44.

［265］宁薛平，张庆君．企业杠杆率水平、杠杆转移与金融错配——基

于我国沪深A股上市公司的经验证据［J］．南开管理评论，2020，23（2）：98－107.

［266］潘红波，夏新平，余明桂．政府干预、政治关联与地方国有企业并购［J］．经济研究，2008，04：41－52.

［267］潘越，戴亦一，林超群．信息不透明、分析师关注与个股暴跌风险［J］．金融研究，2011，09：138－151.

［268］朴基石，李天宇．经济不确定性和风险规避对跨国资本流动的影响——基于韩国的实证研究［J］．南开学报（哲学社会科学版），2018，04：22－32.

［269］祁怀锦，李晖，刘艳霞．政府治理、国有企业混合所有制改革与资本配置效率［J］．改革，2019，07：40－51.

［270］祁怀锦，刘艳霞，王文涛．国有企业混合所有制改革效应评估及其实现路径［J］．改革，2018，09：66－80.

［271］綦好东，郭骏超，朱炜．国有企业混合所有制改革：动力、阻力与实现路径［J］．管理世界，2017，10：8－19.

［272］乔明哲，刘福成．基于性质与功能的我国国有企业社会责任研究［J］．华东经济管理，2010，24（3）：86－90.

［273］秦华英．混合所有制改革影响国有企业创新的机制分析［J］．管理世界，2018，34（7）：174－175.

［274］曲卫彬．国有企业的功能［J］．财经问题研究，1997，08：24－26.

［275］权小锋，吴世农，尹洪英．企业社会责任与股价崩盘风险："价值利器"或"自利工具"？［J］．经济研究，2015，11：49－64.

［276］权小锋，肖斌卿，吴世农．投资者关系管理能够稳定市场吗？——基于A股上市公司投资者关系管理的综合调查［J］．管理世界，2016，01：139－152.

［277］权小锋，徐星美，许荣．社会责任强制披露下管理层机会主义行为考察——基于A股上市公司的经验证据［J］．管理科学学报，2018，21（12）：99－114.

［278］权小锋，肖红军．社会责任披露对股价崩盘风险的影响研究：基

于会计稳健性的中介机理［J］. 中国软科学，2016，06：80－97.

［279］权小锋，尹洪英. 风险投资持股对股价崩盘风险的影响研究［J］. 科研管理，2017，38（12）：89－98.

［280］任腾飞. 国企“混改”的新趋势专访知本咨询董事长刘斌［J］. 国资报告，2019，02：70－75.

［281］邵挺. 金融错配、所有制结构与资本回报率：来自1999—2007年我国工业企业的研究［J］. 金融研究，2010，09：47－63.

［282］沈昊，杨梅英. 国有企业混合所有制改革模式和公司治理——基于招商局集团的案例分析［J］. 管理世界，2019，35（4）：171－182.

［283］沈昊，杨梅英. 混改条件下股权结构与国资监管方式的选择——基于多案例角度研究［J］. 管理评论，2020，32（3）：323－336.

［284］沈红波，张金清，张广婷. 国有企业混合所有制改革中的控制权安排——基于云南白药混改的案例研究［J］. 管理世界，2019，35（10）：206－217.

［285］沈华玉，吴晓晖，吴世农. 控股股东控制权与股价崩盘风险：“利益协同”还是“隧道”效应？［J］. 经济管理，2017，39（4）：65－83.

［286］施东晖. 转轨经济中的所有权与竞争：来自中国上市公司的经验证据［J］. 经济研究，2003，08：46－54.

［287］施东晖. 股权结构，公司治理与绩效表现［J］. 世界经济，2000，23（12）：37－44.

［288］宋立刚，姚洋. 改制对企业绩效的影响［J］. 中国社会科学，2005，02：17－31.

［289］孙健，王百强，曹丰. 公司战略影响股价崩盘风险吗？［J］. 经济管理，2016. 38（12）：47－61.

［290］孙艳梅，方梦然，阎晴云. 新媒体治理与股价崩盘风险研究［J］. 商业研究，2018，09：135－145.

［291］谭劲松，郑国坚. 产权安排、治理机制、政企关系与企业效率——以“科龙”和“美的”为例［J］. 管理世界，2004，02：105－117.

［292］谭兴民，宋增基，蒲勇健. 公司治理影响信息披露了吗？——对中英资本市场的实证比较研究［J］. 金融研究，2009，08：171－181.

[293] 汤泰劼，宋献中，罗曼璐．分析师跟踪是否抑制了企业避税？——基于外部公司治理的视角 [J]．财务研究，2018，05：28－39．

[294] 唐松，胡威，孙铮．政治关系、制度环境与股票价格的信息含量——来自我国民营上市公司股价同步性的经验证据 [J]．金融研究，2011，07：182－195．

[295] 田利军，刘熙．混合所有制、内部控制与产权保护 [J]．重庆大学学报：社会科学版，2019，25（5）：84－97．

[296] 黄渝祥，李军．股权集中条件下的股权制衡 [J]．东方企业家，2002，12（165）：137－145．

[297] 佟健，宋小宁．混合所有制改革与国有企业治理 [J]．广东财经大学学报，2016，31（1）：45－51．

[298] 肖红军．国有企业社会责任的发展与演进：40 年回顾和深度透视 [J]．经济管理，2018，40（10）：5－26．

[299] 汪锋．国有大型企业社会责任简论 [J]．中南财经政法大学学报，2008，04：117－121．

[300] 王东京．国企改革攻坚的路径选择与操作思路 [J]．管理世界，2019，35（2）：1－6．

[301] 王贵娟，崔建新，张现芹．公司治理理论形成的框架分析 [J]．会计师，2012，10：5－6．

[302] 王海妹，吕晓静，林晚发．外资参股和高管、机构持股对企业社会责任的影响——基于中国 A 股上市公司的实证研究 [J]．会计研究，2014，08：81－87．

[303] 王化成，曹丰，高升好等．投资者保护与股价崩盘风险 [J]．财贸经济，2014，10：73－82．

[304] 王化成，曹丰，叶康涛．监督还是掏空：大股东持股比例与股价崩盘风险 [J]．管理世界，2015，02：45－57．

[305] 王慧，王军．影子银行是否有助于解决我国的金融错配问题——基于时序与面板数据的双重考察 [J]．财会月刊，2017，03：106－111．

[306] 王蕾，薛杨阳．公司治理：理论与实践 [J]．清华金融评论，2017，

01：14－15.

［307］王立章，王咏梅，王志诚．控制权、现金流权与股价同步性［J］．金融研究，2016，05：97－110.

［308］王宁．家族与非家族企业信息透明度实证比较研究［J］．会计之友，2012，04：100－103.

［309］王士红．所有权性质、高管背景特征与企业社会责任披露——基于中国上市公司的数据［J］．会计研究，2016，11：53－60.

［310］王文成，王诗卉．中国国有企业社会责任与企业绩效相关性研究［J］．中国软科学，2014，08：131－137.

［311］王欣．按竞争中性原则深入推进混改［N］．经济参考报，2019－07－22（7）.

［312］王欣．公司治理的多元演变与深化路径："十三五"回顾与"十四五"展望［J］．财贸研究，2021，32（2）：102－110.

［313］王亚平，刘慧龙，吴联生．信息透明度、机构投资者与股价同步性［J］．金融研究，2009，12：162－174.

［314］王艳．混合所有制并购与创新驱动发展——广东省地方国企"瀚蓝环境"2001—2015年纵向案例研究［J］．管理世界，2016，8：150－163.

［315］王艳艳，于李胜．国有银行贷款与股价同步性［J］．会计研究，2013，07：42－49.

［316］王业雯，陈林．混合所有制改革是否促进企业创新？［J］．经济与管理研究，2017，38（11）：112－121.

［317］王义中，宋敏．宏观经济不确定性、资金需求与公司投资［J］．经济研究，2014，49（2）：4－17.

［318］王元芳，李思思．国有企业党组织参与公司治理、制度环境与企业社会责任［J］．商业会计，2019，01：8－12.

［319］魏峰，荣兆梓．国有企业与非国有企业技术效率的比较［J］．经济纵横，2012，02：18－23.

［320］杨汝岱．中国制造业企业全要素生产率研究［J］．经济研究，2015，50（2）：61－74.

[321] 魏峰，荣兆梓．竞争性领域国有企业与非国有企业技术效率的比较和分析——基于2000—2009年20个工业细分行业的研究［J］．经济评论，2012，03：75-81.

[322] 魏明海，蔡贵龙，柳建华．中国国有上市公司分类治理研究［J］．中山大学学报（社会科学版），2017，57（4）：175-192.

[323] 温军，冯根福．异质机构、企业性质与自主创新［J］．经济研究，2012，47（3）：53-64.

[324] 翁欣，官见棠，李馨子等．不同所有权下金字塔股权结构与股价同步性间关系的实证分析［J］．技术经济，2015，34（12）：125-131.

[325] 吴敬琏．大中型企业改革：建立现代企业制度［M］．天津人民出版社，1993.

[326] 吴秋生，郭飞．内控重大缺陷修复信息披露有效性研究——基于成本效益视角［J］．会计研究，2020，04：130-142.

[327] 吴战篪，李晓龙．内部人抛售、信息环境与股价崩盘［J］．会计研究，2015，06：48-55.

[328] 吴照云，刘灵．我国国有企业社会责任的层级模型和制度共生［J］．经济管理，2008，Z1：25-32.

[329] 肖土盛，宋顺林，李路．信息披露质量与股价崩盘风险：分析师预测的中介作用［J］．财经研究，2017，43（2）：109-120.

[330] 肖慧萍，李辰颖．国有企业分类治理、高管薪酬结构与企业成长性［J］．会计师，2018，20：5-6.

[331] 谢海洋，吕振伟，曹少鹏．非国有股东参与治理与全要素生产率——基于国企混合所有制改革的实证检验［J］．金融学季刊，2020，14（4）：155-184.

[332] 邢天才，庞士高．资本错配、企业规模、经济周期和资本边际生产率——基于1992—2013年我国制造业上市企业的实证研究［J］．宏观经济研究，2015，04：48-59.

[333] 熊爱华，张质彬．国有企业混合所有制改革、金融化程度与全要素生产率［J］．南方经济，2020，09：86-106.

［334］熊爱华，张质彬，张涵．国有企业混合所有制改革对创新绩效影响研究［J］．科研管理，2021，42（6）：73－83.

［335］许晨曦，金宇超．放权改革、金字塔结构与地方国有企业安全生产［J］．世界经济，2021，44（7）：156－180.

［336］徐莉萍，辛宇，陈工孟．股权集中度和股权制衡及其对公司经营绩效的影响［J］．经济研究，2006，01：90－100.

［337］徐莉萍，辛宇，祝继高．媒体关注与上市公司社会责任之履行——基于汶川地震捐款的实证研究［J］．管理世界，2011，03：135－143.

［338］许年行，江轩宇，伊志宏等．分析师利益冲突、乐观偏差与股价崩盘风险［J］．经济研究，2012，47（7）：127－140.

［339］许年行，洪涛，吴世农等．信息传递模式、投资者心理偏差与股价"同涨同跌"现象［J］．经济研究，2011，46（4）：135－146.

［340］许年行，于上尧，伊志宏．机构投资者羊群行为与股价崩盘风险［J］．管理世界，2013，07：31－43.

［341］徐淑丹．马克思产权理论和现代西方产权理论的比较分析［J］．改革与开放，2012，14：52－54.

［342］徐细雄，李万利，陈西婵．儒家文化与股价崩盘风险［J］．会计研究，2020，04：143－150.

［343］徐伟，吴悦，冯文芳．混合所有制改革有利于促进国有企业创新吗？——基于分类治理视角［J］．济南大学学报（社会科学版），2020，30（3）：100－113.

［344］杨德明，赵璨．媒体监督、媒体治理与高管薪酬［J］．经济研究，2012，47（6）：116－126.

［345］杨芳，罗珊珊，任伟．高管背景与企业盈余管理关系研究［J］．商业会计，2021，02：81－86.

［346］杨汉明，邓启稳．国有企业社会责任与业绩研究——基于可持续增长视角［J］．中南财经政法大学学报，2011，01：120－127.

［347］杨钧．新型城镇化与农业规模化和专业化的协调发展——基于PVAR方法的讨论［J］．财经科学，2017，04：65－76.

［348］ 杨棉之，赵鑫，张伟华．机构投资者异质性、卖空机制与股价崩盘风险——来自中国上市公司的经验证据［J］．会计研究，2020，07：167-180.

［349］ 杨瑞龙．以混合经济为突破口推进国有企业改革［J］．改革，2014，05：19-22.

［350］ 杨瑞龙，周业安，闫衍．国有企业分类改革的目标与路径［N］．中国证券报，2017-03-25（A07）.

［351］ 杨瑞龙．国有企业分类改革与共同治理研究［J/OL］．https：//baijiahao.baidu.com/s？id=1707757377470060189&wfr=spider&for=pc，2020.

［352］ 杨威，冯璐，宋敏等．锚定比率可以衡量股价高估吗？——基于崩盘风险视角的经验证据［J］．管理世界，2020，36（1）：167-186.

［353］ 杨兴全，尹兴强．国企混合所有制改革如何影响公司现金持有？［J］．管理世界，2018，34（11）：93-107.

［354］ 杨志强，李增泉．混合所有制、环境不确定性与投资效率——基于产权专业化视角［J］．上海财经大学学报，2018，20（2）：4-24.

［355］ 姚洋，章奇．中国工业企业技术效率分析［J］．经济研究，2001，10：13-19.

［356］ 叶康涛，曹丰，王化成．内部控制信息披露能够降低股价崩盘风险吗？［J］．金融研究，2015（2）：192-206.

［357］ 叶永卫，李增福．国企“混改”与企业金融资产配置［J］．金融研究，2021，03：114-131.

［358］ 伊志宏，李颖，江轩宇．女性分析师关注与股价同步性［J］．金融研究，2015，11：175-189.

［359］ 伊志宏，杨圣之，陈钦源．分析师能降低股价同步性吗——基于研究报告文本分析的实证研究［J］．中国工业经济，2019，01：156-173.

［360］ 游家兴，李斌．信息透明度与公司治理效率——来自中国上市公司总经理变更的经验证据［J］．南开管理评论，2007，10（4）：73-79.

［361］ 游家兴，罗胜强．政府行为、股权安排与公司治理的有效性——基于盈余质量视角的研究［J］．南开管理评论，2008，11（6）：68-75.

［362］ 游家兴，吴静．沉默的螺旋：媒体情绪与资产误定价［J］．经济

研究，2012，47（7）：141－152.

［363］游家兴，张俊生，江伟．证券市场制度建设与股价波动的信息含量［A］．中国金融国际年会：中国西安：2006.

［364］于李胜，王艳艳．预算软约束与股价同步性［A］．中国会计学会财务管理专业委员会2012年学术年会暨第十八届中国财务学年会论文集［C］．中国广西南宁：2012.

［365］于悦．信息披露质量与股票价格的信息含量研究——基于股价同步性问题的研究综述［J］．中国管理信息化，2013，16（3）：31－32.

［366］袁知柱，鞠晓峰．制度环境、公司治理与股价信息含量［J］．管理科学，2009，22（1）：17－29.

［367］战明华，王晓君，应诚炜．利率控制、银行信贷配给行为变异与上市公司的融资约束［J］．经济学（季刊），2013，04：1255－1276.

［368］赵斌斌，连瑞瑞，蔡弘．混合所有制改革、政府放权意愿与国企可持续发展［J］．经济与管理，2020，34（6）：71－78.

［369］赵晓阳，衣长军．国资介入能否抑制实体企业的脱实向虚？——兼论亲清政商关系的调节作用［J］．经济管理，2021，43（7）：61－74.

［370］张斌，嵇凤珠．股权制衡与混合所有制改革：基于特质信息释放效率的视角［J］．江海学刊，2014，06：92－96.

［371］张冰石，马忠，夏子航．国有企业混合所有制改革理论研究［J］．经济体制改革，2017（6）：5－11.

［372］张辉，黄昊，闫强明．混合所有制改革、政策性负担与国有企业绩效——基于1999—2007年工业企业数据库的实证研究［J］．经济学家，2016，09：32－41.

［373］张建君．竞争—承诺—服从：中国企业慈善捐款的动机［J］．管理世界，2013，09：118－129.

［374］张庆君，李萌．金融错配、企业资本结构与非效率投资［J］．金融论坛，2018，23（12）：23－38.

［375］张庆君，李萌．金融发展、信贷错配与企业资本配置效率［J］．金融经济学研究，2018，33（4）：5－15.

[376] 张庆君，李雨霏，毛雪．所有制结构、金融错配与全要素生产率[J]．财贸研究，2016，4：9-15.

[377] 张瑞君，李小荣，许年行．货币薪酬能激励高管承担风险吗[J]．经济理论与经济管理，2013，8：84-100.

[378] 张双鹏，周建，周飞谷．混合所有制改革对企业战略变革的影响研究——基于结构性权力的视角[J]．管理评论，2019，31（1）：183-196.

[379] 张涛，徐婷，邵群．混合所有制改革、国有资本与治理效率——基于我国工业企业数据的经验研究[J]．宏观经济研究，2017，10：113-126.

[380] 张维迎．企业理论和中国企业改革[M]．北京：北京大学出版社，1999.

[381] 张伟华，高冰莹，刘金钊，混合所有制改革对国有企业冗余雇员的影响[J]．中国软科学，2021，02：98-110.

[382] 张伟华，郭盈良，王春燕．国有企业高管薪酬、产品市场竞争与费用粘性[J]．科学决策，2017，4：38-59.

[383] 张伟，于良春，混合寡头厂商的合作研发及反垄断控制研究[J]．中国工业经济，2014，05：44-56.

[384] 张伟，于良春，混合所有制企业最优产权结构的选择[J]．中国工业经济，2017，04：34-53.

[385] 张文魁．混合所有制的公司治理与公司业绩[M]．清华大学出版社，2015.

[386] 张文魁．混合所有制的股权结构与公司治理[J]．新视野，2017，04：11-19.

[387] 张文魁．中国混合所有制企业的兴起及其公司治理研究[M]．经济科学出版社，2010.

[388] 张晓玫，朱琳琳．混合所有制公司的治理结构、高管薪酬和经营绩效——基于分行业的研究视角[J]．金融经济，2016，02：153-155.

[389] 张雪，吴文锋．资本市场监管边界研究——来自短期融资券与公司债券市场发展对比的启示[J]．哈尔滨商业大学学报：社会科学版，2009，02：52-56.

[390] 张宇杰．经济不确定性、产权性质与会计稳健性 [J]．财会通讯．2015，24：7－10.

[391] 曾峻，伍中信，陈共荣．IFRS、会计信息国际可比性与上市公司的资本配置效率 [J]．会计研究，2018，12：19－25.

[392] 曾庆生，陈信元．国家控股、超额雇员与劳动力成本 [J]．经济研究，2006，5：74－86.

[393] 曾诗韵，蔡贵龙，程敏英．非国有股东能改善会计信息质量吗？——来自竞争性国有上市公司的经验证据 [J]．会计与经济研究，2017，31（4）：28－44.

[394] 赵璨，陈仕华，曹伟．“互联网＋”信息披露：实质性陈述还是策略性炒作——基于股价崩盘风险的证据 [J]．中国工业经济，2020，384（3）：174－192.

[395] 赵放，刘雅君．混合所有制改革对国有企业创新效率影响的政策效果分析——基于双重差分法的实证研究 [J]．山东大学学报（哲学社会科学版），2016，06：67－73.

[396] 赵景文，于增彪．股权制衡与公司经营业绩 [J]．会计研究，2005，12：59－64.

[397] 赵静，黄敬昌，刘峰．高铁开通与股价崩盘风险 [J]．管理世界，2018，34（1）：157－168.

[398] 赵天骄，李成，张冰石．母子公司产业网络关系与资本市场信息效率——基于股价同步性的经验证据 [J]．会计研究，2020，10：136－149.

[399] 赵晓鸽，钟世虎，郭晓欣．数字普惠金融发展、金融错配缓解与企业创新 [J]．科研管理，2021，42（4）：158－169.

[400] 赵雅娜，敖小波．国有企业政策性负担对企业财务行为的影响研究 [J]．经济问题．2016，11：105－111.

[401] 郑曼妮，黎文靖，柳建华．利率市场化与过度负债企业降杠杆：资本结构动态调整视角 [J]．世界经济，2018，41（8）：149－170.

[402] 郑志刚，殷慧峰，胡波．我国非上市公司治理机制有效性的检验——来自我国制造业大中型企业的证据 [J]．金融研究，2013，02：142－155.

[403] 郑志刚，丁冬，汪昌云．媒体的负面报道、经理人声誉与企业业绩改善——来自我国上市公司的证据 [J]. 金融研究，2011，12：163－176.

[404] 郑志刚．国企公司治理与混合所有制改革的逻辑和路径 [J]. 证券市场导报，2015，06：4－12.

[405] 钟覃琳，陆正飞．资本市场开放能提高股价信息含量吗？——基于“沪港通”效应的实证检验 [J]. 管理世界，2018，34（1）：169－179.

[406] 仲大军．国有企业的社会责任 [J]. 经营者，2006，7：108.

[407] 周娜，庄玲玲．董事会结构、公司治理水平与信息披露质量研究 [J]. 经济与管理评论，2016，32（5）：88－94.

[408] 周静，辛清泉．金字塔层级降低了国有企业的政治成本吗？——基于经理激励视角的研究 [J]. 财经研究，2017，43（1）：29－40.

[409] 周开国，李涛，张燕．董事会秘书与信息披露质量 [J]. 金融研究，2011，07：167－181.

[410] 周黎安．晋升博弈中政府官员的激励与合作——兼论我国地方保护主义和重复建设问题长期存在的原因 [J]. 经济研究，2004，06：33－40.

[411] 周黎安．中国地方官员的晋升锦标赛模式研究 [J]. 经济研究，2007，07：36－50.

[412] 周丽莎．混合所有制改革政策演变和实践发展 [J]. 开发性金融研究，2018，04：55－65.

[413] 周林洁．公司治理、机构持股与股价同步性 [J]. 金融研究，2014，08：146－161.

[414] 周绍妮，郑佳明，王中超．国企混改、社会责任信息披露与国有资产保值增值 [J]. 软科学，2020，34（3）：32－36.

[415] 周县华，范庆泉．外资持股、股利支付与股利政策动态调整——基于 Rebprobit 与 Regoprobit 模型的实证研究 [J]. 财政研究，2012，05：65－68.

[416] 周县华，吕长江．股权分置改革、高股利分配与投资者利益保护——基于驰宏锌锗的案例研究 [J]. 会计研究，2008，08：59－68.

[417] 周晓苏，吴锡皓．稳健性对公司信息披露行为的影响研究——基于会计信息透明度的视角 [J]. 南开管理评论，2013，16（3）：89－100.

［418］周煜皓，张盛勇．金融错配、资产专用性与资本结构［J］．会计研究，2014，08：75－80.

［419］朱红军，王彬，田子莘．民营化为何不能改善公司经营绩效——国光瓷业民营化的案例研究［J］．中国工业经济，2007，01：121－128.

［420］朱红军，何贤杰，陶林．中国的证券分析师能够提高资本市场的效率吗——基于股价同步性和股价信息含量的经验证据［J］．金融研究，2007，02：110－121.

［421］朱嘉伟，陈洁．混合所有制改革模式对生产要素投入效率的影响——基于沪深两市上市公司的实证分析［J］．华东经济管理，2020，34（5）：11－19.

［422］朱孟楠，梁裕珩，吴增明．互联网信息交互网络与股价崩盘风险：舆论监督还是非理性传染［J］．中国工业经济，2020，10：81－99.